创建乡村全面振兴引领示范，为乡村人才队伍建设提供有效支撑

—— 全国103个巩固拓展脱贫攻坚成果村级实践交流基地典型案例汇编

全国乡村振兴宣传教育中心　组编

中国农业出版社

北京

图书在版编目（CIP）数据

创建乡村全面振兴引领示范，为乡村人才队伍建设提供有效支撑：全国103个巩固拓展脱贫攻坚成果村级实践交流基地典型案例汇编 / 全国乡村振兴宣传教育中心组编.—— 北京：中国农业出版社，2025.5.—— ISBN 978-7-109-33129-7

Ⅰ．F323.8

中国国家版本馆CIP数据核字第2025TD7021号

中国农业出版社出版

地址：北京市朝阳区麦子店街18号楼

邮编：100125

责任编辑：闫保荣

版式设计：小荷博睿　　责任校对：吴丽婷

印刷：北京缤索印刷有限公司

版次：2025年5月第1版

印次：2025年5月北京第1次印刷

发行：新华书店北京发行所

开本：787mm×1092mm 1/16

印张：33

字数：685千字

定价：78.00元

编　委　会

主　任：张慧东

副主任：伍小华　骆艾荣

编　写　组

主　编：骆艾荣　阎　艳

副主编：张　江　程　浩

参加编写人员：白　晶

巩固成果守底线，接续振兴开新局
在农业农村现代化新征程中书写新的壮美篇章

——全国 103 个巩固拓展脱贫攻坚成果村级实践交流基地推进 巩固拓展脱贫攻坚成果同乡村振兴有效衔接工作综述

为全面贯彻落实党中央、国务院关于巩固拓展脱贫攻坚成果同乡村振兴有效衔接战略部署，深入宣传脱贫地区乡村基层巩固拓展脱贫攻坚成果、接续推进乡村振兴的进展成效和做法经验，推动建设乡村振兴干部培训和人才培育观摩考察、实操实训实践基地，服务乡村人才队伍建设，2023 年，原国家乡村振兴局在中西部 22 个省（自治区、直辖市）和新疆生产建设兵团地区，分特色产业、稳岗就业、搬迁后扶、资产管理、社会帮扶、驻村第一书记和工作队及乡村建设与乡村治理等 7 个专题类型认定了 103 个工作中走在前、做表率，有可学可鉴经验做法的村，作为巩固拓展脱贫攻坚成果村级实践交流基地。

"过渡期"以来，这些基地村坚决贯彻落实党中央、国务院决策部署，着力建立健全防止返贫监测帮扶机制，扎实推进"两不愁三保障"和饮水安全脱贫成果巩固拓展，深入落实落细帮扶产业、稳岗就业、搬迁后扶、资产管理和社会帮扶等有效衔接重点工作，加强探索创新，统筹推进乡村产业、人才、文化、生态、组织振兴，乡村振兴不断迈上新的台阶，有力地发挥了示范引领作用，对乡村人才队伍建设作出了积极的贡献。

一、充分发掘资源优势，探索优化模式机制，推动特色优势产业发展壮大

推动特色优势产业持续发展壮大，是脱贫地区和脱贫群众增强内生发展动力、持续增收致富的重要基础，也是巩固拓展脱贫攻坚成果、衔接推进乡村振兴的重点任务。"过渡期"以来，各村级实践交流基地着力开发乡村资源优势，培育特色主导产业，积极拓展新产业新业态，不断健全完善联农带农机制，分类推进帮扶产业提质增效，持续推进特色优势产业高质量发展，促进了农业产业转型升级，健全了乡村现代产业体系，取得了重要成效，有效带动了脱贫群众持续增收。

陕西省安康市平利县老县镇蒋家坪村坚持以红色党旗引领绿色发展，以实现"两山"理论引领转化为方向，以茶旅融合为牵引，带动整村发展，在巩固脱贫成果的同时，着力提升产业振兴质量。组织实施"产业提速"工程，充分利用千亩山茶

园、千年古茶树、千年桂花树、千年平安宫等观光资源，让茶区变景区、茶园变公园、茶山变金山。村集体经济合作社成立公司，与平利县"两山"公司协作配合，共同提高景区开发建设运营规范化水平。

湖南省湘西土家族苗族自治州花垣县双龙镇十八洞村大力实施产业富民行动，着力推进"三产"融合发展。一是发展特色产业。按照项目产业化、产业市场化的思路，大力发展乡村旅游、苗绣、山泉水、猕猴桃种植、劳务经济5大产业。二是开发新兴业态。充分利用十八洞村品牌效应，在共享十八洞品牌优势的基础上搭建产业发展平台，积极推动片区共同发展乳鸽养殖、小花菇种植等特色种养产业和服装加工业。三是开拓产品销路。依托十八洞培训中心、梨子寨等平台资源，助力片区各村群众销售农产品。紧跟线上新媒体发展的蓬勃趋势，将返乡青年塑造成既能宣传推介十八洞村，又能借助网络直播平台助力村民销售农产品的电商直播"新农人"，推动物流进村、山货出山、村民增收。

江西省赣州市石城县珠坑乡坳背村围绕特色种养业、食品加工、电商销售等产业板块，完善联农带农机制，壮大创业园区，延链条、扩销售、树品牌，鼓足群众钱袋子。一是坚持"三产"融合，昂起产业发展龙头。依托珠坑乡交通优势，衔接石城县全域旅游发展战略，建成麒麟山现代农业观光园。大力实施林相改造和水土保持工程，鼓励群众栽种脐橙、油茶、葡萄、杨梅、金橘等多种果树，健全产业发展配套设施，为农旅融合发展奠定坚实基础。二是做足特色文章，丰富产业发展业态。打造"麒麟瓜、杏瓜、脐橙、阳光玫瑰"四个特色富硒品牌，积极融入全域旅游发展格局，打造四季产业带，开展"春赏油菜、夏品荷，四季采果、研学游"为主题的休闲观光活动。三是做好"接二连三"，延伸产业链条。以建设现代农业特色品牌基地为目标，深入推进农产品加工产业发展，打通建强"接一连三"的关键环节。投资建设麒麟山返乡创业园，积极引进石城县果珠香润、赣州市无边际食品等食品加工企业，建成电商中心，引入新媒体运营公司，宣传现代农村生活、推广农副产品，畅通销售"最后一公里"，有效带动经济社会发展。

吉林省延边朝鲜族自治州和龙市东城镇光东村采取绿色主导产业与休闲旅游农业、民族文化特色相融合的模式，积极发展农业观光、民族特色餐饮、农家乐等旅游项目，建设完善有序的文化和旅游产品及衍生品销售市场，全面推动特色产业发展。一是壮大集体经济，释放村级产业发展活力。建设游客服务中心、停车场和景观大门，整合村内闲置房屋，建成60户不同主题风格的特色民宿，以三产带二产促一产，实现三产深度融合发展，带动更多村民创业和就业，壮大村集体经济。二是挖掘当地特色，拓展村民增收致富渠道。结合当地民风民情举办了水稻文化节、水稻插秧节等多个带有延边特色的节庆日，组建朝鲜族民俗艺术舞蹈队进行民俗演出，注册农副产品商标，打造大米、木耳、蘑菇、蜂蜜等土特产品，帮助农民拓宽销路，实现增收。三是加强区域合作，优化稻田特色产业模式。抓住东西部协作机遇，谋划实施"共享稻田"项目。成立有机大米专业农场，推行"稻田养蟹""鸭稻共生""共享稻田"等模式，培育壮大"吗西达""海兰江御米"等品牌，大米畅销国内国外市场。

甘肃省临夏回族自治州东乡族自治县唐汪镇马巷村依托杏子产业资源优势，坚持"以旅促农、以旅富农、以旅强村"目标，全力推进杏子产业和乡村旅游产业发展。一是持续巩固提升杏子产业发展。引导全村农户栽植杏树累计4万余株、年产量600余吨。依托马巷村杏子品质优、产量高的优势，全力推进林果产业发展和食品精深加工。二是积极推动乡村旅游产业发展。加强旅游基础设施建设，打造国家甲级民宿唐蕃云舍、唐蕃古道观景台、杏林观光木栈道等设施。积极筹办和宣传杏花节、杏子采摘节、乡村造物节等特色节日活动，鼓励农户发展休闲农庄、农家乐、小型采摘园、开办庭院式民宿。三是科学调整农业产业结构。动员和指导农户发展林下经济，在杏林下种植芍药、玉米和马铃薯等经济作物300余亩。鼓励养殖农户优化养殖结构、扩大养殖规模，通过奖补形式动员农户购买良种牛羊。

宁夏回族自治区石嘴山市平罗县陶乐镇庙庙湖村依托资源优势，持续发展特色产业，力促三产融合，将农产品产业链、电商销售与乡村旅游紧密结合，拓宽农民增收渠道，形成了特色鲜明、效益显著的产业体系。一是做优做特瓜菜产业。先后整合各类资金2.6亿元，引进6家龙头企业，以订单农业为核心，积极探索"国企+龙头企业+村集体经济组织+农户"经营模式，成功树立万亩沙漠瓜菜一镇一品特色品牌，注册认证"沙漠瓜菜"地理标识，创建"乐淘淘""宁粤"等瓜菜知名品牌。二是做大做强畜牧产业。建成庙庙湖村肉牛、肉羊三个集中养殖园区，带动群众入园养殖肉羊、肉牛，不断增强畜牧业实力。同时带动养殖贩卖、牧草种植等产业延链发展，切实推动群众增收。三是做细做活劳务产业。打造庙庙湖村创业就业一条街，注册劳务服务公司4家，培育新丝陆服装厂和华泰农就业帮扶车间，创新建立"产业联合党支部+企业+员工"的管理模式和"计件工作+全勤奖"运营模式，有效引导困难群众靠辛勤劳动脱贫致富。

新疆生产建设兵团第三师图木舒克市五十一团六连按照"稳粮、优棉、兴果、强畜、推特色"工作思路，实施种植主体单产提升行动、养殖扩群增量提升行动、特色化发展提升行动，夯实农业基础。一是坚持农业强连。实施种植主体单产提升行动，提升棉花种植质效，推广"一连一品""干播湿出"技术，实施养殖扩群增量行动、特色化发展行动，在高质量发展中实现新突破。二是加强产业赋能。引进企业建设红柳种植基地、育肥羊养殖基地、千亩苹果标准化栽培示范园和"集中工坊"，带动居民就地就近就业。三是发展乡村旅游。建设美食广场、商业街，发展夜市摊位，布局庭院采摘园，常态化开展美食嘉年华等主题文旅活动，不断打响"游在图市、吃在六连"品牌。

二、强化转移就业服务，拓展就近就地就业渠道，促进脱贫人口稳岗就业

脱贫人口稳岗就业是巩固拓展脱贫攻坚成果同乡村振兴有效衔接的基础环节，

通过实施就业支持政策，提供精准就业服务，开展职业技能培训，依托就业帮扶车间吸纳、返乡创业发展、组织劳务输出、公益性岗位安置等渠道，提升劳动力技能，促进有劳动能力和就业意愿的脱贫劳动力实现就业增收。"过渡期"以来，各村级实践交流基地把脱贫人口稳岗就业作为巩固拓展脱贫攻坚成果同乡村振兴有效衔接的重点工作，多渠道拓展岗位，系统化协同发力，全方位倾斜支持，通过稳定务工规模、提升就业技能、拓展就业空间、优化就业服务等举措，促进劳动力外出务工就业、脱贫群众稳定增收、弱劳动力就近务工就业，稳岗就业取得显著成效。

内蒙古自治区兴安盟科尔沁右翼前旗科尔沁镇平安村不断集聚人才力量，充分发挥"头雁"领航作用，激发群众干事创业热情。一是发挥人才振兴"主引擎"作用。通过政策"引"，立足本土"育"，优化环境"留"，引导人才在乡村各项事业发展中聚心、聚力、聚智，以人才振兴推动乡村振兴事业蓬勃发展。二是牢牢把握产业发展"主链条"。不断延伸拓展产业链，培育产业发展新业态，让农民更多参与到产业链各环节分工和价值增值当中，共同构建分工协作、优势互补、紧密联系的利益共同体，稳定增加就业增收机会。三是激发群众致富内生"主动力"。有计划地培养新时代高素质农民，让农民成为乡村振兴的支持者、实践者和受益者，共同建设美丽乡村，共享乡村振兴成果。

河南省信阳市光山县文殊乡东岳村始终坚持把推动脱贫人口稳岗就业作为巩固拓展脱贫攻坚成果的重要抓手，把稳岗位保就业的各项措施落细落实。一是精细服务带就业。成立和美部落物业服务有限公司，承接落地示范区内的小型工程和民俗文化村劳务工作带动群众就业。二是旅游运营促就业。成立鑫路子旅游运营公司运营旅游业态，发展生态观光农业，培育采摘农业新业态，开展田园采摘、亲子研学等活动带动群众就业。三是电商运营增就业。打造"花鼓之源 古坊东岳"农特产品品牌，推出"光山十宝"产品线和明信片、纪念币等文创产品，触网上线带动群众就业。四是种植产业稳就业。培育四方景家庭农场、文殊寺油茶专业合作社和管黄洼油茶基地等种植产业带动群众就业。五是红色研学创就业。成立东岳红色文化培训中心有限公司，组织开展红色教育特色研学活动，带动群众就业。六是公益岗位保就业。以供销社为平台，承接保安、保洁、设施维护等劳务工作，安置脱贫户和有劳动能力村民就近务工就业。七是文产特派员扩就业。打造乡村品牌、升级特色产品，推进景观营造、多村运营、产品销售带动周边群众就业。八是非遗传承添就业，成立"花鼓之源"东岳乡村文化合作社，开展文化展演，推动非遗传承发展，带动群众就业。九是整合资源创就业，整合资源发展特色民宿，建设朴宿微澜、东岳客栈、祥云民宿露营基地带动群众就业。

三、加强产业就业帮扶，完善基础设施公共服务，扎实推进易地搬迁后续扶持

实现巩固拓展脱贫攻坚成果同乡村振兴有效衔接，需要进一步加大易地搬迁后

续扶持力度，补齐安置区域发展短板，提高搬迁群众发展能力，实现稳得住、有就业、逐步能致富。"过渡期"以来，各村级实践交流基地以满足搬迁群众对美好生活的向往为出发点和落脚点，着力发展壮大特色产业，促进搬迁群众就业创业，提升安置区配套设施，完善基本公共服务，健全社区治理体系，解决好搬迁群众急难愁盼问题，全面转变搬迁群众生产生活方式，确保搬迁群众稳得住、逐步能致富。

山西省忻州市岢岚县宋家沟镇宋家沟村在推进易地搬迁后扶进程中，着力完善基础设施和公共服务，满足搬迁群众生产生活需求，切实保障群众安居乐业。一是以完善设施为基础，推进乡村建设开创新局面。深入推进配套基础设施建设，扎实推动公共服务优化升级，全面改善提升农村人居环境。二是以产业增收为抓手，推动乡村发展迈上新台阶。创新丰富旅游资源内涵外延，打造农旅融合示范基地，大抓乡村旅游带动增收，主攻设施农业提质增效，深挖林产资源经济实效，多渠道增加搬迁群众收入。三是以强化党建为引领，促进乡村治理取得新成效。以抓党建促基层治理能力提升为契机，狠抓基层组织、乡风文明、治理机制建设，引导搬迁群众形成健康、文明、积极向上的生活方式。

西藏自治区拉萨市曲水县达嘎镇拉萨河畔三有村严格按照"有房子、有产业、有健康"的"三有"要求精心规划，推进易地搬迁安置点发展建设，为搬迁群众生活提供全方位保障。一是抓好产业发展。从资源禀赋实际条件出发，因地制宜发展养鸡场、民族服装合作社、奶牛养殖场，发展劳动密集型产业，让搬迁群众能够就近务工就业。二是办好民生实事。设立"三有村幸福驿站"，加强村容环境治理，试点推行"积分制"，多渠道用心用情用力为群众办好实事。三是完善创新治理。以党支部为核心，成立宣传、法治、文化、敬老等多支志愿者服务队，发挥多方面力量作用，推动建设充满活力、和谐有序善治乡村。强化党建引领，加强安置区自治组织建设，强化安置区管理队伍建设，促进搬迁群众融入社区。

四、坚持分类管理，强化收益分配，稳步提升扶贫项目资产效益

管好用好脱贫攻坚期间扶贫项目资产和有效衔接期间帮扶项目资产，与脱贫地区巩固拓展脱贫攻坚成果，全面深化乡村振兴息息相关。"过渡期"以来，各村级实践交流基地严格落实项目资产管理工作部署，通过摸清项目资产底数、有序推进确权登记、落实后续管理责任、规范后续管护运营、完善收益分配使用、严格项目资产处置等举措，推动建立健全扶贫项目资产长效运行管理机制，确保项目资产稳定良性运转，不断提高经济效益，充分发挥社会效益，实现可持续发展。

安徽省六安市金寨县花石乡大湾村探索建立"资产三清"村级资产项目管理长效机制，实现了底数清、责任明、防流失，促进了村级资产项目的保值增值，在巩固拓展脱贫攻坚成果、接续推进乡村振兴中发挥了重要作用。一是坚持依法依规确权。依法依规界定明晰集体资产权属，并登记建档，实现了底数清、权属明、不流失。二是坚持分级分类管理。针对资产项目不同资金来源、不同性质类型、不同受

益范围等，因地制宜、分类施策，建立多形式、多层次、多元化的管理模式，明确各方主体权利责任，明晰所有权、放活经营权、确保收益权、落实监管权，实现每笔资产项目有人管、尽其用。三是坚持效益优先原则。以利用资产项目促进村集体经济发展、改善农民生产生活环境为根本目的，建立管理机制，发挥资产效益，实现了经营性资产保值增值、公益性资产高效运转、到户资产持续发挥效益。

四川省南充市阆中市天宫镇五龙村结合村内实际，聚焦产业结构优化升级，加强扶贫项目资产管理，推动壮大村级集体经济，发展有机生态农业、乡村旅游等多个产业，促进特色产业融合发展，多渠道提升农民收入水平。一是聚焦"权责清"，指导到户类资产。对到户类扶贫项目资产，盘清家底，建立台账，精准确权，完善管理机制方式，做到家底"清"、台账"明"、确权"准"。二是聚焦"运行好"，管好公益性资产。对公益性扶贫项目资产，优化运行方案，确定运营主体，明确责任主体，建立健全运营管护体系，做到管护"好"、带动"高"、效益"强"。三是聚焦"收益高"，盘活经营性资产。对经营性资产，明确分配原则，完善分配方式，精准分配收益，确保收益持续可靠、分配公平合理。

五、整合资源力量，加强探索创新，充分发挥社会帮扶效能

深化东西部协作，完善定点帮扶机制，加强社会力量帮扶，是巩固拓展脱贫攻坚成果，接续推进乡村振兴的重要支撑。"过渡期"以来，各村级实践交流基地充分运用东西部协作、定点帮扶、社会力量帮扶提供的各项支持帮助，积极对接社会帮扶力量，围绕助农增收、产业合作、消费帮扶、教育卫生等领域开展合作，引导带动农民发挥主体作用，确保对接项目落地见效，促进农民增收。

重庆市酉阳土家族苗族自治县花田乡何家岩村在腾讯公司和中国农业大学国家乡村振兴研究院共同推动下，组织实施共富乡村项目，作为核心示范区试点打造"重庆酉阳共富乡村新模式"。一是成立共富乡村合作社。坚持"自己动手、资源共享、抱团发展、科技赋能"，村集体经济组织主导成立共富乡村合作社，农民自愿申请成为社员，推动利益主体更集中、经营方向更聚焦、运营管理更加标准化，与村集体经济组织互补协作，优化社员生产经营方式，实现村级整体发展、综合受益。二是发展乡村产业新业态。把合作社作为乡村产业发展的主体，群众参与建设、主导运营、利益共享。保持传统建筑风貌，盘活土地、房屋资源，高标准改造农家客房、厨房餐厅，打造高端民宿、无人便利店、农家咖啡厅、会客厅、明德书院，积极构建产业发展7大新业态。三是实现农民利益最大化。坚持利润让给农民、成本回归集体，资金共同管，经营自己做，让农民参与建设和管理，既有工资性收入，又有经营性收入，没有中间商赚差价，大幅度提高农民在第一次分配中的占比，全过程体现农民主体性。

新疆维吾尔自治区阿克苏地区阿克苏市依干其镇巴格其村在援疆力量的倾情帮助下，按照"产业兴旺、生态宜居、乡风文明、治理有效、生活富裕"的要求，着

力建设繁荣富裕、和谐稳定、美丽宜居、智慧活力、政治过硬的新乡村。一是以产业振兴为引领，打造繁荣富裕巴格其。结合乡村旅游产业规划，借助援疆资金建成具有民族风情特色的民俗风情街，形成了"春赏花、夏纳凉、秋采摘、冬竞技"的旅游发展新格局，带动农民吃上了"旅游饭"，挣上了"旅游钱"。二是以人才振兴为支撑，打造智慧活力巴格其。在援疆省市的支持下，组织村内各类人才参加了绿色种养、乡村旅游、农产品加工、农村物流、电子商务、农业职业经理人等培育项目，分批次培养了农业生产经营人才、二三产业发展人才、乡村公共服务人才、乡村治理人才、农业农村科技人才，建立了乡土人才库，拓宽了村级后备力量来源。三是以文化振兴铸灵魂，打造和谐稳定巴格其。运用杭州市援疆指挥部投入资金，对村级组织阵地及文化礼堂进行了改造，建成设施丰富、功能齐备、满足群众需求的新时代文明实践阵地，吸引各地党员干部参观学习。在巴格其村文化礼堂增设国学书画室和健身器材，为各族群众提供日常文化活动场所。四是以生态振兴为基础，打造美丽宜居巴格其。协调杭州市援疆指挥部投入资金，对巴格其民俗风情街民居外立面进行涂装、亮化、美化改造，对沿线道路基础设施进行优化升级，建设公共卫生厕所、葡萄长廊、木廊栈道等，有效提升村内旅游环境，旅游风貌焕然一新。五是以组织振兴为保障，打造政治过硬巴格其。坚持"结对共建，优势互补，资源共享，共促发展"，与杭州市援疆指挥部推进以共建促党建，以党建促帮扶，统筹整合资源，加强党建工作合力，推动双方党建互通互联互动，促进基层党建工作扎实推进，不断巩固提升基层党组织战斗堡垒作用。

六、积极配合协作，科学谋划推进，全面深化驻村帮扶工作

选派优秀干部到村担任驻村第一书记和工作队员，是加强农村基层党组织建设，推动解决乡村发展、建设、治理突出问题和农民群众急难愁盼问题，促进农村改革发展稳定，培养锻炼干部的有效途径。"过渡期"以来，各村级实践交流基地坚持与驻村第一书记和工作队密切协作，相互配合、相互支持，坚持党建引领，激活各方优势，链接各方资源，因地制宜明思路、找方向、强基础、谋发展，以扎实推进乡村基层党的建设工作为基础，激发新活力，探索新路径，培育新动能，构建新风貌，健全新机制，全面推进乡村产业发展、人才培育、生态建设、民生治理等各项工作。

广西壮族自治区百色市乐业县新化镇百坭村驻村工作队认真学习黄文秀同志先进事迹和优秀品质，扎实履行驻村工作职责，团结带领村"两委"班子接续奋斗，构建"党建引领+红色教育+乡村旅游+产业带富"四位一体发展新格局。一是当好农村党员"引路员"，持续建强村党组织。牢牢抓住村党组织建设这个关键，做好党员思想教育工作，引导动员农村党员积极参与乡村振兴。二是当好产业发展"指导员"，持续推进强村富民。抓产业促增收，分组行动，大力推进产业振兴。三是当好乡村善治"调解员"，持续提高治理水平。充分发挥自身政策知识优势，切实把矛盾化解在基层。四是当好人民群众"勤务员"，持续为民办事服务。把群众当亲人，安

排2名驻村工作队员全勤坐班党群服务大厅，全力为群众办实事做好事。

河北省保定市唐县北店头镇马庄村村"两委"与中国石油华北油田驻村工作队紧密合作，结合村里实际，创新思路，探索特色产业发展之路。一是心系百姓，做驻村群众的"贴心人"。工作队深扎基层，真诚干事，全面了解掌握每户村民发展实际，精准帮扶想方设法解决村庄饮水难、教育弱、设施缺等问题，协调帮扶资金用于村内基础设施建设。积极推行"金融帮贷+产业振兴"模式，助力村民持续增收。二是创新思路，做乡村振兴的"引路人"。工作队和村"两委"通过推行"四治"乡村治理新模式，着力提升乡村治理水平。通过培育特色产业、拓宽就业渠道、强化教育帮扶等措施，增强村庄造血功能和发展潜能。三是强化作风，做实干担当的"领头雁"。工作队秉持"做老实人，说老实话，办老实事"的原则，以"严肃认真的态度，严格的工作标准，严谨的工作流程，严明的工作纪律"，务实干事，担当作为，扎实推进驻村帮扶各项工作有效推进、落地见效。

七、紧扣中央部署，继续创新发展，扎实推进乡村建设和乡村治理

打赢脱贫攻坚战后，党中央作出部署，脱贫地区要扎实推进巩固拓展脱贫攻坚成果同乡村振兴有效衔接工作，在建立健全防止返贫监测帮扶机制的基础上，按照乡村振兴的战略部署，扎实推进乡村产业发展、乡村建设和乡村治理重点工作，全面推进乡村振兴，加快农业农村现代化步伐。"过渡期"以来，各村级实践交流基地，强化规划引领，统筹各方资源，探索创新机制，扎实推进乡村建设，改进乡村治理，深入推动宜居宜业和美乡村建设，促进农村社会和谐稳定发展。

黑龙江省伊春市嘉荫县红光乡燎原村围绕"基础设施基本完善、公共服务普惠可及、人居环境优美宜人、社会治理和谐有序、精神文化富有繁荣"的目标愿景，聚焦"和""美"，兼顾"内""外"，以建设宜居宜业和美乡村为抓手，全面推进乡村振兴。一是提高认识，加强领导。持续推进党建引领与宜居宜业和美乡村建设深度融合，充分发挥基层党组织战斗堡垒作用和党员干部先锋模范作用，通过明责任、强服务、补短板、建机制，村庄颜值不断刷新，群众获得感、幸福感显著提升。二是解放思想，更新观念。强化领导干部责任意识，切实解放思想、凝聚共识、转变观念，千方百计解难题，集中力量抓推进，实现示范一点、带动一片。培养激发村民在美丽乡村建设中的"主人翁"意识，提高村民参与度，营造建设美丽乡村的良好氛围。三是规划引领，高位推动。坚持高标准、高起点编制乡村规划，强化规划的整体性、系统性和前瞻性。根据已有区位条件、资源禀赋、发展基础等实际，按照"一村一景"，着力培育地域特色和个性之美，充分彰显乡村的特色和韵味。四是产业支撑，持续发展。坚持可持续发展，把发展特色产业作为推动宜居宜业和美乡村发展的重心，因地制宜培育农村经济发展新的增长点，激发乡村内生力量，促进乡村的可持续发展。

湖北省鄂州市鄂城区长港镇峒山村坚持党建引领，突出群众主体地位，着力激

活乡村振兴的"神经末梢"，以"群策群力"推动基层治理。一是健全组织体系。推进"党小组—四组一会—志愿服务队"三级组织体系全覆盖，建设小组理事会，包括党员代表、村民代表、致富能手（农民合作社）代表等。二是激发群众热情。小组理事会线下定期遍访入户、开"板凳会"，线上引导家家户户进群，收集整理村民问题清单，使平台成为干群之间的连心桥。采用"以奖代补"、捐钱捐物、让地让利等多种方式筹集资金，担负起建设、维护和管理小组公共基础设施的职责。完善积分星级管理，用"星级"评定组员带头作用，用积分衡量志愿者与群众的积极性，实行季度积分、年度评星，建设积分兑换超市，激发群众参与乡村治理和共同缔造的积极性。三是突出多元共治。建立"小组—理事会—志愿服务队—村民"四级治理共同体，打造"红色驿站""议事亭"，引导村民共议共商邻里事，协商解决小组内的问题和困难，做到纠纷不出村湾、矛盾不上交。

海南省五指山市水满乡毛纳村以群众需求为根本，秉承生态发展理念，弘扬黎族特色文化，加强整村规划建设，全面促进村庄建设提档升级。一是坚持共建共享，推动和美乡村治理。认真做好非物质文化遗产保护传承文章，实施整村外立面改造。成立"1867"农村歌舞队、凤凰花黎苗童声合唱团，利用传统节日开展黎族本土文化表演、竹竿舞、长桌宴和篝火晚会等民俗活动。结合黎锦开发黎族特色文创产品，深入打造民族特色村寨。全力开展治水、护林、净土和人居环境整治等工作，提升村容村貌。坚持和发展新时代"枫桥经验"，大力培养农村法律明白人，及时化解家庭纠纷、邻里纠纷、土地流转纠纷等各类纠纷，确保"小事不出村、大事不出乡"。二是坚持系统观念，强化生态环境保护。坚持生态环境系统保护和治理，全力开展六水共治，实施污水提升工程，积极开展撂荒地复耕工作，积极创建垃圾分类示范，推广建设"合亩仓库""建材银行""巴掌公园"，提升村容村貌。全面落实"河长制""林长制""田长制"，推行乡村治理"积分制"，引入第三方专业环卫公司，抓好村庄卫生常态化保洁。

贵州省黔南布依族苗族自治州罗甸县沫阳镇麻怀村党支部带领村民拧成一股绳，下定决心开新局，锲而不舍、夜以继日，耗时10余年实现了从贫困村到乡村治理、乡村建设"先进村"的蜕变之路。一是建强村级基层组织，夯实乡村建设基础。选优配强村"两委"干部，着力增强党组织凝聚力、号召力，争取定点帮扶资源建设村级党群服务中心，改善村级服务群众的阵地和环境。二是发挥党员先锋模范作用，带领村庄改天换地。持续发挥党员干部模范作用，带领发动群众从打穿隧道到路通水通电改网，串寨串户路全覆盖，农房面貌大变样，基础设施得到显著改善。三是弘扬劳模精神，改善人居环境。组织全村按照"一户一美"要求，建成覆盖所有农户的生活污水处理设施，完成卫生厕所改造提升109户，扎实推进人居环境整治行动，实现村庄"旧貌"换"新颜"。

云南省保山市腾冲市清水镇三家村扎实推进旅游景区建设，持续深化乡村治理、民族团结、乡风文明建设发展，组织各族群众精诚团结、增收致富，共同谱写了"产业强、村庄美、村民富"的乡村振兴美丽画卷。一是整治人居环境。持续深化人居环境"大排查、大宣讲、大整治、大督导、大曝光"专项整治行动，推进生态环境和村容村貌更美更优。充分发挥清水镇"机场、热海、古村、茶山、佤寨、关隘"资源优势，合理规划"吃住行游购娱"等旅游要素，建设各类特色景观，形成特色鲜明、清新雅致、意境优美的田园风光，实现经济、观光双收益。二是创新乡村治理。充分发挥合作社党群纽带作用，不断完善党组织领导下的自治、法治、德治相结合的乡村治理模式。大力推行"巷长制""三员三长制"，定期开展"美丽公约""最美庭院"评比等，增强党员中心户、社员户的辐射带动力度；聚焦爱党爱国爱家和民族团结进步、乡风文明等，不断修订完善村规民约；建立健全村民小组分级议事决策机制，构建形成民事民议、民事民办、民事民管的多层次基层协商自治格局；以"红色线路现场讲""司莫拉讲堂""板凳会""田埂会"等方式凝聚各族群众。

青海省海东市互助县五十镇班彦村积极探索符合自身实际的发展道路，扎实推进脱贫攻坚步伐，深入实施乡村振兴战略，打造了"幸福班彦"金名片。一是生态面貌持续改善。配套实施"三化三通"工程，完成水、电、路、气等基础设施建设改造，清洁能源使用率达到100%，村容村貌焕然一新。修建村级集中养殖区和污水处理站，解决群众生产生活排水排污问题。栽植感恩林、连心林，实施村庄绿化工程，实现了荒山荒坡及村庄周边绿化美化。二是文明乡风深入人心。以新时代农民实践站、农民大讲堂为平台，创新各类传统节日习俗活动，强化中国特色社会主义思想和中国梦宣传教育，举办酩馏酒展销、"青绣"盘绣大赛、香包大赛以及"安昭舞""轮子秋"等表演活动，使土族民俗文化艺术不断传承和发展，让群众尽享"政策和文化大餐"。推进发挥村规民约、红白理事会等作用，强化移风易俗，促进乡风文明。

当前，"过渡期"即将结束，巩固拓展脱贫攻坚成果，接续推进乡村振兴即将进入新的发展阶段，面临新的形势，承担新的任务。各村级实践交流基地应切实因应"三农"工作重心历史性转移的新局面，全面贯彻落实党中央、国务院乡村振兴战略部署，按照产业兴旺、生态宜居、乡风文明、治理有效、生活富裕的总要求，统筹推进农村经济建设、政治建设、文化建设、社会建设、生态文明建设和党的建设，加快推进乡村治理体系和治理能力现代化，加快推进农业农村现代化，走中国特色社会主义乡村振兴道路，让农业成为有奔头的产业，让农民成为有吸引力的职业，让农村成为安居乐业的美丽家园。一是继续抓好抓实巩固拓展脱贫攻坚成果各项工作，探索创新推进深化乡村产业、人才、文化、生态和组织振兴，充分发挥乡村振兴示范引领作用。在巩固拓展脱贫攻坚成果方面，要毫不放松抓好防止返贫致贫监测帮扶各项工作，牢牢守住不发生规模性返贫致贫底线，聚焦巩固"三保障"和饮水安全保障成果、帮扶产业、稳岗就业、易地搬迁后续扶持、帮扶项目资产管理、社会帮扶等巩固拓展脱贫攻坚成果的各项重点任务。在产业振兴方面，要坚持质量兴农、绿色兴农，结合自身要素禀赋条件和区域产业布局，生产多元化、特色化农产品，健全拓展产加销一体化产业链条，着力提升生产能力，健全产业体系，强化联农带农机制。在人才振兴方面，要积极参与现代农民培育计划，农村实用人才培养计划，抓好家庭农场经营者、农民合作社带头人培育，农村创业创新带头人培育行动，着力培育乡村工匠，切实加强乡村各类人才队伍建设。文化振兴方面，在保护传承的基础上，要创造性转化、创新性发展，传播优秀思想观念、人文精神、道德规范，充分发挥凝聚人心、教化群众、淳化民风重要作用。在生态振兴方面，要牢固树立和践行绿水青山就是金山银山的理念，坚持尊重自然、顺应自然、保护自然，统筹山水林田湖草系统治理，加快转变生产生活方式，建设生活环境整洁优美、生态系统稳定健康、人与自然和谐共生的生态宜居美丽乡村。在组织振兴方面，要坚持把夯实基层基础作为固本之策，加强农村基层党组织建设，深化村民自治实践，提升乡村德治水平，建设法治乡村、平安乡村，着力健全乡村治理体制、提升乡村治理效能。二是切实抓好抓实村级实践交流基地建设管理工作，适应新时期乡村人才队伍建设各项要求，为各级各类乡村振兴干部培训和人才培育提供有力支撑。在基地特色打造方面，要突出特色求实效，准确把握基地特色亮点，提升内在规律性认识，不断凸显交流主题，增强针对性，提高实效性。在加强规范管理方面，要全面提升基地软硬件，按照"缺什么补什么"原则，不断优化培训场所建设、附属配套设施，完善培训交流内容、丰富方式方法、优化实践交流方案。在为干部培训和人才培育提供支撑方面，要立足本县、放眼全省，打造基层干部深入学习观摩的活课堂，切实起到引领一方、带动一片的作用，形成燎原之势，切实推动乡村全面振兴。

目 录
CONTENTS

巩固成果守底线，接续振兴开新局

在农业农村现代化新征程中书写新的壮美篇章

　　——全国103个巩固拓展脱贫攻坚成果村级实践交流基地推进巩固拓展脱贫攻坚成果
　　同乡村振兴有效衔接工作综述

河北省 01

践行两山理论　走绿色发展振兴之路

——河北省石家庄市灵寿县南营乡车谷砣村

乡村建设
乡村治理

一、村情概述

　　车谷砣村位于石家庄市西北部太行山深处,全村总面积17.5平方公里,辖4个自然庄78户205人,耕地124.7亩[*],山场面积2.6万余亩,海拔从600米到1 880米不等,森林覆盖率达95%以上,沟深林密,崇山秀水。历史悠久,红色文化深厚。2011年以前,全村把鸡下个蛋也算进来,年人均纯收入还不足800元,只有一条长9.75公里、最宽处不足3米的坑洼山路通往外界,是当地远近闻名的贫困村。党的十八大以来,在习近平总书记的关心关爱下,乘着党中央脱贫攻坚政策的东风,通过抓党建提升乡村建设和乡村治理水平,村里发生了翻天覆地的变化,2014年率先在全县自主脱贫,并成功带动沟域内3个贫困村脱贫出列,1个非贫困村转型发展,共同走上了绿色振兴的康庄大道。

---

　　*　1亩＝1/15公顷。

2 /

二、主要做法

（一）抓党建促脱贫提高乡村治理水平，凝聚攻坚力量

一个党员就是一面旗帜，一个支部就是一座坚强的战斗堡垒。主要有三方面做法：一是严格组织生活。认真落实"三会一课"制度，每周五召开一次支部委员会，每月5日召开一次党员大会，每月上旬和下旬至少各召开1次党小组会，每季度最后一个月的25日讲一次党课，从习近平总书记系列重要讲话中汲取智慧和力量。二是追忆"入党初心"。每名党员联系1～3名生活相对困难的群众，不断强化党员责任感、使命感。组织全体党员到革命圣地西柏坡重温入党誓词，在鲜红的党旗下，举手宣誓，坚定初心使命，每年3月5日确立为车谷砣村的主题党日。三是点燃心中的希望。组织党员和户代表、村民代表到平山、阜平、正定等地学习考察，解放思想，探索发展。"共同参与、共同谋划、共同发展、共同富裕"的16字发展目标，把全村父老乡亲的劲拧在了一起，心聚在了一起。

（二）弘扬老区精神激发内生动力，打通致富道路

路，成为束缚车谷砣村发展的枷锁，一天打不开就一天看不到出路。通过三方面努力，增强村民致富通道。一是自筹资金启动修路工程。外出创业返乡，立志带领村民脱贫致富的村党支部书记陈春芳首先带头拿出5万元，并动员村"两委"干部集资18万元，正式开始了路基拓宽工程。他的积蓄花光了，又背着妻子，将县城的房子抵押贷款30万元，全部用在了修路上。车谷砣村自筹资金劈山修路的事引起灵寿县委、县政府的关注，原县委农工委、原县扶贫办都给予了资金支持。二是家家户户出义务工。请不起修路队，修路70%都是义务工，剩余的30%的工程量每天干10多个小时，乡亲们只挣到30元的生活补贴，村"两委"干部不仅不挣工分，还将县里发的干部工资都捐了出来用于修路。三是抢抓工期赶进度。为了赶进度，他们每天坚持干十一二个小时。深夜的大山，异常寒冷，每次排险下来，手脚都麻木了，脸被冻僵了，嘴唇发紫，说不出话来，双手常常和冰冷的铁棍冻粘在一起，一揭一层皮，鲜血直流，即便这样，也没有一人喊苦叫累。2016年6月29日，经过2年6个月零29天的艰辛努力，终于将原来长9.75公里，最宽处不足3米的山路全部拓宽到了8米，打开了束缚车谷砣村发展的枷锁，打通了致富路。

（三）党支部领办合作社全体村民入股，壮大村级集体经济

只有壮大新型集体经济，赋予村民对集体资产更多权能，才能加快农村发展。一是理清集体资产。2016年对村内林地、草地、公益林等资源性资产，经营性资产和卫生室、村"两委"办公室等非经营性资产进行清产核资，厘清了村内集体资产，经车谷砣村集体经济组织成员代表会议确认，张榜公布。二是合理配置股权。核实清查村内人口登记造册，依据集体经济组织成员资格设置人口股，同时设立集体股，集体股与人口股的比例为5：5，三榜定案，充分接受村民监督。将村集体经营性资产以股权的形式量化到人，村民凭股权参与管理决策，享有收益分配，承担经营风

车谷砣村党支部书记陈春芳排险修路

险，实现资产变股权，村民做股东。三是壮大农村集体经济组织。在村党支部的领导下，成立了南营乡车谷砣村股份经济合作社，制定了《合作社章程》，成立了股东代表大会，选举了董事会、监事会，形成了"三会"治理结构，终止了村委会代行村集体经济组织的职能。全村所有土地也全部流转到了合作社经营。

（四）践行"两山理论"发展生态康养旅游，走绿色发展振兴之路

绿水青山就是金山银山，良好生态环境既是自然财富，也是经济财富，关系经济社会发展潜力和后劲。一是红色文化引客流。利用现存的晋察冀边区银行货币历史陈列馆、西北战地服务团、晋察冀军区后方医院、汽笛文学社、李学鳌故居等红色文化资源，发展红色旅游，吸引游客。二是生态康养富民生。依托红色文化和良好的生态资源，建设了革命历史陈列馆、医养结合院、观光栈道、商业街、特色民宿、村史馆等，初步建成了中国·灵寿车谷砣康养旅游度假区，实现康养旅居完善统一。三是抱团发展添活力。在车谷砣村走上富裕道路的同时，又把整个沟域中黄土梁、南枪杆、团泊口、南寺4个村纳入车谷砣旅游发展成员村，在组织帮助下，创新成立了车谷砣沟域联合党总支，将沟域内的5个村统筹谋划，按照"一沟一产业，一村一特色"的建设思路，通过村"两委"+合作社+农户+旅游开发公司的"四位一体"合作经营模式，沟域内全体村民入股，共同打造总投资21.5亿元的"中国·灵寿车谷砣全沟域生态旅游度假带"。同时，带领沟域内5个村的全体村民联合

打造了猕猴桃产业带和优质核桃、板栗、中华寿桃采摘园，把农业做成产业化，把旅游做成规模化，把康养做成市场化，实实在在地把绿色生态重笔写在太行山上。

如今的车谷砣美丽、富裕、祥和，红古绿交相辉映，康养旅居完美统一。2024年人均纯收入突破了1.5万元，比10年前稳稳翻了18倍，也收获了全国生态文化村、国家森林乡村、全国乡村治理示范村、全国乡村旅游重点村、全国第一批绿色村庄等众多殊荣，入选《全国乡村旅游发展典型案例》，被评选为全国巩固拓展脱贫攻坚成果村级实践交流基地。2024年成功创建3A景区。

三、经验启示

(一) 坚持党的领导是根本

实践证明，始终坚持党的全面领导，是我们事业成功的"制胜法宝"。从脱贫攻坚走向乡村振兴的历程中，必须坚持党的领导，不断提高党的领导力、组织力、凝聚力和战斗力，为脱贫攻坚和乡村振兴提供强有力的组织保障。

(二) 坚持人民至上是关键

实践证明，在脱贫攻坚和推进乡村振兴历程中，必须坚持人民至上，始终坚持以人民为中心的发展思想，充分激发群众的内生动力，增强自身可持续发展能力，以更大力度、更实举措，让脱贫基础更稳固、脱贫成效更可持续，才能让群众的日子"节节高"。

(三) 坚持绿色发展是重点

实践证明，生态环境是人类生存发展的根基，保护好生态环境，走绿色发展之路，人类社会发展才能高效、永续。改善生态环境就是发展生产力，在推进乡村振兴历程中，必须坚持生态优先，以绿色发展为引领，把"绿色"作为"底色"，使人与自然和谐共生，建设宜居宜业和美乡村，让绿水青山变为金山银山。

(四) 坚持共同富裕是目的

共同富裕是社会主义的本质要求，是中国式现代化的重要特征。要实现共同富裕就要抱团发展，全体村民参与，形成推进乡村全面振兴的强大合力，只有这样，才能实现产业兴旺、生态宜居、乡风文明、治理有效、生活富裕，走好中国式现代化道路。

弘扬赶考精神　唱响嘹亮团结歌

—— 河北省石家庄市平山县西柏坡镇北庄村

社会帮扶

北庄村民高唱团结歌，感恩总书记，感谢党中央

一、村情概述

　　平山县西柏坡镇北庄村是岗南水库移民村，歌曲《团结就是力量》诞生地，全村总面积960亩，人口90户328人。2021年2月7日，习近平总书记给西柏坡镇北庄村全体党员回信，对村庄脱贫攻坚工作给予充分肯定，给予北庄村极大鼓舞和激励。北庄村坚决贯彻落实总书记回信精神，挖掘"红""绿"优势，创新发展特色产业，被中央组织部选为全国红色村、获评第二批革命老区振兴发展示范村、全国乡村旅游重点村、中国美丽休闲乡村，打响了"团结唱响地　幸福北庄村"的乡村振兴品牌。2023年，北庄村入选全国巩固拓展脱贫攻坚成果村级实践

交流基地。

二、主要做法

北庄村始终牢记总书记"让老区群众日子越过越红火"要求，弘扬赶考精神，用红色基因凝心铸魂，深耕"红""绿"资源价值转化，通过村企合作，发挥优质企业市场化运作优势，盘活闲置房屋和集体建设用地，打造红色旅游产品，发展壮大特色产业，提升村庄品质。2023年北庄村集体收入达到140万元，村民人均纯收入2.2万元，广大群众更加自觉地感恩总书记、感谢党中央。

（一）党建引领夯基础

习近平总书记在回信中指出，充分发挥先锋模范作用，把乡亲们更好团结起来、凝聚起来。北庄村"两委"班子牢记总书记嘱托要求，健全完善"三提升两规范"机制，过集体"政治生日"，上"团结就是力量"专题党课，通过组织党建年会、主题摄影展、打麦场会演等系列活动，让人们感受北庄发生的翻天覆地变化。制定了党员联户制度，优化了村级事务小微权力流程图，形成了社会治理、清洁乡村、村风民俗等6方面规定，探索出乡村治理的"北庄模式"。同时，坚持市场化理念，村党支部领办成立"北庄力量"旅游开发公司，通过"经济合作社+"模式，引进专业企业对红色旅游项目进行托管运营，引导村集体和村民入股，实现了家家有收入、人人有事干。北庄村红色党建模式入选基层党建品牌，被中央和省、市推广学习。

（二）村企合作强动能

依托红色资源优势，以"企业+村合作社+农户"模式，发挥红星美凯龙等优质企业市场化运作优势，盘活闲置房屋和集体建设用地，打造红色旅游产品，配套发展"红色民宿、红色餐饮、红色文创"三个红色旅游新业态，让北庄村全域形成了一座没有围墙的红色博物馆。还原了"打麦场"，县河北梆子剧团定时在此演出，与游客互动，和紧邻的"团结就是力量"村史馆动静结合，成为游客首选打卡地。打造了两处民宿和"团结食堂""团结书屋"等，推出"团结宴""忆苦饭"等特色餐饮。建成西柏坡文创馆，与中国美院合作开发50多种产品，红旗雕塑、小小英雄等系列文创产品深受游客青睐。建设北庄电商直播助农惠农展销基地，引入拼多多平台，通过网络直播、现场体验等方式，展销特色农产品800余款，营业额达到100多万元，不断拓宽群众增收渠道。北庄农家书屋现有1.4万余册图书，采用线上、线下同步推荐方式，通过"冀云·冀农书屋"开启电子图书阅读，"读"出了乡村精气神、新风尚，"传承红色基因 融合共建共享——农家书屋成为红色文化传播阵地"入选农家书屋创新示范案例。同时，开展红色培训、红色研学，"全国团结精神研学体验地"的热度越来越高。2024年以来，共接待游客约20万人次，旅游收入100余万元。

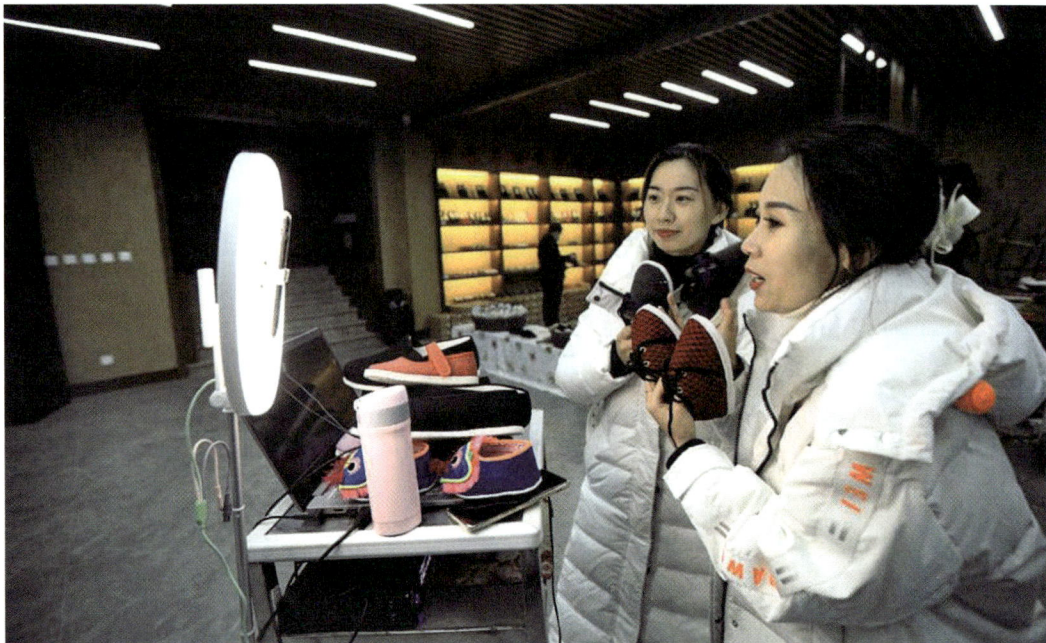

主播在直播间展示团结手工坊的手工布鞋

（三）特色产业焕新生

北庄村坚持"红""绿"融合，发展壮大特色产业，培育智慧田园现代农业项目，以及幸福果园、北庄半岛、北庄荷塘、北庄茶室等产业项目，实现了户均增收0.8万元，为乡村振兴注入新动能。其中，智慧田园占地20亩，有6座果蔬大棚，都安装了物联网管控系统，种植有草莓、五彩西红柿、黄瓜等优质品种，实现年产值30余万元。幸福果园占地83亩，建设了精品果园、开心农场、连栋大棚和田园小品，打造乡村网红打卡地。北庄半岛项目是对西家沟自然庄228亩滨水半岛进行保护式开发，打造了两处观光民宿，新建了"团建小游园"、5座树屋、心形小品等配套设施，让游客沉浸式体验乡村乐趣和乡愁情怀。团结北庄手工坊由村致富带头人王亚梅创办，村里的大娘大婶每天聚在一起纳鞋底、做布鞋，月收入将近1 500元。团结北庄手工坊荣获"河北省三八红旗集体"称号。非遗手工坊利用闲置院落，精心打造特色产品区，现场展示非物质文化遗产制作工艺，让游客参与体验制作过程。同时，家家户户的屋顶光伏，成功实现并网，并建立了定期维护机制，户均每年可获得2 000元稳定收入。

（四）以人为本强效能

按照"质朴、实用，不贪大、不求洋"的原则，加强道路、给排水、电力通讯、生活垃圾处理等基础设施建设和绿化建设，打造"绿色、生态、宜居"村庄。通过开展绿化美化、改厕、线缆入地、房屋保温层改造等工作，全方位提升医疗、养老、文化等公共服务水平。特别是改建的"团结就是力量"村史馆，全面展示了总书记重要回信、北庄人民英勇抗战、西北战地服务团战斗宣传、《团结就是力量》歌曲诞生、岗

团结手工坊内一起纳鞋底的老姐妹们

南水库移民精神、脱贫攻坚和乡村振兴等内容，成为展示北庄村光荣历史的重要平台。建设高标准综合服务站，每天安排干部轮流值班，方便群众了解惠民政策、缴纳合作医疗、查询各类信息、办理各项涉农事务等；建设日间照料点，为本村老年人提供休息、娱乐、餐饮等照料服务。2023年全国农村厕所革命现场会在西柏坡镇召开，北庄村作为村级观摩点，展示了全县乃至全省的工作成效。

三、经验启示

（一）用好用活红色精神是根本使命所在

西柏坡精神是中国共产党人五大精神谱系之一，北庄村"两委"班子牢记总书记嘱托要求，设置综合服务站、便民服务点，实行办事服务流程公开、一站式办结，通过创新形式、丰富载体、拓宽渠道，建强村党组织，做到"村无闲户、户无闲人"，努力走好新时代"赶考"路，让西柏坡精神绽放时代光芒。

（二）红农文旅"链式"融合发展是迭代升级必由之路

北庄村系统运用"红色+"思维，兼顾文化产业和文化设施双重属性，构建红色文化空间，唱响"团结歌"，打造"团结食堂""团结书屋""打麦场""红色民宿"等红色项目，创设了一本团结就是力量的"红色家谱"。通过强化红色资源与自然风光、乡土乡情、民俗文化、康养等深度融合，贯通产加销，融合农文旅，是红色资源丰富地区转型发展的方向。

（三）联农带农促进共同富裕是乡村振兴的主攻方向

北庄村坚持市场化理念，通过"经济合作社+"模式，引入优质企业参与村级项目运营管理，构建"联得紧、带得稳、收益久"的长效机制，发展带动力强、就业量大的富民产业，让农民分享产业增值收益，实现了家家有收入、人人有事干，为推进乡村全面振兴和实现共同富裕提供机制保障。

小北沟村入口迎宾路

党建奏响振兴曲　村民共富向未来

—— 河北省承德市丰宁满族自治县大滩镇小北沟村　搬迁后扶

一、村情概述

小北沟村位于丰宁县北部，地处京北第一草原核心地带，全村总面积6.247万亩，其中耕地面积11 290亩，全村共318户852人，常住户222户501人。2023年人均收入17 800元，村集体经济收入135万元。2020年，小北沟村获评国家级乡村游重点村；2022年获评全国民主法治示范村；2023年被评为第三批全国乡村治理示范村，并作为丰宁县学习运用浙江"千万工程"典型经验示范村进行重点打造。

二、主要做法

小北沟村充分发挥党建引领作用。尤其是2023年以来，充分学习运用浙江"千万工程"经验，以党建为引领，在易地扶贫搬迁后续扶持、产业发展、乡村治理、乡村建设上不断创新，全力打造"京北满乡、丰宁之窗"京北高寒地区乡村振兴示范样板。

（一）把规划和需求关联起来，在高质量发展中绘就和美乡村

聘请专业公司，在充分调研了解村庄发展和群众需求基础上，进行高标准规划，着力打造"红映坝上"品牌，形成"一核一轴三片区"的发展格局。"红映坝上"即以党建示范为引领，打造呈现示范多元、和美共富小北沟，辐射带动整个坝上片区乡村振兴；"一核"即脱贫实践交流服务核。建设脱贫实践交流服务中心和乡村驿站研学大本营，融合数字乡村理念，建立资源集成数字平台，实现线上线下双向互动；"一轴"即建设乡村振兴和美发展轴。统筹乡村振兴和生态建设两大政治任务，在"建生态、护生态、用生态"上下足功夫，打造"京北生态第一村"；"三片区"即依托现有旅游基础优势和资源禀赋，建设三个片区。其中，丰味乐游片区着力培育和推广丰宁烤全羊、"八大碗"等特色美食，实现小北沟"品一席、住一晚、游一地"的一站式出游体验。民俗研学创意片区做足草原亲子文章，建设草原亲子乐园，融入满族剪纸、滕氏布糊等非遗研学活动、民俗文化活动，实现旅游多业态、多元素。马术体验片区以契丹马场和马术骑士俱乐部为基础，分设专业区和亲子区两个部分，满足游客专业化、休闲化等不同体验需求，打造"京北马文化精品村"，通过上述三个路径解决搬迁群众收入问题。

（二）把生态和人居贯通起来，在新型乡村建设中实现生态优先，村庄宜居宜业

一是生态治理实现效益化。将生态环境保护作为重要基石，树立生态优先发展理念，采取封山育林、退耕还林、退耕还草、防沙治沙等保护措施，累计造林2万亩林地，退耕还林4 400亩，草场封育2万亩，丰富的生态资源和良好的生态环境，成为吸引游客的名片，实现了生态效益和经济效益双赢。二是厕所改造实现优质化。牢固树立"小厕所、大民生"理念，因地制宜确定水冲厕所和卫生旱厕两个标准，采取以奖代补模式，调动农户改厕积极性，健全后续管护长效机制，配发小型吸粪车，建立改厕维修点，打通改厕"最后100米"。截至2024年上半年，所有新建户厕全部"退街、进院、入户"，建设水冲厕所168座、卫生旱厕81座，改厕率达100%。三是综合治理实现洁净化。以生活垃圾污水治理为重点，坚持建管用并重，推进农村生活污水垃圾减量化、资源化、循环利用。根据旅游产业发展需求，因地制宜建小型污水处理站，解决生活污水乱排问题。依托生活垃圾市场化运行模式，发挥村庄保洁员作用，采取农户定点投放、保洁员上门收集的模式，全部运至垃圾焚烧发电厂，实现生活垃圾日产日清。四是基础提升实现宜居化。坚持基础设施和公共服务同步推进，不断提升村民幸福指数。结合爱国卫生运动，全面清理生活垃圾、畜禽粪污、残垣断壁，实现村庄清洁由面上整治向庭院延伸。全面清理私搭乱建，利用清拆腾退出的空地，建设生态广场，打造网红打卡点。截至2024年上半年，建设美丽庭院123个，常住户创建率达100%，星级美丽庭院84户，占比达41.2%，有效解决搬迁群众融入问题。

（三）把强村和富民统一起来，在完善现代产业体系中实现群众致富增收

一是在绿水青山织就金山银山中拓宽群众增收渠道。经过多年生态保护，小北

沟村拥有林地3万多亩，草地2万多亩，湿地0.4万亩，生态资源质效大幅提升，带动旅游业态蓬勃发展。在旅游旺季，农家院、民宿可提供就业岗位650余个。利用村内1.13万亩耕地，大力发展时差蔬菜、优质杂粮等农作物，实现年人均增收5 500元以上。二是在合作社壮大中带动产业就业。成立旺国古居农宅旅游专业合作社，全村48家农家院全部入社，采取"六统一"模式，带动旅游业规范化发展，年可吸纳游客15万人次以上，实现营业额5 000万元，带动本区域650人就业务工。截至2023年，小北沟村村民年人均收入1.85万元，旅游业收入占总收入的60%以上。依托双全养殖合作社，采取集中联建方式，建设肉牛养殖小区，带动全村48户养牛户集中圈养，肉牛存栏达1 600头以上，实现户均增收6万元以上。三是在利益联接中实现村集体收入增长。通过资源入股、自主经营、场地出租等形式，不断提高村集体经济收入。以资源入股方式，与上海建筑设计院共同打造高端旅游业态——雄库鲁帐篷酒店，带动就业务工50人，年利益分红33.5万元。采取"上级支持+村级自筹"方式，建设权属为村集体的餐饮酒店一处，通过出租方式，村集体年增收20万元。为吸引北京周边高端马产业客群进驻养马，建设高标准马匹繁育中心一处，采取"公司+养殖户"模式，实现村集体收入20万元，同时，促进本地46户养马村民，年户均增收3万元以上。截至2023年，小北沟村集体经济达到135万元，被中共河北省委组织部评为壮大村集体经济先进基层党组织。四是在普惠共享中推动生活富裕。

小北沟村精品民宿（星级庭院）

为全面带动全村发展，采取"确权确数不确块"模式，聘请第三方评估公司，将村内所有资源全部进行评估，评估价值达到28.7亿元，同时筹备村集体建设用地200亩，积极开展招商引资，为旅游产业发展蓄能。以产权制度改革为契机，通过资源折股量化，确定股民850人，明确土地出租不出让、合资不独资，为推动共富乡村奠定基础。

三、经验启示

（一）以党建引领为引擎，全面凝聚发展合力

小北沟村坚持把夯实组织基础做为乡村振兴引擎，突出抓好阵地建设，建设高标准党群活动服务中心，统筹宣传、政法、司法、民政、妇联、团县委等部门职能，丰富"党建+"内涵。创建党建主题展厅，通过展示党建引领全村发展历程，打响党建引领"红映坝上"品牌。

（二）以环境整治为抓手，坚实乡村发展之基

小北沟村深入践行"绿水青山就是金山银山"发展理念，把"优越的生态、美丽的乡村"作为赢得"金山银山"的最大优势，以建设和美乡村为目标，创新机制开展人居环境整治。

（三）以村民共富为目的，激发乡村产业活力

小北沟村以提高村集体和村民收入为目标，立足自身优势和资源禀赋，聚焦特色产业，不断做深内涵，做大外延，做强品牌，紧抓产权制度改革契机，探索创新发展模式，实现村集体收入和农民收入双增长。

以三大产业奋力谱写乡村振兴新篇章

—— 河北省张家口市张北县小二台镇德胜村

特色产业

德胜村部分荣誉展示

一、村情概述

德胜村位于河北省张家口市张北县城11公里，曾是坝上有名的贫困村，全村总面积13.5平方公里，其中耕地5 508亩，林地4 900亩，草地7 728亩，辖4个自然村，共537户1 133人。2017年1月24日，习近平总书记到该村考察调研，同村干部和村民代表进行座谈，对精准扶贫工作作出重要指示。几年来，在各级党委、政府的亲切关怀和大力支持下，德胜村全体干部群众始终牢记总书记嘱托，把脱贫攻坚、乡村振兴、现代农业发展和美丽乡村建设有机结合，以大力发展特色产业为基础，统筹兼顾，共同推进。2024年人均年收入2.46万元，村集体经济达到240万元。先后荣获全国脱贫攻坚先进集体、全国先进基层党组织、全国文明村镇等国家级荣誉，入选全国巩固拓展脱贫攻坚成果村级实践交流基地名单。

二、主要做法

为摆脱贫困，德胜村人牢记嘱托，感恩奋进，坚持把队伍建设作为首要要务，把脱贫产业发展作为治本之策，把和美乡村建设作为关键举措，发掘自身资源优势，因地制宜、内培外引，走出一条可复制、能推广的脱贫致富奔小康之路。

（一）坚持党建引领，有效激发乡村振兴活力

将村"两委"班子、支部组织和致富能手队伍建设摆在突出位置，精心耕种人才培育"希望田"，为乡村振兴发展深挖根基、积蓄力量。德胜村聚焦推进现代农业产业体系、生产体系和经营体系建设，以服务现代农业发展为导向，采取"选、建、育、管、用"相结合的方式打造产业培育与发展"带头人"，全力提升高素质农民生产经营能力，带动200名村民实现就业增收。同时，积极将致富能手和外出返乡优秀青年发展成入党积极分子、党员，通过设岗定职、评星定级等，组织实施"我是党员我带头"等服务活动，发挥党员队伍先锋模范作用。特别是在脱贫攻坚和疫情防控等大考大战中，涌现出一批勇于担当、甘于奉献的优秀党员。2021年，德胜村党支部被评为"全国先进基层党组织"。

（二）坚持融合发展，不断壮大特色富民产业

聚焦产业融合发展，坚持以创新引领发展，把优势产业做得更优、把特色产业做得更强，将产业发展作为脱贫致富的治本之策，因地制宜、内培外引，全力打造共同富裕的产业发展之路。一是壮大现代农业产业。在已有村民探索种植马铃薯种薯的基础上，积极与大农种业、中国薯网等企业开展合作，建设马铃薯微型薯育种园区和加工园区300亩，建成育种大棚280个，注册"御富德胜"商标，获取国家绿色认证，并将马铃薯生产纳入龙头企业生产流程、质量控制、品牌管理、销售网络

德胜村马铃薯育种大棚与千亩农光互补项目

第三届中国国际太阳能十项全能竞赛天津大学作品

管理，实现了市场化、标准化、网络化生产经营。截至2024年上半年，村庄已有180余户承包种薯育种大棚，年集体创收100万元，每个大棚年收入稳定在2万元以上。另外，"农业创新科技馆"作为生态养殖示范基地，已建成生态种植养殖示范大棚6个，集中饲养坝上黑猪80余头，实现绿色低碳循环生态种养结合。二是争取光伏扶贫产业。争取上级项目资金450万元，建成共计500千瓦光伏电站2座，年可发电75万度，集体经济年稳定增收70余万元；流转荒山荒坡、草地等闲散土地2 600多亩，以市场化机制引进中电投公司投资4.35亿元建设光草互补生态项目，建成5万千瓦农光互补电站1座，种植中药材620亩、苜蓿1 800亩，土地流转和设备维护年收益约160万元，村民就近打工年可人均增收2 000元，实现"租金""薪金"双收。三是探索民宿旅游产业。采取政府引导、企业代建、村企合作、土地补偿的商业运作模式，统一规划建设德胜新村，全力推进乡村文旅产业发展。已建成二层小楼为主的高标准民房140套，开设德胜印象展览馆（村史馆），成功打造40多栋独具特色的民宿小院，配合拍摄央视大型文旅探访节目《山水间的家》。成功举办冬奥会火炬接力和"第三届中国国际太阳能十项全能竞赛"，保留太阳能大赛绿色装配式建筑房15套，被评为"全国乡村旅游重点村"，年接待游客近10万人，民宿直接收益达60多万元。

（三）坚持全域谋划，全面建设宜居宜业和美乡村

德胜村通过拆旧房、盖新房、搭戏台、建广场，完善水、电、路和污水处理等基础配套设施，打造安居乐业的德胜新村。一是采取联村新建、整村搬迁、改造提升三种模式，对居住条件普遍较差的两个自然村进行拆除，建成风格独特、舒适宜居的德胜新村。二是实施主街道硬化、自来水入户、地下给水排水、污水处理、电力配套等基础设施建设工程，实施院墙统一改造工程、村庄绿化工程，2021年被评为省级森林乡村。三是依托德胜印象展馆和自创的《德胜新赞》《德胜村歌》等载体，深入讲述德胜脱贫故事，广泛宣传乡村振兴新成果，打造乡村文化"德胜样

德胜村新貌

本"。鼓励村民通过参与集体劳动和公益事业进行积分兑换，激发村民内生动力，先后被评为"全国民主法治示范村（社区）"和"全国乡村治理示范村"。

三、经验启示

（一）要走好因地制宜规划路

跳出思维定式，用更广阔的视野，全盘思考，进而发现优势、找准定位、明确方向。德胜村在瞄准"坝上第一村"定位基础上，充分分析自身资源禀赋及可利用条件，积极摸索"企业带动村民、一二三产融合发展"的德胜模式，高质量制定产业发展规划、村庄发展规划、脱贫攻坚计划和乡村振兴计划等方案，有效引导全村迈上振兴之路。

（二）要走好发展资源整合路

用好乡村振兴自上而下的资源，严格按照专款专用、使用时限等制度要求实施。同时，借助社会资本，做好资源整合。德胜村以"党支部+企业（合作社）+基地+农户"模式，通过"企业引进、基地培育、土地入股、群众参与"的形式，有效整合国家帮扶资金、社会闲散资金、农村土地和人力等资源，构建起"金、银、铁"多层次高质量产业发展格局。

（三）要走好文明乡风建设路

必须将乡风文明建设摆在重要位置，提高农民群众的思想道德素质和科学文化素质，激发乡村振兴的内生动力。德胜村通过建村史馆、讲村史、唱村歌有效提升村民的自尊感、自信感和自豪感，通过开设道德银行、爱心超市，举办"最美德胜人"评选、集体舞狮、扭秧歌等活动，有力凝聚了团结互助、相亲相爱的同心合力，全面激发村民形成崇尚文明的好风气。

骆驼湾食用菌大棚

提升生态旅游品质　合力赋能乡村振兴

——河北省保定市阜平县龙泉关镇骆驼湾村

特色产业

一、村情概述

　　骆驼湾村位于河北省阜平县城西38公里处，是2012年12月30日习近平总书记视察阜平时走访慰问的第一个村。全村耕地面积990亩，共295户574人，常住人口130户220人。2012年底，贫困户189户447人，人均可支配收入950元，贫因发生率79.4%。骆驼湾村干部群众牢记习近平总书记殷切嘱托、苦干实干，坚持因地制宜、科学规划，找对了发展的新路子；坚持长短结合、多点支撑，拓宽了增收的新渠道；坚持扶智扶志、转变思想，激发了群众内生发展动力，在打赢脱贫攻坚战和巩固拓展脱贫攻坚成果方面取得了明显成效，在合力赋能乡村振兴上探索出新路径。

二、主要做法

　　按照习近平总书记"宜农则农、宜林则林、宜牧则牧、宜开发生态旅游则搞生

19

态旅游"的指示精神，骆驼湾村充分发挥基层党组织引领农村改革发展的作用，结合村内实际，聚焦产业结构优化升级，发展食用菌、高效林果、乡村旅游等多个产业，有效促进特色产业融合发展，多渠道提升农民收入水平，壮大村集体经济。

（一）坚持扶智扶志，激发群众发展内生动力

建强村党支部，发挥表率作用。大力加强党组织建设，构建起以村党支部为领导核心，村代会、村委会、村监会为决策执行监督机构，村经济合作组织为辅助的"五位一体"村级治理体系，党组织真正成了带领群众脱贫致富的"主心骨"和"领路人"。开展典型评选，倡导文明新风。组织开展"十星级文明户评选""志气榜""爱老孝亲榜""致富带头人""美丽庭院"典型评选表彰活动。举办农家书屋读书活动，营造脱贫光荣的浓厚舆论氛围，持续掀起人人争当典型、人人学做模范的热潮。

（二）坚持人居环境整治，提升乡村村容村貌

推进生活垃圾治理，深入开展"美化"行动。组织群众深入开展秸秆、柴草、垃圾及建筑废弃物"四清"行动，彻底解决了"垃圾乱倒、粪土乱堆、污水乱流、柴草乱放"的问题。2017年完成全村新民居提升改造，上下水、电、地暖、网络等设施齐全。村内街道及通户路面全部硬化处理，路灯排列道路两侧，整洁美观，街道两旁、门前屋后种满鲜花绿草。修建农业生产蓄水塘坝、污水和垃圾处理设施，改造提升农村电网、通讯基站、宽带网络，公共服务设施全面提升。

骆驼湾村高山林果产业

（三）坚持长短结合多点支撑，拓宽增收渠道

发展生态旅游产业。 骆驼湾村围绕绿色旅游和红色旅游两大主题，成立了阜平县顾家台骆驼湾旅游发展有限责任公司，对农户房屋进行租赁，价格为100元/平方米，共计78户，总面积6 274平方米，统一装修并交由北京寒舍集团公司运营，打造高端民宿。同时，配套建设接待中心、小吃美食街，既增加了村集体收入，带动了相关产业发展，又使村民获得房屋租金、旅游业打工工资、土地流转金等多项收入。其中从业人员中，有建档立卡脱贫户49人，每人每年增加就业收入2万元。

发展林果产业。 发展苹果、樱桃等高效林果700亩，带动常年务工39人，人均年增收2万元，季节性务工150余人，人均年增收4 000元。土地流转金每年87万余元，户均年收入3 000多元。

发展食用菌产业。 建成香菇冷棚75栋，32户包棚户户均年增收6万元，带动务工104人，人均年增收1万元。骆驼湾村适时对该产业进行了巩固提升，邀请河北省现代农业产业技术体系食用菌创新团队专家定期指导，菌棒通过提纯复壮提高了产量，产业效益进一步提升。

发展休闲渔业。 骆驼湾村充分利用村内优质水源，发展冷水鱼养殖。在驻村工作队的努力下，由河北省农业农村厅渔业处扶持的河北省休闲渔业项目在村内落地。同时，积极与河北省淡水鱼创新团队对接，协调价值2万元的虹鳟、金鳟、三文鱼供游客观赏。

拓宽创业就业渠道。 定期召开在外务工人员、大学生座谈会，共同谋划村内发展，鼓励他们返乡创业。建成瓦窑三座暖棚，发展花卉种植培育产业，3年增加集体收益10万元。种植猕猴桃25亩，带动20人务工。流转土地780亩，覆盖全村147户，种植高山苹果、优质核桃、樱桃、林下药材，带动60余人务工。

骆驼湾村人均可支配收入由2012年底的950元增长到2023年底的21 784元。2021年，骆驼湾村入选全国脱贫攻坚交流基地和脱贫攻坚考察点。2023年入选全国巩固拓展脱贫攻坚成果村级实践交流基地。先后荣获全国文明村镇、中国传统村落、中国美丽休闲乡村、国家森林乡村、全国乡村旅游重点村等称号。

三、经验启示

（一）以习近平新时代中国特色社会主义思想为根本遵循

骆驼湾村始终坚持以习近平新时代中国特色社会主义思想为指导，在乡村振兴工作中，以乡村发展、乡村建设、乡村治理为主线，守住不发生规模性返贫的底线，不断强化村党支部龙头作用，积极发挥农村基层党组织领导作用，持续抓党建促乡村振兴，突出基层党组织政治功能，深化基层民主管理实效，着力强基础、育头雁、壮产业，为实现乡村振兴提供坚强组织保障。

（二）以坚持党建引领带动村庄发展为工作基础

始终加强基层党组织建设，做到坚持党建引领。骆驼湾村认真贯彻落实乡村振

兴责任制，压实推进乡村全面振兴责任，健全村"两委"成员经常入户制度，结合推进村级党组织换届，采取考核留任一批、本村选拔一批、能人回请一批、跨村交流一批的方式，选优配强乡村振兴"头雁"队伍。依托村"两委"和党员代表带动村民进行村庄规划建设，立足"一村一策"，培育"一村一业"通过统筹各方资源，探索出村企共建、社会参与、产社融合等多元化共富机制。

（三）以改变落后面貌和挖掘特色产业为主要路径

通过传承发扬传统乡土文化，深耕乡村文化内涵激活群众脱贫内生动力，提升乡村内在品质和文化气质。通过绿化整治并行，持续改善人居环境，实施农村环境提升，打造宜居宜业和美乡村。在内外兼修改变落后面貌基础上，强力推进产业发展，实现产业兴旺。围绕食用菌、民宿旅游、高效林果三大支柱产业，引进阜裕公司，延伸产业链条，拓宽销售渠道，实现三产融合发展，提升品质，打造品牌，增加群众收入。

巩固拓展守底线　激发内力促振兴

——河北省保定市唐县北店头镇马庄村

工作队与村"两委"、村民代表座谈

一、村情概述

河北省保定市唐县北店头镇马庄村地处太行山东麓。中国石油华北油田驻河北保定唐县马庄村工作队与村"两委"紧密合作，结合马庄村实际，创新思路，探索特色产业之路，以铁人精神和愚公移山之志，六个春节、六个中秋节坚持驻守一线，成功实现返贫、致贫动态清零，2018年整村脱贫出列。2023年，村集体经济收入达到22.2万元，经济实力稳步增强。

二、主要做法

（一）心系百姓，做驻村群众的"贴心人"

工作队深扎基层，以助力乡村振兴为己任。一是真诚干事，精准识贫夯基础。工作队经常深入走访群众，全面了解掌握每户村民的风险情况，坚持"四议两公开"原则，精准确定监测对象，用诚挚的态度和过硬的作风赢得民心。二是真情为民，精准帮扶做实功。想方设法解决村庄饮水难、教育弱、设施缺等问题，协调帮扶资金600余万元用于村内基础设施建设、平整田间道路、修巷路街道、安装村内路灯、建设村民活动中心、建设扶贫工厂等，及时解决贫困群众急难愁盼。三是智志双扶，激发内生动力见实效。工作队积极推行"金融帮贷+产业振兴"模式，累计为脱贫群众和普通群众协调贷款千余万元，造血3个亿，助力村民持续增收。

（二）创新思路，做乡村振兴的"引路人"

工作队创新工作思路，勇挑发展重担，以党建为引领，将"四治"理念深度融合于工作中，努力做好乡村振兴的引路人。从组织、人才、产业、生态、文化等多个方面综合施策，引领乡村振兴发展。一是强化党建引领，筑牢乡村振兴根基。从

工作队走访马盼勋（右一）家养殖场

强化组织建设入手，助力村党支部健全组织、建强队伍、激发组织活力，努力增强党组织凝聚力，使马庄村实现了从后进到先进的转变，党组织形象大幅提升。推行"四治"模式，提升乡村治理水平，有效实现了自治、德治、法治、数治融合，增强了村民的幸福感。同时，注重人才培育，为村里培养各类人才150余名，通过技能培训提升村民就业能力，激发创业热情，为乡村振兴注入新活力。二是锚定产业振兴核心，打造乡村经济新引擎。工作队立足驻村实际，创新产业发展思路，积极探索特色种植养殖业等新兴产业。因地制宜制定了"科技赋能+绿色种植养殖培训+消费扶贫采购"的联农带农模式，带领村民引进新品种、新技术，提高农产品品质和市场竞争力。树立绿色发展、生态发展理念，带领群众改造原村西荒地，种植果树，养殖家畜、家禽，美化优化环境，既增加了农民收入，又解决了村民就业难题。推动"富农三变"，使农村资源变资产，村民资金变股金，农民变股东，让农民真正成为乡村振兴的参与者和受益者。三是筑牢文化振兴之魂，弘扬乡风文明新风尚。工作队深耕乡村文化，带领村民完善文化设施，组织多彩活动，努力培育尊老爱幼、诚信友善新风尚。注重环境治理，打造生态宜居家园，传承石油好家风，强化党建引领，凝聚奋进力量，构建了党建引领、干群联动、群防群治的乡村治理工作格局。同时，注重引入石油系统安全环保理念，降低安全事故，提升村民生活质量。

（三）强化作风，做实干担当的"领头雁"

一是树牢作风，展现铁人精神。工作队秉持"做老实人，说老实话，办老实事"的原则，以"严肃认真的态度，严格的工作标准，严谨的工作流程，严明的工作纪律"，务实干事，担当作为，以实际行动展现石油精神和铁人作风。以坚定的信念、严谨的作风和铁人般的意志，克服重重困难，确保驻村工作有效推进。二是创新驱动，巩固脱贫攻坚成果。在过渡期内，面对疫情和自然灾害等多重挑战，工作队创新工作方法，积极担当作为，推出了防贫工作"七字法"，实现了对易返贫、易致贫人群的精准识别和有效帮扶。通过"一看"查患识险，"二报"确保不漏一人，"三访"了解实情，"四算"定量分析收支，"五纳"应纳尽纳符合条件的人群，"六帮"精准施策靶向帮扶，"七消"稳步退出监测对象。实现了对贫困人口的精细化管理和精准帮扶，赢得了村民的广泛赞誉。三是谋划长远，推动乡村振兴。工作队和村"两委"积极谋划未来发展，通过推行"四治"乡村治理新模式，提升了乡村治理水平；通过培育特色产业、拓宽就业渠道、强化教育帮扶等措施，增强了村庄的造血功能和发展潜能。

三、经验启示

（一）只有坚持人民至上，才能激发内生动力

"授人以鱼不如授人以渔"。在帮扶过程中，驻村工作队始终坚持人民至上，注重激发村民内生动力，促进可持续发展。工作队把手工产品的订单分散到村

内20多家手工作坊，众志成城，为繁荣市场，创效增收，做出了积极贡献。以20万只羊的饲养为基础，延伸饲料供应、有机肥加工等产业链，把各环节的收入最大限度留给父老乡亲，巩固了脱贫攻坚的成果。在抗洪抢险中，工作队带领群众冒雨巡查、疏通村内排水渠道，确保不发生洪汛损失，确保脱贫群众的生产生活正常。

（二）只有加强基层组织建设，才能引领乡村实现全面振兴

"火车跑得快，全靠车头带"，基层组织建设是乡村振兴中的重中之重。驻村工作队把加强基层组织建设作为驻村帮扶的一项重要任务。通过指导村"两委"班子开展党建工作、完善村务管理制度、提升村干部能力素质等措施，有效提升了基层组织的凝聚力和战斗力，为乡村振兴提供了坚强的组织保障。

（三）只有坚持顺应规律，才能创新工作方法

驻村工作队针对各种不安全行为，坚持正确方法论。针对以前村民酒后驾车，随意穿行公路致残、致死情况，用电不规范、高空作业不注重保护措施等不安全行为，工作队结合实际及时引入石油"健康安全环保"文化，多渠道宣讲安全知识，用活生生的案例警示教育村民，提升安全意识，增强安全技能，实现安全治理。工作队积极推行"村民代表+网格员"模式，拆除临街危房、危墙、裸露电线，设置警示标语、标牌，安全治理收到良好效果。

（四）只有坚持长效机制，才能实现可持续发展

巩固脱贫攻坚成果，最根本的任务是建立长效机制，促进可持续发展。为此，驻村工作队创新性实施"技能培训+稳岗就业"双轮驱动战略，通过精准对接村民的文化层次与职业意愿，提供个性化、定制化的就业技能提升方案。已成功举办了涵盖种植养殖技术、美容美发艺术、育婴专业、家政服务、电子商务等多个领域的技能培训班共计23期，广泛惠及群众，成效显著，其中有超过50名学员荣获了国家认可的技能证书。随着生产生活技能的提升，村民的生活也有了坚实依靠和长远保障。

今后，驻村工作队将塑造成"铁人精神"与"脱贫攻坚精神"融合的典范，展示优良作风。培育并推广先进农户典型，弘扬正能量，引领村民向上向善。以绿色产业驱动乡村振兴，为建设宜居宜业和美村庄贡献智慧和力量。

提升产业融合质量　持续带动群众增收

—— 山西省忻州市岢岚县宋家沟镇宋家沟村

搬迁后扶

宋家沟村旅游季活动

一、村情概述

宋家沟村距山西省忻州市岢岚县城13公里，紧邻国道209线，距忻保高速岢岚入口2.5公里。宋家沟村是宋家沟镇政府所在地，也是岢岚县一个易地移民搬迁安置点，共承接安置周边14个村145户265名群众。全村现有户籍人口630户1 375人，常住人口318户813人，总耕地面积3 182亩，林地5 745亩。

2017年6月21日，习近平总书记视察山西时来到宋家沟，在三棵树广场发表讲话，指出"党和政府就是为老百姓服务的，让大家生活越过越好是我们的职责，让贫困人口和贫困地区同全国人民一道进入全面小康社会，是我们党的庄严承诺，不管任务多么艰巨、还有多少硬骨头要啃，这个承诺都要兑现"，并号召乡亲们同党中央一起"撸起袖子加油干"，让好日子"芝麻开花节节高"。七年来，"牢记领袖嘱托，共建美丽乡村"成为宋家沟村干部群众的共同心声，把产业开发作为脱贫致富的根本出路，借势宋长城等旅游资源，打造农旅融合示范基地，促进产业多元化发展，多渠道增加群众收入。

二、主要做法

（一）以完善设施为基础，推进乡村建设开创新局面

宋家沟村始终把完善基础设施和公共服务、满足搬迁群众基本生产生活需求作为保障搬迁群众安居乐业的重中之重。

一是基础配套优化升级。聘请中国乡建院进行整体规划设计，按照统一补偿标准、统一风貌特色、统一设计施工、统一管理运营，实施了20多个集中整治建设项目，翻新改造206户院落、15处公共设施，全覆盖改造卫生厕所291个，建成公厕5座、污水处理厂1座、地埋式垃圾处理站3处，完成村庄绿化9.3万平方米，水、电、路、网等基础设施全部配套升级，同步健全了垃圾分类、污水处理、保洁管理体系，并加强管理、维护，实现安全、有效使用。

二是公共服务全面提升。建设完善党员活动室、学校、卫生院、图书室、村史馆、文化广场、演出舞台、公共澡堂、集体食堂等公共服务设施，建起平价超市、公共交通、大众健身、物流配送等便民服务点，设置举办红白喜事等活动场所，完善提升宋家沟村便民服务中心、新时代文明实践站等公共服务功能，确保群众就近、舒心办事。

三是人居环境有效改善。宋家沟村进行了乡村旅游特色风貌整治，在连续两年进行"六乱"整治的同时，完成了村庄、庭院、街道的绿化、亮化、美化。2021年，宋家沟村对318户常住户进行了"煤改电"，彻底解决了困扰美丽乡村建设的一个大难题，群众基本过上了"和城里人一样"的生活。

（二）以产业增收为抓手，推动乡村发展迈上新台阶

宋家沟村始终把产业开发作为脱贫致富的根本出路，丰富本地旅游资源发展内涵，打造农旅融合示范基地，多渠道增加群众收入。

一是大抓乡村旅游带动增收。精心编制宋家沟乡村旅游专项规划、景区发展总体规划，按照全镇"一环、两心、四带、多片"规划布局，围绕民俗风情、红色党建、山水休闲、农耕体验等文旅产品开发，对所有新旧住房和闲置房屋及其庭院进行风貌整治提升，配套建设停车场、游客接待中心等设施。成立旅游专业合作社，以"合作社+农户"的模式，打造大棚采摘、乡村美食、特色文旅、民宿酒店、家庭工坊、文创产品销售等休闲旅游项目。同时，大力开发本地旅游商品、特色小吃、艺术产品，积极推广传统技艺、加工作坊、文化艺术等展览演出。

二是主攻设施农业提质增效。重点培育设施农业，引进山东寿光市同泰农业科技有限公司，投入60万元种植特色农产品20亩，提供"1+1+1"（1名镇干部+1名脱贫户+1个大棚）保姆式服务并帮助销售；引进北京夏初科技有限公司投资2 500多万

元，建成农光互补智慧温室大棚3座，种植菌菇、反季节蔬果；大力发展有机露地蔬菜，带动农村增收致富。

三是深挖林产资源经济实效。依托宋家沟镇7万亩野生沙棘、5 500亩人工种植大颗粒沙棘林，引进宋家沟功能食品有限公司，开发沙棘药茶、沙棘饮料等产品。采取"龙头企业＋农户"模式，解决40人的稳定就业，并带动98户农户采摘沙棘叶、果，实现年户均增收9 700元；依托管涔山林场、宋家沟林场，将原7个造林合作社整合为1个造林合作总社，开展造林、育苗等，带动40余户村民务工，年户均可增收10 000元。

四是拓宽脱贫人口就业途径。依托宋家沟功能食品、中农新时代、祥熙农牧养殖等3大龙头企业，组建蔬菜种植、合作养殖、手工制作、电商销售、旅游服务等8个农民专业合作社，充分吸纳搬迁群众就业。大力开展"菜单式""订单式""定向式"技能培训。针对搬迁群众落实就业创业奖补办法，开展劳务输出、推荐就业、送岗入户等系列活动，为搬迁群众提供保洁员、护林员、防疫员、治安巡逻员等公益性岗位。

（三）以强化党建为引领，促进乡村治理取得新成效

宋家沟村以抓党建促基层治理能力提升为契机，结合全县创建全国文明县级城

宋家沟村巧手作坊员工向游客介绍作品

市工作，狠抓基层组织、乡风文明、治理机制，引导群众形成健康、文明、积极向上的生活方式。

一是加强基层组织建设。宋家沟村把抓党建促基层治理能力提升作为重要保障，引深基层阵地达标升级行动，以村"两委"换届为契机，充实5名大学生进入村"两委"，选优配强"两委"班子。将宋家沟原村和搬迁村的党员群众编为7个党小组和

宋家沟村召开村民代表会议

村民小组，村级活力更强劲。建立支部联企业、带农户、建电商、促就业等工作机制，实行党员积分制管理，推广设施农业区、特色养殖区、乡村旅游区联支部、联党员、联农户"三区三联"模式，支部带动、党员带头作用进一步凸显。

二是加强乡风文明建设。宋家沟村坚持把村规民约作为推进乡风文明建设的重要抓手，完善红白理事会、村民议事会、道德评议会、禁毒会等"三治"组织，大力开展"感恩、法纪、道德、习惯和风气"五大教育，常态化开展"文明礼貌、洁家净院、遵纪守法、敬老孝亲和自主创业"评比活动，推动形成文明友善、积极向上、感恩奋进的乡风民俗；全面开展星级文明户创建活动，开展好媳妇、好儿女、好公婆等评选表彰活动，倡导向上向善、孝老爱亲、重义守信、勤俭持家等文明新风；组建志愿服务队、街头舞蹈队、普法宣传队等组织，不断丰富群众精神文化生活。

三是完善乡村治理机制。宋家沟村推行网格化治理，实行党员对村民划片包干联系，使全村形成网格化管理体系，逐层落实，上传下达，极大地提升了治理成效。围绕做好纠纷调解工作，建立矛盾风险隐患分析研判、预防化解机制，营造出安居乐业、文明和谐的良好氛围。严格规范党组织领导下的村民协商议事机制，定期公开党务、村务、财务，接受群众监督，增强基层党组织的公信力和向心力。

三、经验启示

宋家沟村整洁靓丽流光溢彩的新貌，是全国千万个日新月异巨变中新农村的缩影。成绩的取得离不开党的领导、离不开党组织、党员作用的发挥。

一是始终秉承"发展是硬道理，业绩是新担当，交账是军令状""天天到现场"的工作理念推动乡村振兴。宋家沟村因地制宜，精准定位，树牢"乡村振兴为农民

而兴、乡村建设为农民而建"的理念，抓项目规划、抓产业融合、抓服务保障，用情用力挖掘风土人情、保护、传承和开发利用民俗文化，致力于结合庭院经济、乡村旅游辐射带动周边乃至全镇发展，持续带动群众增收，推动村集体经济发展壮大，推进和美乡村建设，宋家沟村努力实现经济效益、社会效益和生态效益的和谐统一，实现美丽乡村的高质量发展。

二是始终把完善基础设施和公共服务、满足群众基本生产生活需求作为保障群众安居乐业的重中之重。宋家沟村统一规划、统一推进、统一标准、统一风貌特色、统一设计施工、统一管理运营，实施推进集易地扶贫搬迁、基础设施提升、公共服务完善、特色风貌整治为一体的美丽乡村建设。

激活治理盘　管出明白账

——山西省阳泉市郊区河底镇固庄村

一、村情概述

阳泉市郊区河底镇固庄村全村总面积4.7平方公里，辖7个村民小组，人口365户847人，其中村"两委"成员6名，党员46名，村民代表28人。近年来，固庄村坚持党建引领，在工作实践中大胆探索，不断创新，打造出"六议两公开+全员承诺""一单一刊一制度"乡村治理新模式，坚持政治、法治、自治、德治、智治"五治融合"，突出"六议+承诺""清单+流程""周刊+论坛""制度+考核"的"四个+"，以此激活乡村治理内生动力，走出具有固庄特色的精细化管理之路，向百姓交出一本民心满意的"明白账"。固庄村先后荣获全国文明村、全国农村幸福社区、全国议事协商先进集体、全国议事协商示范村、全国村级议事协商创新试验田、全国民主法治示范村、全国巩固拓展脱贫攻坚成果村级实践交流基地、全国社会治理十大创新成果、全国美丽宜居示范村、全国耕耘者振兴计划乡村治理研学基地等多项荣誉称号。

二、主要做法

（一）"四议"变"六议"，村事民做主

针对以往推行"四议两公开"过程中，"提议"环节干部提议多、群众发声少，广泛性、全面性体现不充分的弊端，固庄村在"提议"环节前添加了"动议"环节。针对以往村民代表擅自做主、征求民意搞变通、打折扣的不作为行为，在"决议"环节前添加"民议"环节。规定只有征求村民意见达到90%才能进行表决，审议表上还要有村民签字留痕。以"动议、提议、商议、审议、民议、决议，决议公开、实施结果公开"为内容的"六议两公开"工作法，突出村民的主体地位，将协商机制融入民意的每个环节，变"为民做主"为"让民做主"，解决了村民大会难召集、干部作风不民主、村民代表不尽责等问题。全年工作计划和物资采购、房屋分配等重大事项，以及一些事虽小但影响全局的"顽疾"，都会通过"六议两公开"程序决定。

（二）"党员+村民"星级软治理，践行承诺硬考核

固庄村推行党员、村民分层分类积分管理，采取个人自评、党员（村民）互评、

网格党支部（村民小组）点评、总支核定的方式，通过"有形"的考评量化与群众"无形"的口碑相加得分，评选"十二星级文明户"。评选活动一月一评比、一季一量化、一年一汇总、三年一表彰，让身边榜样成为道德感召力量，引导村民向上向善。同时，全村开展干部、党员、村民、家庭全员承诺，为干部群众戴上"紧箍咒"。"六议两公开＋全员承诺"工作法被民政部评为"2015年社会治理十大创新成果"。

（三）"清单＋流程"阳光晒权，群众心里有了明白账

固庄村将党务村务细化成"一套清单一组流程图"。即29条权力清单、服务清单、监督清单，并绘制出20个权力清单运行"流程图"。监督清单配套权力清单，逐项明确监督内容；服务清单确定服务事项、时限要求；公开办事流程明确了具体程序步骤，从源头上织密、编牢、扎紧了制度的"笼子"，厘清权力边界，实现清单与流程"一一对应"。同时，还为每个清单流程设置了"一事一码"，办事群众用手机扫描二维码就能实现"一目了然"。"清单＋流程"让干部照单履职，群众照图办事，村干部的权力在阳光下运行，切实提高了群众反映问题的办理质量和效率。

（四）"周刊＋论坛"民意督政，畅通民主议政主渠道

一是创办《固庄周刊》，搭建督政平台。村里的大事小情都以通俗易懂的文字、图文并茂的形式在《固庄周刊》进行刊登。宣传党的路线、方针、政策，公示村级重大事项的讨论、决定、公告，方便群众议事、监督。党员干部与群众"背对背提议""面对面恳谈"，打通了民意督政的微循环，达到"心贴心服务、零距离资政"的效果，实现了阳光村务，提高了监督效力，达到"让群众明白、还干部清白"的目的。二是开设"固庄论坛"，解决村民诉求。每季度让群众把不清楚、不理解、想解决的事项提到论坛，干部回

《固庄村村务管理执行标准汇编》

应百姓关切，梳理解决相关问题。并针对涉农事项、热点问题，定期邀请专家释疑解惑，现场互动，探索形成"固庄论坛"基层治理新模式，实现"论坛小平台、治理大作为"。

（五）"制度＋考核"民主治村，打造规范用权"固庄版"

一是"三定"立规矩，村民说了算。"三定"就是坚持以党建为引领，给村支"两委"和党员定制度，把党员、干部的规矩立起来、严起来；给最难管理的人和事定规矩，将"爱挑刺""不听话"的"关键少数"，放在"村民代表""监督委员"等岗位上，通过群众监督和制度约束，强化自我管理；聚焦群众期盼定"框框"，每项制度的出台，都让村民参与表决，做到村策村民定，村事村民理，从而建立起全覆盖行为规范。先后表决通过了以《村民自治章程》《村规民约》为重点，涉及党务、村务、财务"三务"管理和集体资金、资产、资源"三资"管理的"一揽子"制度，同时把遵守制度与村民福利挂钩，遵守制度的村民按制度享受福利，谁违反了就取消或缓发。二是年终交总账，百姓当"考官"。每年腊月二十八召开年终交账大会。村支"两委"和集体经济组织负责人汇报当年工作情况，通报全年制度执行情况，没有兑现承诺的要在会上总结反思，现场解答群众提问。全体村民还要审议来年工作计划，表决修订完善各项管理办法，会场变成村干部"交卷"的"考场"。

三、经验启示

（一）找办法变成找问题

过去有了问题没办法，现在是拿着制度找问题，把一个个苗头隐患解决在萌芽状态。如村民向村委会反映有个别村民上街遛狗不牵绳、狗随地大小便等问题，固庄村出台了《固庄村村民养犬管理办法》，现在在大街上再也看不到一只乱跑乱拉的狗。

（二）软管理变成硬实力

村干部情系村里大小事，爱心服务老百姓，成为群众心中一口清、叫得来、问不住、难不倒的多面手，党组织的号召力极大增强，党组织的威信牢牢树在群众心中。村干部编写的《爱廉新说》朗朗上口："只要干部没私心，百姓对你有信心；只要干部有爱心，百姓才有爱你心；没有规矩胡干事，终究不是长久事；光想当官不干事，一届下来没你事。"

（三）经验变经济

固庄村从过去村干部"一言堂"，变成群众说了算。村制"一本通"，管好了全村人。规矩守起来，经验变经济。村里人守规矩，外地人学规矩，"固庄经验"成为全国各地学习的典型。企业建起来，上访变上岗。固庄村已办起8家企业，村民就业得到妥善安置。家业强起来，农村变城市。村民搬出旧窑洞，住进新楼房，享受"一居六奖八免两补一金福利待遇"，村民有了满满的幸福感。

（四）制度变红利

固庄村通过实在管用的制度引导村民向好向上。如通过卫生制度，固庄人养成了自觉保洁的好习惯。从以前专人打扫每年开销20万元，到现在义务清理每年只需花费1万元，固庄村成为没有专职保洁员的"省级卫生村"。

固庄村开展腊月二十八全体村民交账大会

岭东村凤凰山庄实践交流基地

筑巢引凤谋发展　强村富民促三增

——山西省长治市壶关县集店镇岭东村

一、村情概述

　　山西省壶关县集店镇岭东村位于县城东北处的凤凰山上，距长治市区13公里，距壶关县城6公里，全村总面积3 082亩，其中绿地面积2 100亩，耕地面积433亩，常住人口114户423人。由于地处山腰处，岭东村交通不便、水土流失，土地资源少。历史上的岭东为了解决看病难、上学难、生活难问题，进行了三次搬迁，最后一次搬迁是在国家政策扶持下，于2014年全村整体搬迁至岭东新村，村民住进了水电暖齐全的二层小院。住进新家的岭东村民虽然解决了生活问题，但又发愁于生计生产问题。壶关县各级党委及村支"两委"积极对接，帮助岭东想办法找路子。岭东村利用移民搬迁后的闲置资源旧窑洞、土地等，依托生态优势、区位优势，开发乡村旅游，推进"三变"改革措施，积极探索岭东经济发展的新路子，依托"乡村旅游+农产品出口+特种养殖"三驾马车拉动岭东村经济增长，实现"集体经济、农民收入、企业效益"三增的良好局面。

二、主要做法

（一）筑巢引凤，推行"三变"，发展乡村旅游

2014年实施整村搬迁后，岭东村党支部依托旧村资源，筑巢引凤，招商引资。2017年2月引进岭源农业开发有限公司，联合成立了长治市首家乡村旅游专业合作社——壶关县凤凰山庄乡村旅游专业合作社。六年来，凤凰山庄和岭东村坚持村企共建，积极探索资源变资产、资金变股金、农民变股东的"三变"改革发展模式，通过抓"三变"实现挣"三金"（旧房出租收租金，资源入股分股金，资金入股分红金）。凤凰山庄乡村旅游项目主要经历了两个发展阶段。第一阶段，依托资源禀赋发展乡村旅游。第一步开展实地调查登记。双方对旧村可利用的房屋、舞台、水池、道路等资源资产进行现场调查、分类登记、摸清家底、建立台账。第二步实行资产折价入股。聘请第三方公司对调查登记的集体资产进行合理评估，确定价值，经评估协商，双方签订战略合作协议，岭东村集体资产折价400万元入股凤凰山庄合作社，岭源公司出资600万元，用于凤凰山庄基础设施改造和窑洞宾馆、跑马场等项目建设。第三步建立利益联结机制。坚持产业共建、风险共担、收益共享，村委会负责创环境、搞服务、抓监管；岭源公司具体负责合作社建设、管理和运营，重大决策事先征求村委意见、召开股东会议讨论决定，每年年底对合作社运营情况进行结算审计。凤凰山庄合作社的成立，为岭东旧村资源资产配专职"管家"和"保姆"，避免资源浪费、资产闲置，实现变废为宝、有效利用。第二阶段，拓展旅游内涵推动提档升级。重点修通东线旅游循环路，打造特色民宿，建设研学基地，建设景区大门、游客中心等配套设施，完成道路亮化。2019年5月起，开通特色民宿网上预订，实行线上线下一体服务，提高景区接待能力和服务水平。

（二）做大蛋糕，增资扩股，丰富旅游体验

岭东村致力于做大"蛋糕"，不断完善凤凰山庄基础设施和发展要素，增强凤凰山庄旅游产业辐射带动能力，实现增加村集体经济、村民收入、合作社收益"三增"目标。2017年以来，岭东村共争取落实各类帮扶资金224.6万元，投入到滑道、多功能厅等项目上，投资115万元建成150千瓦光伏电站。岭源公司不断调整优化发展思路，持续追加投资，建设新项目，培育新亮点，先后建成了彩虹滑道、绳网乐园等项目。"十四五"期间，岭东村凤凰山庄紧紧围绕巩固拓展脱贫成果与乡村振兴有效衔接，抓住创建省级乡村振兴旅游示范村的大好机遇，再度发力，投资2 000多万元，建设"幻境·凤凰谷"沉浸式夜游项目，做好夜经济的发力点，实现"昼入景夜入梦"的全天候旅游，实现有吃、有住、有玩、有看、有购的全方位旅游，力争打造长治市乡村旅游的靓丽名片。

（三）多元经营，拓展业务，扩大产业规模

岭东村探索多元经营壮大产业板块，从单纯发展乡村旅游向"文旅""农旅"双轨融合发展转变。依托乡村旅游专业合作社，岭东村注册成立了山西凤凰山庄农业科技园有限公司，发展辣椒、大蒜等农产品出口业务。流转岭东村及周边村庄土地2 000余亩，规模发展出口辣椒、旱地西红柿、豆角种植，采取统一规划、统一整地、统一购苗、统一栽植、统一收购，产业要素更加齐全，产业链条充分延伸。同时规划建设林麝养殖园和酒坊、醋坊等传统作坊，把传统文化元素与现代科技结合起来，让乡村记忆在乡村振兴中大放异彩。

（四）数字赋能，服务提质，打造智慧基地

为扎实推进村级实践交流基地建设，岭东村坚持把乡村建设摆在社会主义现代化建设的重要位置。交流实训基地配备相应的数字化教学电子设备、图书资料、办公桌椅等，基地内各项目建设带动情况都可作为美丽乡村建设成功案例的现场教学点。在公共基础设施建设管护、基本公共服务供给、人居环境整治提升、美丽乡村创建等方面总结突出经验，形成可复制推广的典型经验，满足村级实践交流基地的需要。据统计，凤凰山庄全年接待村党支部书记开展党课12次，接待研学、团建、旅游等各类人员3万余人次，营业收入突破600万元；往韩国、柬埔寨等国家出口辣椒、大蒜20 000余吨，创汇1 300多万美元，成为长治市出口创汇最大的涉农企业。

（五）清产核资，稳定收益，强化资产管护

为开展农村集体资产"清化收"工作，岭东村聘请第三方公司，对凤凰山庄发展运营情况进行专项审计。依据审计结果，凤凰山庄资产总值从成立之初的1 000万元增至5 000万元，岭东村委会持股19%，折合人民币约1 000万元，五年翻了一番多，实现了资产保值增值、分红逐年增加。在集体经济收入分配使用上，根据村情实际，村"两委"坚持"谁所有、谁管护"原则，切实扛起扶贫项目资产管护责任。确保花好每一分钱，好钢用在刀刃上。在资产管理上，分类建立台账，逐项落实责任，换届不换发展思路，换人不换管理模式，实行日常管护巡查、定期公示评查、年终决算审查，确保集体资产不流失、有收益。在收益分配上，岭东村坚持"四议两公开"制度，主要用于四个方面，确保既能做大蛋糕，又能分好蛋糕，真正让群众受益。一是直接分配到户，根据脱贫户家庭状况和评级档次，为每户发放350～800元现金；二是设置公益岗位，共设置护林员、保洁员7名，每人每年发放岗位工资4 000～6 000元；三是整治人居环境，包括维修护坡、石岸、修剪补植绿化带、改造文化广场；四是帮扶困难群众，对重病重残、花费较大、家庭生活困难的村民，视情况给予帮扶救助。

三、经验启示

岭东村在习近平新时代中国特色社会主义思想指引下，探索新农村集体经济发展的新途径。搭平台、创环境、引能人、上项目，村企合作成立凤凰山庄乡村旅游

专业合作社。自项目建设以来，凤凰山庄已累计完成投资 8 000 多万元，形成了乡村旅游、特色种养、农产品出口三轮齐驱的多元化发展模式，拉动经济增长，助力乡村振兴，促进农业全面升级、农村全面进步、农民全面发展，激活乡村振兴内生动力，推动农村一二三产融合发展，加快农业农村现代化，建立产业振兴带动农户就业创业、增收致富的长效机制，也让岭东村真正吃上了"旅游饭"，走上了"出口路"，挣上了"阳光钱"。在盘活闲置资产、发展旅游产业过程中，岭东村注重加强项目资产管理使用，明权属、建台账、严管理、防风险，确保了资产保值增值，持续稳定收益，做到巩固脱贫攻坚成果同乡村振兴的有效衔接。

实践交流赋能量　企业融合促振兴

——山西省晋城市城区钟家庄街道洞头村

洞头村特色民宿

一、村情概述

　　钟家庄街道洞头村位于山西省晋城市区东南半山区，距市区6公里，历史上因山中有洞，藏在深闺，冠以村名，是一个土地宽、林地多、森林覆盖率高、欠发达的山区小村。洞头村引入市场力量，探索出村企共建的发展模式。企业以资金、技术、管理入股，村股份经济合作社以现有建设用地和公建房屋、林地、宅基地、承包地等资源流转入股，致力于红色研学和劳动实践教育，以红色研学为核心，充分发掘红色文化资源，打造产业兴旺、生态宜居、乡风文明、治理有效、生活富裕的全国性乡村振兴示范点。洞头村人均收入从2008年前人均不足2 800元，提高到2023年2.5万元。

二、主要做法

（一）探索村企共建发展模式

依托自然生态资源优势，瞄准建设美丽山西的伟大愿景，洞头村启动了生态旅游村开发项目。通过引入市场力量，探索出村企共建的发展模式。洞头村与浩翔控股集团共联共建，成立了大洞头宸文旅公司，对村庄进行合作开发。浩翔集团以资金、技术、管理入股，村股份经济合作社以现有建设用地和公建房屋、林地、宅基地、承包地等资源流转入股，这种模式有效盘活了洞头村的闲置土地和房产，搭建起了企业、村委会、村民合作共赢的平台，带动了村集体和村民增收，有效促进了资源变资产、资金变股金、农民变股东的农村"三变"。

（二）依托优势发展三大产业

为推动洞头村发展，大洞头宸文旅公司积极推动重点领域项目、基地、人才、资金一体化配置，以洞头村独特的红色资源加绿色生态旅游形态为依托，致力于红色研学和劳动实践教育。一方面，公司开展了传统文化、革命传统教育、自然生态、实践教育等多样化课程；另一方面通过特色课题导入，重构乡村生产生活，通过产业带动，发挥和巩固农民主体地位。同时，利用洞头村的红色文化与绿色资源引进产业、延伸产业，大力发展红色研学、乡村旅游、休闲民宿三大产业。累计完成投资 6 000 余万元，先后建成"4 个民宿、14 个小木屋、2 个中心、3 个广场、1 个基地和 1 个酒店"等功能齐备的文旅配套设施，并对洞头村麦田街巷、绿化景观等村内公共区域进行了全方位的升级改造。如今，洞头村实现旧貌换新颜，并成为广大党

洞头村麦田广场

洞头村研学中心大会议室

员红色研学、党政干部廉政教育、本地市民周末休闲、周边市民短途旅游的优质口碑目的地。先后荣获省级贫困村创业致富带头人示范培训基地，市、区两级党员教育示范基地等，被山西省农工党、中共晋城市委党校、区委党校以及山西农业大学、浙江工商大学、宁夏大学等组织和院校列为培训基地或教学点。

（三）成立培训基地开展培训

洞头村成立了洞头培训基地，自2020年初以来，先后被晋城市农业农村局设为晋城市农村实用人才培训基地，被中共晋城市委党校设为洞头教学点，被中共晋城市城区区委党校设为干部培训基地。主要担负为晋城全境乃至全省各地培养各类技能型、应用型高职人才任务。洞头培训基地委托有正规教学资质的培训校方进行合作，师资力量雄厚，现有合作教职工200余人，高级职称121人，外聘不同行业专家、学者50余人。基地现有对外培训专用教室3间，教学设施齐全。其中拥有多媒体专用培训教室3个，可分别容纳200人、80人、70人。基地自有慧源山庄酒店1个和乡村特色民宿18个，食宿条件完善，酒店餐厅干净卫生，突发事件预案完备，可容纳140余人就餐。酒店共拥有床位80个，乡村特色民宿共拥有床位50个，方便学员住宿。此外，该基地建立了与本地大型培训机构和酒店的合作关系，可同时为500余人提供食宿服务。

（四）各类干部培训成效显著

截至2023年11月，基地承担了2020—2023年全省乡村振兴致富带头人示范培训、省直机关工委"百千万健康守护工程"红十字救护员培训班五期、2021年全市乡村振兴致富带头人示范培训、晋城市城区全区党务工作骨干示范培训、晋城市城区青年干部培训、晋城市高素质农民培训、晋城市全民技能提升培训、晋城市民营经济高质量转型发展培训班、晋城市城区农村（社区）"领头雁"二十大精神培训班、全国村党组织书记和村委会主任视频培训班晋城市城区课堂、晋城市干部驻村帮扶示范培训班等，累计完成各类培训150期，培训人数15 000余人，完成创业致富带头人培训9期，培训人数600余人。基地实训场地充足，现建成党史馆、党风廉政建设基地、特色农产品展览馆、农业科技馆，实训实践方便。

三、经验启示

一是以红色研学为核心，充分发掘红色文化资源，打造产业兴旺、生态宜居、乡风文明、治理有效、生活富裕的全国性乡村振兴示范点、内生动力充足的学习型村庄，促进区域产业持续发展和农民持续增收，带动广大村民发家致富。

二是通过红色文化赋能，以村企共建为依托，研学课程为载体，提升乡村整体规划建设，打造集学习、休闲、团建、餐饮、康养等功能为一体的优质教学培训体系，不断加强教育创新，致力于个性化红色研学和劳动实践教育。

下一步，洞头村将根据国家乡村振兴战略安排，争取市委、市政府对于洞头村发展的重视和支持，着力解决住宿接待能力不足和接待品质档次不高的突出问题，切实利用好已经流转回来的宅基地和建设用地，推动民宿公寓酒店项目尽快落地。未来，还将加快盘活开发周边千亩林地，进一步深挖红色资源、开展红色研学、发展红色经济。重点研究引入网络直播、剧本杀、儿童户外拓展等市场广泛认可的新兴体验业态，使洞头村发展获得强有力的产业支撑，进而壮大集体经济，带动村民增收，创造更具特色化、更有吸引力的洞头红色文旅品牌，推动洞头文旅走出晋城，走向全国。

洞头村廉政教育基地

实践交流赋能量　农旅融合促振兴

——山西省运城市垣曲县皋落乡岭回村

一、村情概述

垣曲县皋落乡岭回村位于县城东南部，全村总面积18平方公里，耕地面积8 967亩。全村1 256户3 566人，常住人口700户1 672人。岭回村干部群众坚持以习近平新时代中国特色社会主义思想为指导，在乡村振兴工作中，苦干实干、因地制宜、科学规划，探索了"大产业大就业，促增收保富裕""积分制激动力，树新风创文明""促整治优环境，生态好家园美"的发展方式，激发了群众内生发展动力，在巩固拓展脱贫攻坚成果方面取得了明显成效。

二、主要做法

岭回村坚持"党建引领一切、党建保证一切、党建成就一切"的党建思路，以及公平、公正、公开的三公原则，自治、德治、法治的治村方略，结合村实际，聚

岭回村村貌

岭回村桃花节

焦产业结构优化升级，抓好"四个一千"，即千亩核桃、千万棒香菇、千亩桃林、千亩烟叶，提升"四个一百"，即田园景点一百处、农家风情一百家、康养窑洞一百个、花果采摘一百园，同时创建"六馆"，即抗战纪念馆、农耕文化博物馆、舜王奇石馆、村情展示馆、民俗艺术馆、世界钱币馆，"七园"，即产业园、企业园、桃花公园、采摘园、共享菜园、抗战体验园、游乐园，以及实践交流培训基地。坚持文明就是生产力、道德就是竞争力的信念，抓道德积分管理，以生产、生活、生态为一体抓人居环境整治，以农企强村、农商富村、农旅美村的思路，坚持因地制宜、科学规划，全面加强基础设施、产业兴旺、文旅融合、公益事业等方面建设，实现"美丽岭回，幸福家园"。

(一) 大产业大就业，促增收保富裕

岭回村以"大产业、大就业"的思路，创建了3个食用菌生产基地、花卉产业基地以及3个猪、羊养殖基地，创办了鑫美包装厂、广源果脯食品厂、义和源果酒厂、肉联厂、仓储物流厂。同时激发薄弱群体内生动力，把扶贫车间、企业办在家门口，村民纷纷来上班。在村务工人员，月收入大都在1 000～2 000余元。实现了"产业来带动，农民有班上，离土不离乡，收入有保障"。不断健全促进增收长效机制，推动工资性收入、经营性收入等稳定增长。作为"三晋迎春第一花"山桃花的故乡，2016年央视新闻直播间播了岭回村航拍之壮观花海，吸引山西省内外近十几万游客慕名而来。岭回村形成了"春有桃花观赏、夏有窑洞纳凉、秋有采摘品尝、

冬有滑雪豪爽"的特色农旅模式，年接待游客15万余人，实现经济效益150万元左右。伴随旅游经济增长，村民年人均收入实现1.65万元，集体经济年可支配收入达到35万元。

（二）积分制激动力，树新风创文明

岭回村全面推行"党建引领、党员发力、群众参与"的积分管理活动平台，助推乡村治理。激励村民"听党话，感党恩，跟党走"，将积分变为荣誉和荣耀，把积分变为服务和信用，走出了一条"小积分、大文明、多积分、村风美"的乡村治理新路子。一是广泛听取群众意见和建议，经村民代表大会通过后制定了详细的评分细则。岭回村主要围绕乡村治理重点任务和突出问题，涵盖环境卫生、孝老敬亲、邻里和亲、热心公益、移风易俗、好人好事、先进典型、诚信守法等方面，明确12项加分项和14项减分项，让村民心里有了"硬杠杠"。二是制定积分兑现流程。村民通过口头、电话、书面等形式提供印证资料，进行自主申报，居民组长汇总后上报道德评议会，道德评议会进行民主评定。实行月评比，在村内公示栏中公示五天，无异议后季度兑现。同时以"星级文明户"创评为契机，争创"五星文明户"，经营家庭，修明家训，涵养家风，让文明和谐之风覆盖岭回大地。

（三）促整治优环境，生态好家园美

岭回村树立绿色发展生态观，强化环境保护道德观。积极开展绿色家庭、卫生庭院的评比活动，通过微信群、横幅标语等，广泛宣传人与自然和谐相处的发展观，提高村民建设"美丽岭回，幸福家园"的道德意识，从精神层面培养敬畏自然、尊重自然、关爱自然的道德观，引导和约束村民恪守环境保护的道德标准。

岭回村"星级文明户"领取礼品

岭回村卫生庭院

　　同时，推进生活垃圾治理，深入开展美化行动。组织群众深入开展秸秆、柴草、垃圾及建筑废弃物"四清"行动，彻底解决了垃圾乱倒、粪土乱堆、污水乱流、柴草乱放等问题。完成全村民居提升改造，上下水、电、地暖、网络等设施齐全，公共服务设施全面提升。此外，岭回村逐步实施绿化、亮化、硬化、美化、文化、古化、净化、优化"八化"工程，把改善环境卫生脏、乱、差状况，作为为民办实事的具体行动，以乡村治理积分制，奖优罚劣。对发现有问题的，由环境整治专班责令立即整改，推进生态宜居环境长期向好。

三、经验启示

（一）认真贯彻落实二十届三中全会精神

　　岭回村始终坚持以习近平新时代中国特色社会主义思想为指导，真抓实干，切实把二十届三中全会精神转化为干事创业的强大动力，守牢粮食安全、耕地保护和不发生规模性返贫"三条底线"，扎实推进乡村发展、乡村建设、乡村治理，推动巩固拓展脱贫攻坚成果同乡村振兴有效衔接，确保农民持续稳定增收，积极发挥农村基层党组织领导作用，突出基层党组织政治功能，深化基层民主管理实效，为实现乡村振兴提供坚强组织保障。

（二）推动实践交流体验一体

岭回村创建了"六馆七园一基地"，推动实践交流体验一体化，打造中国美丽休闲乡村，稳步推进乡村全面振兴。县内外、周边地区、社会团体都与岭回村实践交流基地签订了三至五年的培训学习交流协议并挂牌，每年来到岭回村基地培训交流、举办红色传统教育达几千人次。岭回村坚持政治管理增强、产业兴旺增效、乡村旅游增辉、农户经济增收的四增措施，沿着习近平新时代中国特色社会主义道路，扬帆启新程，实现新的增长目标。

（三）学习运用"千万工程"经验

岭回村以浙江"千万工程"为示范，以发展经济、增加村民收入为核心，以改善村民生产生活条件为重点，力争"千万工程"经验在推动村庄经济发展、农民增收、村容村貌整治、基础设施建设、精神文明建设和民主法制建设上取得新成效。岭回村注重传承发扬传统乡土文化，深耕乡村文化内涵，提升乡村内在品质和文化气质，激活了群众脱贫致富的内生动力。围绕烟叶生产、食用菌、采摘园、农副加工、乡村旅游，延伸产业链条，拓宽销售渠道，实现三产融合发展。通过实践交流、示范带动，建设"美丽岭回，幸福家园"。

内蒙古
自治区 03

强引领　促融合　聚力推进乡村振兴

——内蒙古自治区兴安盟科尔沁右翼前旗科尔沁镇平安村

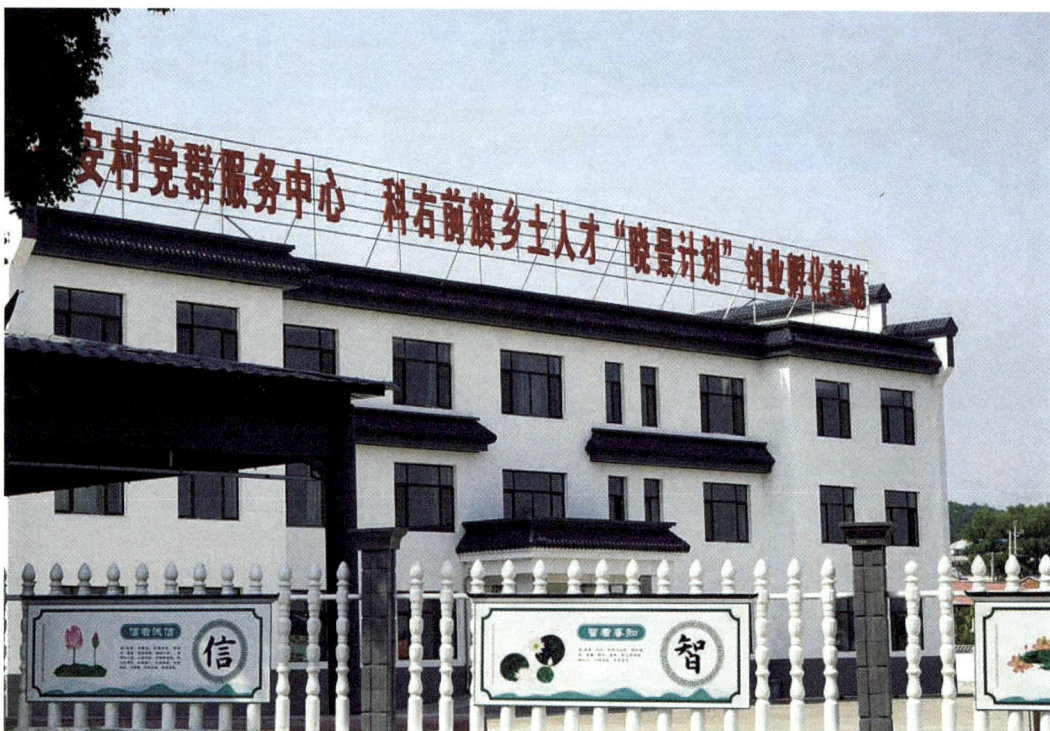

平安村村委会及乡土人才创业孵化基地

一、村情概述

科尔沁镇平安村地处大兴安岭南麓，隶属于内蒙古自治区兴安盟科尔沁右翼前旗，位于科尔沁右翼前旗驻地西北3公里处，全村总面积5平方公里，辖1个自然屯，常住人口数123户368人。在乡村发展过程中，平安村始终深入贯彻党中央决策部署，破难题、寻办法、找出路，一心跟党走，坚定不移谋发展。平安村乘着精准扶贫、京蒙帮扶、推进乡村全面振兴等政策东风，依托地缘优势，紧握人才这把"金钥匙"，集中发展优势特色产业，为村里打开了产业发展的"致富门"，村貌焕新颜，群众稳增收。

"全国脱贫攻坚先进个人"齐晓景（右二）指导农户生产

二、主要做法

（一）头雁领航，激发群众干事创业热情

平安村不断集聚人才力量，最具代表性的就是"全国农村青年致富带头人""全国脱贫攻坚先进个人"齐晓景。2014年，返乡大学生齐晓景创办成立展翼专业种植合作社，开创"赠鸡还鸡""赠鸡还蛋""送订单进庭院"等五种开发式帮扶模式，通过助养帮销、订单收购、吸纳务工等方式，带动了4个乡镇15个嘎查村416户群众，户均稳定增收2 000余元；动员100余户村民参与大棚和庭院种植，户均增收8 000余元。这一成果极大地激发起了广大群众干事创业的热情，坚定"党支部+合作社+农户"的合作模式，产业发展逐步驶入快车道。作为"晓景计划"的发源地，科尔沁右翼前旗乡土人才"晓景计划"创业孵化基地落户平安村，全盟"晓景"人才新型学徒制培训班、全旗"理论+实践"技能培训班在平安村开班，先后培训基层干部228人、"晓景"式产业带头人367名，开展管家大嫂、电商直播等各类培训，交流学习人员达到2.5万余人。

（二）产业升级，多维拓宽群众增收路径

平安村通过发展设施农业、开办采摘餐饮、创建电商平台、开发文旅融合四种模式，实现产业从1.0时代到4.0时代转型升级，村民实现就近就业创业，联农带农机制效益节节攀升。一是高效发展特色产业，设施农业"兴"起来。在党支部引领下，扶持大学生合作社发展，100余户村民"带棚入社""以劳入社"，签约大棚180栋，打响了平安村设施农业地域品牌，做到利益共赢、风险共担。二是合力发展采

乡村民宿"管家大嫂"培训班开班

摘餐饮，乡村旅游"火"起来。设施农业的规模化发展，促成了平安村"寒冬草莓甜，暖春采桃忙，盛夏葡萄紫，深秋瓜菜香"的四季采摘格局。2023年，广大村民新增申请创办特色民宿、农家乐共25户，实现资源变资产、村民变导游，乡村旅游发展愈加红火。三是培育创建电商平台，村民钱袋"鼓"起来。平安村展翼合作社开通"晓景农旅"微商城，以线上预订、同城配送方式，将农特产品从田间地头推送到市民餐桌，远销北京、辽宁等市场，掀起兴安盟农副产品线上采购热潮，当地特色农产品成为增收致富的"金钥匙"，把"流量"实实在在地变成"销量"，累计销售突破220万余元。四是深度开发文旅融合，集体经济"强"起来。2022年，平安村创办番茄公社，领活"整村旅游"，"一元钱生存挑战""童趣木工坊学做中国筷"等独家研学活动火热出圈。2023年以来，番茄公社累计接待游客20万余人、旅游增收750万余元，吸纳16名返乡大学生创业就业，新增"管家大嫂"等就业岗位67个，带动周边农户100余人通过合作销售、务工等方式，年收入增长至4万元左右，村集体经营性收入增长15万元。

（三）品质跃升，打造宜居宜业和美乡村

坚持乡村建设与产业发展同步。2021年，平安村编制多规合一的实用性村庄规划，率先在全区整村推进"给排水一体化项目"，实现污水集中处理、自来水随时可用、雨水管网畅通、水冲厕所进村入户。全村配套基础设施同步提升，村屯道路全面硬化，

路旁栽植苹果树，做到景观与经济效益双赢，为平安村发展农旅融合产业奠定了优越的环境基础。坚持乡村治理与产业发展并行。平安村党支部坚持党建引领，将党员、"管家大嫂"服务队纳入"网格成员"，提升村级服务、管理、宣传、统计、化解矛盾等工作效率。设立"积分银行"，落实科尔沁镇"五个一"乡风文明培育工作机制，以"一个舞台"聚人气、"一个专栏"树典范、"一个广播"入人心、"一个日历"在身边、"一个视频"看发展，将精神文明创建工作浸润人心，融入群众日常。

三、经验启示

（一）要强化党支部"主心骨"作用

平安村不断夯实基层党组织战斗堡垒作用，通过深化拓展党组织建在产业链、党员聚在产业链、群众富在产业链——"三链"建设，推行"支部引领，企业运营，先锋带动，农户参与"运行机制，党支部带领党员、党员带动群众共同发展致富产业。村里经济发展蒸蒸日上、乡亲们人心齐干劲儿十足，有效实现基层党建工作"引领"与乡村振兴发展"带动"有机统一。

（二）要发挥人才振兴"主引擎"作用

平安村的产业发展离不开人才示范带动和创新引领。积极落实《关于加快推进乡村人才振兴的意见》要求，把乡村人力资本开发放在首要位置，通过政策"引"，

"番茄公社"组织研学活动现场

"番茄公社"会客厅展示农副产品

立足本土"育"，优化环境"留"，为乡村振兴发展提供源源不断的内生动力，引导人才在乡村各项事业发展中聚心、聚力、聚智，在乡村振兴中发光发热，以人才振兴推动乡村振兴事业蓬勃发展。

（三）要牢牢把握产业发展"主链条"

把产业振兴作为乡村振兴的重中之重，不断延伸拓展产业链，培育产业发展新业态，让农民更多参与到产业链各环节分工和价值增值当中。通过分红、劳务报酬、收益分配等形式，让农民更多分享产业增值收益，共同构建分工协作、优势互补、紧密联系的利益共同体，稳定增加群众就业增收机会，不断拓宽农民增收致富渠道。

（四）要激发群众致富内生"主动力"

牢固树立基层党组织的桥梁和纽带作用，通过正向激励、示范引导、参与合作等方式充分发挥农民群众的积极性、主动性和创造性。全面提升村民参与乡村振兴的能力，有计划地培养新时代高素质农民，提高村民的主人翁意识，让农民成为乡村振兴的支持者、实践者和受益者，成为乡村生产、生活、发展的动力与活力，共同建设美丽乡村，共享乡村振兴成果。

党建引领助推乡村振兴

—— 内蒙古自治区赤峰市喀喇沁旗河南街道马鞍山村

一、村情概述

马鞍山村位于内蒙古自治区赤峰市喀喇沁旗河南街道，距离旗中心城区10公里。马鞍山村因一处形似马鞍子形状的山峰而得名，是一个革命老区村、多民族集聚村、生态文明村，曾荣获"中国最美乡村""国家森林乡村""全国旅游示范村""全国旅游重点村""全国文明村镇"等称号。全村总面积21平方公里，耕地5 780亩，420户1 080人（户籍人口），常住人口242户562人。2019年7月15日，习近平总书记亲临马鞍山村考察了村庄生态文明、乡村振兴、脱贫攻坚等情况并发表重要讲话，极大地鼓舞激励着马鞍山村广大党员干部奋发有为、实干担当。

二、主要做法

驻村工作队始终注重发挥党建引领在乡村治理、乡村发展工作中的定盘星作用。基层党组织具有组织群众、动员群众、教育群众、引导群众的积极作用。马鞍山村坚持自治、法治和德治相结合，大力推进乡风文明建设，不断健全乡村治理体系，提升乡村治理效果，为乡村振兴提供有力支撑。

（一）"我是党员·我承诺"，让党员成为乡村振兴路上的先锋队

习近平总书记在考察马鞍山村时提出，"要建强农村党支部，提升乡镇和村为农民和农业服务能力"。驻村工作队立足实际，充分发挥村党组织政治引领功能，创造性开展了"我是党员·我承诺"活动。一是科学"承"诺。全村42名党员本着自愿、量力而行、尽力而为的原则，都做出了切实可行的承诺。如村党总支书记张金阳承诺内容为积极推动马鞍山村乡村旅游业发展，巩固脱贫攻坚成果，二组村民组长王志国承诺为本组做好村民服务代办的各项工作等。二是组织"定"诺。驻村工作队以书面形式记录所有党员承诺内容，每名党员对自己承诺的内容签字按压手印做确认后归档保存。同时党员承诺的内容以图板的形式在村部橱窗里张贴向广大群众公开，自觉接受党员群众监督履职践诺情况。三是活动"践"诺。把"我是党员·我承诺"活动与当前重点工作紧密结合起来。在乡村振兴工作中，发动有能力的党员

马鞍山村法律服务队为村民讲解法律知识

和致富能人，因户制宜地确定了帮扶内容，采取一对一、多对一结对的方式进行帮扶；在引领产业中，山葡萄种植党员示范户，发挥自身特长，给其他种植户培训种植技术，并深入田间地头，实地进行辅导。四是民主"评"诺。通过党员积分挂牌管理公示平台对"我是党员·我承诺"事项的落实时限及进度进行跟踪考评，每月对党员承诺内容的践诺情况进行汇总、核实，并将积分情况填写在党员积分管理卡上，在党员确认无误后，每季度进行公示，年终统一评议考核。

（二）"融心融智融践134法"，为乡村振兴注入新动力

构建一个核心，强化组织保障。马鞍山村驻村工作队协调赤峰弘坤房地产开发有限公司、蒙野酒业、蒙弘山葡萄专业合作社等旗街村企20个党组织，建立了马鞍山村山葡萄产业联合党委。通过构建"资源共享、党员共管、活动共抓、产业共谋、发展共赢"工作机制，打造"组织引领、党员带动"为核心的坚强组织保障。制定三个清单，实现供需对接。突出职能部门行业优势，分类建立问题清单、资源清单、供需清单，通过明确清单，推进"多方双向"服务，补齐发展短板，体现共享共赢，推动实现愿景共谋、资源共享、难题共解。引领"四链融合"，助力产业发展。以融合党建为引领，实现产业链、工作链、服务链、发展链四链融合，实现党组织的

"简单相加"到"深度融合"。截至2024年上半年，联合党委带动全村90%以上农户种植山葡萄，面积达3 500余亩，成立专业合作社2家，带动种植户增收80万元。

（三）"五指攥成拳"齐发力，走乡村发展善治之路

马鞍山村驻村工作队推动乡村振兴工作中，坚持物质文明和精神文明齐抓共管，持续培育、涵养文明乡风、良好家风、淳朴民风，不断改善农民精神风貌，营造农村新风尚，为乡村振兴注入强大的精神动力。一是抓"一约四会"。即村规民约、村民议事会、道德评议会、红白理事会、禁毒禁赌会，提升群众自我管理，自我约束，自我教育能力。二是抓宣传教育。党总支书记定期为党员讲党课，第一书记给贫困户讲政策，邀请专家学者到村讲理论、技术。同时利用善行义举榜、村村响、文化墙、条幅、宣传单、灯杆旗等宣传载体，在全村营造了浓厚的文明和谐氛围。三是抓文明创建。开展了美丽庭院、文明家庭、文明村镇等创评工作，以活动凝聚人心，以创建促进发展。四是抓典型示范。组织开展好儿媳、好婆婆、脱贫先进典型、致富能手等模范典型选树工作，依托三八妇女节、七一等重大节日开展表彰活动，选树典型62人，激励广大群众见贤思齐、比学赶超。五是抓规范约束。针对一些不赡养老人，"等靠要"思想严重的人群及一些怪状行为，在村公开栏内公开，与村里的低保评定、评选表彰、爱心超市积分兑换结合起来，让村民不想、不敢、不能违反村规民约，突出警示和震慑作用。

马鞍山村志愿者为老人理发

（四）坚持人与自然和谐共生，走乡村绿色发展之路

一是开展农村人居环境整治。每年开展争创"美丽庭院"活动，明确整治标准和评分标准，引导群众积极参与，居住环境焕然一新，营造了干净、舒适的人居环境。二是积极推进"厕所革命"。2019年完成户厕改造54户，2020年完成户厕改造135户，2021年报名厕改户21户。截至2024年上半年，常住户厕改完成率达到100%。三是积极开展生活垃圾分类。强化政策宣传，为村民发放了垃圾分类宣传单，尽量实现群众知晓最大化。马鞍山村驻村工作队为马鞍山村争取到垃圾分类箱100个，购置牵引车1辆。四是加强社会治理。通过"三治融合"治理，全村安定团结，2019年荣获了"全国乡村治理示范村称号"。

三、经验启示

（一）强化党建引领是乡村振兴的关键

乡村要振兴，关键是把基层党组织建好、建强。建好建强农村基层党组织，党组织要充分发挥政治引领功能，不断增强政治功能和组织功能，充分发挥战斗堡垒作用。马鞍山村通过创新活动形式，开展了"我是党员·我承诺"活动，找到小切口，为民办实事，进一步激发了党员的先锋模范作用，为乡村发展注入强大动力。同时，通过多种形式的宣传和教育活动，传播党的政策和理论，提高村民的思想认识和致富能力，为乡村振兴奠定坚实的思想基础。

（二）因地制宜构建特色发展模式

因地制宜发展乡村产业发展，要深入调查研究，摸清家底，根据资源禀赋、产业基础等具体情况研判分析，明确发展的优势和短板，这样才能精准施策、有的放矢。马鞍山村结合自身优势，发展山葡萄产业，通过建立产业联合党委，实现了资源整合与产业融合，为乡村产业振兴提供了有力支撑。

（三）注重乡村治理的多元化与综合性

乡村治理是国家治理的重要组成部分，也是当前国家治理的薄弱环节。马鞍山村采用"五指攥成拳"的策略，从制度建设（一约四会）、宣传教育、文明创建、典型示范、规范约束等多方面入手，提升乡村治理水平，培育文明乡风。同时，马鞍山村充分调动群众的积极性和主动性，让群众参与到乡村振兴的各项工作中，实现自我管理、自我教育，形成共建共治共享的乡村发展新局面。

支部领航谋发展　产业融合促振兴

——内蒙古自治区锡林郭勒盟多伦县多伦诺尔镇北村

特色产业

一、村情概述

多伦诺尔镇北村位于内蒙古自治区锡林郭勒盟多伦县东南方向1.5公里处，全村总面积8平方公里，辖3个村民小组，常住人口419户1 076人。曾经的北村是自治区级贫困村，贫困户53户，占全村总户数的八分之一。村民收入低，村里矛盾多，信访不断，2011年全村人均纯收入不足2 000元。近年来，经过村"两委"干部齐心协力、迎难而上、锐意进取、攻坚克难，科学谋划发展思路、合理整合土地资源、成立专业种植合作社、组建"联合党委"、积极调整产业结构，北村逐步从一个曾经的"矛盾村""信访村""落后村"变成乡村振兴"示范村"。北村人均可支配收入增长到2023年底的20 000元，2023年入选全国巩固拓展脱贫攻坚成果村级实践交流基地，先后荣获全国生态文化村、全国乡村治理示范村、全国村级议事协商创新实验试点、自治区卫生嘎查村、自治区文明村镇等称号。

二、主要做法

(一) 组织联动强堡垒，彰显党建引领"主色"

一是打造雁阵效应壮队伍。坚持树"头雁"、强"群雁"、育"雏雁"，以换届选举为契机，锻造"村书记带强村干部，村干部带强党员，党员带强村民"链条。发挥"领头雁"作用，抓班子、带队伍、谋发展，提出"科学发展，增收富民"的发展思路，依托"党建富民"，创建"党支部＋合作社＋低收入户"的资产收益型模式，整合200亩闲置土地，建设日光温室34座。成立"北越蔬菜种植专业合作社"，全村53户低收入户全部入股，实现资产收益分红。二是依托联合党委强动能。为充分激发北村蔬菜产业发展新动能，由多伦诺尔镇党委、政府牵头，成立联合党委，注册成立多伦县德胜农业科技有限公司。创新"抓党建促脱贫攻坚"，共同推动组织联建、党员联管、产业联促、服务联帮，在资金技术、人才培育、产业发展等领域实现优势互补、抱团发展。先后与中国国际电视总公司、京东集团线下超市等企业签订合作协议，年销售额达300多万元。三是坚持联农带农富民生。为增加低收入群众收入，巩固脱贫攻坚成果，北村党支部将有劳动能力和劳动技能的脱贫户安排到合作社务工，每月保底工资 3 000 元，并建立蔬菜产量提成激励机制，激发了合作社务工人员的生产积极性，蔬菜产量大幅提高。

（二）产业联动促发展，擦亮绿色乡村"底色"

一是资金聚合扩大产业规模。主动引资金、找项目，扩大蔬菜种植产业规模，完善产业基础设施。通过上级政府支持、村级自筹融资解决产业发展"缺资金"难题，为34座日光温室配齐恒温库、冷库、包装车间和深加工车间等设施，建成越冬拱棚21座、无土栽培采摘观光棚1座，为产业发展壮大奠定坚实基础。二是技术创新推动产业升级。发展"数字＋农业"，引入"智慧蔬菜大棚"，应用水肥一体化技术和农产品溯源系统，提高蔬菜品质。专注蔬菜绿色品牌发展思路，引进新品种羊肚菌，取得黄瓜、辣椒、西红柿有机产品认证，"多伦县北村西红柿""多伦县北村茄子"被纳入第二批全国名特优新农产品名录，极大地提升了北村蔬菜的知名度和市场竞争力。三是村企合作优化产业模式。打造"党支部＋合作社＋企业＋基地"发展模式，依托北村蔬菜种植基地，村党支部与山东欣昊农业集团有限公司合作，通过学习山东先进的生产技术和管理经验，全面提升北村蔬菜种植生产管理水平，及时掌握市场信息，深入拓展销售市场，发展订单农业。

（三）产业融合破难题，突出产业振兴"特色"

一是农旅融合，创建农业科技园区。北村以发展农业产业为基础，以科技农业为核心，以绿色产品为品牌，对标国内先进设施农业园区，提高农业效能，推广实践科技兴农。延伸农业产业链条，打造中小学生研学基地，开展农业研学、技术科普、果蔬采摘、农业观光、休闲农业等项目。本着可持续发展的原则，引进鸿来农旅公司投资 500 余万元，打造"多伦鸿来生态旅游度假区"，将园区提档升级，改造村容村貌、街巷景观，在农业园区内改造提升产业园区精品民宿，打造占地 20 余亩的马场、1 000 平方米的户外烧烤区，新建林荫溪畔露营地，安装高档星空帐篷 20 顶、配置垂钓台 30 个。二是文旅融合，丰富园区旅游业态。鸿来农旅公司助力北村农文旅产业融合发展，将乡村旅游融入全域旅游大格局，发展"沉浸式"夜游，通过打造农旅网红主题街，将文创景观、户外休闲、小型演艺、灯光秀、惠农小摊、烧烤美食等项目打造成多伦县的旅游亮点，营造宜居舒适的旅游氛围，带动夜游经济发展。充分发掘红色文化，形成多伦烈士陵园等红色文化线路，整合自然和人文景观资源，发扬革命传统，打造红色教育基地。总结和提炼全国各地乡村振兴先进经验，在应用和推广的同时，争取早日建成多伦乡村振兴学院。三是体旅融合，打造户外运动基地。北村致力于传承中国马文化，创新推动文旅体产业发展，建设完成马场，购进蒙古国白马 34 匹。做好蒙古国马饲养和繁育的同时，成立马术俱乐部，开展马术培训、马术比赛、马术表演、骑马休闲等项目，定期举办马术比赛、赛马评比、马具展销等活动，创建成为体育旅游示范基地。

三、经验启示

（一）以学习运用"千万工程"经验为发展引领

多伦诺尔镇北村深入贯彻落实习近平总书记关于"三农"工作的重要论述，以学习运用"千万工程"经验为引领，全面贯彻新发展理念，以农业园为基础，以文化旅游为业态，以产业招商为抓手，引进优质企业，依托资源禀赋，激活发展动力，不断拓展乡村场景，丰富乡村功能，把自然生态优势转换为经济社会发展优势，用"美丽经济"反哺"美丽资源"，实现乡村可持续发展。

（二）以建立全面惠农机制为重要目标

北村于2019年实现全面脱贫，经过巩固拓展脱贫攻坚成果同乡村振兴有效衔接五年过渡期，即将实现脱贫户全面达到一般户生产生活水平。村集体经济资产由全村农户共同享有，采取村集体统一经营管理、全体农户共享收益的方式，使乡村振兴发展成果惠及全体村民，逐步实现乡村共同富裕。

（三）以农文旅产业融合为主要路径

以旅助农，以旅惠农，以旅兴农。通过建设乡村旅游度假园区，促进农业与旅游业深度融合，带动农村经济发展，促进产业由单一型农业向创新型农业、融合型农业转型的重要突破，激活园区第三产业服务功能，进一步丰富全国巩固拓展脱贫攻坚成果村级实践交流基地内涵，将无形资源转化为有形价值，助力乡村振兴事业高质量发展。

北村有机蔬菜

北村产业园区

平地泉镇南村区域位置图

党建引领聚合力　基层治理激活力

——内蒙古自治区乌兰察布市察哈尔右翼前旗
平地泉镇南村

乡村建设
乡村治理

一、村情概述

南村位于内蒙古自治区乌兰察布市察哈尔右翼前旗平地泉镇东南侧，紧邻G7高速、机场高速和中心城区，全村总面积8.6平方公里，辖4个自然村6个村民小组，耕地面积6 428亩，户籍人口722户1 420人，常住户320户663人。近年来，南村通过坚持群众路线、整合社会力量、提升网格化服务管理水平等一系列举措，将服务群众作为工作重心，聚力强力度、提温度、拓宽度、挖深度，积极探索乡村治理新模式，全面提升基层治理服务效能。先后获评国家乡村振兴示范嘎查村、全国巩固拓展脱贫攻坚成果村级实践交流基地、全国文明村镇、全国五四红旗团支部、全国民主法治示范村、中国美丽休闲乡村、内蒙古自治区乡村旅游重点村等荣誉称号。

二、主要做法

近年来，南村紧紧围绕乡村治理和乡村建设，不断加强基础设施建设和人居环境整治，提升村容村貌。大力推广积分制、清单制、数字化治理等乡村治理方式，加强平安乡村、法治乡村建设，推进移风易俗，加强乡风文明建设。统筹抓好乡村建设行动、农村人居环境整治等工作，完成水、电、路、网基础改造，率先实现集中供暖、污水处理，村级公共文化服务全覆盖，常态化开展文化文艺活动，深入推进乡村治理，着力培育文明乡风、良好家风、淳朴民风，逐渐实现了环境蜕变、产业蝶变和人文嬗变，为乡村全面振兴提供强劲动能。

（一）延伸产业链条"富民生"

立足察哈尔右翼前旗"五区一带一轴"的总体规划布局，以农文旅融合为方向，积极推动休闲农业、乡村旅游休闲产业多元化发展，通过扩大现代农业种植、观光、采摘、民宿、餐饮为一体的农文旅结合产业规模，不断促进农民增收。蔬菜年交易量2万吨左右，交易额达1 500多万元。同时，以"特色民宿+民俗体验+书香南村"为亮点，打造"可览、可游、可学、可居"于一体，服务呼包鄂、面向京津冀的研学旅行基地，年接待游客10万人次。结合南村农文旅融合发展，打造了以大棚采摘、彩绘涂鸦、文化长廊为内容的产业富民路。

（二）做大积分载体"大效能"

坚持以"小积分"为切口，将移风易俗、环境卫生、遵纪守法、勤俭节约、邻里互助、尊老爱幼和民族团结等活动全部纳入"小积分、大管理"中，覆盖全村98％常住人口，先后共兑换积分4.4万分，发放兑换物品1.5万元，引导600余村民摒弃陈规陋习，弘扬文明新风。

（三）做活基础网格"微治理"

将网格作为基层治理的"前沿阵地"，即着眼于实现"有形覆盖"，更着力于"有效覆盖"。依托"网格+"，深入开展"有事前商量"和普法宣传，先后化解各类矛盾20余起，其中较为突出的土地纠纷6起，涉及金额50万元，化解集中供热矛盾1起，惠及全村215户农户。

平地泉镇南村果蔬采摘区

（四）做优为民服务"大文章"

紧扣群众诉求，依托新时代文明实践活动站，强化服务宗旨。成立网格党小组、暖心服务小分队，帮办代办队，把志愿服务工作作为解决群众所忧所盼的重要途径。围绕低保验证、医保缴费、助老扶老、专题宣讲等与群众生活密切相关的事项，全方位推动服务下沉，先后服务惠及群众600余人次。

（五）做实三治融合"主动性"

强化自治、法治、德治治理，不断健全完善以村党组织为核心的服务机制，开门纳谏、广开言路，推行干部定岗、党员定责、村民定约，深化"四议两公开""村务监督委员会""一事一议""党务村务财务公开"等制度，让农民自己"说事、议事、主事"，做实民事民议、民事民办、民事民管。2024年以来，先后开门纳谏3次，征求各类意见60余条，解决群众急难愁盼问题11项。

（六）持续提升村容"换新颜"

积极争取过渡期内帮扶政策，用活衔接政策资金、村级集体经济收益等资金，不断完善村内基础设施配套工作。顺利实施集中供暖工程，全村年可节约用煤740吨。扎实推进"厕所革命"，全村室内水厕普及率达到80%以上。推进亮化工程，实现主要路段晚上全时段照明。全面推进人居环境整治行动，开展垃圾分类管理。实施数字乡村建设工程，建设智慧乡村平台，让群众享受"数智"时代的便利。

经过不懈的努力，南村巩固拓展脱贫攻坚成果工作成效突出，示范带动效应显著，2024年南村人均纯收入达到25 327元。特别是获评全国巩固拓展脱贫攻坚成果村级实践交流基地以来，南村先后接受了全国人大机关、中直机关、北京代表团等调研活动，承接全自治区党委督查工作现场观摩会、内蒙古"农文旅融合示范村镇"暨休闲旅游行现场会等各类调研及各类示范研学培训活动100余次。2024年6月，接受国务院新闻办主办、内蒙古自治区人民政府新闻办公室承办的"幸福就在这里"主题采访；8月，自治区党委副书记、自治区人民政府王莉霞主席到村宣讲党的二十届三中全会精神，南村发展经验多次被学习强国、草原云、奔腾融媒、内蒙古日报等主流媒体和学习平台宣传报道，知名度和影响力不断扩大。

三、经验启示

（一）"红色旗帜"凝聚党员合力

南村始终坚持党建引领，广纳想干事、会干事、敢干事的党员群众，选拔了一批政治素质强、带富能力强的"双强型"人才，充实村内干部队伍，坚持"四个先行"。一是强村富民，支部先行；二是攻坚克难，党员先行；三是乡村振兴，组织先行；四是美好未来，信念先行。建强基层"桥头堡"，真正实现为民服务与基层治理的有效衔接。

（二）"红色引擎"领跑振兴之路

坚持党员带头，从产业、人才、生态、文化、组织5个维度为村民致富配备"红色引擎"，让基层党组织真正成为带领村民致富奔小康的坚强战斗堡垒。立足"五区一带一轴"的总体规划布局，打造设施农业集中区、农业科技示范区、特色果蔬采摘区和观光农业旅游区，推动农文旅深度融合。

（三）"红色引领"便民心惠民生

大力培育新时代文明乡风、良好家风、淳朴民风。围绕"传播新思想、引领新风尚"特色亮点，深入开展各类文明实践活动，全力打造"从心开始，志愿同行"的志愿服务品牌。依托南村书画院，传承弘扬中华优秀传统文化，不断丰富乡村人文底蕴和精神内涵。推动垃圾分类试点工作，以"户分类，村收集"为基本运行方式，确立共建共管共享机制，因地制宜推进"厕所革命"，持续改善农村人居环境。创新提出"小积分、大管理"模式，以积分制为载体，探索基层治理新模式，以行动换积分，以积分化新风，推进移风易俗，引导群众树立崇德向善的社会风气，营造文明和谐向上的良好氛围，乡村治理逐步由"村里事"变成了"家家事"。

吉林省 04

文旅融合实现乡村蝶变

——吉林省吉林市磐石市石嘴镇永丰村

特色产业

一、村情概述

永丰村地处磐石市石嘴镇西北部，距磐石市区15公里。属北温带大陆性季风气候，全年日照时数2 500小时左右。从地理位置上看，北有高山、南有平川，山清水秀、土地肥沃，四面环山，独特的小盆地自然环境，山间植被繁茂，形成独特的山地小气候。全村总面积13.6平方公里，下辖4个自然屯。共有林地300公顷，基本农田274公顷，确权土地面积348.5公顷，人均耕地0.27公顷。现有户籍人口430户1 299人，常住人口622人。党员30人，村干部5人。脱贫户36户79人，低保户51户75人，监测户2户4人。2020年，永丰村成立富美农业观光有限公司，打造集乡村旅游和乡村振兴培训于一体的现代农业旅游综合体，为乡村经济振兴带来新的机遇、注入新的活力。近年来，永丰村先后被评为全国巩固拓展脱贫攻坚成果村级实践交流基地、全国第二批乡村治理示范村、吉林省农村党建五星级村和吉林省省级文明村镇。

二、主要做法

永丰村坚持党建引领，持续加强基础设施建设，强化示范引领，通过乡村旅游和乡村培训，推进乡村全面振兴，绘制了美丽乡村新画卷。

（一）坚持党建引领，凝聚人心汇聚力量

永丰村努力把村党组织建设成为有效实现党的领导的坚强战斗堡垒，永丰村近年来的快速发展离不开党建引领，发挥党员的先锋模范作用。村党组织坚持常态化开展党建学习和谈心谈话，每年坚持对所有村干部单独谈心谈话在3次以上。积极营造干事创业的浓厚氛围，调动大家强村富民的积极性，鼓励、提倡发挥乡村守望相助的优良传统，让村干部、党员和大家心往一处想、劲往一处使。

（二）田园变公园，实现美丽嬗变

2020年，永丰村打造集研学、游玩、宿营、垂钓、美食等于一体的和美乡村。依托永丰村东屯原小Ⅱ型水库建设富美山庄项目，规划"十区一地一空间"，逐步将富美山庄打造成游、学、农、旅功能集于一身的乡村旅游示范基地。一是居家旅行的打卡地。富美山庄内设有户外垂钓、花海观赏、网红打卡、野外宿营等项

永丰村富美山庄鸟瞰图

目，游客还可以通过乡村记忆博物馆激起儿时记忆，在休息长廊与家人一起享受慢时光。二是红色教育的培训地。不断挖掘永丰域内红色历史，利用永丰村附近曾发生的"老爷岭伏击战""吉海铁路抗日斗争"和杨靖宇将军警卫旅长黄海峰在此活动等抗日历史事件，抓住磐石市红色教育培训、农民职业技术培训落户景区的有利契机，将永丰村会议培训中心列为整个景区二次开发、二次创业的先行建设项目，从红色教育培训、农民职业技术培训做起，逐渐发展成为磐石市乃至吉林省内知名的培训和会务会议基地。新建成的3 000平方米红色培训基地可同时满足100人的食宿和会议接待。三是儿童娱乐的休闲地。围绕儿童娱乐需求建设蹦蹦云、网红转盘等10个游乐项目，将原来的废旧房屋改造成西餐厅，建成磐石市唯一一家农村西餐厅，使之成为附近城乡居民争先打卡的网红地。2023年乡村旅游项目实现纯收入20万元以上。

（三）借势发展，提升基地软实力

永丰村加强与磐石市委党校合作，将村庄作为红色研学、党员教育培训的一站，已接待数十批培训班实地观摩永丰村巩固拓展脱贫攻坚成果同乡村振兴有效衔接的工作成果。多次承接吉林市农业农村局举办的高素质农民培训班，每次培训均由永丰村制定详细接待方案，由专业讲解员为参训学员讲解永丰村实施乡村振兴战略的发展历程，由返乡大学毕业生介绍永丰村的经济社会发展情况，通过培训近一步提升村庄知名度和美誉度。对产业发展按照"四个一批"分类施策要求进行改进。如

驻村干部为参加培训人员现场讲解

2024年富美山庄探索通过社会化合作方式经营，进一步激发活力，将食宿和娱乐等专业性强、特色鲜明的项目打包承包（半年承包费用10万元），将研学、参观、采摘等项目留在村内自主经营，做到既保证项目收益，又让村民有事干，帮助村民实现就业增收。

三、经验启示

随着国民休闲时代的到来，民众旅游需求正在由景点涉猎型观光旅游向优雅舒适型休闲度假旅游转变，旅游方式也由纯粹的观光旅游向观光、会议、培训一体化发展。因此，旅游景区将面临由观光型旅游地向综合型旅游地的转变升级。永丰村发展过程中也需要突破观光旅游发展瓶颈，锐意转型创新，努力从观光旅游向深度旅游、从单一观光向综合度假、从短周期观光旅游向长周期会议培训度假旅游转变，实现景区的二次开发、二次创业。

（一）强化规划设计，确保科学合理

通过外出考察，邀请旅游规划专家充分挖掘永丰村社会文化、自然内涵、产业优势，设计较为全面的一、二、三期旅游发展规划方案，并同步制定村庄规划。制定《永丰村乡村旅游概念性设计方案》，为未来乡村的发展提供了可靠的技术支持。

（二）深挖历史资源，打造红色文旅

永丰村与磐石市党校合作，深挖现存3处两三千年前古老民族（秽貊族）在这里繁衍生息的考古影像和出土文物，以及永丰村域内发生的"老爷岭伏击战""吉海

铁路抗日斗争"和"蛤蟆河子大暴动"等抗日斗争行动，以及当年永丰人民战斗过的吉海铁路老爷岭隧道等多种历史文化资源。根据磐石市文旅发展规划，2024年永丰村打造了一条红色旅游路线，预计投入资金1000万元。

（三）推进产业融合，实现全面振兴

永丰村通过"公司+农户"的模式建设运营培训基地项目，既体现了村集体主导，更体现了以市场为主体的原则，调动了各方主体的积极性，形成了较为科学合理的管理体制。

总之，永丰村有条件、有能力发展好旅游特色产业，实现农业与旅游业相结合，农民、农村与旅游业发展相结合，不断优化产业结构，提升当地文明水平，为乡村全面振兴作出表率和示范，为永丰村集体和全体村民带来了可观的经济、社会和生态效益。

永丰村乡村旅游发展规划图

党建赋能振兴路 和美朝阳共致富

——吉林省辽源市东辽县安石镇朝阳村

乡村建设
乡村治理

一、村情概述

东辽县安石镇朝阳村位于辽源市东北部，全村总面积8.2平方公里，共有502户2 200人，其中朝鲜族占48%、满族占15%，是一个典型的多民族混居村。朝阳村党总支下设6个党支部，现有村"两委"干部6人，党员75人。近年来，朝阳村认真学习贯彻习近平总书记关于"三农"工作的重要论述，坚持以党建为引领、以产业发展为重点、以提升治理能力为关键，大力推进党建引领乡村全面振兴，走出了一条党建引领与乡村发展、建设、治理"相融互进"的新路子。2022年，朝阳村入选全国巩固拓展脱贫攻坚成果村级实践交流基地名录。

二、主要做法

（一）建设支部过硬村，聚力党建优势赋能组织振兴

朝阳村把"建强组织、抓好队伍"作为最关键的"振兴法宝"，筑牢村级党组织坚强堡垒，为实现乡村振兴打好基础。一是争当好书记。朝阳村党总支书记韩丽从2004年开始担任村党支部书记，20年来始终如一带领村里党员群众听党话、跟党走。争做政策法规宣讲员，发挥党的十八大、二十大代表作用，经常性开展党代会精神宣讲，坚持不懈用党的创新理论凝聚全村共识。同时争做产业发展领航员，组建"村企民"共富联盟，精心打造朝阳村农产品、文旅、培训等特色产业品牌，集聚有共同发展基础和意愿的企业、村民，放大规模效应。二是建设好班子。朝阳村注重把根在朝阳、心在朝阳、产业在朝阳的本土人才选入村"两委"班子，6名村"两委"干部平均年龄46.5岁，均在村连续服务10年以上。组织开展"班子素质提升行动"，多次到江苏、山东、辽宁等地区考察学习，促进班子成员解放思想、提升能力，引领村干部从"领导者"变为"服务者"。三是锻造好队伍。鼓励无职党员当先锋作模范，发动村内36名50周岁以下、常年在村且服务能力较强的党员，融入到政策宣讲、纠纷调解、环境保护等工作中，有效解决无职党员作用发挥难问题。实施党员"创业带富"工程，26名党员先试先行、作出示范，着力解决村民发展信心不强问题。推进青年村民当主力，实施"人才回乡"工程，回引40名大学毕业生、打工能人回村就业创业，聘请能人担任乡村振兴"顾问"。

朝阳村休闲旅游度假区

朝阳村历年获得荣誉

（二）建设产业兴旺村，做精"五色经济"赋能强村富民

朝阳村确立"红色文化、绿色观光、金色稻田、银色冰雪、夜色休闲"发展路径，持续壮大村集体经济。一是传承好"红色文化"。作为"全国民族团结进步示范村"，朝阳村精心打造全省首家村级铸牢中华民族共同体意识宣传教育馆，挖掘整合党建主题公园、党史馆、村史馆、朝阳乡村实训发展有限公司等资源，两年来接待各类培训班200余期，总收入达650万元。二是守护好"绿色美景"。编制《朝阳村特色村寨规划》《朝阳村乡村游发展规划》，朝阳村流转土地3000余亩实施稻田立体综合种养，建设绿色观光农业生态园、稻田观光园，每年"绿色观光"带动村集体增收60余万元，并有效保护区域农业空间和生态空间，为村庄规划建设夯实绿色本底。三是建设好"金色稻田"。为解决村民农产品销售问题，连续10年举办十月农民丰收节活动，帮助13家种粮大户签订供销订单，开通农贸小市场，日营业额达1.5万余元。四是发展好"银色冰雪"。坚持以习近平总书记"冰天雪地也是金山银山"重要论述为指引，把冬季旅游与乡村振兴深度融合，建设冰雪娱乐设施30余种，吸引了大批游客滑冰戏雪，感受特有的乡村冰雪文化魅力。五是运营好"夜色休闲"。大力发展"夜间经济"，建设36000平方米的民族夜市餐饮一条街，新建民族特色房屋8栋，网红餐车、摊位、展位86处，鼓励村民自主创业。通过开通"旅游公交定制专线"，举办篝火晚会、文艺演出等吸引游客前来，朝阳村"夏季夜游"日均接待游客5000多人次。

（三）建设文明幸福村，创新治理体系赋能乡村善治

朝阳村深入推进"三治"融合乡村治理模式，引导各民族群众手足相亲、守望相助，共商共建和美乡村。一是激发"自治活力"。着力激发村民参与乡村治理的

积极性和主动性，朝阳村组建了43人的"五老"服务队，充分利用"五老"名望、经验等优势，让"五老"化身纠纷处理"调解员"、乡风文明"引导员"、决策建议"智囊团"，发挥余热融入村级事务管理，推动"共建共治共享"理念融入日常生活。二是强化"法治保障"。坚持从增强农村群众法律意识出发，定期召开村民普法大会，组织"以案说法"专题讲座，为村民讲解法律知识。高标准打造3 600平方米法治文化广场、法治长廊，组织文艺爱好者以歌舞、小品等群众喜闻乐见的方式，持续开展法律知识宣传，将法治教育融入百姓日常生活。三是弘扬"德治新风"。充分挖掘文化经典、历史民俗，朝阳村兴建党史馆、村史民俗博物馆、乡村图书馆等德教阵地，学习借鉴新时代"枫桥经验"，组建村民议事会、道德评议会，畅通群众诉求表达渠道，矛盾调解率达到100%，实现村民"零上访"。建立道德积分超市，开展"文明家庭""文明示范户"评选活动，以文明乡风促进和美乡村建设。

经过村党组织与村民群众的不懈努力，朝阳村从过去人均收入不足3 000元发展到2023年人均收入近4万元，村集体资产从一穷二白到总值近8 000万元，先后获得"全国文明村""全国乡村旅游重点村""全国民主法制示范村""全国乡村治理示范村""全国民族团结创建示范村"等多项荣誉。

三、经验启示

（一）打造过硬队伍，是抓党建促乡村振兴的关键所在

回顾朝阳村发展之路，基层党组织的战斗堡垒作用与党员的先锋模范作用是农村发展又快又稳的根本保障。必须把最有冲劲、最讲担当、最具能力的人选拔到村"两委"队伍来，注重本乡本土人才培养，发掘村民中的先进分子，动员更多的精英群体成为党组织的延伸力量，吸引更多的年轻人、外出务工经商人员投身家乡建设，为乡村振兴提供组织和人才保障。

（二）发展乡村产业，是抓党建促乡村振兴的长远之路

朝阳村的实践证明，培育和发展乡村特色产业，是提升乡村经济发展的内生动力。朝阳村从实际出发，因地制宜，选准产业，汇聚各方资源，发展特色经济，找到利益平衡点，将农民与企业联合起来，共同发展产业，达到村集体、村民和企业等多方共赢。

（三）坚持"三治"融合，是抓党建促乡村振兴的有效途径

朝阳村充分发挥村民自治作用，健全民主协商、决策、管理、监督等各项制度，激发群众对乡村治理的关注和热情。发挥法治作用，加强对村民的法治教育，引导村民遵法学法守法用法，把农村各项工作纳入法治化管理，建设法治乡村。农村是乡土社会、熟人社会，道德约束力强，需要久久为功、不断积累，把外化于形的机制内植于心，融入到人文风气当中，形成具有特色和辨识度的文化内核。

农旅融合示范引领　宜居宜业秀美杨家

——吉林省松原市宁江区伯都乡杨家村

特色产业

一、村情概述

松原市伯都乡杨家村位于吉林省宁江区北部，距离松原市城区15.5公里，全村总面积7平方公里，辖杨家、阿老两个自然屯，现有常住人口285户1130人，全村耕地面积385公顷。到过杨家村的人都会留下深刻的印象：整齐有序的院落，内容丰富的彩绘墙，干净平坦的水泥路，道路两旁柳树成荫、花草成行。近年来，杨家村依托山水秀美、历史悠久、生态优越的组合优势，坚持以伯都讷文化为核心，以美丽乡村为载体，实现了"农文旅"特色产业融合发展，让杨家村成为宜居宜业的公园式村庄。2022年，杨家村入选全国巩固拓展脱贫攻坚成果村级实践交流基地名录。

二、主要做法

（一）"固本培元"不断增强产业优势

杨家村产业发展主要围绕两个方面，一是发展集约农业，解放农村劳动力。二是发展设施农业，促进农民增收致富和产业转型升级。在发展现代集约农业方面，杨家村以合作社为龙头，坚持科技驱动，实现了农业增效、农民增收，并推动农村跨越式发展。杨家村合作社成立于2013年9月，经过多年的发展建设，现有农机具65台套，灌溉井107眼，实现所有耕地灌溉全覆盖。合作社现有入社社员251户（含全部脱贫户25户），占全村总户数的95%。合作社坚持"六统一"，即统一购买生产资料、统一播种、统一管理、统一收割、统一销售、统一结算，模式带动全村多项产业发展。合作社全面推广实施玉米水肥一体化项目，坰均单产达到3.1万斤，社员坰均分红2.5万元，增收3000元以上。为了解决村内富余劳动力就业，促进产业多元化发展，杨家村利用自筹资金、帮扶资金和上级奖补资金，建设了现代日光温室22栋，日光大棚42栋。从辽宁引进了车厘子、早熟葡萄、油蟠桃、火龙果等高效益水果，按照"三品一标"标准开展果蔬种植，已经通过国家有机认证果蔬品种4个，面积达到134.5亩。在此基础上，杨家村又探索发展了"认领小菜园"的绿色蔬菜产业，每年"小菜园"订购认领十分火爆。

游客在杨家村选购有机水果

(二)"因地制宜"紧抓农旅发展机遇

杨家村拥有浓厚的历史积淀。在杨家村东南3公里处,坐落着辽金时期杨家古城遗址,属于辽金"伯都古城遗址群",距今已有千年。杨家村以古城文化为依托,大力发展乡村旅游。2019年以来连续多年投入,打造成为集民俗、餐饮、采摘等各种休闲娱乐于一体的都市休闲农业示范区。种下"百香果",招来八方客。杨家村以整洁的人居环境为基础,厚重的历史底蕴为特色,既有美丽乡村风光,又有种植、采摘、垂钓等农家休闲娱乐项目体验,满足了城市居民返璞归真、放松身心的需求。为了探索发展乡村旅游,杨家村先后建设了休闲娱乐区、果蔬采摘区、菜园认领区、民宿区、农产品种植试验区,并开放垂钓鱼塘、自助烧烤区、儿童文化娱乐区、排球场、羽毛球场、轮滑场等。2022年,为提高旅游接待水平,杨家村作为全省"厕所革命"试点,整村推进建设了小型污水式水冲厕所。为满足游客采摘需求,利用科技手段对果蔬开花期进行控制,实现每月都有可采摘的品种、可观赏的鲜花。杨家村还连续两年在油蟠桃成熟上市时期,组织开展"蟠桃季"系列活动,节庆期间参观游客近万人,成功打造了节庆经济新业态。

(三)"守正创新"巩固成果示范推广

随着全村发展水平持续提升,杨家村不断探索强化乡村治理,优化服务品质。通过推行"法治+网格"管理模式,开展网格化管理服务,村民实现了"人在网中走,事在格中办"。以村民自治为核心,通过"一约四会"制度,杨家村改变了陈规陋习,推动了风俗习惯转变,推进乡村精神文明建设,打造了共治、共建、共享新局面。杨家村不断加强机制建设，建立了完善的团队参观培训机制。针对不同参观学习团队，制定详细教育培训内容，围绕特色产业、乡村旅游、基层治理、党建合作社等设计培训课程。2021年，吉林省乡村振兴现场会首站便选在杨家村。2022年，杨家村承办了吉林省壮大村集体经济现场会和松原市委理论中心组现场学习观摩会，接待了庆祝建市30周年的老领导参观考察团、公主岭市参观学习考察团等。2023年2月，台胞青年冬令营来杨家村考察学习，7月，吉林省西部片区美丽乡村建设现场观摩培训会在杨家村开展现场教学。2024年1月，浙江舟山市来杨家村考察，3月，白城洮北区来杨家村学习，4月，接待了长春市朝阳区村党组织书记域外实地调研，5月，团市委"感知美丽松原、助力振兴发展"优秀博士人才走进松原活动专班培训在杨家村举办。杨家村先后获得"全国民主法制示范村""吉林省社会主义新农村建设先进单位""吉林省卫生村""全省文明村镇""农村党建五星级村党组织"等多项荣誉。

三、经验启示

（一）坚持党建引领实现脱贫致富

杨家村坚持把党支部领办合作社作为加强农村基层党组织建设、推动乡村振兴的首要任务。2013年村党支部牵头成立杨家村永呈种植农机专业合作社，因户制宜制定入社方案，定期邀请吉林省农业科学院专家到村开展农技指导，综合采取密植化种植、水肥一体化、秸秆全量还田等举措，带领村民实现脱贫致富。

（二）围绕特色产业助力乡村振兴

杨家村不断探索创新，尝试推广的"南果北栽"技术大获成功，利用大棚种植

杨家村举办蟠桃季系列活动（一）

杨家村举办蟠桃季系列活动（二）

杨家村荣誉墙

的樱桃、蟠桃、火龙果等20余种热带水果广受欢迎。围绕特色产业，连续多年举办"采摘节""丰收节""赏花节"等旅游节庆活动，吸引了大量城乡游客前来旅游打卡，实现了三产融合发展，增加了群众收入。

（三）共建共享推动美丽乡村建设

杨家村建立了"保洁员＋网格员＋农户"的联动机制，依托网格化管理，以"门前三包"为基础划分管护区域，提升农户管护卫生的责任感和积极性，做到户户有责、人人参与。杨家村还成立了36人组成的志愿者服务队，积极参与环境整治、敬老助贫等公益行动。并由当地农行提供资金，在村里建设"浓情小铺·积分超市"，通过激励制度引导农民参与到美丽宜居乡村建设中来。

稻田养鸭

三产促二产带一产融合　共享发展新成果

——吉林省延边朝鲜族自治州和龙市东城镇光东村

特色产业

一、村情概述

　　光东村是朝鲜族民俗村，位于吉林省延边朝鲜族自治州和龙市东城镇中北部，海兰江中游，平岗河谷平原下段，与龙井市毗邻。2015年7月16日，习近平总书记亲临和龙市视察指导工作，提出"全面小康一个也不能少，哪个少数民族也不能少""要通过多种途径着力构建农民持续较快增收的长效机制"。依靠区位交通、民族民俗、自然禀赋等要素，光东村实施大米加工厂、民宿、民宿租赁等产业项目，壮大村集体经济。2023年村级集体经济收入达到144万元，比2015年增长了近13.4倍；农民人均可支配收入达到2.1万元，比2015年增长了3.2倍。光东村荣获全国休闲农业与乡村旅游示范点、中国少数民族特色村寨、全国文明村镇、全国乡村旅游重点村、全国先进基层党组织、全国乡村治理示范村等多项荣誉称号。

二、主要做法

（一）壮大集体经济，释放村级产业发展活力

集体经济作为农村产业升级的"助推器"，既是加强农村基层组织建设的重要举措，也是关系巩固党在农村执政根基的政治问题。习近平总书记的视察给光东村发展旅游带来新的契机。全国游客慕名而来，村里建设游客服务中心、停车场和景观大门，整合村内闲置房屋，建成60户不同主题风格的特色民宿。近年来，锚定乡村旅游发展赛道，光东村充分发掘有机稻田和民俗风情等特色资源优势，不断创新农文旅项目，以农业产业为基础，旅游休闲为形态，风土文化为灵魂，挖掘乡村的深层价值，在乡村原有的基础上做创新，入选全国乡村旅游重点村名单，成为长白山旅游沿线热门打卡地。2015年到2023年，累计接待游客280万人次，实现旅游收入3 000余万元。同时，光东村以发展乡村旅游项目为牵引，助推村域经济社会各项事业健康发展。2022年，光东村以"企业+村集体+村民"的模式，与延边光东朝鲜族民俗旅游服务有限公司合作，光东村将60间民宿、稻禾间童野乐园及线上农特产品销售平台等资源整合，以三产带二产促一产，实现三产深度融合发展，带动更多村民创业和就业，以新型村集体"三三三一"增收模式，壮大村集体经济。通过项目带动，光东村可承载旅游转型升级后的高层次市场需求，带领更多村民走在共同致富的路上。

（二）挖掘当地特色，拓展村民增收致富渠道

光东村结合当地民风民情举办了水稻文化节、水稻插秧节、延边水稻文化节、延边大米秋收节等多个带有延边特色的节庆日，并将其融入旅游业，在推广光东村旅游业的同时也向游客展现了生机盎然、多姿多彩的民族文化。通过组建朝鲜族民俗艺术舞蹈队，为来到光东村观光旅游的游客进行民俗演出，每年演出超过100场，增加村民舞蹈队收入3万多元。通过注册农副产品商标，打出光东村品牌的大米、木耳、蘑菇、蜂蜜等土特产品，由公司统一收购、统一销售，帮助农民拓宽销路，实现增收。同时利用东西部协作把光东村的大米销售到浙江，保证村民最大的收益。并在吉林省"雪博会""东北亚展览会"宣传光东村农副产品，扩大知名度，通过电商模式让全国人民吃到健康、绿色的有机大米和木耳等农副产品。

（三）加强区域合作，优化稻田特色产业模式

作为曾经的皇家贡米、农业农村部水稻金奖的获奖品种，光东村

光东村老年舞蹈展望未来蓝图

的稻米质量上乘。为摸准市场的"脉"，村委会领着乡亲们改变传统种稻方式，成立合作社，充分发挥位于"黄金水稻带"的自然优势，把粮食安全放在首位，保持好生态优势，全面推广有机水稻种植，被国家环保部授予国家有机食品生产基地。村庄成立了淳哲有机大米专业农场，销售模式由原来的"一对一营销"转变为"订单销售"，推行"稻田养蟹""鸭稻共生""共享稻田"等模式，依托稻米飘香的生态美景发展乡村旅游，再借助人流物流拓宽稻米销路，培育壮大"吗西达""海兰江御米"等品牌，大米畅销北京、上海、宁波等一线城市及日本、韩国等海外市场，年销售收入达2 000万元。同时，光东村紧紧抓住东西部协作帮扶的有利契机，2018—2020年创新谋划实施"共享稻田"项目，到宁波市鄞州区宣传推广和龙大米，成功推介"共享稻田"24 000份，销售额达2 400万元，获得效益资金850万元。

三、经验启示

多年来，光东村始终把总书记指示精神作为做好各项工作的根本遵循和行动指南，坚决把习近平总书记的关心关怀转化为改革发展的强大动力，积极落实乡村振兴战略，铸牢中华民族共同体意识，呈现出经济发展、政治安定、民族团结、社会进步的新局面。

（一）始终把落实总书记指示精神作为第一要务

自习近平总书记到光东村考察调研以来，光东村始终将总书记的殷切嘱托铭记于心，坚持以党建引领脱贫攻坚提质增效，带领村民走出了一条幸福、和谐、富裕之路。依托脱贫攻坚和乡村振兴战略，全面改善产业、医疗、教育、住房、就业、基础设施、人居环境等民生福祉，大力发展水稻加工、民宿旅游、共享稻田等项目，

光东村民共度丰收节

实现集体经济、村民收入双增收。

(二) 始终把加强基层党组织建设作为关键要素

火车跑得快，全靠车头带。光东村党支部通过换届选举，充实4名80后、90后干部进入村班子，其中3名干部为大学及以上学历，同时建立村班子"一对一"抓梯队人才发现、培育机制。吸纳5名返乡创业80后村民回乡置业，盘活闲置资源，发展新业态，带动村内劳动力就业，团结带领党员群众推动各项工作落实。

(三) 始终将区域特色与发展致富产业相融合

产业发展不能千篇一律，要重点突出地域特色，不搞千村一面和重复雷同建设，力争实现"一村一景、一村一韵"。面临激烈的旅游市场竞争与压力，乡村旅游产业化须立足本土，体现本土化、地域性特色，明晰自身优劣势，打造乡村旅游特色化。光东村采取绿色主导产业与休闲旅游农业、民族文化特色相融合的模式，积极发展农业观光、民族特色餐饮、农家乐等旅游项目。同时建设完善有序的光东村文化和旅游产品及衍生品销售市场，全面推动乡村旅游信息化建设进程，在探索中求发展，在创新中求壮大。

产业融合发展　建设宜居宜业和美乡村

——黑龙江省齐齐哈尔市甘南县兴十四镇兴十四村

乡村建设
乡村治理

一、村情概述

兴十四村位于齐齐哈尔市甘南县城东南17公里处，是1956年组建起来的移民村。几十年来，兴十四村始终没有分田到户，坚定不移走共同富裕道路，现已发展成为总面积4.2万亩（其中耕地2.4万亩、人工林1.5万亩），总人口11 600人（常住人口2 000人、外来流动人口9 600人），总资产25亿元，村民人均收入8.1万元的"龙江第一村"。先后受到国家、省、市、县各级表彰奖励500多次，其中1979年受到国务院嘉奖，先后被评为首批国家级农业旅游示范点、全国生态文明村、中国美丽休闲乡村、首批国家农村产业融合发展示范园等荣誉。

二、主要做法

多年来，兴十四村始终没有分田到户，坚定不移走共同富裕道路，形成了"生态农业、链条产业、集团推进、规模经营、良性循环、可持续发展"的格局。

（一）依靠科技引领实现农业现代化

兴十四村坚持科技兴农，为农业插上科技翅膀。实施院村共建，建设了占地2.4

万亩的现代农业示范园区。全部采用"3+2"生产模式,即空气、水、土壤无污染,不使用农药和化肥,全力打造有机食品生产基地、名优特品种试验基地、航天育种基地,实现了土地集约化经营、农作物良种化种植、耕地机械化作业、农田喷灌化灌溉。

截至2024年上半年,兴十四村有机食品认证面积达到1万多亩,申请有机品种37个,棚室总数达到了1 331栋,培育了美国红提、新疆马奶葡萄、大连樱桃、草莓、灵芝等,西瓜重达168斤,香瓜卖到每斤60元,马铃薯亩产10 286斤,1亩棚室经济相当于100亩农田收益。

(二) 以产业振兴发展带动乡村振兴

兴十四村坚信"无农不稳、无工不富、无商不活",20世纪70年代就开始兴办五小工业,80年代筹建工厂。进入21世纪,兴十四村开始依靠本地丰富的农产品资源,规划建设富华国际生态产业园,建设了10万吨有机大米、杂粮杂豆、大煎饼和面粉加工产业。引进的酶制剂生产项目年产量1万吨。鲜食玉米加工项目年加工鲜食玉米1 000万穗。60兆瓦生物质热电联产项目作为"省百大"项目之一,年可消耗秸秆70万吨,发电4.32亿度,形成了产业集群,安置就业2 000多人,促进了周边土地、劳动力、人口向兴十四村流转,实现就近城镇化、就地城镇化,做到了农民挣钱、顾家、养老三不误。

(三) 三产融合发展实现多元经济

兴十四村推动农业与信息、旅游、文化等有机结合,实现一二三产融合发展。发展旅游经济,打造万亩农田、特色蔬果采摘、工业项目观光、万亩人工松林、荷花湖等景区,每年实现旅游带动收入1 000多万元。做强培训经济,累计举办中组

兴十四村大型农机合作社

部、农业农村部农村实用人才和大学生村官示范培训111期，举办省级组织部培训班154期，累计培训学员7万余人。壮大文体经济，建成文体馆、篮球场和黑龙江省乡村级最大体育场，承接国家级、省级各类比赛、集训，通过三产融合发展，拉动了农产品销售、餐饮、住宿等行业发展。兴十四全村耕地由村里2%的劳动力种植，98%的劳动力成为二三产业工人，从根本上解决了富余劳动力就业问题。

（四）注重培养、引进、使用、留住人才

兴十四村具有强烈的人才意识，求贤若渴，聚才用才。坚持"送出去"，80年代村办企业时，兴十四村就派出了近百人到北京、上海、大连、哈尔滨大中专院校、科研院所深造，成为村办企业的技术骨干。坚持"请进来"，每走一步，每谋划一个项目，都请技术专家做培训、企业高管做管理、高校教授做顾问，再具体实施。坚持"用得好"，2004年以来，兴十四村招聘大学生406人，现有干部队伍中大学生占比95%，他们在村学校、现代农业示范园区、村电子商务公司、村委会和集团办公室等重要岗位，发挥着骨干作用。同时，为国家培养输送干部人才27人。坚持"留得住"，为优秀人才提供高薪、分房等优厚的福利待遇，解决他们的后顾之忧。

（五）党建引领促进社会发展成果共享

兴十四村党建工作以党的政治建设为统领，以党章党规武装党员的思想。兴十四村党委下设12个党支部，党员129人，全体党员干部"约法三章"，请客不到、送礼不要、家属和亲友不搞特殊化，真心诚意为群众办实事、办好事，村党委班子严于律己做模范。班子成员在工作中始终叫得响、过得硬，得到了群众真心拥护和

兴十四村 10 万吨有机大米加工厂

兴十四村体育场

全力支持。每次换届选举从不设候选人，选民相中谁就写谁，一张白纸选票，选出群众心中满意的村"两委"干部。制定村规民约，党员干部带头执行，形成了合规就能办的良好风气。

多年来，兴十四村党委始终践行全心全意为人民服务的宗旨，不断提高群众生活水平。在福利待遇方面，村民全年享受用水、学生入托、上学等"十一项免费"待遇和米、面、油、肉等22项福利待遇，特别是2020年实现了村民口粮免费供应。在住房保障方面，原价35万元的别墅，村民只需支付10万元，其余25万元全部由村里承担。在教育医保方面，兴十四村学校和高级中学师生达1 100多人，考上国家重点大学的学生奖励2万元，实现了从幼儿园到高中不出村。居民医保参保率

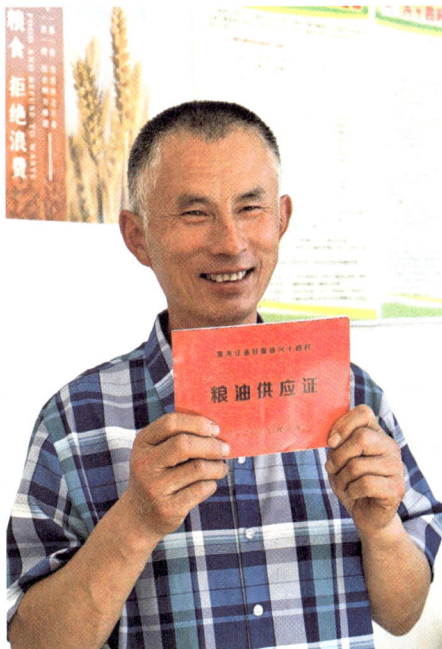

兴十四村村民领取粮本口粮免费供应

达到100%，实现医保参保费用全免费，并对医保报销以外的实行大病救助政策。在道德建设方面，发放忠孝奖，2020年兴十四村党委为村里90岁的老人李景凤、李学勤分别发放老人赡养金5 000元。

三、经验启示

（一）抓好村级班子建设，是乡村振兴的政治保障

习近平总书记指出，"大量事实证明，一个地方的工作，成在干部作风，败也在干部作风；一个地方的事业，兴在干部作风，衰也在干部作风。"因此，抓好村级班子建设、不断改进干部作风，是推动乡村振兴发展的首要之举。兴十四村正是由以付华廷为代表的村党委，脚踏实地带领群众苦干、实干、加油干，这才使得村集体经济快速发展。

（二）因地制宜"一村一策"，是乡村振兴的关键

兴十四村始终坚持一二三产融合发展的思路：坚持科技引领和规模经营，努力做大第一产业；大力发展农产品深加工，招商引资，努力做强第二产业；大力发展文体旅游、教育培训，努力做好第三产业。这充分证明，坚持因地制宜、"一村一策"，做好错位发展，是推动乡村振兴发展的关键所在。

（三）构建完善长效机制，是乡村振兴的必要保证

兴十四村始终坚持发展农村集体经济，坚持发展的最终目标是为村民办事，带领村民共同致富，从而得到村民的衷心拥护，进一步积极主动参与村集体经济发展，让兴十四村保持旺盛的生命力。因此，建立健全集体和村民之间的共赢机制，是实现振兴发展的必要保证。

推动产业多元发展　助力乡村全面振兴

——黑龙江省大庆市林甸县四合乡联合村

特色产业

一、村情概述

联合村位于黑龙江省大庆市林甸县四合乡东南部，全村总面积4.1万亩，辖6个自然屯10个村民小组，户籍人口737户2 152人，常住人口286户628人，2024年有脱贫人口94户183人。党总支下辖2个党支部，党员68人。近年来，联合村深入贯彻落实习近平总书记关于"三农"工作的重要论述，始终将巩固拓展脱贫攻坚成果、推进乡村全面振兴时刻放在心上、紧紧抓在手上、牢牢扛在肩上，锚定发展特色产业目标不放松，通过棚室采摘、休闲旅游、庭院经济、稳岗就业等多个特色产业叠加发力，在助推脱贫人口增收、壮大村集体经济、赋能乡村全面振兴上，蹚出一条新路子，实现了从软弱涣散村到乡村振兴示范村的华丽蜕变。

二、主要做法

（一）强化资金保障，打造棚室采摘基地

联合村立足资源禀赋、发展需求和群众期盼，积极主动争取政策资金支持。投资1 000余万元，建设新型棚室14栋，应用双架双被双膜保温技术，解决了黑龙江地区寒冬不能生产茄果类蔬菜的难题，实现了寒地农业技术上的创新和突破。棚室区选用良种，推广良法，施行良技，主要种植嘎啦果柿子、韩国草莓、盆栽苹果、特色甜瓜、弱碱油桃等，一年四季均产鲜果。在自主对接市场销售的同时，联合村在棚室区开辟了5处采摘基地对外开放，吸引大批市民和游客前来采摘，鲜果价格实现倍增。年产鲜果110吨，实现销售收入165万元，真正做到了反季种植"抢鲜"，棚室经济"生金"。

（二）充分挖掘资源，打造休闲旅游乐园

联合村将发展乡村旅游作为聚人气、生财气的有效路径，一以贯之抓到底。充分发挥现有资源作用，在不破坏林木资源的基础上，将村集体一片林地作为"底版"，倾力打造集游、玩、吃为一体的休闲旅游景区。结合四合乡的历史渊源和文化传承，将景区命名为猛犸乐园。乐园设置了林下休闲区、垂钓露营区、花海观赏区、农事体验区、土特产展销区等五个板块，区分不同时节开发了彩虹滑梯、动物饲喂、

嘎啦果柿子棚室内部

丛林穿越、冰雪乐园等多个游玩项目，并与棚室采摘基地无缝衔接、遥相呼应，切实做到了宜时宜人宜趣。2021年7月猛犸乐园开园以来，累计接待游客超过10万人次，年实现收入500余万元，带动本村93户农户年增收近4 000元。

（三）开发更多岗位，打造稳岗就业车间

联合村坚持"一人就业，全家致富"理念不动摇，将稳定就业基本盘作为一招先手棋，千方百计谋划就业"棋局"，尽最大努力帮助村民找到活、干得好、增收入。联合村结合本村人居环境整治、林木资源管护等实际需要，通过开发公益岗位吸纳一批；根据棚室采摘基地、猛犸乐园景区等本土企业用工需求，为本村村民量身定制就业岗位安置一批；主动联系县外用工单位，及时推送就业信息，及时推介就业岗位，及时开展就业服务，精准对接输出一批。通过采取"三个一批"等方式，累计带动村民实现就业183人次，人均年增收2万元。

（四）用好方寸之地，打造助农增收菜园

采取支部带领、党员带头、能人带动、村民参与的"三带一参"模式，集中力量打造一批微菜园，把村民房前屋后的"方寸地"变成"增收田"。联合村从解决好谁来种、种什么、如何卖等问题入手，动员引导有能力的脱贫户全部参与，由村里免费为农户提供豆角种子、竹竿等生产资料，强化产中技术指导，坚持自销和订销相结合，保证种植户既种得好产品，又卖得上好价。2024年，发展庭院经济213户，种植勾勾黄豆角42亩，户均增收1 000元以上。在联合村示范带动下，四合乡丰田村、东胜村、学田村也相继发展以勾勾黄豆角种植为主的庭院经济，形成了四村联

动的勾勾黄豆角产业带。

（五）拓展合作空间，打造研学教育课堂

研学教育让学生能够亲身感受知识的实际应用和价值，更好地理解和吸收知识，同时培养其观察力和实践能力。因此，联合村依托棚室采摘基地育种、种植、销售等优势，把棚室采摘基地定位为传承和弘扬传统农耕文化的课堂，积极主动与省市县教育部门沟通协调，2023年成功申报省级研学基地。2024年上半年，吸引近5 000人次幼儿和中小学生到基地参观研学，预计全年可接待学生4万人次，实现收入400万元。通过研学基地的教育实践，让长在"蜜罐"里的孩子们，切身体会到"谁知盘中餐，粒粒皆辛苦"的深刻内涵。

（六）释放媒体效应，打造宣传推介平台

我们坚决摒弃"酒香不怕巷子深"的传统观念，抓住各种机会，采取各种方式，利用各种媒介，宣传推介联合村特色产业，叫响擦亮特色产业品牌。邀请作协、书协等文化人士莅临景区开展猛犸湖文会，创作《猛犸湖文集》《猛犸掠影》等作品，传承弘扬猛犸文化。承办开展农民丰收节、水幕电影节、乡村趣味运动会等文体活动，丰富文化生活。在景区设置寻宝小游戏项目，将民族团结小知识作为宝藏，通过寻宝、答题等方式，激发文化认同。与央视"我要上村晚"栏目合作，由快手平台全程引流推送，实现联合村特色产业和乡村旅游持续"出圈"。

2023年，联合村脱贫人口人均纯收入由2017年的5 653.24元增长到16 161.20元，村集体收入达到173.66万元，先后获得中国美丽休闲乡村、国家级乡村旅游重点村、全国巩固拓展脱贫攻坚成果村级实践交流基地等称号。

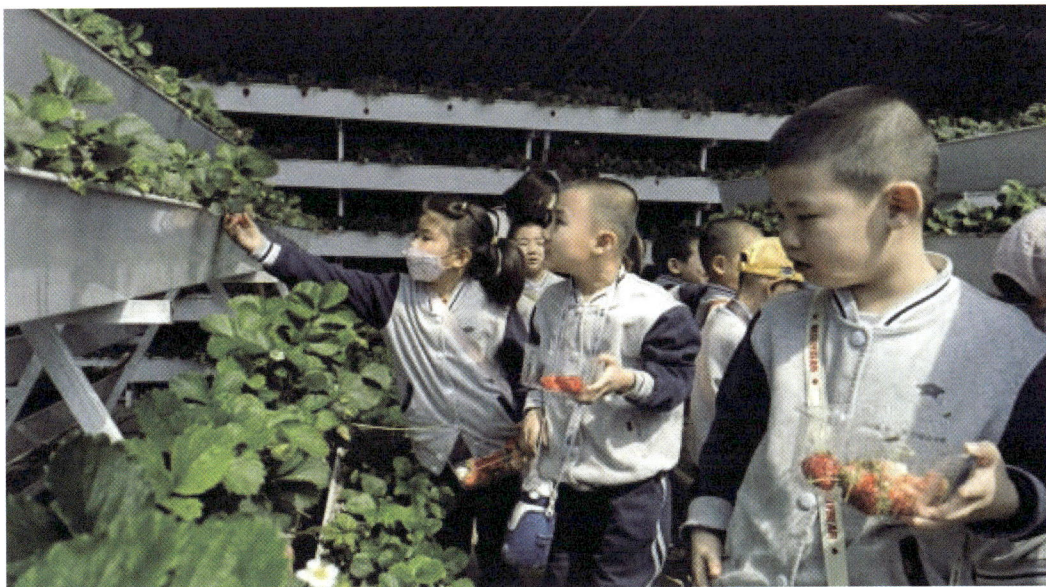

学生到基地参观研学

三、经验启示

（一）以习近平总书记关于"三农"工作的重要论述为根本遵循

习近平总书记指出，"发展特色产业是实现乡村振兴的一条重要路径，要着力做好'土特产'文章，以产业振兴促进乡村全面振兴"。这一指示为加快发展乡村特色产业指明了科学路径、提供了根本遵循。习近平总书记关于"三农"工作的重要论述，让联合村坚定了发展特色产业的信心决心，为发展特色产业注入了不竭动力。

（二）以党建引领特色产业发展为组织保障

深入贯彻落实村党组织乡村振兴责任和村党组织书记第一责任人责任，聚焦"一村一策""一村一业"，充分听取和征求村"两委"、党员、村民意见建议，谋划好特色产业发展路径，采取"支部引领、企业带动、合作运营、村民参与"模式，推动特色产业从无到有、由小变大、由弱变强。

（三）以助农增收壮大村集体经济为主要目标

联合村坚持将特色产业链条延伸到村到户到人，通过带动村民务工就业、自主发展庭院经济、发放整户无劳动能力脱贫户生活补助、激发内生动力奖补、村集体收取收益金等方式，不仅为经营企业带来效益，而且为村民带来实实在在的收入，更为村集体经济壮大注入源头活水，让村集体有更多的钱办实事、做好事、解难事。

燎原村全貌

和美乡村绘就振兴长卷
田野乡居蝶变向往生活

—— 黑龙江省伊春市嘉荫县红光乡燎原村

乡村建设
乡村治理

一、村情概述

嘉荫县红光乡燎原村位于伊嘉公路北侧，距嘉荫县城13公里处，为红光乡政府驻地，是抵边村、革命老区村、乡村振兴标杆村、全国巩固拓展脱贫攻坚成果村级实践交流基地。全村总面积132.56平方公里，人口389户892人，耕地面积1.3万亩，人均收入2.4万元/年。近年来，在国家、省市县出台的优惠政策强力助推下，燎原村持续在乡村建设、环境整治、产业发展和乡村治理上加大投入力度，描绘了一幅规划布局美、整洁环境美、增收生活美、文明身心美的宜居宜业和美乡村新画卷。

二、主要做法

燎原村紧紧围绕"基础设施基本完善、公共服务普惠可及、人居环境优美宜人、社会治理和谐有序、精神文化富有繁荣"的目标愿景，聚焦"和""美"，兼顾"内""外"，以建设宜居宜业和美乡村为抓手，全面推进乡村振兴。

（一）优化村庄环境，打造宜居家园

一是规划先行，高起点定位村庄。燎原村按照新农村建设示范区、现代农业观

光区、民俗风情体验区、旅游餐饮服务区"四区同创"的建设理念，先后建设完成了居民住宅楼8栋、别墅11栋，新农村建设示范区初步形成；与县农业局合作，建设了占地6万平方米的农业科普示范园，打造了现代农业观光区；建设了3 000平方米民俗风情广场1处、演绎舞台1个、荷花景观池1处，并配套完成了附属设施建设，打造了民俗风情体验区；通过整合汪家大院、荷花渔村等多家旅游服务资源，打造了旅游餐饮服务区。二是完善基础，高质量建设村庄。2022年以来，结合美丽宜居村庄示范乡创建和宜居宜业和美精品示范村创建工作，燎原村继续提升村内基础设施建设水平，陆续投入资金1 400余万元，实施了燎原新区道路沥青铺设、小磙沟屯道路硬化和楼房立面改造等基础设施建设项目28个，不断推进农村面貌大改观，居住环境大变样，幸福指数大提升。三是卫生整治，高标准维护村庄。为实现环境卫生的长效管护，燎原村不断建立健全长效管护机制，成立了龙乡新区物业公司，配备了专职环境卫生保洁员，统一配备了清扫工具和清运车辆，按照"户保洁、村收集、统一处理"的模式，对村内生活垃圾、农业生产废弃物等做到日产日清、定点分类存放。同时，燎原村党支部坚持将环境整治工作与"主题党日""我为群众办实事"等活动相结合，多次组织党员干部及驻村工作队开展环境卫生专项整治活动，不断推动形成"党员干部做示范，群众跟着干部干"的良好局面。

（二）发展精品民宿，凸显产业优势

燎原村充分发挥区位优势，深入挖掘资源潜力，坚持把民宿产业发展作为推动乡村旅游业的切入点，为乡村振兴奠定了坚实基础。一是集群发展，从一枝独秀到花团锦簇。近年来，随着乡村旅游业快速发展，燎原村坚持由党支部带头、村集体出资、创业能人指导，盘活闲置房屋打造特色民宿产业，赋能乡村振兴发展。2023年，燎原村村集体投资190万元，盘活闲置房屋4栋，打造了"画中居"民宿——林

燎原村基础设施

燎原村"画中居"民宿——林深艺墅系列民宿

深艺墅特色民宿。2024年，按照"东西区同建"的总体工作思路，燎原村继续盘活闲置房屋22户，逐步构建"1+3+N"的民宿产业格局，逐步实现"闲置地变身体验地、闲置房变成经营房、老百姓变成服务员"的"新三变"。二是丰富业态，从单一模式到多元发展。通过"政府补贴＋农户自主经营"方式，鼓励主街两侧农户发展民宿旅游配套业态经济，带动村民创业就业、致富增收。2024年，燎原村主街已有11户农户发展饭店、烧烤店、小吃店等经营业态，均已开始营业。为了解决"白天看景，晚上走人"留客难的问题，燎原村对风情广场进行提档升级，作为发展夜经济的有效载体，打造了主题多元、形式多样、成效多彩的"夜经济""夜文化"品牌，先后成功举办了啤酒节、夜映、篝火晚会等活动，参加游客达到3万余人次。三是提升收益，从一人致富到多人增收。近年来，燎原村在大力开展宜居宜业和美乡村的基础上，带领村民打造各类小菜园30余处，辐射带动了周围庭院养殖户以及渔民的增收，真正实现了让游客"游乡村、住农家、采果蔬、品美食"，也让农户"种一分田地，获多分受益"，依托庭院经济，周边农户户均年增收2 000元以上。

（三）推进三治融合，助力成风化人

以自治为基，释放治理活力。为了有效解决村党组织和干部"想干事、难干事、干不成事"等问题，燎原村用好用活"四议两公开"工作法，结合新时代新任务，把农村土地"三权分置"等乡村振兴中的大事要事纳入决策范畴。聚焦倡导文明新

风，重新修订村规民约，把移风易俗、简易红白喜事、反对铺张浪费等内容写进村规民约，为村民行为立规矩。以法治为本，提升治理实力。通过健全依法治理工作网络，健全依法科学民主决策机制，定期开展党务、政务、村务等公开工作，建立重大事项社会稳定风险评估机制。定期开展法治宣传教育活动，使村内治安热点问题得到及时整治，各类矛盾纠纷得到及时化解，为营造良好的农村法治环境奠定了基础。以德治为先，提振乡情乡谊。为了进一步倡导科学、健康、文明的生产生活方式，燎原村推选德高望重、热心村里公益事业、群众认可的老党员、老干部等20余人加入"四会"治理当中，倡导丧事简办、婚事新办、其他事不办。以培育和践行社会主义核心价值观为根本，在全村广泛开展"最美家庭"和"好媳妇、好公婆、好妯娌"等评选活动，在全村形成普遍认同的理想信念、道德标准、价值尺度，努力形成崇德向善、诚实守信、互助友爱的良好社会风尚。

在全村共同努力下，燎原村先后荣获全国文明村镇、中国最美休闲乡村等20项国家、省市级荣誉称号。以建设宜居宜业和美乡村推动乡村振兴发展的宏伟蓝图正在燎原村逐步实现。

三、经验启示

从美丽乡村到宜居宜业和美乡村，这是农村现代化的要求，也是建设农业强国的应有之义，是党中央践行为人民服务的重要途径，也是广大基层群众的热切期盼。在这项长期的系统工程中，我们还需要再认识、再探索、再创新。

燎原村风情广场篝火晚会

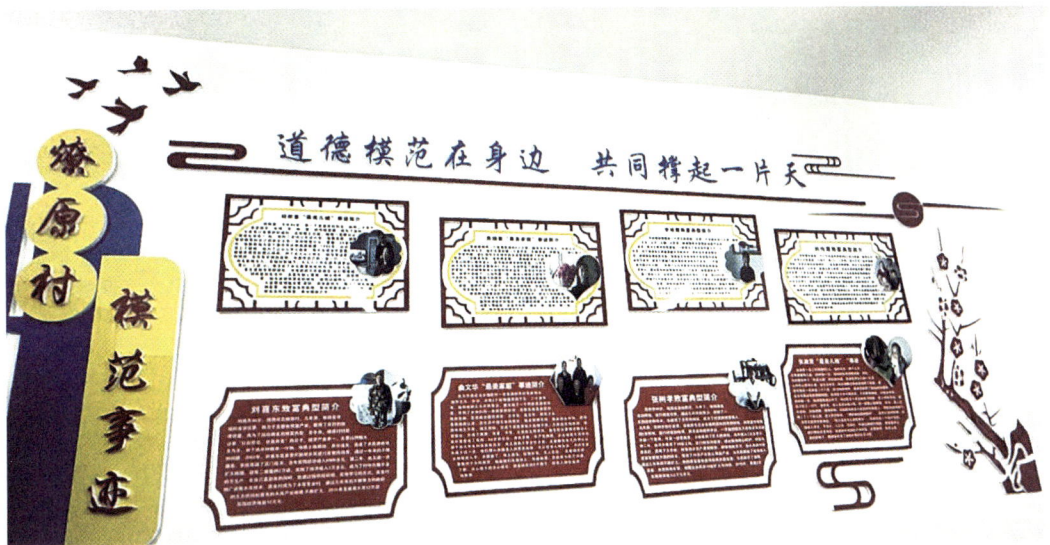

燎原村模范事迹展览墙

（一）提高认识，加强领导

燎原村持续推进党建引领与宜居宜业和美乡村建设深度融合，充分发挥基层党组织战斗堡垒作用和党员干部先锋模范作用，通过明责任、强服务、补短板、建机制，村庄颜值不断刷新，群众获得感、幸福感显著提升。

（二）解放思想，更新观念

燎原村强化领导干部责任意识，切实解放思想、凝聚共识、转变观念，千方百计解难题，集中力量抓推进，实现示范一点、带动一片。培养激发村民在美丽乡村建设中的"主人翁"意识，提高村民参与度，营造建设美丽乡村的良好氛围。

（三）规划引领，高位推动

燎原村坚持高标准、高起点编制乡村规划，强化规划的整体性、系统性和前瞻性。根据已有区位条件、资源禀赋、发展基础等实际，按照"一村一景"，着力培育地域特色和个性之美，充分彰显乡村的特色和韵味。

（四）产业支撑，持续发展

宜居宜业和美乡村建设是改善农村环境、完善基础设施、促进产业发展、带动农民增收的必由之路。燎原村以可持续发展为目标，把发展特色产业作为推动宜居宜业和美乡村发展的重心，因地制宜培育农村经济发展新的增长点，激发乡村内生力量，促进乡村的可持续发展。

建设和美乡居　共绘振兴蓝图

——黑龙江省七台河市勃利县勃利镇元明村

乡村建设
乡村治理

元明村夜景

一、村情概述

元明村位于勃利县勃利镇西北部3.8公里处，东临G229国道，西临依七高速公路，距七台河高铁西站22公里，交通便利。村内道路宽阔平整、民风淳朴、乡风文明。全村共有户籍人口330户1 236人，其中常住人口120户242人，脱贫户28户50人，2023年人均可支配收入13 900元。元明村原为有名的"水患村"，为改变以往的面貌，元明村借势借力，开启围绕乡村振兴五大战略，依托深厚的文化底蕴、旅游资源、自然条件等，打造集健康餐饮、休闲娱乐、养生度假等多功能于一体的康旅小镇。通过壮大村集体经济，增加了农民收入，走出一条村庄发展的新道路，实现了脱贫攻坚成果的持续巩固。近年来先后被评为全国乡村旅游重点村、省级乡村旅游示范点、龙江民居试点村、美丽休闲乡村等荣誉称号。

二、主要做法

（一）党建引领自治，推动乡村发展

元明村坚持党建引领，积极探索提升村民自治意识的新路径。2019年成立党员干部现代远程教育学习室，将党建教育与村民自治意识培养紧密结合，开创了乡村治理的新局面。2024年以来共组织120人次学习了习近平新时代中国特色社会主义思想和党的二十大精神，进一步深化了党员群众对党和国家方针政策的理解，激发了村民参与乡村治理的积极性和主动性。组织各类专题培训101次，通过培训使党员干部在学习中成长，村民在参与中受益，形成了党建引领、村民参与的良好局面。

（二）聚焦和美乡村，提升村容风貌

党的十九大提出乡村振兴战略后，元明村强化三产融合、农文旅结合，深化村企合作，进一步提升村域发展质量。以自然环境为依托，因地制宜制定项目发展规划。2019年采取"村企合作"的方式，对元明村进行整村改造。通过招商引资与勃利县昊鑫城市建设投资有限公司合作，建成新中式民宿，为发展旅游业奠定基础。该项目总投资约8 000多万元，于2020年7月开工建设，建设面积共78 000平方米。其中将部分闲置的农民房屋维修、装修，建成半开放和封闭式地热取暖民宿18间，改建总面积66 000平方米；同时建成占地2 000平方米的小型足球场1个；建成占地10 000平方米的停车场一处；占地888平方米的锅炉房一栋。2023年继续通过招商引资与企业合作的方式，投资400万元新建民宿15间。

元明村打造的康旅小镇配备了完善的交通通信、供水供电、游客中心等配套设施，可运营民宿33间，最多可容纳150人住宿；运营餐厅8间，能同时容纳100人就餐；建成的党建服务中心可容纳180人开展培训和举办各种会议。过去低矮破败的民房已被一幢幢崭新的新中式建筑代替，行走在元明村的路上，让人心旷神怡。水平如镜的池塘，香蒲、荷叶点缀其中，蓝天白云、白墙黛瓦倒映水中，呈现一幅令人心醉的诗意画卷。全村面貌焕然一新，营造出"村在山中、院在园中、人在绿中"的优美环境，成为和美乡村建设的典范。产业项目的发展是巩固脱贫成果的关键，打造产业项目的最佳方式是与发展农村集体经济相结合，2019年以来集体经济收益为百姓分红106万元，平均每户分得2 000元。

（三）盘活村庄资源，村企合作新突破

元明村"村企合作"模式盘活了村庄资源，增加了农民收入，保障了集体收入，实现了三方共赢。2019年以来，通过土地流转，元明村将连片坡地全部托管至元明新邨种植合作社，防止土地抛荒的同时提高了土地利用率，改善了村庄环境。2024年，通过企业用工，解决了本村村民20余人就业问题，村民人均增收1 500余元。实现了村民稳定工作、照顾家人的愿望，有效提升村民幸福感。

为提高整体经济效益，元明村将传统农业、民宿产业、生态旅游协同发展，这

元明村新中式建筑

些项目均在旅游区中，既是农耕农事活动地，又是旅游观光点，引导游客产生消费。这种因地制宜、就地消化农产品的销售方法，减少了运输及人力成本，使当地农民和游客双双受益。元明村通过引入外部企业、群众全面参与，走出了一条不同于其他地区的新道路，实现了自身的转型升级。

（四）运用积分制，增强治理新动能

为发挥党员先锋模范作用，提升基层组织治理能力，元明村积极贯彻落实群众路线，调动广大群众参与的积极性。2022年，元明村作为七台河市模范试点试行积分制管理，通过登记、审核、公示、讲评、奖惩等各个环节，使村里大小事务通过"积分制"得到有效治理。村民根据积分参与村级集体收入分红，让资源变资金、农户变股东，从而有效组织引导村民参与到村庄建设、产业培育、文明创建等各项事务中。

三、经验启示

（一）齐头并进，推进乡村治理和乡村建设

元明村在乡村治理方面，坚持党的领导，充分发挥基层党组织的战斗堡垒作用，以党建引领乡村治理，提升村民自治能力和乡村治理效能，构建充满活力、和谐有序的乡村社会。通过加强农村基层组织建设，完善村民自治机制，推动法治、德治、自治相结合，形成共建共治共享的乡村治理格局。在乡村建设方面，坚持绿色发展理念，注重乡村生态宜居，推动乡村环境整治，保护乡村自然风貌，建设和美乡村。同时更加注重乡村的产业兴旺，发展特色农业，培育乡村新业态，促进乡村产业融合发展，提升乡村经济活力。

（二）盘活沉睡资源，创新经营管理模式

元明村通过不断探索发展道路，由"水患村"蜕变为三产深度融合、农文旅有机结合的全国乡村旅游重点村，走出了乡村振兴的新路子。元明村之所以成功，主要是因为充分利用村里的各种本土资源，结合企业的资金和经营管理优势，通过发展本地特色农业，拉长产业链条，创新乡村业态，推动乡村产业振兴，进而推动乡村全面振兴。元明村发挥自身优势，在用好上级政策的同时，规范运行管理，盘活沉睡资源，积极创新经营管理模式，建立务实管用的利益联结机制，确保农村要素"动"起来。找准地区定位，因地制宜、因户施策，制定差异化发展规划，充分发挥自身优势，确保农村资源"活"起来。推动乡村旅游与农业、文化产业等深度融合，围绕食、住、行、游、购、娱等要素，完善配套设施和服务体系，着力形成全景域体验、全过程消费、全产业融合的全域乡村旅游模式，确保农民腰包"鼓"起来。

（三）群众参与，共同探索和美乡村新方向

元明村将积分制与传统乡村治理方式有机结合，使村规民约、模范评比和安全建设等诸多规则制度在积分系统中集中体现，村民在积攒积分的激励下更多关注规则制度。积分考核体系涵盖乡村治理的方方面面，对文明乡风、平安建设、环境卫生和垃圾分类等各方面都产生提升作用。元明村积分制管理制度让村民的言行有"镜子"可照、有"标杆"可学，"有德者有得"使带头示范作用得到更好发挥。在积分制激励下，村民的思想和习惯进一步向上向好发展。

元明村村民通过"积分制"参与乡村治理

奋力打造强村富民产业
赋能乡村振兴发展

——黑龙江省绥化市海伦市东风镇仁东村

特色产业

一、村情概述

　　仁东村位于黑龙江省寒地黑土核心区的海伦市区东南11公里，全村总面积10.2平方公里，现有耕地1.39万亩，林地790亩，户籍人口532户1 672人。脱贫攻坚期间共有建档立卡贫困人口89户230人，已全部实现脱贫。2024年，仁东村实现集体经济收入110万元、集体积累2 610万元，人均可支配收入21 300元，先后荣获黑龙江全省先进基层党组织、全省生态文明村、全国巩固拓展脱贫攻坚成果村级实践交流基地等荣誉称号。国家实施乡村振兴战略以来，仁东村坚持强化党建引领，不断探索创新，激活党建引擎，致力打造"五红"仁东，趟出了一条寒地黑土乡村振兴的新路子。

二、主要做法

　　仁东村积极发挥党建引领作用，不断探索创新，聚焦改善人居环境、打造特色产业、赋能乡村治理，走出了以党建为引领、产业发展为主线、群众幸福为核心的宜居宜业和美仁东发展之路，全面推进乡村振兴。2024年，仁东村吸引来自全省各地的学习交流者800余人次，极大地促进了仁东村研学游的发展。

（一）改善人居环境，村容村貌焕新颜

仁东村坚持在改善人居环境上持续发力，全力打造农民身有所栖、心有所依的"五好两宜"和美家园。一是持续化投入。通过积极对上争取和自投资金，铺设村内柏油路4.5公里、修建路边沟9 000多延长米、安装栅栏14 157延长米、安装太阳能路灯276盏、设置天眼探头12处，村内村外基础设施日益完善。几年来，累计栽植龙须柳、水曲柳、山核桃、金叶榆等绿化美化植物3万余株，实现了全村绿化亮化美化香化。二是常态化管护。建立长效管护机制，聘用弱半劳动力从事保洁员、护路员、护林员等村级公益岗位，维护基础设施、清洁道路卫生、清理园区杂草。为常住户发放垃圾分类箱1 500多个，生活垃圾实行"户分类、村收集、镇转运、市处理"的模式，每年处理垃圾100余吨。三是制度化监管。制定完善村规民约，通过规章制度实现环境管护常态化，激发农户主动、自觉参与人居环境整治的热情，全年发动村民出工出劳在1 000余人次以上。

（二）聚力产业发展，强村项目展新姿

仁东村党支部紧紧围绕促进农民持续稳定增收这条主线，全力打造链条更完整、业态更丰富、多姿多味的特色富民产业。一是特色种养促增收。建设占地2 000平方米的"寒地新型免烧温室"，发展反季节、见效快、可采摘、可观光的草莓采摘产业，每季大约栽种25 000株草莓，上一季总产量4 500斤，平均每斤价格50元，草莓采摘实现经济效益22.5万元，纯收入达到13.95万元。同时，草莓园带动10名农户务工，人均增收5 000元。2021年开始，从江苏外购虾苗进行小龙虾试验试养，已发展成为以培育和销售寒地小龙虾苗为主的自繁自养产业。小龙虾养殖繁育技术日渐

抓党建促乡村振兴学习交流现场会

仁东村村容村貌

成熟，引进的一万只种虾已繁育出25万尾虾苗，2024年6月份已将自繁自育的25万尾虾苗全部投放到池中进行精养，9月份产量可达11 000斤。该产业带动农户务工2人，人均增收10 000元。二是原生项目促增收。以租赁方式外包的仁东村牛场、酒厂、农机服务队项目实现多点开花，不断拓宽村集体增收渠道，每年稳定实现收益34万元。同时，村里实施的占地1.5万平方米的光伏电站项目，每年为无劳动能力脱贫户及监测户分红11万元，公益岗位支出9万元，村集体增收近20万元。三是农旅融合促增收。习近平总书记在黑龙江考察时提出，要大力发展特色文化旅游。仁东村锚定国家AAA级旅游景区目标，在原有乡村振兴产业项目基础上进一步打造提升，全面推进乡村文旅产业不断深入。吸引社会资本将仁东村的黑臭水体打造成占地3万平方米集垂钓、休闲、住宿、餐饮于一体的"口袋"公园，可供游客品尝田园美食、回忆农家生活。仁东村已成为农业游、生态游、研学游的旅游景点。

（三）构建共治体系，乡村治风

仁东村围绕乡村治理大课题，以构建党建引领多元共治体系为切口，探索基层治理新途径，巧谋和谐善治新方法。一是整合分散资源，激活内生动力。从2019年开始，在镇党委组织下，仁东村打响了"清化收"攻坚战，坚持把该管的资源管起来、该收的费用收回来、该挖的潜力挖出来，通过土地确权、清理合同，明确集体土地、林地权属，全村增加机动地537亩，收缴资金115万元，为乡村振兴注入了源头活水。二是推行"码上公开"，规范权力运行。在服务大厅设立公示栏，实行党务、村务、财务"三公开"，22项具体公开事项分别生成二维码，群众扫码即可知晓具体内容，让村务在阳光下运行；同时通过清廉农村建设，5类38项规范化的村级小微权力清单进驻到便民服务大厅，村党支部带头执行小微权力清单，增加村"两委"的公信力。三是织密网格体系，提升治理效能。依托村屯网格，采取"十户一党包"办法，动员原则性强的村干部、党员16人，组建代办员队伍，制定细化村级代办员制度，群众通过线上反馈办事需求，代办员为村民办理相关业务提供"一站式"和"代办帮跑"服务，全面提升群众满意度和幸福指数。

三、经验启示

新时代解决"三农"问题的战略目标是乡村全面振兴。在群众心中，美好幸福生活就是由路平不平、水好不好、环境美不美、收入高不高等一点一滴的小事汇流而成的。在推进乡村全面振兴这一伟大事业过程中，仁东村还需继续奋勇前行，做到百姓有所呼、村干部有所应，以实实在在的工作实绩来回应百姓期盼。

（一）谋事之基：思路决定出路

乡镇谋势，村级落子，压实压靠乡村两级主体责任，是党建引领乡村振兴的制胜关键。乡村振兴必须坚持思路破冰，引领发展突围。乡村振兴的主力军是村级，但在顶层设计上要有全局意识，承担主体责任的是乡镇党委。乡镇党委承上启下，要做思路引领者，发展护航人，深研自然优势和区位条件，坚持因地制宜，凸现地域特色，实施一村一策，定制化乡村振兴之路。

（二）强村之路：差异决定差距

差异增效，特色赋能，因地制宜壮大乡村特色富民产业，是党建引领乡村振兴的必由之路。乡村振兴靠产业，产业发展靠特色。当前，乡村产业同质化问题突出。

仁东村产业园区全貌

如何从单一的第一产业中突围，打好产业振兴牌，是传统农业乡村必须破解的首要课题。抓好村级产业，必须依托当地的资源、区位、生态等方面优势，在"特"字上作文章，引进先进技术，在传统产业上求新求特，升级赋能，进而实现村级产业从无到有，由小变大。

（三）活力之源：作风决定作为

勇于探索，敢于创新，在振兴伟业中激发伟大创造精神，是党建引领乡村振兴的不竭动力。乡村振兴是前无古人的伟业。创新是乡村全面振兴的源头活水，是引领发展的第一动力，破解乡村振兴的难点问题必须用好创新这把"金钥匙"。要积极倡导"不为困难找借口，只为问题找出路"的作风，乡村干部要葆有"逢山开路、遇水搭桥"的胆识和气魄，从上到下都要有一种"虎"劲、"冲"劲、"韧"劲，才能坚定不移地挺起使命担当、责任担当，责无旁贷地擦亮实干底色，在求新求变中求成求胜，在巧为善治中攻坚克难。只有创新永驻，乡村振兴才能动力不竭，境界常新。

践行两山理论 走绿色发展振兴之路

——安徽省亳州市利辛县永兴镇永兴村

一、村情概述

永兴村位于安徽省亳州市利辛县城西南24公里处，是利辛县90个重点脱贫村之一、安徽省药品监督管理局定点帮扶村。全村总面积4.436平方公里，耕地面积4 507.24亩，辖13个自然庄，共1 255户4 006人。2014年，永兴村建档立卡贫困户231户579人，贫困发生率14.68%，村级集体经济收入基本为零。历任驻村第一书记和工作队全面贯彻落实打赢脱贫攻坚战、巩固拓展脱贫攻坚成果同乡村振兴有效衔接决策部署，同永兴村干部群众同题共答、同向发力，探索创新、细化落实驻村帮扶举措，建立健全乡村发展、乡村建设、乡村治理长效机制，坚决守牢"两条底线"，为推进乡村全面振兴注入澎湃活力。

二、主要做法

按照习近平总书记对安徽"三农"工作的重要指示和安徽省委、省政府关于实施"千村引领、万村升级"工作部署，驻村第一书记和工作队充分发挥职能优势，立足村情实际，突出党建引领、打造特色产业、聚焦乡村治理、共享发展成果，使永兴村从重点贫困村、党组织软弱涣散村蜕变为全国脱贫攻坚先进集体。

（一）突出党建引领，定好乡村振兴主基调

加强基层党组织标准化规范化建设，选优配强村"两委"班子，从返乡青年、退役军人、致富能手、"田秀才"中挖掘引进11名优秀青年，为乡村发展提供坚强有力的组织保障。重视党员教育管理，严格落实"三会一课"、主题党日、第一书记上党课等组织活动，全面提升党组织凝聚力和向心力；发挥好远程教育站点作用，活用"请进来+走出去"教育模式，推动思想政治教育内化于心、外践于行。创新运用"村党总支+股份经济合作社+推广基地+专业合作社+农户"模式，充分发挥基层党组织战斗堡垒作用，为党建引领全村发展定好主基调。多方协调联动，凝聚帮扶合力，与安徽省药品监督管理局各级党组织及爱心企业、行业协会商会党组织等开展帮扶共建活动183次，协调解决各类问题200余个。

安徽省药品监督管理局基层党支部与永兴村党总支开展结对共建

（二）打造特色产业，点燃乡村振兴加速器

按照"巩固一批、升级一批、盘活一批、调整一批"思路，分类指导帮扶产业发展，有序盘活老学校、老村室、老厂房等闲置资产，主动向相关部门争取政策、资金、项目支持，力促电子厂、服装厂、中药材示范基地、光伏发电等10余个项目落地，初步形成"一心、三片、多点"产业空间布局，解决400余人"家门口"就业，人均年增收近1万元，村级集体经济收入年增100多万元。

发挥特色种养业全省十大扶贫示范村示范效应，打造特色产业，发展中药材、优质订单农业种植，开发蒲公英保健花茶等特色产品，通过全环节质量管控，实现亩增收160元以上、村级集体经济增收近10万元。

发挥"选派"商标品牌效应，通过平台搭建、电商推广将"土特产品、好招牌"宣传出去，打通线上线下销售渠道，为传统农业注入产业化、品牌化新活力。开展"万企兴万村"行动，与城投公司、芜湖市"供销优选"等多家企业达成帮扶合作，年销售额100万元以上。

（三）聚焦乡村治理，走好乡村振兴生态路

坚持规划先行，通过调研走访、座谈交流等，收集群众意见建议，制定乡村治理年度工作计划和长远发展规划，画好乡村治理的"施工图"和"作战表"。打造人居环境"点线面"治理格局，统筹推进垃圾处理、污水治理、改厕等民生工程。修建主干道29公里、巷道24 000多平方米，安装太阳能路灯246盏，完成电网升级改造，建成自来水厂1座，修建桥涵19座、机井77眼，清挖水渠6 000余米，铺设水泥

永兴村中药材种植推广示范基地

永兴村特色种植基地

管192个，累计投入1 000余万元，实现硬化、亮化全域提升。聚焦精神文化需求，建设文化广场、老年活动中心、阳光驿站、党建引领信用村爱心超市、新时代枫桥式综治中心等。以数字技术赋能乡村治理现代化，让村民真正感受到乡村振兴带来的实惠和变化。开展最美庭院、文明户、清洁户评选等，培育文明乡风、良好家风、淳朴民风，形成"开拓创新、团结协作、爱岗敬业、任劳任怨"的永兴村精神，进一步迸发出建设宜居宜业和美乡村的内生动力。以"新时代六尺巷工作法"探索基层治理新路径。引导激励发展庭院经济，整合"三边四荒""金边银角"零地，利用房前屋后闲置地，修建"五小园"进行特色种植，扮靓乡村高颜值，提升变现附加值。与周边村同向发力，联手共创"乡村振兴联盟"，聚合作用成效显著。

（四）共享发展成果，打好乡村振兴惠民牌

严格按照"四个不摘"工作要求，紧盯"一收入两不愁三保障"和饮水安全等核心指标不放松，通过全面走访、部门联动、集中排查、核实防返贫监测平台预警信息等，及时排查和研判致贫返贫风险，因人施策、分类落实公益性就业岗位、兜底保障、技能培训、产业项目等帮扶措施。积极与安徽省药品监督管理局、红十字会、爱心企事业单位共同开展"五助一帮"行动，每年投入10余万元。同时，制定量化方案，年底实施分红，村民共享集体经济发展成果，进一步提升村民的幸福感、获得感和安全感。

截至2023年底，永兴村村级集体经济收入增至135万余元，脱贫户人均年收入达1.4万元以上；2024年，测算村级集体收入将达205.9万元。累计获评全国脱贫攻坚先进集体、全国巩固拓展脱贫攻坚成果村级实践交流基地、安徽省农村基层党建工作"五个好"村党组织标兵等数十项荣誉。

永兴村所获荣誉（部分）

三、经验启示

（一）优秀选派干部是推动乡村振兴的第一资源

作为省级定点帮扶单位，安徽省药品监督管理局始终将干部选派工作作为重要政治任务，坚持好中选优、优中选强，形成"一人在帮扶前线，全局是大后方"的乡村振兴工作格局，以"头雁效应"引领"群雁齐飞"。驻村第一书记和工作队立足村情实际，发挥职能优势，着力在班子建设、思路规划、产业培育、资金扶持等方面下功夫、见真章、务实效、谋突破，切实增强永兴村整体"造血功能"。

（二）党员干部队伍是决胜乡村振兴的中坚力量

决胜乡村振兴，基层党员干部队伍是中坚力量。永兴村以增强党性观念、提高能力素养、发挥先锋模范作用为抓手，不断提升党员干部的综合素质，为推进乡村振兴工作提供人才支撑。同时，持续激发村"两委"班子活力，抓住村"两委"换届契机，坚持把党的领导贯穿全程，将一批"五好"干部选进班子，进一步充实基层人才队伍。

（三）产业兴旺是实现乡村振兴的最佳动力

乡村要振兴，产业必先行。驻村第一书记和工作队充分贯彻执行方针政策、决策部署，学习借鉴成功经验，立足实际、广开思路，积极为村级集体经济发展建言献策，下大功夫做好"粮头食尾""畜头肉尾""农头工尾"等增值大文章。同时，利用创新思维优势，推进产业结构调整，在产业融合发展道路上走出"永兴之路"。

"美德银行"存出文明新风
提升乡村治理质量

—— 安徽省滁州市凤阳县小溪河镇小岗村

村民代表大会表决通过《小岗村移风易俗村规民约》

一、村情概述

　　小岗村位于安徽省凤阳县城东南约28公里，全村总面积2.25万亩，人口1 049户4 397人。近年来，小岗村坚持以习近平总书记考察小岗村重要讲话精神为指引，探索乡村治理积分制"美德银行"新模式，以一本"美德存折"+六个"积分项目"的创新形式，引导村民"积极行好事，争相存美德，欢喜换奖励"，厚植乡风文明土壤，撬动乡村治理改革，着力构筑起文明新村、善治乡村新格局。

二、主要做法

（一）坚持村民自治，着力夯实制度基础

一是尊重民意，规范制定制度体系。按照"一问一议、一决一公示"程序细化制定制度体系。"一问"，即广泛走访调查村民意愿和村民需求后，研究起草初稿。"一议"，即组织党员、妇女、"大包干"带头人等各类代表举行专题座谈会充分讨论，"线上+线下"公开征求意见建议，形成审议稿。"一决"，即提交村民代表大会表决通过。"一公示"，即严格履行公开公示制度。2020年3月，《小岗村美德银行积分方案》《小岗村移风易俗村规民约》等制度方案经村民会议表决通过，顺民心、合民意、接地气，以"美德银行"为核心搭建起乡风文明建设的"四梁八柱"。

二是结合村情，合理设计积分体系。"美德银行"以户为单位向村民制发善行美德积分存折，结合村情民情及村集体工作重点，设置好人好事、公益活动、移风易俗、见义勇为、表扬表彰、垃圾分类六个积分项目，积分可在指定场所兑换生活物品。除奖励积分项目外，村民如有焚烧秸秆、违反公约、违法违纪、违章建设等违反村规民约的不良记录，也将记入"美德存折"，列入"美德银行"负面清单。

三是汇聚群力，科学构建运行体系。"美德银行"由村"两委"干部、包点包片干部、村民组长及村协商委员会、移风易俗理事会等群众组织协同配合、共同管理，广泛吸纳德高望重的老党员、老教师、老干部参与，形成以村党组织为领导，多元共治、协同共管的立体组织体系。建立"一记二核三报四兑"工作机制。"一记"，就是通过村民主动申报、群众组织收集信息等方式登记

小岗村美德银行存折及乡风文明公约方案汇编

村民善行。"二核"，就是核实已登记的善行，及时为村民将积分存入"美德存折"。"三报"，就是定期在村内对正反面典型进行公开通报。"四兑"，就是在村委会便民服务大厅设置积分超市，为村民进行兑换。参与主体的广泛性，有效调动了村民主人翁意识，确保群众主体始终是"美德银行"的最大参与者和受益者。

（二）突出双向激励，着力促进春风化雨

一是强化示范带动，做给村民看。小岗村将乡风文明公约方案汇编成册，做成口袋本，连同"美德银行"积分存折发放到户。编创《村规民约三字经》，利用"村村响"广播和村委会巡逻车等广泛宣传，做到家喻户晓、深入人心。村"两委"成

员、党员、村民组长等带头遵守村规民约，率先将善行存入"美德银行"，为村民树立看得见、学得来、愿意做的身边典型，让村民跟着动起来、学起来、干起来，发挥"树起一个点、带动一大片"的示范效应。

二是坚持正向激励，引导村民干。积分零存整取，村民可持"美德存折"到兑换点换购相应价值的生活物品，如洗漱用品、油盐酱醋等。打破激励局限，巧用精神激励，给予美德户优先礼遇。年度积分前100名的家庭，可优先参加村里各类评选表彰，受邀参加村里有关重大活动，进一步树立"德者有得，好人好报"的价值导向。在小岗村集体经济股份合作社分红暨先进典型表彰大会上，先后有29户村民作为"移风易俗先进典型"受到表彰。

三是适度反向惩戒，鞭策村民向善。对违反村规民约的家庭，适当采取负面惩戒手段，记入"美德存折"，列入"美德银行"负面清单，取消参加村集体年度各类评先评优资格。推行公示通报制度，一是公示积分，谁家积分多，谁家积分少，一目了然，一比就知；二是通报正反面典型，定期在各片区宣传栏、微信群等表彰先进典型，曝光负面行为。让村民在"积分榜""红黑榜"中体会荣辱感，达到警示作用，倒逼形成"崇不崇德、向不向善、守不守约"大不一样的激励氛围。

（三）全面深化拓展，着力推动乡风文明

小岗村自推行"美德银行"以来，村民积极存储善行、弘扬美德、提取幸福，"美德存折"本本有温度，"六张存单"张张有力度，小积分积出了乡村新风尚。"美德银行"成立以来，累计发布移风易俗执行情况通报7期，通报表扬婚事新办家庭103户、丧事简办家庭85户、小事不办家庭235户，通报批评违规办事家庭13户。先后为405户积分家庭兑换价值7.5万元的生活用品，家庭人情支出由原来的户均1.2万元/年，下降到0.5万元/年，降幅达58.3%，全村累计减办各类宴席210余场次，减少餐饮浪费400余万元，减少人情支出900多万元，村民群众的普遍感受是奖励增多了、支出减少了、腰包变鼓了。"美德银行"已深入村民心中，成为传播思想、实践文明、成就美德的乡村文明站，引导村风民风持续向善、向好、向美发展，"婚事新办、丧事简办、小事不办"在小岗村已蔚然成风，并且产生了广泛的辐射示范效应。

美德银行积分兑换柜

美德银行光荣榜

三、经验启示

（一）产业发展是"美德银行"实施的经济保障

"美德银行"有效推行的基础在于物质激励和精神激励。其中物质激励是基础，只有产业发展了，"美德银行"的推行才有充足的物质保障。在脱贫攻坚与乡村振兴有效衔接过程中，小岗村强龙头、补链条、兴业态、树品牌，初步形成了以现代农业为基础，农产品加工为核心，农文旅、培训教育、电商等为支撑的一二三产业融合的产业格局。2023年村集体经济收入达1 420万元，实现了治理资金的自我供给，为推行"美德银行"提供了资金保障。

（二）制度设计是"美德银行"实施的关键环节

小岗村在积分内容设置上，结合村情民情及村集体工作重点，设置积分项目和负面清单；在积分评比规则上，成立移风易俗理事会，建立"一记二核三报四兑"的工作机制。在积分运用制度上，采用物质激励和精神奖励相结合，细化积分折算标准。这充分说明，"美德银行"要有效发挥作用，关键在于要建立一套从积分主体、对象到积分采集、认定、运用、监督的制度，规范"美德银行"的运行，才能使积分实施更加有效化。

（三）群众参与是"美德银行"实施的持久动力

小岗村一方面深挖群众需求，激励群众参与村庄治理，积分过程有村民参与，

村民用积分在美德银行兑换奖品

积分的结果有人在意；另一方面依据群众"小物件大便宜"以及"讲面子"的心态，适时利用物质、精神双重激励方式，提高村民参与村庄治理的积极性，推动了村民思想和行为的转变。因此，只有充分调动群众的参与积极性，给予群众参与权、评价权、知情权、监督权，实现群众参与的最大化，美德银行才能有持久动力。

大湾村旧貌换新颜

"资产三清"机制为村集体经济护航

——安徽省六安市金寨县花石乡大湾村

资产管理

一、村情概述

　　大湾村位于安徽省六安市金寨县花石乡西南部，全村总面积25.6平方公里，辖18个居民组，1 023户3 665人。2016年4月24日，习近平总书记亲临大湾村考察并与群众亲切座谈，开启了全村广大干部群众的"脱贫振兴梦"。大湾村牢记总书记嘱托，奋力拼搏，以"旅游+"为主线，推动村庄变景区，走出了一条"山上种茶、家中迎客、红绿结合"的振兴发展之路。2023年，大湾村人均年收入达19 652元，村级集体经济收入达241.33万元。先后荣获全国脱贫攻坚楷模、全国先进基层党组织、中国美丽休闲乡村、安徽省乡村振兴示范村、安徽省最美茶村等20余项国家和省级荣誉表彰。

二、主要做法

　　大湾村通过实施产业帮扶、易地扶贫搬迁以及美丽乡村中心村、和美乡村精品示范村建设等，逐步积淀形成了大量集体资产。几年来，大湾村累计形成各类资产92个（其中经营性资产16个、公益性资产69个、到户类资产7个），主要包括光伏电站2座1 473.6千瓦、茶叶加工厂4 584平方米、农产品展销中心1 800平方米、玉木耳基地等，通过土地流转、务工就业、订单收购等方式带动420户农户年均增收3 000元，通过租赁、入股等方式，年增加村集体经济收入140万元。新修文化广场3处、卫生室2处、幼儿园1个、桥5座、水泥路60公里，有效改善了大湾村公共基础设施和公共服务条件。在持续加大资金投入的同时，大湾村探索建立"资产三清"村级资产管理长效机制，实现了底数清、责任明、防流失，保证村级资产保值增值，也为更好发挥集体资产在巩固拓展脱贫攻坚成果、接续推进乡村振兴中的作用做出了有益探索。

（一）资产管理底数清

针对集体资产范围广、资金渠道来源多、资产形成时间跨度长等问题，大湾村采取"一项目，一档案"形式开展清产核资，查清资产家底。一是明确资产权属，有序开展确权登记。依据项目资金构成和组织实施单位，科学界定集体资产的所有权。其中，公益性资产，包括道路交通、农田水利、供水设施等方面公益性基础设施，产权确权到村。到户类集体资产，产权确权到受益农户。经营性资产，包括产业基地、加工厂房、车间、生产配套设施、光伏电站等固定资产和直接投入到经营主体资金形成的股权资产，即具有盈利能力的资产，产权归属村集体。二是规范资产移交，分级分类建立台账。集体资产确权后，由乡移交到村，村按照资产名称、资产权属人、构建

大湾村茶厂和茶园

大湾村美丽村庄 ＋ 大湾村玉木耳基地（光伏产业群）

时间、资产类别、资产原始值和资产数量指标等，逐一登记资产档案信息，按照非经营类、经营类、到户类分类建立集体资产移交台账，做到统一管理。截至2024年上半年，已移交资产项目85个，签订资产移交清单85份。三是规范资产入账，定期盘点资产状态。大湾村每年年底针对集体资产使用状况、经营主体运营情况以及收益分红等开展一次全面清查，逐一核实资产变动情况，建立经营性、公益性和到户类资产台账，及时将清查结果录入全国农村集体资产监管平台。属于扶贫（衔接）资产的，同步录入全国防止返贫监测和衔接推进乡村振兴信息系统资产管理模块，确保做到不遗漏、不重复、不错登，账证相符、账表相符、账实相符。

（二）资产管护责任清

针对村内部分集体资产管理职责不清问题，大湾村主动对接上级有关部门，落实集体资产管理职责，扎实做好村级集体资产管理工作。一是规范建账，明晰管护责任。根据移交资产情况，大湾村按照资产类别，规范建立资产管护台账。二是分类施策，明晰管护方式。按照"谁所有、谁管护，谁使用、谁管护，谁受益、谁管护"的原则，经营性资产采取自主经营、委托经营、合作经营等方式，由村级与经营者签订协议，建立管护制度，明确管护责任，同时建立联农带农机制和风险防控机制。大湾农产品展销中心、大湾茶厂、大湾漂流等16个经营性资产均与经营主体签订合作（租赁）协议，由经营者负责日常管护，村集体定期巡查。公益性资产由村级落实管护责任，安排公益性岗位参与管护，确保定期保养、正常运行。大湾村与71名道路管护员、环境保洁员、护林员签订管护协议71份，明确管护员管护内

大湾农产品展销中心

容、管护责任，有力保证了全村69个公益性资产的管护。到户类资产由群众自主管理、村级进行监督。三是梳理问题资产，明晰处置程序。针对部分集体资产确需处置的，大湾村严格遵循村集体资产处置办法要求，按照村提方案、乡审查、县审批和履行四议两公开程序进行。清查、处置等结果及时在乡政府网站、乡、村公开栏进行公开公示，接受社会监督，确保程序合规，防止资产流失。截至2024年上半年，大湾老村部、老卫生室等3个公益性资产已按照程序要求进行处置到位。

（三）资产收益分配清

按照有利于巩固拓展脱贫攻坚成果的原则，重点围绕经营性资产产生的收益在经营主体与村集体、村集体与农户（成员）之间进行分配。一是扶贫资产及衔接资产形成的收益，按照不超过30%的比例，从经营性资产收益中提取村级公积公益金，主要用于项目运行管护、村级公益事业；提取20%的资金用于鼓励脱贫户、监测户通过劳动方式参加村级公益性活动；提取5%的资金用于特困群众救助；提取45%的资金用于奖励先进，发放正风超市积分卡。二是光伏收益，80%用于县级公益性岗位支出，20%参照扶贫资产及衔接资产形成的收益分配。三是其他收益按股分红，惠及全村集体经济组织成员。2018年以来，大湾村召开分红大会7次，累计分红135万元，惠及农户1 023户，户均财产性增收1 319元。

三、经验启示

集体资产是巩固脱贫攻坚成果、推进乡村全面振兴的重要前提。通过建立"资产三清"集体资产管理长效机制，有力盘活了大湾村各项资产，主要经验启示有三点。

（一）坚持依法依规确权

要遵循农村集体资产管理要求，严格按照上级关于财政投资资产确权和农村集体产权制度改革的相关规定，依法依规界定明晰集体资产权属，并登记建档，体现财政投资形成的集体资产属性，实现了底数清、权属明、不流失。

（二）坚持分级分类管理

集体资产范围广、类型多、总量大，必须坚持分级分类管理，针对集体资产的不同资金来源、不同性质类型、不同受益范围等，因地制宜、分类施策，建立多形式、多层次、多元化的管理模式，明确各方主体权利责任，明晰所有权、放活经营权、确保收益权、落实监管权，真正把责任落在实处，实现每笔集体资产有人管、尽其用。

（三）坚持效益优先原则

在探索集体资产管理机制的实践中，集体资产仍是欠发达地区防返贫、推进乡村全面振兴的重要支撑，必须坚持效益优先原则，始终以利用集体资产促进村集体经济发展、改善农民生产生活环境为根本目的。建立集体资产管理机制，充分发挥集体资产效益，巩固拓展脱贫攻坚成果，实现了经营性资产保值增值、公益性资产高效运转、到户资产持续发挥效益，为乡村振兴奠定坚实基础。

坚持党建引领　谱写善治新篇

——安徽省安庆市潜山市黄铺镇黄铺村

一、村情概述

黄铺村位于安徽天柱山南麓，距潜山市城区约11公里，全村总面积21.5平方公里。2005年由分属3个乡镇的3个村合并而成，现辖64个村民组、1 812户7 238人。村党委下设5个支部、15个党小组，共有229名党员。黄铺村是一个以农业为主导，二三产业协调发展的丘陵村。近年来，黄铺村坚持党建引领，从困难处着手，探索出党建引领乡村善治的黄铺实践，并由当初令人揪心的"问题村"蝶变为全省抓党建促乡村振兴的"明星村"，先后荣获全国先进基层党组织、全国文明村镇、全国乡村治理示范村、全国民主法治示范村等多项称号。

二、主要做法

（一）突出党建引领，让战斗堡垒强起来

用好"传家宝"，夯实发展之基。坚持不懈用好用活"三会一课"传家宝，充分发挥村党组织战斗堡垒作用、党员先锋模范作用和群众主体作用。一是坚持规范开。坚持每月召开支委会、党小组会，每季度至少召开一次党员大会、开展一次专题党课。党委班子每年初对本年度的党员大会、支委会、党小组会、党课的召开频次、主要内容、工作目标等进行明确，年复一年接续落实，使按期按时参加"三会一课"成为党员的行动自觉。二是带着问题开。黄铺村把"三会一课"作为学习教育和议事干事的重要载体，每次会议解决1～2个问题。每次会议召开前，制定"议事清单"，会后第一时间将决议通知到每名党员，发动党员带头落实具体工作部署，切实解决村民的实际困难和村里的发展问题。三是发扬民主开。黄铺村把"三会一课"延伸进组户，参加范围扩大到群众。在议事过程中，根据工作需要，邀请村民代表、村务监督委员会、项目理事会等成员列席党组织会议，充分听取意见建议。在决策落实过程中，依托"党员+联系户"机制，引导群众共同落实集体决策。四是创新形式开。因时因事把会议开到田间地头、项目现场、农户家中，党委书记、支部书记带头讲党课，鼓励引导普通党员上台讲微党课，邀请普通群众听党课，变"一人讲"

为"众人说"，让群众广泛参与进来。

（二）突出乡村建设，让幸福家园靓起来

强化环境整治，形塑乡村之美。坚持以推进农村人居环境整治为抓手，持续改善生态环境。秉持美好环境与幸福生活共同缔造理念，大力开展全域美丽乡村建设。64个村民组中有40个完成了美丽乡村建设，建成余花屋、徐老屋、南塘、团结等25个美丽乡村示范点，做到了村级道路黑化"组组通"、道路硬化"户户通"，23公里乡村旅游最美"彩虹路"环绕村庄。围绕美丽家园、绿色花园、产业果园、农民乐园"四园"目标，对村民房前屋后进行绿化美化，实现了"四季有花、四季有果"，作为人居环境改善工作典型案例被原国家乡村振兴局刊发推广。黄铺村先后获评全国森林乡村、省级美丽乡村重点示范村、安徽省特色景观旅游名村，"黄铺田园"被评为3A级旅游景区。2023年，全村累计接待省内外游客1.8万人次，望得见山、看得见水、记得住乡愁的美丽黄铺远近闻名。

聚力文明实践，培育乡风之美。积极发动志愿者、党员、公益性岗位人员力量，组建新时代文明实践志愿服务队4支60余人，立足群众需求，从移风易俗、法律服务、扶危帮困、环境整治等方面着手，常态化开展"新时代文明实践+"系列活动。

设立道德讲堂，用榜样力量进行道德教化，推广实施文明实践积分制，定期开展星级文明户、五好家庭、道德模范等各类评选表彰。建成乡村振兴馆，集中展示乡村建设成果、村情村史等，持续涵育文明乡风。

（三）突出产业发展，让群众腰包鼓起来

聚焦产业赋能，共绘民富之美。探索"村社一体、村企共建"模式，成立专业合作社和强村公司，村集体流转土地2万余亩，村公司发展优质水稻3 700亩、油茶4 000亩、花卉苗木2 000亩，建成荷花基地600亩。盘活闲置资源发展乡村民宿，同时引进26家农业经营主体发展桑葚、蓝莓、瓜蒌、葡萄等特色产业，带动700多名村民实现家门口就业。与安徽省农业科学院专家开展合作，建立博士工作站，为农业发展提供技术指导和智力支持。建成乡村振兴馆、农产品展销中心、莲子加工厂等产供销配套设施。截至2023年底，村级集体经营性收入超1 000万元、村集体资产发展到2.1亿元，其中经营性资产6 400万元；农民人均可支配收入达到30 000余元。

（四）突出村民主体，让基层治理活起来

创新乡村治理，创造生活之美。一是创新村民参与机制。村有监督委员会，组有村民理事会，重点围绕"基层党建、产业发展、村庄建设、文明新风、法治调解、服务生产生活"等方面开展群众工作。干什么由群众提议，怎么干由理事会商议，能不能干由村民代表大会审议，干得好不好由群众评议，让群众真正成为乡村振兴主角。二是创新村民管理机制。每组制定组规民约，让移风易俗、邻里关系、建房

黄铺村南塘产业基地

用地、环境卫生、利益分配、资产管理等"乡情乡理"事务均有章可循，提高村民自治精细化水平。例如每年每户出100元，哪家有白事一次捐200元、红事一次捐100元，再加上村民组小集体资产如池塘租金等，每年开会时算总账，多存少补，解决村庄环卫保洁、路灯电费等支出，并形成长效管理机制。黄铺村探索村规民约、组规民约的做法在收获实效的同时，也得到各级政府充分肯定，2020年入选安徽省优秀村规民约榜单。三是创新村民监督机制。将"四议两公开"拓展为"五议三公开两参与"，创新增加

黄铺村所获荣誉

了党员议事会初议、实施过程公开和理事会参与、村务监督委员会参与环节，全方位全过程接受党员群众监督。创新建立村民组"季度例会"制度，包片村干部每季度入组宣讲党的政策和村里近期开展的工作、取得的成效、发展的变化，现场听取

黄铺村乡村产业

意见、解决问题、化解矛盾。

三、经验启示

（一）党建引领是核心

黄铺村从过去的"负债村、泥巴岗、脏乱差"，到如今脱胎换骨、由弱变强，离不开抓党建促振兴这个"根"和"魂"。在各项重点工作推进中，通过党小组会议申请、党委会提议、"两委"会商议、党员议事会初议、党员大会审议、村民代表大会决议，广泛征求意见，层层审核把关。在工作实施过程中，党员干部冲锋在前，党员和村民组长、村民代表争当政策宣传员、工程监督员、矛盾化解员、改革示范员，在各个环节体现出党员力量。

（二）群众参与是基础

通过"五议三公开两参与"程序，充分吸纳群众意见，并邀请村民代表、乡村"五老"、妇女代表等共同参与村级事务全过程，实现村"两委"统筹协调、村民当家作主，从而减少矛盾纠纷，极大提升了各项工作的推进效率。

（三）担当奉献是保障

黄铺村从村书记、村"两委"成员，到村民组长、村民代表，始终把保障农户利益放在首位，在"组界确界、户权确亩"和道路沟渠建设过程中，不存私心，不谋私利，不怕吃亏，有力保障了改革试点工作快速推进。黄铺村的"基层工作法"告诉我们，只要无私无畏、担当奉献，就没有干不好的事，就能带领群众在改革发展中蹚出新路子。

卖花渔村秀美风光

走庭院经济之路　促乡村全面振兴

——安徽省黄山市歙县雄村镇卖花渔村

特色产业

一、村情概述

卖花渔村地处新安江江畔，位于歙县雄村镇西北角，距今已有1 300年的历史。全村以种植花卉盆景闻名全国，是徽派盆景发源地。全村总面积2.48平方公里，森林覆盖率达92.6%，培育盆景苗木的山场达2 000亩，家家户户种植制作销售盆景。全村下辖9个村民组，共236户641人。卖花渔村依托生态资源禀赋，深入践行"两山"理念，大力发展"盆景+旅游"产业，先后荣获全国生态文化村、全国美丽乡村示范村、中国传统村落、全国巩固拓展脱贫攻坚成果村级实践交流基地等荣誉称号，并入选《全国非遗与旅游融合发展优选项目名录》《世界旅游联盟——旅游助力乡村振兴典型案例》。2024年，卖花渔村成功申创省级和美乡村精品示范村，迎来新一轮发展机遇。

二、主要做法

卖花渔村以习近平总书记提出的"绿水青山就是金山银山"理念为引领，以徽派盆景产业为发力点，坚持把生态优势转化为经济社会发展优势，以盆景兴农、以梅花促旅，促进村集体经济发展和农民持续稳定增收，走上了一条"产业+庭院+兴旅+强村+富民"的乡村振兴之路。

（一）科学谋划全面布局，擘画盆景产业发展蓝图

一是夯实"庭院经济"基础设施。根据地理环境，兼顾村民生产生活需求，结合美丽庭院建设，卖花渔村先后投入资金 1 000 余万元，新建盆景基地道路、城乡供水一体化工程、电商大楼、乡村旅游道路、循环公路改造等项目，为发展"庭院经济"和乡村旅游打下坚实基础。二是推进"庭院经济+旅游"融合。依托"美丽庭院"大力发展乡村旅游，成功争创3A级景区村庄。坚持以花为媒，连续举办13届"梅花节"，进一步扩大知名度，促进盆景产业和乡村旅游发展，逐步形成多种业态融合发展的新局面。三是大力发展农村电商。以花卉盆景专业合作社和协会为纽带，积极引导盆景生产经营户加入联合经销组织，互通信息资源，严守信誉质量。借助美丽庭院，打造直播平台，将盆景销往全国各地。截至2024年上半年，全村有农村电子商务综合服务站点1家、经营网店40余个，50余户村民通过自媒体直播带货，年销售额已突破500万元。四是谋划盆景产业发展蓝图。以绿色为发展底色，以徽派盆景发源地为核心，着力打造卖花渔村徽派盆景小镇，同时结合卖花渔村和美乡村精品示范村建设，谋划一体化发展基础设施建设项目，辐射带动徽城镇、坑口乡、雄村镇盆景产业、乡村旅游发展，实现区域一体化发展。

（二）深入推进乡村治理，夯实盆景产业发展根基

一是抓班子、强队伍。坚持党建引领，充分发挥基层党组织战斗堡垒作用。重点抓好"领头雁"队伍建设，扎实推进双培双带先锋工程，培育了一批党员种植能手、盆栽种植状元、销售大户等骨干党员队伍，充分发挥党员先锋模范作用，立足岗位做贡献，村"两委"的公信力和群众满意度不断提升。二是抓带动、强发展。积极开展党组织领办合作社，成立歙县卖花渔村花卉盆景专业合作社，建立合作社党支部，营造出党组织助农增收有平台、农户生产经营有后台、党员展示作为有舞台的良好氛围。三是抓乡风、营氛围。开展乡风文明评议，践行"美丽庭院+"理念，涌现出一大批"文明家庭""最美庭院""文明诚信经营户"。利用卖花渔村小学旧址打造村史馆，从不同视角呈现村史和人文传统文化。组建健身舞蹈队，丰富群众文化生活，编排以村歌为主题的广场舞，村歌《卖花渔村好风光》荣获"中国村歌十大金曲"金奖，进一步提升文化内涵和乡村品味。

（三）传承非遗培育人才，储备盆景产业发展动能

一是大力培育高素质花农。加强与省、市农林科研院所的合作，每年举办盆景栽培、制作技术培训4期，受训人员达400余人。邀请北京林业大学、阿里巴巴数据学院等涉及盆景、电商方面的专家进行授课，有效提升当地花农盆景制作技艺和销售能力。组织非遗传承人参加全国各地盆景花卉展、徽派盆景技艺大展、徽州工匠技艺大赛等，在技艺交流中提升专业化水平。二是持续开展非遗"名师带徒"育才工程。2008年，"卖花渔村盆景技艺"被列入国家非物质文化遗产以来，卖花渔村已拥有徽派盆景技艺省级传承人1人，市级12人，县级21人。每个传承人带有学徒3～5人，已形成老、中、青相结合的专业队伍86人，其中35岁以下徽派盆景制作

卖花渔村美丽庭院

从业人员达60余人。

（四）践行绿色生态理念，促进盆景产业可持续发展

为有效保护水土，美化生态环境，卖花渔村始终坚持采用"移一培一"模式套种培育，最大程度利用现有土地资源，实现盆景产业绿色高效可持续发展。走进卖花渔村，一个个"美丽庭院"，摆满了造型各异的盆景，整个村庄仿佛一个大盆景园。

三、经验启示

（一）以"两山"理念为本，厚筑生态文明之基

卖花渔村始终坚持践行"两山"理念，不断夯实生态文明建设基础，推动"绿水青山"向"金山银山"持续转化，建设人与自然和谐共生的和美乡村。多年来，卖花渔村以盆景花卉种植为主，从村庄、山地出发，向周边村镇拓展、延伸，形成了点、线、面一体的生态绿色乡村旅游自然景观和人文景观，成为集中展示中国徽派盆景文化的乡村旅游目的地。

（二）以徽州文化为根，构建文化传承之魂

博大精深的徽州文化，是卖花渔村中国徽派盆景文化传承与发展的根和魂，与徽派盆景技艺一起融入了广大村民的血脉之中，世世代代传承不息。现有的34名徽派盆景技艺传承人，以发挥中国优秀传统文化优势和加强徽派盆景文化保护传承为己任，大力实施"名师带徒"工程，集中展现了徽派盆景文化的魅力和活力，成为乡村旅游核心吸引力中最为亮丽的一张名片。

卖花渔村健身舞蹈队

徽派盆景技艺交流

（三）以全民共享为核，拓宽融合发展之路

坚持党建引领，充分利用产业服务团队、村级网格员和致富带头人，筑牢农户信息和盆景产业发展基础，营造良好的乡村发展环境。以歙县卖花渔村花卉盆景专业合作社为平台，以"庭院经济"为纽带，通过培育电商产业、开展技术培训等方式，进一步扩大销售渠道，引导调动群众参与乡村旅游发展的主动性、积极性，实现村集体经济发展、村民增收和生态环境保护三赢。

江西省 07

凝聚社会帮扶力量
谱写新时代"乡村蝶变"

——江西省新余市高新技术产业开发区马洪办事处桂花村

社会帮扶

一、村情概述

桂花村地处江西省新余市高新区马洪办事处，距新余市区13公里，全村总面积5.7平方公里，下辖10个自然村，330户1 264人，耕地面积1 800余亩，山地面积约2 600亩。全村现有党员43名，设有一个党支部。现有脱贫户15户30人，监测户1户1人。近年来，桂花村牢牢把握发展机遇，坚持党建引领乡村振兴，村党支部班子坚强有力，谋发展、思发展意识强烈，凝聚社会帮扶力量，积极探索"农业牵手工业、工业反哺农业"新模式，大力发展村级产业、壮大村集体经济、改善人居环境、倡导乡风文明，推动乡村振兴跑出"加速度"。

二、主要做法

（一）强化党建引领，推动村企联建

桂花村充分发挥党支部凝聚、引导、服务作用，按照"精准适配、村企共建、携手发展、互促互赢"的原则，主动对接帮扶企业，制定本村"万企兴万村"的行动计划和方案，向企业提出做强产业、农户就业、基础设施等方面的帮扶需要。通过村党支部与企业党支部共同上党课，一体推进企业和村支部党员同堂教育培训，开展联合"主题党日"活动，增进党员交流，使得企业党建与乡村振兴深度融合，引导企业在村庄产业发展上积极群策群力、献计献策，围绕党建、村集体经济发展、人才回引就业、村企发展经验等进行交流讨论，为村庄、企业发展拓宽渠道。

（二）工业反哺农业，助力乡村振兴

桂花村发挥临近高新区工业园区优势，借力"万企兴万村"，全力将工业元素植入乡村建设，推动工业反哺农业，发展乡村民宿，探索工农互促新模式。目前已有40余家企业踊跃参与桂花村建设，帮助村里完善基础设施，改善"颐养之家"生活环境，提升村集体经济收入，吸纳村民务工，采购村民农副产品，租赁村民闲置

房屋等。全村约有163人在高新区企业务工，人均年收入5万元以上，为企业输送优质劳动力的同时也为村民带来了客观的收益，同时村民就近务工也能兼顾家里的农业生产。近年来，桂花村收到企业捐款捐物累计金额达300余万元，企业帮扶形式多样，如帮助建设高新区工业产品展示交易中心、集装箱民宿、生态农家乐、户外LED大屏等。桂花村有着全市唯一的村级工业产品交易展示厅，里面陈列着高新区33家企业简介和260多种特色产品，游客可以到这里一站式了解企业基本情况，在提升企业知名度的同时拉动流量，带动乡村旅游业的发展。桂花村集装箱特色民宿共有7个，是由高新区企业日菱车业捐赠，可容纳20余人住宿娱乐。2023年吸引上千名游客前来住宿和拍照打卡。民宿出租每年可获收益2万余元，同时为10多位村民提供务工收入。受"牛栏咖啡"启发，村委会将原来废弃的猪圈改造成生态农家乐，以租赁方式承包给餐饮企业运营，生态农家乐每年增加村集体经济收入6.6万左右。

（三）发展特色产业，拓宽致富新路

依托交通优势和农业生产条件，桂花村党支部以"党员致富带头人＋专业合作社＋农户"的产业"造血"模式，围绕产业成立了1个公司、2个合作社、3个产业基地以及1个龙头农家乐。因地制宜、科学规划，根据"以农为主、以工为辅"的总体布局，培育壮大新余蜜橘、翠冠梨、蔬菜、黑山羊、农家乐等主导产业，带动200余村民就业，人均年增收2 000余元。由村党支部领办的康丰蔬菜种植农民专业合作社、桂兴种植专业合作社，流转土地250余亩种植生态蔬菜和新余蜜橘，年销售额达75万余元，为村级集体经济增收10万元以上。农户通过资金入股、土地入股、务工等方式参与村集体产业的经营和生产，产业带动型优势凸显，脱贫户实现户均增收1 000元以上，周边70余户村民实现户均增收3 000元以上，村民收入稳步增长，有

集装箱民宿

花木里生态农家乐

效调动村民干事创业积极性。2023年，村集体经济达37.4万元，增长14%，全村脱贫户人均可支配收入23 366元，增长9%，高于江西省农村居民人均可支配收入水平，监测户人均可支配收入达到27 288元。

（四）提升人居环境，发展乡村旅游

桂花村以建设"全国乡村旅游重点村"为总体发展目标，科学编制《桂花村"多规合一"实用性村庄规划》，打造"工业园区后花园"，在产业发展、村庄布局、土地利用、生态建设和公共服务等方面制定了近期和中长期实施计划。用好用活工业旅游项目等专项资金，对接工业旅游路线，持续补齐基础设施短板，放大产业发展优势。新建游客服务中心、彩色沥青路、环湖游步道、特色民宿、停车场等，新增酒吧、垂钓、研学、亲子采摘、农事体验、露营、儿童乐园等旅游业态。同时，对村内道路、空闲场地进行改造提升，重新规划修整花园、果园、菜园等重点场所，不断完善基础设施建设。2022年桂花村成功获批江西省3A级乡村旅游点和省级乡村森林公园。

如今，在桂花村产业发展、设施建设、乡村旅游等各个方面都有企业的身影，以"万企兴万村"行动为主要支撑的社会帮扶机制，正带领桂花村走出一条独具特色的乡村振兴之路。桂花村先后被评为全国巩固拓展脱贫攻坚成果村级实践交流基地、省级乡村振兴模范党组织、江西省"万企兴万村"行动先进典型村、江西省乡村振兴示范村、省级乡村治理示范村等。

三、经验启示

（一）推进"万企兴万村"，成为衔接时期有利抓手

桂花村以村党支部为引领，积极动员民营企业参与桂花村的发展与建设，推

蜜橘丰收

橘子主题无动力乐园

动工业反哺农业，推动了帮扶企业与桂花村建立长期的合作关系，筑牢村企合作共赢的长效机制。在具体的执行过程中，坚持融合发展、帮带共举、多方参与，通过产业带动、就业增收、消费拉动、公益帮扶、治理参与等措施，实现民企乡村双兴共赢，为促进乡村全面振兴注入源头活水。

（二）打造优势产业，实现乡村振兴精准破题

桂花村因地制宜，充分挖掘当地优势要素，根据自身生态资源、土地资源、交通要素、特色产业、闲置农房、民俗文化、社会环境等特点，科学选择了产业发展方向和发展模式，充分转化提升特色资源要素的价值，实现了绿色、特色发展。

全面推动乡村振兴　绘就美丽蓝田画卷

——江西省鹰潭市余江区平定乡蓝田村

蓝田村全貌

一、村情概述

　　蓝田村隶属江西鹰潭市余江区平定乡，是毛主席赋诗《七律二首·送瘟神》赞扬过的地方，是余江血防精神的发源地。全村总面积0.92平方公里，共有6个自然村，427户1 822人，党员68人。脱贫攻坚以来，蓝田村在党建引领下，统筹推进城乡融合、乡村治理及和美乡村建设，盘活利用闲置农房，依托鹰潭红旗学院，实行"民宿贷"，推动乡村全面振兴，实现村美民富。从一般村转变成远近闻名的示范村、样板村，先后荣获江西省第二届文明村镇、全国无邪教创建示范村、国家森林乡村、全国乡村治理示范村等荣誉称号，同时也是国家4A级旅游景区"中国血防红旗博览区"实景参观点。

余江区平定乡蓝田宋家村民宿集群

二、主要做法

（一）有效盘活土地资源，加强集体经营性建设用地活化利用

蓝田宋家村将19户一户多宅的房屋和影响村庄美观布局的256个废弃禽畜舍全部拆除退出，整合集体建设用地面积达12 000余平米。2018年，随着鹰潭红旗干部学院的进驻，宋家村采取集体土地入市的方式，先后出让集体建设用地27.96亩用于学院建设，村集体收益310余万元。为配合学院发展，满足学员住宿需求，宋家村积极盘活村民闲置住房，由村民理事会牵头成立物业公司，统一管理发展民宿产业，建成民宿39栋210间。

（二）创新金融支农模式，释放农村产权抵押担保权能

"民宿贷"是将农户住房财产权进行评估抵押授信贷款。2018年，随着鹰潭红旗干部学院的进驻，开办民宿可为农户每年增收5万～10万元的稳定收入，量身定做的金融产品"民宿贷"更是成为农户民宿装修的资金来源。18户村民通过农房抵押，获得贷款金额226万元。2020年底，蓝田村通过数字乡村普惠金融+试点工作，释放农权抵押担保权能，将村民道德积分与信贷联动，农户住房、土地变成了可以融资的生产要素，基本解决了农户和村级集体经济组织的融资需求。截至2024年上半年，宋家村共建档抵押授信58户，授信金额705万元，发放贷款34户，贷款金额443万

元。2020年底，为了发展村集体产业，村集体经济合作社通过抵押8处集体不动产，合计2 911平方米，贷款150万元作为项目启动资金，村集体合作社每年按收益的5%进行分红。

（三）推动三产融合发展，促进农民可持续增收

蓝田村一直秉承产业生态化、生态产业化理念。除发展民宿产业外，还发展了"稻稻油"产业。通过土地流转在蓝田村建成1 400余亩核心示范区，建立"稻稻油"三季收作物全产业链示范项目，采用"五统一"的模式（即统一供种育苗、统一农资集配、统一农机作业、统一收割烘干、统一收储销售），降低种植成本，提高产品价格，让农业成为赚钱的行业，让农民成为体面的职业。2023年，该产业带动村集体经济新增8万元，带动周边村庄农民务工100余人，人均增收0.5万元。不仅实现农业增产、农民持续增收，巩固了粮食生产面积，保障了粮食安全，还利用村庄文旅资源优势，打造了一场农旅盛宴。

（四）树立血防旗帜，打造乡村治理典型

2020年底，蓝田村被列入"数字乡村普惠金融＋"试点村。通过数字平台，可以实现乡村联动、党群联户，老百姓可以直接线上查看、线上反映、线上办事，保证了治理工作透明性。村民有问题"码上"反映，组织看到问题"码上"管理、"码上"办理。让党员群众足不出户就可以享受"码上服务"。同时推进"积分制＋普惠金融"有机衔接，村民积分制管理被纳入村规民约，村民的表现积分进入银行征信系统，被村规民约"一票否决"的村民，银行征信同时也纳入黑名单，为村规民约加码，对不良行为念好"紧箍咒"。

乡村治理重在"一老一小"，2019年，蓝田村率先筹资建立了互助养老中心。全村70岁以上的老人，每人每月只需缴纳200元伙食费，就可到互助养老中心就餐。2021年，为了解决留守儿童无人看管的后顾之忧，蓝田村整合教育资源成立了青少年党史教育基地，主要聚焦青少年党史教育，同时在书法、美术等传统文化教学中融入红色元素，让党史学习教育形式"活"起来、色彩"亮"起来，进一步激发青少年学习热情与兴趣，真正让党史学习教育走进学生心、赢得学生心，培养青少年家国情怀，赓续精神血脉。基地聘请村中边缘易致贫户姜宾生之女姜荟琪担任带班老师，邀请余江区"艺万家"文艺服务队的专家们为孩子们授课，目前，长期在基地集中学习的学生有15人。

三、经验启示

（一）突出党建引领，促进思想转变

蓝田村利用"党建＋"工作模式，充分发挥党员干部的引领示范作用。"建新拆旧，党员先行"，在党组织带领下，党员等重要群体带头落实各项规定，充分发挥党员干部身先士卒、模范表率作用。

（二）注重政策引领，催化改革动能

蓝田村持续推进乡村振兴工作，推广"数字乡村＋普惠金融"，积极推动农村产权抵押担保权能试点工作，持续增加授信户数和贷款量，量身定做"民宿贷"，让"沉睡"的农村资产资源变成农村地区经济发展的新增长点。加大闲置宅基地、农房盘活利用力度，实现闲置资源充分利用，确保农民持续增收。

（三）完善治理体系，实现村民参与

蓝田村建立了"N"个自治组织，如村民事务理事会、红白理事会、党员志愿服务队、巾帼志愿服务队等村民自治组织，在村规民约制约下，村民之间互帮互助，村民关系更加和谐，邻里关系更加和睦。选举村庄德高望重的党员、有话语权的能人成为理事会成员，让他们参与到村庄治理各项工作当中，让群众在改革中"唱主角、当主力"，为乡村振兴贡献群众的智慧与力量。

产业提质增效　助力乡村振兴

——江西省赣州市石城县珠坑乡坳背村

坳背村果蔬大棚基地

一、村情概述

坳背村位于江西省赣州市石城县珠坑乡西部，距县城约15公里。全村耕地面积1 028亩，共435户2 030人，人均耕地只有0.52亩，外加土地贫瘠、蓄水能力差，群众生活较为贫困，被列入"十三五"期间贫困村。在上级部门的正确指导下，在脱贫攻坚时期大量政策的帮扶下，坳背村在2016年率先实现脱贫摘帽，2019年贫困户全部脱贫。近年来，坳背村一任接着一任干，补短板、强弱项，守牢不发生规模性返贫底线，着力解决发展后劲不足等劣势，借鉴脱贫攻坚经验，以筑牢产业发展基础、丰富产业业态、延伸产业链、培育产业人才、提升治理效能为重点，下足"绣花"功夫，创新工作举措，全力建设宜居宜业和美幸福乡村。

二、主要做法

（一）坚持三产融合，昂起产业发展龙头

践行"绿水青山就是金山银山"，筑牢产业发展基础。通过生态保护、林相改造、水土保持等措施，坳背村建成了国家水土保持科普示范园，积极创建森林公园、国家"两山基地"。同时，依托珠坑乡接赣连闽的交通优势，衔接石城县全域旅游发展战略，建成麒麟山现代农业观光园，被评为江西省AAAA乡村旅游点。在政府相关部门指导和支持下，坳背村大力实施林相改造和水土保持工程，鼓励群众栽种脐橙、油茶、葡萄、杨梅、金橘等多种果树，为农旅融合发展奠定坚实基础，同时投入130余万元健全产业发展配套设施。截至2024年上半年，坳背村共种植各类果蔬150亩。

做足特色文章，丰富产业发展业态。以坳背村为中心，基本形成了辐射周边山上万亩油茶、山下千亩脐橙和千亩果蔬的产业格局，建成特色农业产业基地28个，其中脐橙、白莲、葡萄、杏瓜、山华李、红薯、油茶等产业不断壮大，联结周边群众300余户，成为创业致富带头人实训实操基地。坳背村打造了"麒麟瓜、杏瓜、脐橙、阳光玫瑰"四个特色富硒品牌，通过"公司+合作社+农户"形式，实行统一良种种植、统一技术指导服务、统一包装销售。同时积极融入全域旅游发展战略，打造206国道四季产业带，开展"春赏油菜、夏品荷，四季采果、研学游"为主题的休闲观光活动，促进农村产业发展，实现当地人均增收3 000元。2023年，麒麟山成功举办石城县农文旅电商系列活动、"麒麟亲子闯关"暨葡萄采摘活动，吸引县内外游客1.2万人。

做好"接二连三"，延伸产业链条。以建设现代农业特色品牌基地为目标，深入推进农产品加工产业发展，打通建强"接一连三"的关键环节。坳背村投资1 500万元建设麒麟山返乡创业园，占地面积约20亩，并不断完善配套基础设施，优化产品粗加工技术，提升农副产品核心竞争力。同时积极引进石城县果珠香润、赣州市无边际食品等食品加工企业，通过果干、预制菜等农产品加工提升农产品附加值。此外，麒麟山建成电商中心，引入新媒体运营公司，以"直播+电商""直播+培训""直播+文旅"等方式，宣传现代农村生活、推广农副产品，畅通销售"最后一公里"，有效带动经济社会发展。

（二）坚持人才优先，增添产业发展动能

为了更好地培育一批本地"土专家""田秀才"及各方面优秀人才，坳背村创建了江西省级创业致富带头人实训基地。开班以来，共开展培训37期2 600人次，以实训与实操相结合方式，开展创业致富带头人种植养殖、电商、乡村旅游、乡村振兴等理论培训后，还提供了实战培训，并推荐到相应基地进行实训，进一步提高实战能力，孵化培育的村级"田秀才""土专家"成为创业致富带头人。同时打造一支强大的乡村振兴人才队伍，选派乡村智囊团、第一书记、文明顾问、技术顾问、财务顾问、法律顾问和健康顾问，构建"一团一书记五顾问"专业人才服务乡村振兴，

麒麟山返乡创业园鸟瞰图

带动周边发展特色产业基地28个，带动周边群众人均增收3 000元以上。

（三）坚持既"富口袋"又"富脑袋"，提升乡村治理效能

坳背村立足党建引领发展，构建"1234+N"措施体系，全面建设以和为贵、崇文重礼的"和礼坳背"，网格员围绕"五必知、三必到、七必访"要求，上户开展"网格大走访"活动。通过组建五老理事会、妇女联合会、红白理事会等基层自治队伍，加强基层自治，引领乡风文明，提升法治建设。持续深化"请客不收礼、节俭办宴席"文明新风品牌建设，探索实施请客办宴新做法，以"煮米茶"代替"摆宴席"，有效破解了农村宴席名目繁多、铺张浪费等难题，引领了社会文明新风尚。开办"积分超市"，通过积分引导群众积极参与生产生活、环境卫生整治、公益事业等。常态化开展"五好家庭""卫生清洁户"系列文明评比。切实抓好法律知识的宣传与普及，组建"实诚人"矛盾调解室，每年邀请法律人士来村开展法律知识讲座，矛盾纠纷调处方式被列入"枫桥经验"，坳背村被评为全国民主法治示范村。

三、经验启示

（一）党建引领是乡村振兴的主引擎

坳背村始终加强基层党组织建设，坚持党建引领。认真贯彻落实乡村振兴责任制，压实推进乡村全面振兴责任，建强"两委"专班、充实乡村人才库、丰富网格治理人才，不断充实基层自治队伍。通过"党建+网格"，全覆盖开展网格宣讲、网格走访、网格服务，宣传政策方针、听取群众意见、做实为民服务，不断增强群众凝聚力、向心力，构建和谐文明乡风。

（二）融合发展是产业发展的主方向

坳背村通过深入挖掘优秀传统文化，深度融合本土特色产业，打造宜居宜业和美乡村，推动农、文、旅一体化发展路。通过常态化人居环境整治、网格化治理、移风易俗全覆盖，改变乡村落后风气、扮靓乡村颜值。围绕特色种养业、食品加工、电商销售等产业板块，完善联农带农机制，壮大创业园区，延链条、扩销售、树品牌，鼓足群众钱袋子。

（三）本土人才是农村发展的主力军

本土人才生活在乡村，与乡村的感情最为深厚，希望乡村发展地更好。通过扶持产业发展，坳背村建立了一支创业致富带头人队伍，在能人带动效应下，更多的人参与到产业发展中。同时，充分利用好创业致富带头人实训基地，培育更多的本土人才，在有效激励措施下，全面激发本土人才活力。

以"煮米茶"代替"摆宴席"

农旅结合助推乡村振兴
稳岗就业致力村美民富

——江西省吉安市泰和县马市镇蜀口村

稳岗就业

一、村情概述

　　江西省吉安市泰和县马市镇蜀口村，又称蜀口洲，全岛面积12.85平方公里，辖13个村民小组，总人口3 886人。因坐落在蜀水岔道与赣江的汇合处，形成四面环水、中间一片绿洲的独特景观。岛上风景秀丽，村内古木参天，气候温和，物产丰富，古迹众多，文化底蕴深厚，是庐陵八大古村之一，被誉为"千里赣江第一岛"，荣获国家4A级景区称号。乡村振兴战略实施以来，蜀口村因地制宜推进农旅、文旅产业融合发展，不断挖掘村庄特色优势，打造旅游业态，推动产业发展，建设生态、宜居、宜游和美乡村，先后获得全国巩固拓展脱贫攻坚成果村级实践交流基地、全国文明村镇、江西省乡村振兴示范村等荣誉。

二、主要做法

（一）聚焦特色茶产业，创新打造农旅结合发展模式

蜀口茶始于唐代，距今1 000多年，明清时期就是"贡茶"，是泰和的名优茶。1988年，蜀口茶被载入《江西名茶》，2017年"蜀口茶制作技艺"被列入第五批省级非物质文化遗产代表性项目名录。为服务农旅融合产业发展需要，蜀口村在农业种植上，结合本地种植历史优势，重点选择适宜旅游推广的蜀口茶产业。在茶产业发展上，蜀口村按照"壮大茶产业，发展生态游，建设新乡村"思路，大力推行"企业＋合作社＋农户"集体经营理念，由本村产业能人带头，成立蜀口茶产业合作社，采取致富带头人领路、"田教授"支持、老百姓参与、大户收购的方式，将全村农户"捆"在一起，形成产业发展合力，全力发展茶叶种植、加工、销售产业链条。茶叶生产专业合作社荣获吉安市"十佳合作社""示范合作社"等荣誉称号，蜀口茶品牌先后荣获上海世博会银奖、首届"国饮杯"全国茶叶评比银奖、江西省第三届茶博会"江西名优茶"评比银奖、江西省第四届茶博会"消费者最喜爱的大众茶"评比银奖等荣誉。目前，环岛茶叶总种植面积近2 800亩，年产量达300余吨、产值约1 800万元。

（二）紧跟乡村振兴示范村创建目标，打造宜居宜业和美乡村

蜀口村紧跟乡村振兴示范村创建目标，着力打造宜居宜业和美乡村。大力实施基础设施配套工程，突出抓好水、电、路、房等基础设施建设，深入实施美丽乡村建设、村道路硬化和饮水安全巩固提升工程，全面落实土地整治、危房改造等措施。

蜀口村茶园

采取整村推进举措，动员村民对门前三包责任自主落到实处，不断加大农村环境整治、改善生态和人居环境的宣传力度，营造良好的氛围，确保村庄整洁有序、干净优美。以建设美丽宜居乡村为导向，蜀口村以农村垃圾、污水治理和村容村貌提升为主攻方向，完善建设和管护机制。大力推进农村人居环境综合治理工程，完成全村村民三格化粪池新建改造任务、农村户用厕所改造和公厕改造。全面推行"河长制"，配备5名专管员对河道进行每日巡查和常年管护，保持河道清洁。村内以打造清净整洁、精细秀美的农村人居环境为目标进行人居环境整治，全面清理农村违章搭建铁皮棚、铁皮屋。精致建设村庄道路、沟渠、护栏、围墙、花坛等公共设施，精心打造村口景观、水体景观、绿化景观，多角度彰显村庄特色和韵味。2022年、2023年分别打造沙洲上、上边自然村两个美丽乡村精品点。蜀口村将蜀口生态岛景区建设和远望赣江风光等作为特色亮点，围绕"一魂三区四美"概念进行打造。以蜀口茶作魂，打造生态休闲区、幸福宜居区、产业振兴区，建设"生态美、形态美、产业美、人文美"的新时代美丽乡村。2024年，蜀口村棚下自然村美丽乡村建设点正在有序施工。

（三）有效落实稳岗就业，促进群众共同致富发展前景

自乡村振兴示范村创建工作开展以来，蜀口村时刻守牢返贫底线，聚焦共同致富发展目标，多措并举着力解决群众增收致富问题。围绕脱贫人口基本生活、基本医疗、住房安全和饮水安全有保障等方面，蜀口村采取有力措施，织密社会兜底保障网。全村共有脱贫户68户159人，监测户1户2人，2024年已落实公益性岗位19人，

蜀口村民宿

蜀口村劳务公司稳岗就业成果展示

其中镇级公益性岗位10人，村级公益性岗位4人，光伏公益性岗位5人。同时加强对有劳动能力贫困人口的技能培训，搭建各类就业服务平台，鼓励有意愿、有条件的贫困人口外出务工，三年来举办农村实用技术及转移就业培训900余人次，实现转移就业560余人，促进就业增收。一方面，村委会和旅游公司合作，创建蜀口村劳务有限公司。2022年以来，蜀口村加强对劳务公司的管理，积极与各方对接，着力解决农村富余劳动力就业问题，充分结合蜀口生态岛项目建设和旅游业态，在蜀口生态岛高空漂流、中洲欢乐岛、一方院子、凤巢空间民宿等旅游业态中先后聘用销售员、服务员、管理员、清洁工、绿化工等岗位人员及各项施工建设临时工700余人，确保蜀口村富余劳动力"输得出、稳得住、有增收"，人均务工年收入超3万元。另一方面，鼓励村民在家创业，利用自家房屋办民宿、农家乐，邀请专业人士为其培训，并鼓励村民利用周末时间摆摊售卖手工茶、红薯干等土特产，大大增加了群众收入。

三、经验启示

蜀口村以党建引领促进富民产业发展，以文旅融合绘就美丽宜居乡村，有效促进了农业高质量发展、农户稳定增收和农村生态宜居，实现了乡村的华丽蜕变，多维度呈现巩固拓展脱贫攻坚成果、推进乡村全面振兴的生动实践。蜀口村干群关系、村民关系和谐稳定，群众的获得感、幸福感、安全感、满意度高，多年来未发生上访事件、治安案件、刑事案件。央广网、人民网和江西省老区建设等新闻媒体多次对蜀口村进行宣传报道。

（一）党建引领，助推乡村振兴全面发展

蜀口村党总支按照镇党委工作要求和上级有关文件精神，认真落实党组织和党员队伍建设的各项措施，加强以党组织为核心的村级组织配套建设，加大党员教育

力度和管理。坚持党课、党员活动日等活动的开展，大力实施"素质提升"工程，对全村党员深化开展教育学习、流动党员"双向带动"等活动，搭建党员发挥作用的平台，充分发扬先锋模范作用。注重在农村致富带头人、回乡青年、退役军人和外出务工人员中发展党员工作，优化党员队伍结构。牢固树立党的领导观念，逐步健全村党组织领导下的村民自治机制。抓好蜀口茶叶链党支部党员活动室的建设，搭建民主化、科学化、制度化的支部。

（二）以农旅、文旅为主题，带动村民致富增收

只有让农户分享到发展的红利，才是乡村振兴的本质。一是发展经济及富民增收，做好茶叶文章，构筑起主导产业格局，改造低产、低质茶园，建立无公害、有机茶园基地，提升茶叶生产加工工艺水平，提高茶叶附加值，完善现有茶叶专业合作社，形成产销购一站式的格局，增加农民收入。二是鼓励有文化、有技能的村民在农闲时外出务工，与有关部门合作，做好外出务工人员的"阳光培训"工程，培育农村经济人和乡土实用人才，结合全村旅游发展需要，鼓励村民自主经营，开拓思路不断完善研学、体验、文旅、特色等茶元素文章，盘活村民营商经济环境。

（三）开拓思路，提振村级集体经济收入

蜀口有天然的特色产业优势，结合蜀口生态岛发展的业态布局。一是加大土地集中流转，对村零星分散的茶园进行新的重组，实现化零为整改变原有经营模式，盘活存量资产；二是对村级入资业态项目予以大力支持，不断提升周边环境，发掘营销潜力，促进业态项目经济活力。三是做好对劳务公司的管理，严格把控务工效率、务工安全和财务管理等，力争把蜀口劳务品牌向周边区域延伸。四是拟制订村级集体经济产业发展方案，以村集体为背书，全力推进茶产品及其他农副产品的线上销售，增加村级集体经济收入。

灵秀畲乡凤展翅　强村富民谱新篇

——江西省抚州市资溪县乌石镇新月畲族村

乡村建设
乡村治理

一、村情概述

　　乌石镇新月畲族村地处江西省资溪县南部，辖4个村小组，共有119户423人，是江西省为数不多的民族聚居地之一，也是资溪县唯一的畲族聚居村。在新月畲族村口，一副对联映入眼帘——"不忘初心永远跟党走、牢记使命振兴新畲乡"，字里行间流露出村里党员群众永远跟党走的决心和振兴乡村、奔向小康的信心。

　　56年前，大草湾遍地杂草、荒凉一片，当时土著畲民生活被编成童谣，"棚里佬、棚里佬，红薯当年糕，辣椒作油炒，火盆是棉袄"。后来，一批浙江淳安籍勤劳朴素的畲民迁至大草湾，大草湾迎来新居民、新思想，在县委坚强领导下，由内而外焕然一新，从此改名新月畲族村。近年来，新月畲族村坚持以习近平新时代中国特色社会主义思想为指导，坚决贯彻"两山"理念，大力发展生态产业、乡村旅游和畲族美食，壮大村级集体经济，帮助群众致富。经过不断努力，新月畲族村已从"荒地""野村"蜕变成"5A级乡村旅游景点""全国民族团结进步模范村"，集体经济收入实现了新的飞跃，村民人均收入从9 000元增长到2024年的2.3万元，村集体纯收入由6万元增长到120万元，全村423位畲族村民跳出了穷窝窝、过上了幸福生活。

2015年全国两会期间，习近平总书记参加江西代表团审议时，与兰念瑛代表面对面交流，并亲切地询问："农家乐办起来了吗？""高速公路通到你们那里了吧？"为了回答好习近平总书记的问卷，新月畲族村发扬创新创业精神，种苗木、兴旅游、办企业，大力发展村集体经济，形成了强村富民的"新月模式"。

二、主要做法

近年来，在资溪县着力发展全域旅游的大背景下，新月村坚持规划先行，因地制宜，将产业规划、旅游规划、村庄规划"三合一"，解决好"发展方向"问题。同时把聚焦产业发展、民生实事、文化传承体现到全村乡村振兴战略规划和行动方案中来。排好时序，统筹推进美丽乡村建设，着力改善人居环境，留住乡村自然美，留住乡愁记忆，展现乡村的原始风貌。创新发展，着力推动畲族文化在传承过程中不断紧跟时代步伐，创新文化发展。促进规划方案尽快落地，集中力量解决规划中的具体问题，举一反三、以点带面、更好更快推进全村乡村振兴工作。

（一）发展苗木产业，夯实强村富民基础

近年来，新月畲族村坚持把党的政治优势、组织优势转化成治理优势，把广大基层党员和农民群众的思想、行动、力量和智慧凝聚起来，形成推动乡村振兴的强大合力。要想甩掉穷帽子，就不能再守着薄田过日子。为了改变贫困落后的现状，村党支部多次外出取经，发现苗木种植利润高、有前景，很适合新月村的实际。于是，新月村下定决心走苗木致富之路。

新月村苗木产业的发展并不是一帆风顺的，从最初村民不理解、不参与，到村

新月畲族村苗木产业

干部先行先试、亏损坚持，再到有所盈利，直至发展壮大，新月畲族村蹚出了一条发家致富的"新路"。为打开本村苗木销路，新月畲族村不断提升苗木市场知名度和竞争力，积极承接县内外苗木种植业务和管护服务，将苗木业务拓展至福建、广东等10多个省市。苗木市场打开后，新月村成立村办苗木公司，推行"党建+公司+农户+合作社"的发展模式，实行股份制经营。以村集体为主体，党员带头、村民自愿以苗圃入股，按股分红。村干部与村民结成帮扶对子，手把手传授苗木栽培技术。销售苗木时，始终坚持先村民后党员、先组长后干部的原则，让村民种上了"放心苗"。同时，为培优产业结构，新月村及时调整苗木品种，大力发展园林绿化苗木和珍稀树种种植，提高了产业效益。如今苗木种植业成为新月村的特色产业。从2016年到2024年，苗木年产值翻了3番，达到600余万元，村集体经济收入增收60万元，带动村民人均增收2 800余元。

（二）发展乡村旅游，铺就强村富民新路

乡村旅游产业是新月畲族村的金凤凰。新月畲族村以"保护民族特色，弘扬传统文化，盘活民俗资源，展现畲乡名片"为目标，不断推动畲族文化在传承中发展。围绕"古远新月·畲乡人家"乡村旅游建设理念，新月村充分挖掘畲族文化和生态景观，积极推进游客服务中心、山哈广场、村史文化馆等旅游基础设施建设，力争建成集畲族民俗体验、生态旅游、农业观光、休闲娱乐为一体的新型乡村。为拓宽发展路径，在县委吹响全域旅游号角时，新月畲族村在党支部书记兰秀林的带领下，主动融入资溪全域旅游的发展大格局，搜集整理提炼畲族传统文化，由村集体牵头成立"抚州山哈小寨农旅开发有限公司"，投资250余万元建起了回龙山庙、畲族婚俗馆、师公墓等景点。形成"支部牵线搭台、集体资金入股、党员带头引领、群众自愿参与、利益合作共享"的"文化+旅游"模式，打造了极具特色的畲族民俗风情游。同时对村庄进行改造提升，新修特色村寨门楼、环村旅游公路、村史馆、非遗传承所，打造研学基地。盘活闲置资产，带领农户以闲置房屋、山地等资产入股，兴办民宿、农家乐25家。同时，邀请专家学者对民俗文化进行挖掘提炼，成立民俗文化表演队，推出民族风情表演项目，打造乡村特色游。每年举办畲族民俗文化节，把民俗文化优势变为乡村旅游优势，年均接待摄影爱好者、写生和研学游团队等游客50余万人次，带动村里80%以上的村民吃上了旅游饭。

（三）发展畲味特产，延伸强村富民链条

新月畲族村在巩固苗木产业和发展乡村旅游的同时，积极探索开发新型旅游业态，充分挖掘生态价值，不断强化产业延伸，做大做强产业链，着力培育年经营收入超百万集体经济强村，促进村集体经济发展迈上新台阶。依托"真相乡村""野狼谷"两个国家4A级景区，村里成立了村办农业公司，先后投资300万元兴建"新月畲酒坊"，投资100万元兴建农产品加工体验基地，开发了桂花酒、千层糕、三鲜粽等风味独特的农副产品，同时强化产品质量把控，将村民分散式生产经营企业化，对产品生产标准、商标、包装进行统一，并积极推行网络直播带货等线上销售模式，

新月畲族村旅游产业

拓宽销售渠道。2023年，新月村通过销售红曲饮、桂花露、粽子等特色产品，带动了村民增收5 000元以上，村集体经济纯收入增收60余万元。

在总书记的关心下，在各级党委和政府的支持下，在新月村一任接一任村书记的努力下，新月畲族村蝶变成了远近闻名的"富裕村""明星村"，高速路修通了、农家乐办起来了、乡村旅游红火起来了。这一路走来，新月村始终牢记习近平总书记的嘱托，发挥党建引领作用，突出党员示范带动，在实现强村富民的振兴路上，收获了群众的满意，得到了组织的肯定。新月畲族村先后获得了全国文明村镇、全国乡村旅游重点村等国字号荣誉。如今新月畲族村，村容村貌干净整洁，乡村文化生活丰富，邻里之间友爱和善，村民生活幸福喜乐。乡村振兴的路上，新月畲族村正阔步向前。

三、经验启示

（一）因地制宜，充分挖掘当地优势要素，打造优势产业

乡村发展的资源要素包括了生态资源、土地资源、特色产业、闲置农房、民俗文化、社会环境、交通要素、水资源等。不同类型的乡村资源在发展要素的带动下会产生不同的发展模式，在规划建设中，要思考如何充分转化提升特色资源要素价值，实现绿色、特色发展。

（二）构建一二三全产业体系，夯实乡村振兴的经济基础

新月畲族村结合当地特色资源、群众意愿和政府相关政策等，坚持宜农则农、宜工则工、宜商则商、宜游则游，把发展特色产业作为突破口，突出特色化、差异化、培育特色产业，打造核心竞争力。同时在规划中注重三产融合，围绕主导产业、优势产业，突出拓展延伸产业链，促进农旅结合、互联网＋、一二三产业融合，构建链式联动的产业经济，充分激发各类资源要素的价值转化。

（三）加强示范引领、片区联动、品牌共建

乡村规划要按照"示范引领、区域一体"的原则，创新体制机制，开展平台共建、资源共享、产业共兴、品牌共塑，打造区域共赢的发展路径。变"各自为政"为"优势互补"，推动"一村富"走向"村村富"，"一处美"变成"一片美"。

（四）乡村振兴，人才先行

乡村要发展，关键在产业，重点在人才。乡村振兴要破解人才瓶颈，加强人才建设，培养造就和开发乡村土专家、乡村工匠、文化能人、非遗传人、高素质农民，发挥主体作用；鼓励和引导科技人才、技能人才、经营管理人才下乡投资、创业，激发创新活力；培育乡村领路人，建强基层组织。乡村振兴队伍日益壮大，乡村振兴的内生动力方能愈发持久强劲。

新月畲味特产

党建引领驻村帮扶　探索乡村振兴新模式

——河南省开封市兰考县东坝头镇张庄村

一、村情概述

河南省开封市兰考县东坝头镇张庄村，地处黄河岸边，焦裕禄同志曾带领除三害工作队在张庄村找到了防风治沙良策，留下了宝贵的焦裕禄精神。2014年3月17日，习近平总书记在张庄村召开座谈会，总书记的殷殷嘱托成为基层党员干部带领群众脱贫致富奔小康的强大精神动力。张庄村先后获得全国文明村镇、全国乡村旅游重点村、农业农村部乡风文明案例示范村、首批全国脱贫攻坚交流基地考察点、全国巩固拓展脱贫攻坚成果村级实践交流基地等多项荣誉。

二、主要做法

（一）聚焦乡村发展，培育多元特色富民产业

张庄村"两委"立足实际，深入开展调研，积极谋划产业发展，研究制定了《张庄村乡村振兴发展规划（2024—2030年）》，明确特色种植养殖、农副产品加工、乡村旅游作为张庄村三大重点发展产业。依托张庄村股份经济合作社，流转土地3 000余亩，引进上市公司奥吉特菌业种植褐蘑菇，发展171座春秋大棚种植兰考蜜瓜，300亩油菜花，100亩藏红花，500头肉牛，312亩南美白对虾等产业。利用标准化厂房，打造"证发农业"净菜加工厂，并培育"春光香油""红晴天醋坊"等农产品深加工品牌。发展以吃农家饭、住农家院、干农家活、享农家乐为主题的乡村旅游民宿小院17家，有280张床位可供住宿，同时可容纳300余人就餐。通过大力发展多元化、规模化的特色产业，张庄村实现了1 100余名村民就业，200余名外出打工人员返乡创业。村集体经济实现了从2014年的0收入到2024年的100万余元，人均收入从2014年的3 000余元到2024年的2.3万余元，张庄村发生了天翻地覆的变化。

（二）聚焦乡村建设，绘就宜居宜业和美乡村

2023年以来，张庄村围绕"一街（幸福街）、一区（黄河民宿区）、一中心（党群服务中心）"提升建设，启动"和美乡村"改造项目。兼顾村民生活和旅游发展需

工人在奥吉特蘑菇生产车间采摘

要，科学规划，根据村民家的实际情况设计出个性化的农家小院进行改造，形成了"一院一景，景满全村"的和美景象。同时对村内20余座空心院子进行针对性设计，打造了桐花书馆、张庄戏院、黄河湾书画院、民俗记忆馆等一批公益性场所，不仅将空心院子复活，也为开展移风易俗活动提供了场地。通过举行乡村振兴"三捐"大会等活动，动员爱心企业、爱心人士、党员代表、热心村民等为张庄村改造提升捐款捐物捐力。同时，通过整治土地、置换用地指标，先后建设了焦裕禄精神体验教育基地、四面红旗纪念馆、农村干部学院等，每年吸引游客观光旅游、学习培训、住宿体验达15万人次。

（三）聚焦乡村治理，促进和谐幸福文明乡风

在推动人居环境整治工作中，张庄村通过定网格、定责、定人，开展清零工作，实现党员干部包片带头干，群众跟着干，带动群众自觉参与人居环境整治工作。建立"户与户比、人与人比"奖励机制，通过"美丽庭院""星级文明户"等评比活动以点带面，逐步铺开，激发广大群众自觉维护村居环境的主人翁意识。召开村民代表大会通过了十三条村规，对不执行村"两委"决策，不参加不配合公共事业建设者，不执行殡葬管理制度、红白喜事、大操大办铺张浪费者，不孝敬老人、不奉养父母者等十三类人，以户为单位列入黑名单管理，考察期为半年，考察期内取消该户参加村内开展的"文明家庭""美丽庭院"等评选资格。成立红白理事会，制定《张庄村红白理事操办标准》，建立科学、文明、健康的红白理事方式。设立张庄讲理堂，建立以社区民警、村委会干部、人民调解员、法律顾问和镇社情民意服务中

独具特色的农家小院

心为一体的五级调解新机制，将律师、民调员引进讲理堂，法理情结合，从源头化解纠纷，实现小事不出村，大事不出镇。张庄村综合运用社会捐赠和部分村集体经济收入，建设张庄村"公益美德"爱心超市，制定爱心超市积分实施细则，对人居环境改善户、美丽庭院户、孝老爱亲典型、爱心志愿者等发放积分券，村民凭积分券到爱心超市换取自己所需的米、面、油、衣物、文具等物品，取得了积分改变习惯、美德带动乡风的良好效果。

（四）聚焦社会帮扶，多方力量助力整体提升

中国证监会与兰考县公共资源交易中心定点帮扶，为张庄村发展注入强大的动力。以现有产业为基础，合理开发利用张庄村资源禀赋，打造"幸福张庄"品牌，形成了"两个中心、两个融合、公司3+2"的发展新模式。保险公司、期货公司在张庄村开展花生、玉米、鸡蛋、饲料等"保险+期货"项目，提高了广大农户和养殖户的风险应对能力。东证期货、申万期货、国元期货、中信期货捐赠资金用于建设张庄村日间照料中心、标准化卫生室，提升了张庄村养老服务水平。兰考县政府建设的"共富工坊"，县妇联帮扶的"巧媳妇"鞋业工程，统战牵头的"爱心超市"，武警河南省总队援建的采摘园、肉牛场等社会力量的不断注入，为村民提供了充足的就业岗位，为村庄发展增添了新的活力，村集体经济也得到了有效提升。

三、经验启示

（一）坚持党建引领，发挥村党组织战斗堡垒作用

严格落实"三会一课"，组织开展好"5+N"主题党日活动，充分利用"红色

e家"、党员干部远程教育终端和红色教育基地等资源，组织党员干部一起学习贯彻党的二十大精神，提升党员干部工作落实能力，强化真干苦干的劲头。坚持开展"党员志愿服务""党员亮身份"等活动，通过党员干部率先垂范，筑牢党员干部群众信任根基。定期组织村"两委"干部、驻村工作队召开周例会，集中学习政策理论，分析研判村当前主要工作，结合实际情况做好工作安排，明确责任分工，有力推动全村工作的开展。

（二）激发内生动力，运用小积分赋能乡村大治理

依据《兰考县积分赋能乡村治理评分标准》，坚持精神鼓励为主、物质奖励为辅，正向激励为主、奖罚结合的原则，形成了"县级指导、乡镇负责、村具体实施、群众广泛参与"的工作格局，实现"积分改变习惯、美德深入人心、邻里关系融洽、树立文明新风、全民共建美丽"的目标。目前，参与积分赋能评定户640户，累计发放13.5万积分。

（三）突出产业发展，构建村集体经济发展新模式

张庄村以现有产业为基础，整合资源，合理开发利用张庄村资源禀赋，打造"幸福张庄"品牌，依托"张庄村股份经济合作社"成立肉牛养殖、鞋业加工、农产品销售等多家强村公司，形成一二三产业融合发展的村集体经济"三架马车"，在助力村集体经济大幅增收的同时，带动村民就近就业及引领村民参与产业发展。

村民领取"爱心美德公益超市"积分券

"魔术+"推动产业融合
解锁乡村振兴密码

—— 河南省平顶山市宝丰县赵庄镇大黄村

特色产业

一、村情概述

大黄村位于河南省宝丰县城北12公里处，宝赵公路纵贯南北，石河环村而过，风景秀丽、交通便利。全村辖8个村民小组，常住人口553户2 357人，耕地面积2 065亩。脱贫攻坚期，全村共有贫困户8户15人，人均可支配收入1.2万元，贫困发生率0.7%。2020年底，贫困人口全部脱贫。截至2023年底，全村人均可支配收入达3.1万元。近年来，大黄村大力发展乡村富民产业，广大群众在家门口实现就业，辐射带动周边13万人创业就业，年创收15.6亿元。大黄村先后获得中国美丽休闲乡村、全国民主法治示范村、河南省最美乡村、河南省省级卫生村、河南省省级生态村等荣誉。

二、主要做法

大黄村将党建引领作为推进乡村振兴的动力源，不断推动党建工作与乡村振兴深度融合，以"文化搭台，经贸唱戏"为切入点，创新"魔术+"营销模式，将优势基础产业与互联网经济相结合，以魔术之手点亮乡村经济，推动乡村全面振兴。

（一）以过硬支部建设为抓手，创优环境、带动投资

俗话说："火车跑得快，全靠车头带"。曾经的大黄村党支部组织涣散，群众基础差。自返乡创业能人、全国人大代表马豹子担任党支部书记以来，通过选优配强村"两委"班子，常态化推进大抓党建、大抓基层，强基固本，带动村"两委"班子充分发挥基层党组织的战斗堡垒作用、共产党员的先锋模范作用和领导干部的骨干带头作用，集中精力引领和保证各项事业健康发展，为建设魔术特色文化重点乡村提供了坚强的组织保障，营造了良好的发展环境。

（二）以三种发展形式为牵引，夯实产业、延长链条

一是大力发展图书、小商品批发。投资2 756万元，建成全国农村最大的图书批发市场，总建筑面积2.7万平方米，涵括16个图书经销区，拥有商户23家、店面46

大黄村建成电商产业联合体

个，与北京30多家出版社实时对接，采取线下面包车流动销售加线上直播销售模式，日图书销售量达4万多册（旺季时能达到10万册），年销售图书占全国年图书销售量的一半以上，年销售额4亿多元，带动创业从业7 000余人。同时，带动20余家小商品加工制造企业入驻，发展渔具配件、鞋帮、饰品等小商品加工，实现单一销售向加工销售突破。

二是大力发展农村电商产业。大黄村立足资源优势，结合魔术、图书市场和小商品批发市场，建成电商直播产业园。通过招商引资，引进万购网络直播、逆流渔具、星光文化传媒等电商直播公司入驻。同时，建立了渔具类、手串类等全产业链供应基地，先后培育自主品牌15个，初步形成了产业集群效应。全镇现共有电商企业92家，主要集中在大黄村，以销售渔具、文玩、化妆品、小商品和图书为主，建成直播间120个、电商服务点19个、电商培训基地2个，带货主播180余名，一个主播一场销售额最多达到125万元。农村电商产业带动就业岗位5 000多个，物流吞吐量达每日300余吨，快递吞吐量每日4万多单，整体电商销售额突破亿元。

三是大力发展"面包车"经济。结合本地产品资源丰富的优势，通过面包车外出销售图书、窗帘、服装等各类产品，本地商户为面包车提供商品批发，面包车再把各类商品销售到全国各地。据不完全统计，以大黄村为中心，辐射带动周边乡镇面包车2万余辆，为1.7万人提供了就业渠道，每台面包车每月销售获取净利润平均2万元左右。目前，大黄村物流公司已发展到8家，其中德邦物流发货量在全省排名第三，主营业务就是为面包车提供货物运输服务。

（三）以"三个转变"为引擎，群众致富、集体增收

一是资源变资本。整合部分群众闲置宅基地建设大黄特色商业街，通过对外出租，年收入50多万元，以收入的80%向群众分红，60多户群众年平均收益8 000元，村集体经济年均收入3万元。将社区养老服务中心、闲置村小学校舍对外出租，年收益8.6万元，用于村庄再发展。

二是产品变商品。大黄图书批发市场销售网络覆盖全国各地，年销售图书占全国年图书销售量的一半以上，年销售额高达亿元以上，辐射带动就业1.7万人，每年为村集体经济增收10余万元。

三是村民变股民。整合土地资源建设中原魔术演艺馆，通过资产入股的方式与星光传媒有限公司合作，其间企业根据经营收益，阶梯型按比例向村集体分红，村民按股分享收益。目前，大黄村集体已投资企业近20家，集体收入每年可达12万元，带动群众增收60多万元，已形成稳定的增收长效机制。

三、经验启示

（一）发展壮大村集体经济必须坚持"党建引领"

大黄村始终坚持以习近平新时代中国特色社会主义思想为根本遵循，大力争创"五星"党支部，以"支部过硬星"为基础，以"产业兴旺星"为引擎，带动"生态

大黄村图书市场天桥

大黄村电商主播进行小商品直播

宜居星""平安法治星""文明幸福星"创优摘星。注重培养选拔一批懂农业、爱农村、爱农民的能人进入村"两委"班子，在合理进行新老搭配的前提下，配强班子，固本培元强化村"两委"班子建设，使"班子"成员向年轻化、知识化转化。成立电商产业党建联合体，探索形成集培训、加工、物流仓储、运营为一体的全链条发展模式，推动电商产业向科技化、规模化、集群化发展，将大黄村建设成全国最大的农村直播电商产业基地，实现乡村振兴、共同富裕。

（二）发展壮大村集体经济必须激发"内生动力"

历史早就证明，没有群众坚定支持、积极参与的事业注定是失败的事业，发展壮大村集体经济，必须汇民智、聚民力，以村民为本，调动群众的主观能动性，发动他们积极参与，主动作为，才能使村集体经济平稳向上，行稳致远。大黄村在发展壮大村集体经济过程中，注重激发党员干部和广大群众的内生发展动力，让村民和村干部发自内心地"想干愿干"，把村集体经济当做自己的事来干，畅通群众参与集体经济发展的渠道，广泛听取群众意见建议，鼓励能人回乡创业，积极营造人人支持、人人参与发展村集体经济的良好氛围。

（三）发展壮大村集体经济必须坚持"因地制宜"

立足实际，因村施策，坚持"多条腿走路"，推动村集体经济多元发展是巩固拓展脱贫攻坚成果、推进乡村全面振兴的必由之路。大黄村充分利用赵庄镇"魔术文化"魅力，发挥优势、整合资源，合力打造"互联网+魔术"文化产业项目，通过"党支部+专业合作社（公司）+农户"模式，实现抱团发展，使村集体经济、企

大黄村电商产品展示中心

业利益和村民利益有效联结，不断提高资产变现能力。如今，大黄村辐射带动周边村镇，建成集电商直播、产品交易、仓储物流配送等于一体的商贸物流集散地，通过大村带小村、强村带弱村，带动周边村庄百姓共同致富，推动乡村产业融合发展，集魔术、电商、文旅、研学、康养、科普教育为一体，奋力打造"繁荣、宜居、魅力、幸福、富裕、活力"的和美乡村。

党建凝心聚力　旅游兴村富民

——河南省安阳市林州市黄华镇庙荒村

特色产业

一、村情概述

庙荒村位于河南安阳林州市黄华镇西部，红旗渠一干渠穿村而过，全村总面积4.2平方公里，其中耕地面积660亩、山地3 989亩，辖7个自然村，5个村民小组，全村269户834人。庙荒村2011年被确立为省级贫困村，2018年退出贫困序列。

习近平总书记视察红旗渠时强调："红旗渠就是纪念碑，记载了林县人不认命、不服输、敢于战天斗地的英雄气概。要用红旗渠精神教育人民特别是广大青少年，社会主义是拼出来、干出来、拿命换来的，不仅过去如此，新时代也是如此。"地处红旗渠畔的庙荒村在发展过程中大力弘扬红旗渠精神，坚持以党建凝聚干部群众合力，发挥不认命、不服输的精神，通过建强基层党组织，大力发展产业，激发贫困群众内生动力，凝心聚力、苦干实干，实现由破败山村向文旅新村、最美乡村的幸福蝶变，发展成为红旗渠畔一颗耀眼的明珠。

二、主要做法

（一）建强组织，凝民心聚合力

庙荒村始终坚持以高质量基层党建引领巩固脱贫攻坚成果，不断增强党支部的凝聚力、战斗力、号召力，成为带领群众脱贫致富、发展振兴的坚强战斗堡垒。以"三会一课"为主抓手，加强政治理论学习，开展主题党日活动，为共产党员挂门牌、佩党徽，通过亮身份、明承诺、树形象，充分发挥党员干部在巩固脱贫攻坚成果、全面推进乡村振兴中的先锋模范作用。建成1 000余平方米的党群服务中心，配套便民服务设施，明确服务清单，为群众提供更方便更周到的服务，进一步密切党群干群关系。组织开展"最美庭院""星级文明户"评选，引导村民养成健康文明的生活方式，把弘扬红旗渠精神融进具体工作中，提振群众敢想敢干的精气神，编写村歌《金山银山是庙荒》，举办金秋美文赏读会、重阳节饺子宴、"庙荒春晚"等各种文旅活动，群众凝聚力不断增强。通过脱贫户讲述脱贫故事，感恩党的政策、回馈村庄发展。脱贫户郝心英不仅带头发展民宿，也温暖行善，在重阳节为老人捐献

"筝情端午　书香传情"群众文化活动

慰问品，脱贫户刘志明之子刘珂大学毕业后，用实际行动回馈社会，为家乡抗击疫情捐款。

（二）立足优势，发展乡村旅游

庙荒村按照"立足本地、辐射安阳、影响河南、放眼全国"的旅游发展总体思路，立足自然资源优势和交通区位优势，明确了大力发展乡村旅游带动乡村振兴的思路，成功引进北京客商刘宪忠团队，投资5 000万元先后在庙荒村打造太行·观霖乡村生态旅游度假村项目、邂逅驿站项目、创客基地提升项目等。在村庄西部千亩范围内，规划了田园农场、登山营地、林下临河休闲带、登山步道、康养民宿、禅修基地、休闲垂钓中心等项目，招商引进了陈氏手砭、西坡康养中心、食疗养生中心、瑜伽培训等开展合作经营，打响庙荒村太行山休闲胜地、研学基地、登山营地、康养福地"4地"旅游品牌。特别是利用"红旗渠精神"这一红色品牌，借力红旗渠干部学院，吸引多家研学培训机构在庙荒村建立基地，形成了一条集红旗渠研学、生态观光、乡村旅游、民宿、采摘为一体的乡村游学产业链，年接待游客20万人次，年收入40余万元。2024年以来，庙荒村发展林下经济，种植红樱桃70余亩，同时扩建改造提升村西产业道路，实施推进庙荒文旅配套设施建设项目，拉大了村庄发展框架和有效利用空间，为进一步发展康养经济、促进旅游发展开拓了前景。

（三）率先垂范，激活发展动力

群众信"党"，是因为党支部和党员给了他们信心和力量。为了庙荒村的发展，村党支部书记带头干，党员干部领着干。近年来，庙荒村通过"志智双扶"，加强群众实用技能培训，不断提高群众造血能力和自我发展能力，极大地激发了全村群众"我要致富""我要发展"的内生动力。老党员刘明生做第一个吃螃蟹的人，带头将自家房屋打造成农家乐，并动员儿子、儿媳回村创业。在刘明生的带动下，庙荒村陆续开办了十多家农家乐，"老刘"还上了当年河南新闻联播。有党员干部示范带动，脱贫户郝心英借助帮扶政策，开办了庙荒村第一个贫困户农家乐——自强民宿小院，实现收入逐年提升，顺利脱贫致富。

截至2024年上半年，首批领跑的31家农家乐和特色民宿已投入运营。青年党员刘静伟大学毕业后，主动放弃外地优越的工作环境，毅然选择回村创业，经营邂逅驿站特色民宿。

昔日信"庙"而荒，今朝信"党"而兴。如今，和谐幸福的庙荒村已发展成为红旗渠畔耀眼的明珠，先后被授予全国乡村旅游重点村、全国乡村治理示范村、全国脱贫攻坚示范基地、国家3A级景区、中国最美休闲乡村、河南省文明村、河南省最美乡村、河南省乡村旅游特色村、河南省五星党支部等多项荣誉称号。人民

车厘子生态采摘园

邂逅驿站

日报、新华社、中央电视台等新闻媒体多次对庙荒村的建设发展经验进行了集中采访报道。

三、经验启示

（一）坚持党的领导

庙荒村始终坚持以高质量党建引领脱贫攻坚，找准党建促扶贫的发力点，立足长远、统筹谋划，打造带领群众脱贫致富、发展振兴的坚强战斗堡垒。在巩固拓展脱贫攻坚成果同乡村振兴有效衔接工作中，积极发挥基层党组织引领作用，通过加强党员思想教育、动员群众参与、密切联系群众以及加强自身建设等方面，不断提升基层党组织的组织力、凝聚力和战斗力。

（二）强化产业支撑

庙荒村找准乡村旅游这一重要产业支撑，通过科学规划、持续推进，不仅壮大了村级集体经济，而且让脱贫群众找到了持续增收的路子，打开了致富奔小康的大门。因地制宜，把加快发展特色优势产业作为主攻方向，坚持以产稳村、以产兴村、以产强村，完善产业结构，带动村民持续增收，提升村庄产业发展、乡村建设、乡村治理水平，打造现代化新农村，交好富民安民答卷。

（三）激发内生动力

庙荒村通过产业、就业、政策兜底等措施，提升脱贫群众和脱贫地区的内生动力，通过开展针对性培训大力培育本土人才，为乡村发展提供了人才支撑，通过激发内生动力，带动脱贫群众和脱贫地区持续增收。通过落实惠民政策、培育致富带头人、加强兜底保障等措施不断增强农户的获得感幸福感，推动乡村高质量发展，描绘乡村振兴新画卷。

强技持证稳就业 致富增收促振兴

——河南省南阳市淅川县九重镇邹庄村

一、村情概述

邹庄村位于河南省淅川县九重镇东南2公里处，辖1个自然村，5个村民小组，175户750人，党员17人，村"两委"干部4人。2011年6月25日由九重镇原油坊岗村搬迁至此，成为新建移民村，并更名为邹庄村。2021年5月13日，习近平总书记走进邹庄移民新村，看产业、问收入、访移民、听民生，作出了一系列重要指示。为全面落实总书记嘱托，九重镇按照县委、县政府要求，打造"大邹庄"示范区，以邹庄村为核心，联动下孔、孔北、水寨等四个村（总面积19 137.25亩，耕地面积13 754.6亩，1 855户8 467人）共同发展，对大邹庄进行全面改造提升。九重镇邹庄村创建全国巩固拓展脱贫攻坚成果村级实践交流基地工作开展以来，镇党委在各级党委政府的正确指导下，认真贯彻习近平总书记视察邹庄时的重要指示精神，坚持党建引领，突出群众稳岗就业，大抓产业发展，做优乡村振兴这篇文章，邹庄村实现了翻天复地的变化。先后获得中国美丽休闲乡村、河南省首批乡村康养旅游示范村、河南省文明村镇、河南省卫生村镇、河南省森林乡村、全国示范性老年友好型社区等荣誉称号。

二、主要做法

（一）坚持共绘共谋，规划四村一体发展

邹庄村从顶层设计入手，创新管理体制，集聚部门合力，全力推进"大邹庄"建设。围绕总书记要把移民新村纳入乡村振兴规划的重要指示精神，聘请长江委规划设计院，立足当前，前瞻15年，对"大邹庄"进行高标准整体规划，包括空间规划、村庄改造规划、产业规划、旅游节点规划等，统盘考虑、一体规划、一体建设，打造成集规模农业、美丽乡村、特色文旅体验于一体的"大邹庄"乡村振兴、红色农旅示范带。成立"大邹庄"建设专班，县委、县长一线指挥，县乡村共同参与、各级各部门齐抓共管。

（二）坚持共创共享，推动产业规模发展

坚持土地集约化发展，流转土地2 000余亩，通过"短中长结合、分类施策、企

业带动"等措施，短线抓就业挣现钱，中线抓产业稳致富，长线抓文旅创品牌，有效实现"三业"增收。总投资1 100万元，建成占地1 280亩，集自动监测墒情虫情、自动浇水施肥打药、自动可追溯等功能于一体的智慧农田，被中央电视台2套《经济半小时》栏目作为典型案例专题报道。目前该板块已种植小麦、水果玉米1 200亩，亩产高达1 600斤，亩均增收4 000余元。

与南阳一拱农业发展有限公司合作，建设草莓种植基地498.6亩，由村党支部牵头成立"掘井人"合作社，群众按每人1 000元1股入股，筹集股金263万元。投资2 657.2万元，新建高标准大棚353个，单个大棚年收益超过5万元，综合产值1 500万元以上，户均增收可达2万元以上。

与南阳航旅公司合作成立江山文旅公司，沿着习近平总书记视察路线，建设红色旅游线路，开发江山论、问渠、荷塘月色、移民广场、浮雕墙等红色旅游节点，先期打造民宿46家、农家乐5家。按照市场化投入、规范化运作模式，实现企业、群众、集体三方共赢，让群众嵌入"产业链"，吃上"旅游饭"。

（三）坚持以人为本，促进就业市场发展

以一二三产发展为主线，吸引4 000余人从事农业生产、农业管理、旅游管理、交通、保洁、餐饮等岗位，技能型人才和劳动型人才都能在这里找到合适岗位。借助"人人持证、技能河南"建设，常态化开展技能培训，已培训草莓种植、旅游服务、电子商务、艾灸理疗等11个专业3 500余人次。引进大邹庄治鑫箱包厂，吸纳就

千亩智慧农业产业，自动喷灌系统正在进行灌溉作业

邹庄移民新村和千亩草莓产业航拍

业100余人，年均收入2万元以上。

建立大邹庄劳务公司，有组织开展劳务输出，实现转移就业120人，月均增收3 000元以上。同时依托"掘井人"合作社、劳务公司、旅游公司、一拱农业公司，探索"两绑两带三收益"利益联结模式，即农户与合作社绑定、合作社与公司绑定，公司带动合作社、合作社带动群众，实现公司、合作社、农户三方共同收益，周边群众稳岗就业比例稳步提高。

三、经验启示

（一）注重"带"

邹庄村支部书记始终坚持各项工作走在最前列，干在最前头，注重形成"上行下效"的示范作用，各项工作身先士卒。邹庄村党支部也始终坚持以"江山论"为工作指引，坚守为民初心，全面凝聚村"两委"班子成员、党员、驻村队员的工作合力，形成坚强战斗堡垒，在产业发展过程中，支部书记、村主任等党员带头，三天募集到位合作社入社股金263万元，为共同富裕奠定坚实基础。邹庄村社会、产业的发展离不开党的领导，大邹庄党支部成立伊始，由镇退休老干部王艾东担任党总支书记，充分发挥余热，统筹周边四个村落抱团发展，最终形成"四千"产业链条发展规模。

（二）注重"引"

产业是社会发展的基础。邹庄村在产业发展上花费了很多力气，逐步探索形成了"产业绑定合作社、合作社绑定农户"的利益联结机制，形成了公私分明、权责分明的生产发展模式，为产业发展奠定了良好基础。通过邹庄村的努力，2022年村

人民江山旅游节点旅游公司带领中小学生开展研学活动

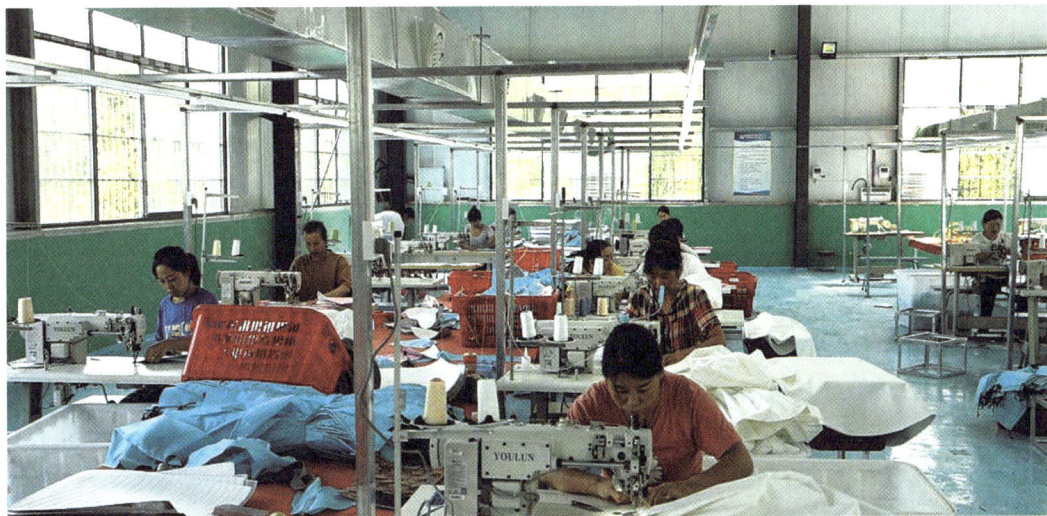

邹庄箱包车间，员工正在生产皮包

产业不断发展壮大，集体收入超过30万元，极大提高了群众的自信心和认可度，形成良性循环，群众参与热情不断提高，产业引领效用不断增强。

（三）注重"推"

邹庄产业的发展离不开制度的约束与推动。邹庄村充分调动各合作社、企业联合制定了系列财务管理、人员管理等各项规章制度，镇村干部、企业负责人带头执行管理制度，企业运行规范有序。为做好邹庄村产业示范引领作用，各级媒体主动做好邹庄产业舆论引导工作，各级主流媒体进行正面宣传引导，极大提高了邹庄村群众的归属感、荣誉感和自豪感，促使群众心有目标，干有力量，行有约束，四大板块发展红红火火。

党建引领展风采　文化自信扶心志

——河南省信阳市息县路口乡弯柳树村

一、村情概述

息县路口乡弯柳树村位于路口乡政府南5公里处，地势平坦、土壤肥沃，全村总面积3.5平方公里。南距S337省道5公里，G230国道穿境而过，距淮内高速北入口2公里，交通便利。全村总人口483户2 375人，耕地面积3 500亩。因3 000年前"古息国八大景"之一"竖斧春耕"故事发源而得名。弯柳树村曾是河南省省级贫困村，党组织涣散，道路泥泞、垃圾成堆，村民孝道缺失、喝酒打牌成风。2012年，国家统计局河南调查总队、省派第一书记宋瑞到此，通过12年的坚守与实践，立足中华优秀传统文化扶心扶志，积极培育基层群众的社会主义核心价值观，探索"党建引领、文化扶心、道德育人、产业发展、人民幸福"之路。曾经软弱涣散的贫困

弯柳树村党员重温入党誓词

村，蝶变为荣获全国乡村治理示范村、全国第二批文明乡风建设典型案例村、河南省五星党支部、河南省文明村镇等诸多荣誉的明星村、先进村。第一书记宋瑞先后荣获全国脱贫攻坚贡献奖、全国脱贫攻坚先进个人、全国巾帼建功标兵等荣誉称号。

二、主要做法

（一）党建引领，奠定发展基础

农村富不富，关键看支部。2012年以前，弯柳树村"两委"只有村支书和村主任两个人，组织队伍涣散，党员年龄老化，群众办事难、意见大。把党员找回来、把"两委"班子建强起来、把党员制度规范落实起来便是当务之急。通过多次拜访老党员和村民，广泛听取意见建议，把有思想、有干劲的党员吸纳到村"两委"班子，逐步建强班子。严格落实党的组织生活，每周日组织党员开展集体义务劳动，为群众树榜样做表率，并且组织党员到河南省博物馆、新县革命老区等地参观学习，进一步提升党性修养，激发党员活力，为弯柳树村发展打下坚实基础。

（二）村民自治，探索发展路径

为夯实党建引领、固本强基的发展成果，保障广大村民参与村级发展的积极性，宋瑞和驻村干部、村"两委"班子立足村情实际，组织党员成立党员服务队、村民义工团、歌舞团等，在开展"清洁乡村，建设美好家园""垃圾分类""饺子宴"等活动中，党员干部率先垂范，极大地感化了村民，很多在外务工的年轻人，看到了村里的新变化，积极向党组织递交入党申请书，积极向党组织靠拢。群众把自己的

弯柳树村民德孝歌舞团受邀演出

生活改编为文艺作品，在歌舞团的组织下自编自演了《婆婆也是妈》《手拿锄头心向党》《垃圾分类好处多》等优秀文艺节目，受邀到北京、重庆、郑州等地演出，将新时代中国农民的精神风貌展现给更多的人，把社会主义核心价值观融为装扮新时代农民的靓丽底色。

（三）文化扶心，助力脱贫攻坚

面对喝酒打牌成风、不思进取的村民，宋瑞毅然在村里开办起道德大讲堂。宋瑞传统文化知识渊博，讲课生动有趣，在中华优秀传统文化潜移默化影响下，群众逐渐发生了改变。脱贫户骆同军，被村民戏称为"赌博之家"，两口子整日打牌，负债累累。80多岁的母亲独居在老房子里无人赡养，女儿有一次直接将家里的牌桌给掀翻了。即便如此，骆同军夫妇依旧无动于衷。在宋瑞的劝导下，骆同军夫妇到大讲堂学习传统文化，久而久之，夫妻二人都受到触动。骆同军戒掉牌瘾，到村里的扶贫企业上班，立志为儿孙做出好榜样，妻子杜继英主动将年迈的婆婆接回家赡养，让老人在儿孙绕膝的天伦之乐中安享晚年。这样的事情在弯柳树村不胜枚举，"赌博队长"许兰珍戒掉牌瘾回家照顾百岁母亲。轮椅老人赵久均振作起来，坚持为村歌舞团创作节目。脱贫户陈道喜主动退低保，把低保让给其他需要的人等。宋瑞用润物细无声的文化力量，慢慢改变了弯柳树，改变了弯柳树人，让中华优秀传统文化的无限魅力普惠给许许多多的人。

（四）产业发展，助推乡村振兴

焕然一新的弯柳树村立足实际，全面落实和推进乡村振兴战略。申请涉农项目

宋瑞书记在村道德讲堂为学员授课

资金，全村修通水泥路，建起了自来水厂、文化广场和容纳500人听课的道德大讲堂，吸引全国各地各界人士到村学习"文化自信与乡村振兴"。2015年以来，已有620个县市区领导带队到村参观学习，累计接待10万余人次，为村集体和村民创收达300余万元。村产品"颂瑞香菇酱""酵素大米"成为地方名品。第一书记带领村民学习抖音直播，发展农村电商，建立"弯柳树直播间"，春节前一场直播销售农产品42万元。此外，弯柳树村积极开展支部联建活动，累计创收100万元。目前仍有来自全国各地的40多个村子向弯柳树村表达了联建意向，学习"弯柳树模式"。弯柳树村民成立的"德孝歌舞团"，多年来受邀到多地演出，累计创收达到50余万元。弯柳树村现有9家企业，村民人均年收入由2012年的不足2 000元提高到2023年的20 100元，村集体经济年均收入20余万元。

（五）生态宜居，构建美丽乡村

弯柳树村曾流传着这样一句俗语："垃圾靠风刮，污水靠蒸发。晴天一身灰，雨天一身泥。"曾经的弯柳树村没有一条水泥路，道路坑洼、垃圾围村，很多村民都坐在垃圾堆里打麻将。在县、乡领导的支持下，宋瑞组织村干部和党员带头开展"清洁家园"行动，群众看到后纷纷加入，仅一个星期就拉走了一百多车垃圾，村容村貌从此焕然一新。从2017年开始，弯柳树村立足村情实施垃圾分类，家家户户门前都放置了垃圾分类桶，村里建起了资源分拣中心和爱心兑换超市，组织村民因地制宜将生活垃圾分类投放、分类收集、分类运输、分类处理。将可沤肥垃圾制作酵素，代替化肥农药返田滋养土地，也可制作成日常洗浴用品。不仅节省了村民耕种土地

弯柳树村道德大讲堂

曾经的垃圾堆改造为"桃花岛"公园

的成本，更是响应息县县委、县政府提出"打造中国生态主食厨房"的号召，为发展绿色生态有机农业打下坚实基础。

三、经验启示

小村连大道，小村通大道，小村行大道。曾经的弯柳树村面临着与千万农村类似的共性因素，从中探寻独辟蹊径的特殊做法和经验特色。最有效最核心的是村"两委"以改旧习、树新风为着力点，以优秀传统文化为传感器和新能源，把传统文化变成了农村生产力，把社会主义核心价值观变成了农民的好活法。

弯柳树村发生巨变的核心源于党和国家部署的各项政策的落实、源于各级党委政府的坚强领导和大力支持、源于省派驻村第一书记宋瑞12年的辛勤坚守和付出、源于县乡扶贫工作人员和村干部扎根群众中，把各项扶贫政策、惠民实事落实落细落小，惠及每一个村民。当前，弯柳树村积极推进巩固脱贫攻坚成果与乡村振兴有效衔接，力争在乡村振兴工作中再创佳绩。

东岳核心区鸟瞰

稳岗扩岗促就业　走向更加富裕的美好生活

——河南省信阳市光山县文殊乡东岳村

稳岗就业

一、村情概述

文殊乡东岳村位于河南省信阳市光山县西南部，距县城14公里，全村总面积8.7平方公里，辖19个村民组，41个自然村，585户2 194人。全村现有脱贫人口及监测对象143户601人，其中脱贫户139户583人，监测对象13户58人，风险未消除户5户29人，2018年实现整村脱贫摘帽。近年来，东岳村牢记习近平总书记殷殷嘱托，通过发展特色产业、推进文旅融合，切实稳定农民增收基础，推进脱贫人口稳岗就业，让群众稳住"就业路"，保住"钱袋子"。

二、主要做法

近年来，东岳村始终坚持把推动脱贫人口稳岗就业作为巩固拓展脱贫攻坚成果的重要抓手，把稳岗位保就业的各项措施落细落实。

（一）精细服务带就业

东岳村成立和美部落物业服务有限公司，承接落地示范区内的土方、运输、绿化等小型工程，以及民俗文化村保安、保洁、设施维护等劳务工作，带动32人就业。

（二）旅游运营促就业

通过成立鑫路子旅游运营公司运营梯田花海、稻田小火车、临水餐厅、民俗文化街、花鼓戏传承中心等旅游业态，东岳村带动就业28人，积极发展以"优质景观稻+稻田小火车"模式为主的生态观光农业，大力实施"小田并大田"，培育采摘农业新业态，完成小余儿共富蓝莓园、火锅农场等项目建设，通过开展田园采摘、亲子研学等活动，吸引更多游客走进乡村、拥抱自然，并带动群众就业34人。

（三）电商运营增就业

围绕产业发展方向，东岳实业有限公司打造"花鼓之源 古坊东岳"农特产品品牌，推出糍粑、印子馍、粉条、稻虾米等"光山十宝"产品线和明信片、纪念币等文创产品，并实现触网上线。2022年以来，东岳村农产品依托京东、抖音、832平台、云书网等平台销售突破300万元，带动就业15人。

（四）种植产业稳就业

东岳村四方景家庭农场流转土地、承包水面近2000亩，水产养殖、生态蔬菜、绿色水稻、苗木花卉多点开花，为脱贫户提供岗位，带动就业68人。文殊寺油茶专业合作社流转土地1900亩，推广油茶种植，带动就业163人。村里建成50亩香菇种植基地，带动48人进行香菇种植。2022年，有感于东岳村的巨大变化和良好的政策环境，东岳村成功人士管磊返乡创业，建立管黄洼油茶基地，发展规模化油茶种植，带动群众就业21人。

（五）红色研学创就业

东岳村成立东岳红色文化培训中心有限公司，取得了光山县第一张"红色教育"牌照，编辑"红色教科书""脱贫攻坚精神读本"，制定1～5天的红色研学培训课程，已接待10余家单位培训学员2000余人次，为村集体经济增收25万余元，带动就业13人。

（六）公益岗位保就业

以供销社为平台，承接保安、保洁、设施维护等劳务工作，安置东岳村脱贫户和有劳动能力的村民就近务工13人。

东岳村文化中心

余粮乡创·东岳乡村运营展厅

（七）文产特派员扩就业

东岳村是首批"文产特派员"派驻村，自2022年7月入驻以来，余粮乡创组建了28人的运营团队，通过打造乡村品牌、升级特色产品，推进景观营造、多村运营、产品销售。2023年国庆期间，东岳村共接待游客2万余人次，旅游综合收入达83.6万元，同时带动周边群众通过住宿、餐饮、小吃等实现就业108人。2023年，东岳村与余粮乡创团队合作，将农副产品与文创结合，推出粽享美好（粽子）、"有盐在先"挂面、好事花生等精品，反响良好。

（八）非遗传承添就业

东岳村非遗资源丰富，村内国家、省、市、县级非遗项目多达12项，通过成立"花鼓之源"东岳乡村文化合作社，充分利用镇村文化广场，围绕传统节日开展文化展演，推动非遗传承发展。现有花鼓戏班、皮影戏班、狮舞、旱船舞等民间花会表演队8个，带动65人就业。

（九）整合资源创就业

东岳村通过整合资源发展特色民宿，建设朴宿微澜、东岳客栈、祥云民宿露营基地等，并通过民宿的保洁、厨师、保安等，创造就业岗位17个。

三、经验启示

（一）上级重视是村级实践交流基地建设的强劲动力

东岳村村级实践交流基地建设得到了省、市、县领导的大力支持，为快步推进基地建设奠定了基础。2021年9月17日，光山县委、县政府决定成立乡村振兴先行区，东岳村被纳入其中，是全县10个村之一，随后又被确定为乡村振兴示范引领村。

东岳村民宿朴宿微澜

（二）创新发展是村级实践交流基地建设的不竭源泉

东岳村先后成立东岳实业公司、和美部落物业管理公司、东岳红色文化教育培训中心三家以服务旅游发展为核心的集体经济企业，注册"花鼓之源 古坊东岳"农特产品品牌。村内四方景家庭农场、东岳实业、莲意阁扶贫工厂等公司将农特产品触网上线，结合东岳村发展方向，逐步实现把劳作变体验、把农货变商品、把农业资源变为经济资源的发展目标。

（三）务实重干是村级实践交流基地建设的立身之本

东岳村党总支务实重干，一心一意谋发展，党总支一班人想干事、能干事、干成事。择优选拔2名90后人才充实村"两委"班子，落实"王"字形架构，分岗明责，58名党员包联到户认领创星岗位，通过"支部+新型农业经营主体+脱贫户"模式，培育党员致富带头人23名，把党组织建在产业链上，进一步带动群众就业。

"文旅农商学艺"融合发展
助力"红色龙村"搬迁后扶

——湖北省十堰市郧阳区柳陂镇龙韵村

搬迁后扶

一、村情概述

　　龙韵村是湖北省首个易地扶贫搬迁后新建的行政村，于2016年11月动工，2018年8月整体完成搬迁入住，2019年1月19日正式开村，共安置柳陂镇843户3 044名易地扶贫搬迁群众。村庄面积从建村之初的160亩发展到500亩。按照"搬得来、稳得住、能脱贫、可致富"的工作思路，龙韵村将扶贫与扶智、生活与旅游、共建与共享等有机结合，同步规划建设了龙韵安置区、龙韵文商旅街区、龙韵共享生态农场、武当不夜城、爱源文化广场等。目前拥有村级控股公司8个，实现年旅游综合收入6 338万元，村集体经济纯收入达到150万元。在共同缔造理念引导实践过程中，龙韵村已成为集"农、旅、文、商、学、艺"于一体的新型社区、美丽乡村，先后荣获中国美丽休闲乡村、全国乡村旅游重点村、全国综合减灾示范社区、全国乡村旅游扶贫示范案例、国家3A级景区、湖北省文明村、湖北省级生态村、省级清廉村居建设典型村、全省生活垃圾分类示范创建工作先进村、湖北省"稳得住　能致富"安置区等荣誉称号，村党组织也被评为全国先进基层党组织、全国先进基层群众性自治组织。先后迎来蒙古国、加纳、斯里兰卡、则果（金）、阿尔及利亚等7批次国外高级党政考察团学习考察，为国际减贫交流合作提供了积极参考。

二、主要做法

龙韵村以文化旅游和研学基地推动脱贫攻坚与乡村振兴，根据郧阳区委、区政府对龙韵村"红色龙村"的总体定位以及"文旅农商学艺"融合发展的特色路径，发展红色研学成为龙韵村着力培育的两大支柱性产业之一。龙韵研学基地先后获得全国巩固拓展脱贫攻坚成果村级实践交流基地、湖北省直机关党员干部教育基地、湖北省党员教育培训省级现场教学点、湖北省南水北调干部学院现场教学基地、十堰市市直机关党员干部教育基地、郧阳区基层党员干部培训基地/机关党员干部实训基地、十堰市爱国主义教育基地、十堰市中小学研学实践教育基地等培训荣誉资质。

（一）招商引资，建立研学基地

龙韵村大力实施招商引资，与湖北省堰龙马众创空间股份有限公司共同成立湖北龙韵景区运营管理有限公司，建立龙韵研学基地。其中村委会控股60%，堰龙马公司控股40%，并由湖北龙韵景区运营公司负责培训基地日常运营及管理。公司设有研学部门，具有专职员工8名，其中1名具有研学导师资格证，3名具有导游资格证，自主培养讲解员5名，兼职讲解员3名。该运营公司是郧阳区研学教育联盟的发起单位之一，并成立了龙韵旅行社，可承接国内研学旅行业务。龙韵村内可同时容纳500人研学、就餐，100人培训、住宿。

（二）依托资源，丰富研学体系

基于龙韵村所拥有的中国红色报纸展览馆、村史馆、武当不夜城、元冼武当数

中小学生研学进乡村

中小学生研学进乡村

字艺术馆、黑暗传馆、爱源文化广场等场馆资源，龙韵研学基地与十堰市委党校等机构建立课题研究和课程开发合作，形成了具有鲜明区域特色的研学课程体系。包括以红色报馆、龙韵村史馆为主的红色研学课程，以《黑暗传》《元炁武当》为主的传统文化研学课程，以爱源颂为主的南水北调研学课程体系，以及以龙韵共享农场、体验渔场、活字印刷馆等为主的劳动教育、农事体验、传统手工等研学课程等。

（三）创新组织，开展研学活动

龙韵研学基地已形成以党政研学为龙头，以中小学研学为支撑，业务涵盖单位党建团建、亲子研学、冬夏令营、老年银发研学以及其他定制类研学等"1+1+N"的业务体系。自2023年11月"省直机关党员干部教育基地"揭牌以来，龙韵村先后接待53批次96个支部828人次的党政研学队伍，其中，党政培训已覆盖省、市、区三级，涵盖湖北省委政法委、湖北省档案馆、湖北省监狱管理局、湖北省金融管理局、湖北省水利厅、湖北省医学会、神农架人大、神农架总工会、神农架交通运输执法支队、武汉反邪教组织、潜江东荆河河道管理局等40余家省直机关。中小学研学覆盖了北京市、陕西省安康市白河县、湖北省丹江口市、湖北省十堰市郧阳区、竹山县、武当山等市区县，连续举办2届的文学主题研学品牌——《文学与少年》研学营产生了较强的影响力和较好的社会口碑。即将落地的"中国郧阳未来作家小镇"项目将打造国内独树一帜的小作家培养基地。此外，龙韵村交通便利、配套齐全，已成为十堰市区和郧阳区开展主题党日活动、企业团建的首选，年均接待500余场。

三、经验启示

（一）拓展教育内涵，奠定教学特色

龙韵村教育基地作为湖北省第四批、十堰市首家省直机关党员干部教育基地，基地原创开发了"1+N"特色课程体系，并充分利用郧阳区优质特色资源开发了郧阳区城关镇翻山堰村乡村红色教育基地、郧阳区南化塘玉皇山中原突围战斗遗址教育基地、湖北东方橄榄园"两山理论"转化教育基地、郧阳区云盖寺绿松石国家矿山公园教育基地等，逐步丰富现场教学内容，不断拓展干部教育内涵，较好满足现场教学的需求。

（二）建设成果涌现，教学层次提升

一是领导高度肯定。"平安龙韵365"的治理模式、五场共兴，"六业"互融的文旅发展思路受到各级党政领导和参观团队的肯定，龙韵村更作为中国式现代化的乡村代表，其发展模式受到前来参观的7个外国考察团的高度认同和赞扬。二是基地颇具影响力。从2019年开村以来，龙韵村已承接全国生态文明现场会、全国易地扶贫搬迁安置现场会、全国70个中国农民丰收节最具特色分会场、全省新时代文明实践现场会等，成为乡村振兴郧阳模式的输出者。三是基地品牌正在形成。龙韵村已成为郧阳

龙韵村武当不夜城游人如织

龙韵村爱源文化广场开展流动新时代文明进乡村实践活动

区和十堰市对外宣传展示的窗口，龙韵村的新兴业态不断上榜抖音旅游生活业态榜首，2024年春节更成为湖北景区旅游top榜的第三名，十堰市第一名。年平均接待游客300万人次。四是村级现场教学基地已成特色。龙韵村已成为"党建强、发展好"的村级示范点，各类荣誉纷至而来，媒体争相报道。

（三）壮大培训师资，凸显教学质量

一是最大可能安排现场教学。据统计龙韵村目前共接待省级、市级党校主体培训班现场教学30期，省直机关党支部76个支部，教学方式全部为现场教学，学员们对现场教学给予高度评价。二是安排基地责任人、村支书进入师资库。基地建立师资库，聘请当地的村支书、责任人现场教学，使得教学更具生动性、说服力更高，更能灵活处理可能出现的突发情况，提升教学的吸引力。三是更大可能引进开展高层次外来培训和参观团队。基地积极对外拓展现场教学的影响力，引进了中国郧阳·未来作家小镇培训活动、北京研学团队，被授予北京市东城区人才康养基地。

党群携手促发展　共建山水乡愁地

——湖北省鄂州市鄂城区长港镇峒山村

乡村建设
乡村治理

一、村情概述

峒山村地处鄂城区西部，南依九十里长港，北靠秀美大峒山，村党总支下设4个党支部，11个党小组，党员136名。有11个村民小组，968户4 098人。全村总面积1.5万亩，其中耕地1.2万亩。全村现有脱贫人口39户75人，无一例返贫情况发生。2013年，习近平总书记来到峒山村，对地区城乡一体化建设给予了充分肯定。峒山村牢记嘱托，感恩奋进，坚持党建引领，突出群众主体地位，着力激活乡村振兴的"神经末梢"，以"共同缔造"推动基层治理，创建国家级3A景区，加快推进"农文旅+研学"融合发展，共建"望得见山，看得见水，记得住乡愁"的幸福和美乡村。

二、主要做法

（一）党建引领，纵横关联，组织联动从"多条线"变为"一张网"

一是党的领导纵向到底。峒山村不断优化治理单元，明晰组织架构，推动建立"村党支部（总支）—片区党支部—村民小组党小组—党员中心户"的组织体系。在党的全面领导下，不断向湾组延伸组织触角，分别建立妇女小组、青年小组、经济小组、工会小组等4个小组，形成上下贯通、良性互动的组织合力，实现"纵向到底"。

二是群团组织横向到边。党小组积极引导村民自发建立"一会五队"（一会：小组理事会；五队：移风易俗服务队、环境卫生服务队、帮办代办服务队、矛盾调解服务队、巾帼共建服务队），并通过"板凳会"推选出村民认可、有较强组织能力的小组理事会会长，让每个村民都能找到自己的组织，做到"横向到边"。

三是文化活动全域覆盖。把准群众精神文化需求，积极延伸服务触角，依托群团组织，常态化开展广场舞比赛、义诊义卖、健康知识宣传以及"十星级文明户""好媳妇好婆婆""美丽庭院"等评选活动，举办武昌鱼文化节、品虾赏花节、音乐节、端午游峒山等大型活动4次，既为旅游景区带来流量和收入，也让更多村民走出家门融入集体。

（二）群团联动，多元共治，基层治理从"独角戏"变为"大合唱"

一是建立台账，湾组呼声有人应。发动群团组织共同组建村情民意收集工作组，采取入户走访、"板凳会"、微信群收集等形式，挨家挨户了解村民诉求，并摸清各小组的人员组成结构、地理位置、区域面积、优势产业、文化特色，将村民诉求及时汇总为需求台账，分类整理为小事即办类、难事商办类、年度实事类等3类问题清单。

二是搭建阵地，湾组治理有人谋。陆续建成"红色驿站"、议事亭、图书馆、活动广场等公共服务阵地，不断优化帮办代办事项，完善便民服务功能。利用议事阵地常态化开展民主协商议事，按照"微事微议、小事小议、大事大议、急事快议、难事上议"原则，引导村民共议共商问题清单，了解小组村民的动态，商议解决村民诉求的对策措施。2024年以来，仅峒三队就常态化开展"峒山夜话""湾子会"5场次，参与村湾治理的村民达到200余人次，收集各类问题近25个，已落实解决问题22个。

三是完善机制，湾组治理有遵循。制定《村民小组治理单元导则》，从构架、力量、机制、评价四个方面给出创建措施，明确规定不同组织的建设流程、成员标准、主要职责，以及村情民意收集、议事协商办法、帮办代办事项等制度，为湾组治理提供坚强的制度保障。

（三）动员群众，共建共享，湾组村民从"旁观者"变成"主人公"

一是变"群众看"为"群众干"。小组理事会运用"点子群众出、材料就地取、用工本地找、团结一起干"的方法，新修了"四好公路"，翻修了戏台，修缮了古井，统一了周边房屋庭院和立面，实现了"花小钱、办大事、办实事"。同时坚持"干得好的给得多"的原则，设立村级"共同缔造"专项资金，实行"以奖代补"，建立科学有效的激励机制。

二是变"脏乱差"为"美如画"。峒山村深入实施人居环境整治，推进硬化、亮化、美化、净化、绿化等"五化"，切实抓好改路、改水、改厕、改风貌、改习惯等"五改"活动。党群共同推进美丽乡村建设提档升级，带动村民参与清淤泥、除

村民议事协商

峒山夜话

杂草、搬杂物，主动拆除自家围栏、鸡棚、猪圈、小菜园、厕所等34个，同时发动群众以工代赈370人次，节省用工成本1.85万元，不仅完成了5.7公里的主要港道清淤，同步对群众反映强烈的6.4公里支流进行了疏浚，确保能让港道的水流进每一户农田，实现了"堵心港"到"峒心港"的美丽蝶变。

因此，峒山村先后荣获全国首批乡村环境综合治理示范村、全国乡村治理示范村、全国农村幸福社区建设示范单位、全国民主法治示范村、平安中国建设先进集体等国家级荣誉。

三、经验启示

（一）健全组织体系，当好群众"贴心人"，点滴温暖凝聚民心

峒山村推进"党小组—四组一会—志愿服务队"三级组织体系全覆盖，建设小组理事会，包括党员代表、村民代表、致富能手（农民合作社）代表等。充分发挥小组带头人的作用，同时借助社工组织孵化志愿服务队，将组织触角延伸到小组每一户村民，让小组的孤寡老人、留守儿童等弱势群体都能享受到帮办代办等服务，将更多热心助人、关心小组发展的群众纳入组织，壮大组织力量。

（二）激发群众热情，争做小组"主人翁"，创建文明幸福村湾

峒山村小组理事会线下定期遍访入户、开"板凳会"，线上引导家家户户进群，收集整理村民问题清单，使平台成为干群之间的连心桥。采用"以奖代补"、捐钱捐物、让地让利等多种方式筹集资金，担负起建设、维护和管理小组公共基础设施的职责。完善积分星级管理，用"星级"评定组员带头作用，用积分衡量志愿者与群

暑期学堂

众的积极性，实行季度积分、年度评星，建设积分兑换超市，激发群众参与乡村治理和共同缔造的积极性。

（三）突出多元共治，奏好邻里"和谐曲"，提升小组治理效能

建立"小组—理事会—志愿服务队—村民"四级治理共同体，打造"红色驿站""议事亭"，引导村民共议共商邻里事，协商解决小组内的问题和困难，做到纠纷不出村湾、矛盾不上交。明确志愿服务队职责，弘扬德治教化风尚，及时劝导教育违规办理酒席、不文明行为等，广泛开展平安创建，增强村民法治观念。动员村民参与整治人居环境，形成房前屋后自己管，村组设施认领管，公共区域专门管的常态长效机制。推行经济组织"党员+合作社+能人+村民"的共建模式，形成"技术共享、信息共享、市场共享"的"三享"模式，实现联农带农富农。

凝心聚力谋发展　党建引领促振兴

——湖北省孝感市大悟县新城镇金岭村

金岭村小张湾鄂北古民居建筑群

一、村情概述

金岭村位于开国大将徐海东的故乡——大悟县新城镇东北部。全村总面积10.5平方公里，耕地2 225亩，山场8 954亩。辖13个村民小组和1个易地搬迁点，户籍人口568户1 934人。金岭村是全县原有89个贫困村之一，于2016年整村脱贫出列。2024年有脱贫户179户542人，监测户5户14人。近年来，金岭村全面贯彻落实习近平总书记关于"三农"工作的重要论述，按照党中央决策部署和各级党委政府工作部署，坚持聚焦"两确保、三提升、两强化"总体布局，紧盯中心任务，补齐短板弱项，全面提升工作质效，深入推进宜居宜业和美乡村建设的探索与实践。金岭村相继获评全国文明村、全国乡村旅游重点村、中国美丽休闲乡村、全国乡村治理示范村、国家森林乡村和全国巩固拓展脱贫攻坚成果村级实践交流基地。2024年度，金岭村集体经济再上新台阶，村集体经济收入实现961万元，同比增长3.14%，利润272.6万元，同比增长2.39%。

二、主要做法

金岭村依托农业农村特色资源，向开发农业多种功能、挖掘乡村多元价值要效益，向一二三产业融合发展要效益，强龙头、补链条、兴业态、树品牌，以发展村集体产业为突破点，努力增强村级发展内生动力。

（一）强化支部引领作用

金岭村坚持把党的政治建设摆在首位，强化村党支部政治功能和组织功能，通过严格落实各项规章制度切实提升村级党组织战斗力、凝聚力。村"两委"严格落实"四议两公开"制度，推进"三话一会"（基层夜话、网络对话、家访谈话和屋场院子会）常态化、制度化，广泛开展基层协商，畅通干群沟通渠道。实行党小组分片联系群众制，将全村43名农村党员划分成5个党小组，通过项目建设党员带队、村湾整治党员带领、产业发展党员带动，在为民办实事中密切党群关系，不断增强金岭群众获得感、幸福感、安全感。

（二）巩固文旅产业优势

依托大悟县绿色生态、红色资源和金岭极具特色的鄂北古民居建筑群相结合，金岭村在红色文化、颜氏儒家文化、鄂北传统农耕文化等方面做足文章。针对村庄"多山、少田、缺水"的农业发展现状，金岭村立足长远，积极对接政策，争取资源，以打造观光休闲农业带为主题，建设金岭村农旅融合观光区，探索农文旅融合新业态，为村集体经济发展赋能增收。围绕"吃、住、行、游、购、娱"等旅游六要素，金岭村持续推进硬件设施和服务水平提档升级。依托颜回书院酒店，实施"亮化工程"，在小张湾核心区布置完成氛围灯等景观灯带2 000余米，打造多主题灯

金岭村屋场院子会

金岭村 2024 年度全民分红大会

光造型，提升夜间游客体验。按照新中式风格对村集体民宿进行改造升级，定期对公司员工开展培训，提升接待水平。线上扩展客群，将村集体民宿房源在携程、飞猪、美团等网络销售平台上线，提升客房入住率。2024年，村集体公司接待游客28万人次，接待团队258批8 915人次。

（三）提升特色种植业质效

金岭村坚持"良田粮用"大原则，协助村民做好水稻、油菜等粮食作物的春耕秋播，坚决遏制"非农化""非粮化"，守牢耕地保护红线。稳步引导种植合作社、种粮大户推行机械化生产，鼓励代耕代种代管代收，降低农业综合成本，促进单产提升，增加群众种粮收入。采取"村党支部+公司+农户"的模式，动员群众参与"道地中药材"产业发展。与县中医院深度合作，整合零散土地，打造中药材示范种植基地，为群众提供就业创业渠道。大力发展以野菊花等为主的中草药种植产业，探索林下中草药立体种植，为种植中药材的农户建立保护价机制，降低市场风险，实现稳定稳价收购，保障种植户收入。同时做好抖音、京东、淘宝等线上网店的日常运营，及时将金岭农副产品上线832消费帮扶平台，利用金岭抖音号，每周定期发布短视频、中视频，开设抖音直播间，畅通金岭农副产品线上推广渠道。

（四）引导农户自主经营

利用集体农家厨房餐饮管理经验和客源优势，金岭村对农户开办的农家乐进行定期培训指导，提高经营管理水平。协助有意愿的农户开办农家乐，并给予一定的客源支持。支持本村村民在规定区域摆摊设点。以大张湾为试点，推动人居环境整治、庭院经济建设，引导群众自主改造，从事农家乐、农家旅馆、超市等经营活动，让更多的金岭群众参与到文旅产业融合中来，享受村集体经济发展带来的实惠。

三、经验启示

（一）坚持党建引领，持续加强支部建设

金岭村以"五个群众"工作法为抓手，全面推进党支部标准化规范化建设。村"两委"干部领办项目、兴办实事，着力将村党支部建设成为群众"生产离不开、生活离不开、感情离不开"的坚强战斗堡垒。牢牢抓住村干部、农村党员、村民小组长、群众代表这些关键少数，将党员中心户、党员示范户的作用发挥到实处，不断提升村党支部的凝聚力、向心力、引领力。

（二）坚持联农带农，着力夯实产业基础

金岭村立足本地特色资源，着力补短板强弱项，严格落实干部认领产业责任制，推动产业发展壮大，持续发挥示范作用和辐射带动作用。推进集体特色种养殖业发展，打通市场渠道，形成自有品牌，探索形成"支部+公司+村民"的长效利益链接机制，支部统筹发挥引领优势，公司产销发挥平台优势，村民管护发挥人力优势，同时采取合理的利益分配机制，激发群众参与村集体产业发展的主观能动性，带动群众就业增收。

（三）坚持底线思维，巩固脱贫攻坚成果

金岭村坚持常态化开展"两不愁三保障+安全饮水"突出问题排查整治工作，健全问题处理机制，做到发现一起解决一起。持续做好防返贫监测工作，重点关注边缘易致贫户的家庭情况，落实包保责任，制定帮扶计划。每月至少开展一次监测摸排，用好用活帮扶政策，全面消除致贫、返贫风险，牢牢守住不发生规模性返贫底线。

（四）坚持协同发展，扎实推进乡村振兴

金岭村围绕保障、服务民生和服务集体经济发展，做好项目策划和实施，不断提升治理水平，改善人居环境。持续推进乡风文明建设，激发广大农民群众积极性、主动性、创造性，创新乡村治理方式，提高乡村善治水平，不断增强金岭群众的获得感、幸福感、安全感。

坚持共同缔造理念"四变四化"绘就和美乡村

——湖北省恩施土家族苗族自治州宣恩县椒园镇黄坪村

乡村建设
乡村治理

一、村情概述

黄坪村位于湖北省宣恩县椒园镇北，南距宣恩县城10公里，北距恩施土家族苗族自治州府33公里，全村总面积12.9平方公里，全村共有12个村民小组，常住人口630户2 084人。黄坪村将美好环境与幸福生活共同缔造工作作为巩固拓展脱贫攻坚成果的有效方法，探索以"四变"实现"四化"的发展路径，成功实践了纵向到底、横向到边、协商共治的乡村治理体系，建成以黄金梨产业链条为主的阿尼阿兹旅游区，形成了景村联合、农旅互动、区域协调的共同缔造格局，绘就了和美乡村新画卷。

二、主要做法

2019年以来，黄坪村抢抓获评"湖北省美好环境与幸福生活共同缔造示范村"机遇，大力开展基础设施建设、产业发展及人居环境整治行动，以治理单元、发展理念、群众观念、惠民成果"四变"打造景村联合、农旅互动、主客共享样板，进一步巩固拓展脱贫攻坚成果。

（一）治理单元之变，实现参与主体多元化

黄坪村将治理底基下沉到院落，构建"院落—组—村"三级治理体系，以党建引领带动群团组织纵向到底，建立直接联系群众的组织体系。一是修订完善村规民约。围绕村庄建设规划、村风民俗等多个方面，修订完善村规民约，健全公共设施维护认领机制，制定"出彩"系列活动评选方案，在村史馆设置"出彩"展播厅。二是健全"帮理郎"组织。由村党支部书记牵头，聘请4名法律顾问，组织老党员、村庄能人、退休干部，健全"帮理郎"村民调解自治组织，发挥"帮理郎"人熟、地熟、事熟的"三熟"优势和明情、明理、明法的"三明"特长，既做"帮理郎"，又当"和事佬"，确保"小事不出村，矛盾不上交"。三是规范互助管理协会。对现有梨农协会、农家乐互助管理协会进行梳理，指导会长选举、协会管理，确保运行顺畅、规范。对黄金梨

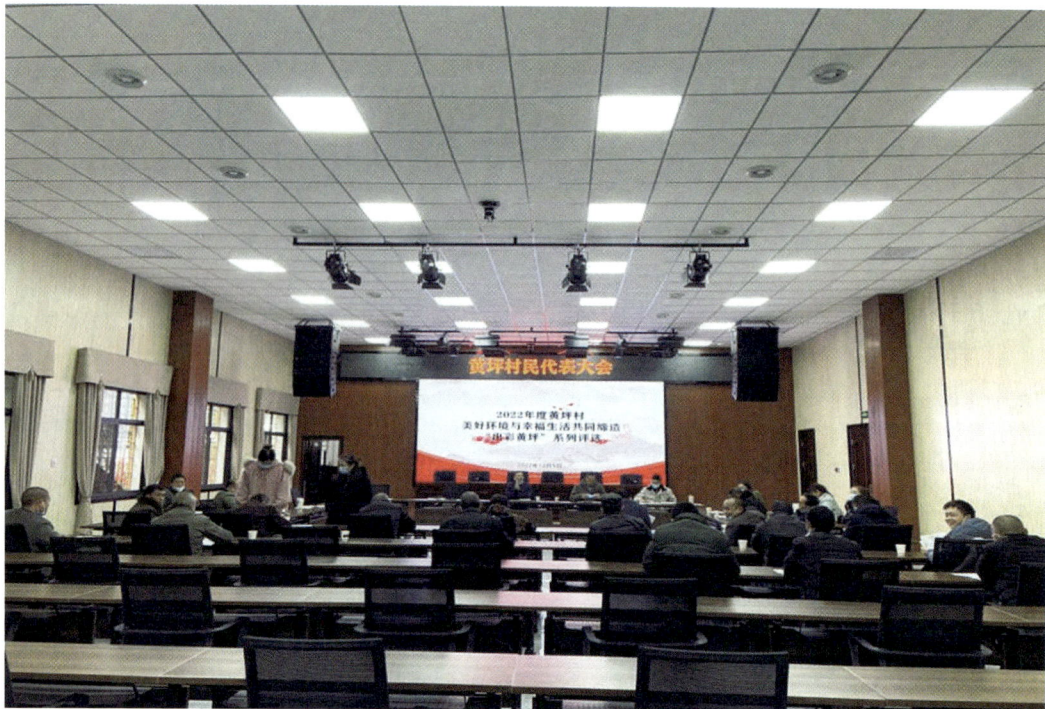

"出彩黄坪"系列评选

实行每斤不低于3元的"保护价"进行兜底回购，定期开展农家乐会员"碰头会"，自觉形成农家乐不随意涨价等规定。

（二）发展理念之变，实现目标愿景一致化

搭建群众参与平台，建立自下而上谋划、自上而下论证推动机制，立足黄坪基础实际，为村级发展方向规划好、把好脉。一是发动群众自主"谋"。定期召开院坝会、村民大会，围绕村庄发展发动群众"议一议"。通过民主决议、实地考察，从韩国引进黄金梨作为新型优质品种，创建"沃地娃"黄金梨品牌。二是邀请专家帮忙"谋"。利用黄坪培训教育基地优势，定期邀请专家学者来村讲理念、讲技术。组织致富带头人、技术能手更新产业发展、种植管理知识，累计外出考察、现场观摩1 000余人次，不断学习先进经验。三是干部带头参与"谋"。县委主要领导多次带队进村入户开展调研，确定黄坪村休闲康养、基地研学、农耕文化等功能分区及发展方向，聘请专家团队制定发展规划。

（三）群众观念之变，实现农户关系合作化

黄坪村充分体现群众的主体作用和"主人翁"意识，变"你看我办"为"互商共办"。一是主导产业合作经营。发挥黄金梨专业合作社带动作用，丰富"支部+合作社+村民"模式。引导496户黄金梨专业种植户实行黄金梨生产"四统一"（统一技术标准、统一生产资料、统一技术信息服务、统一销售），对2 450亩梨园进行标准化管理。二是公共项目合力建设。对于入户道路、文化广场等公共

黄坪村乡村振兴培训基地

黄坪村阿尼阿兹旅游区梨园风光

项目，由村委会组织在闲劳动力、泥瓦匠等，按照"有钱出钱、有力出力、有物出物"的原则合力进行建设。三是建设资金合成投入。整合驻村帮扶单位资源，为村发展建设提供人力、物力、智力支持。通过"政府投一点、能人筹一点、群众凑一点"的方式，实现"花小钱"办成"大实事"。黄坪村2组通组道路2.2公里，政府预算投资建设4.5米宽，该组村民人均自筹400元并参与道路建设，将道路拓宽至5米。

（四）成果惠民之变，实现产业发展规模化

坚持结果导向，推动共同缔造结果由点及面拓展，让群众共享黄坪村的发展变化。一是村民变股民，共享产业成果。鼓励村民通过土地入股"抱团突围"发展产业，做大做强村集体经济。在村集体投入的基础上，发动22户村民进行"股份众筹"，共筹集100万元，在村庄建设了远诺游乐场，由集体经营公司主导经营，村民每年按入股比例分红。二是梨园变花园，共享美好环境。通过村集体经济投入、政府以奖代补资金支持，黄坪村进一步完善田间游步道等基础设施。每年举办"梨花节""采摘节"，着力打造千亩梨园"梨IP"品牌，实现梨园变花园。三是民房变客房，共享旅游红利。依托现有高端民宿"石头院子"等资源和运营经验，对全村100余间民宿进行改造升级。挖掘"凉"资源、研学资源及农耕文化资源，推动旅游扩面提质，让村民吃上"旅游饭"。

截至2024年上半年，黄坪村建成标准化梨园2 450亩、茶叶管理核心示范基地1 300亩，村民人均收入实现"翻番"，从2019年的1.1万元上涨到2023年底的2.3万元。2023年3月，黄坪村入选全国巩固拓展脱贫攻坚成果村级实践交流基地，先后荣获全国文明村、全国民主法治示范村、全国乡村治理示范村等称号，村党支部书记、村委会主任姚元翔被党中央、国务院授予全国脱贫攻坚先进个人称号。

开展"梨花节"长跑活动

三、经验启示

（一）支部带动——抱团聚合力，集智解难题

黄坪村始终坚持支部带动，以党建引领促乡村振兴。在村庄发展，推动乡村振兴工作中，将共同缔造理念贯穿于基层工作全成程，不断扩大支部带动、抱团取暖、集思广益优势，以成立黄金梨专业合作社，"帮理郎"村民调解组织等为抓手，推动产业兴旺、乡风文明、村容整洁等各项工作有序开展，形成人人参与、人人尽力、人人共享的新局面。

（二）产业驱动——抓准"土特产"，发展"梨"经济

黄坪村始终坚持产业驱动，激发乡村发展内生动力。紧紧围绕"土特产"三个字，在主导产业黄金梨的"老树"上做"新文章"，创建"沃地娃"宣恩黄金梨品牌，开发特色产业链条模式，带动全县黄金梨产业标准化、规模化发展，推动农、文、体、旅深度融合，同时建立电商销售平台，助力"农货出山"，每年大力举办梨花节和采摘节，增加黄金梨知名度，提升村民收入，开创产业联动的新格局。

（三）入股拉动——创新促发展，改革闯新路

黄坪村大力支持入股共建，始终以创新思路推进村庄发展。通过发展乡村旅游，2018年带动村民以"股份众筹"的方式，筹集资金100万元，建立远诺游乐场，由村集体经营公司主导经营，村民每年按入股比例分红。2022年投资入股椒园镇施南里农业开发有限公司（全县首家乡镇集体公司），镇域整合盘活所有资源，黄坪村闲置资产走上农村集体资产资源市场化平台，村集体经济发展基础和底盘不断夯实，村民共享改革发展成果。

产业赋能固成果　"三治融合"促振兴

——湖北省仙桃市张沟镇先锋村

张沟镇先锋村黄鳝交易大市场

一、村情概述

仙桃市张沟镇先锋村坐落在美丽的越舟湖畔，是地地道道的江汉平原鱼米之乡。先锋村有9个村民小组，520户2 250人，其中脱贫户46户128人，监测户6户16人。全村养鳝面积7 500亩，养殖网箱12万口，年交易量8 000吨，交易额6亿元，村民年人均收入超6.5万元。

先锋村于2004年建成了全国最大的黄鳝交易大市场，将村集体产业注册了仙桃市先锋黄鳝养殖专业合作社，以合作社为载体运营，每年盈利200多万元，2024年村集体经济收入达到350余万元。通过网箱养鳝向种苗繁育和成鳝深加工网售的两端延伸，进行"强链补链"，先锋村成为全国黄鳝养鳝第一村，走出了一条产业旺、集体强、主体活、农民富、乡村美的乡村振兴之路。

二、主要做法

在习近平总书记坚决打赢脱贫攻坚战和巩固拓展脱贫攻坚成果同乡村振兴有效衔接的战略指引下，通过市镇党委政府坚强领导，先锋村立足进一步做大做强养鳝产业，将支部建在产业链上、产业聚焦在农民增收上、美丽乡村打造在群众心坎上，积极拓展村民自治模式，向产业要效益、将产业链进行延伸，完善了自治、法治、德治相统一的治理体系，让全体村民都过上了幸福日子。

（一）发挥国家级合作社带动作用

先锋黄鳝养殖合作社是国家级合作社，在村党支部领导下吸纳了本村485户1 150人带田入社，并为社员提供"产、供、销"等全方位服务，由社员共同运营共同受益，社员可以享受30万元以内免抵押免担保的贷款，免费学习各项技术培训和服务、接受年底分红。合作社与建设银行还研究出台了为外地长期到此地购货商提供食宿、提供低息贷款购货的优惠政策。

（二）构建网络化服务格局

一是由村干部和村务监事会研究包组包户包湾落服务，利用"村里"App网络平台与每个村民进行沟通，在疫情防控、养鳝技术宣传指导、黄鳝售价信息、销售结账、组织各种集体活动及销售其他农产品等方面取得了极大便利和效益。二是自2020年开始，先锋村与建设银行合作开发了"先锋交易市场智慧交易系统"并投入使用，实现了"卖鱼走人"——销售户资金快速安全到账的一站式结算模式，促进了交易规范化、便捷化。三是利用网络平台推动黄鳝产品销售。先锋村建立了张沟黄鳝小镇网络电商平台，帮助养殖户拓宽销售渠道，2023年线上销售近1 000万元。四是建立了就业服务体系的乡村数字生活服务站，向有就业需求的村民提供招聘信息，由服务站实施对接，2024年全年共安排43人走向公益性岗位。

（三）研究技术拓展市场增效益

首先，先锋村"两委"加强与科研院所合作，不断实现技术创新，在2019年突破了黄鳝苗种工厂化繁育瓶颈，在全国率先实现种苗繁育规模化、温室化养鳝。2023年黄鳝种苗繁育达1.2亿尾，有效降低了先锋村及周边养鳝户购苗成本。在水产科研院所指导下，正在试行立体化养殖、零排放圈养等生态养殖新模式，以推进养殖绿色化、生态化，进一步擦亮"仙桃黄鳝"品牌，促进农民增收。其次，先锋村与湖北顾大嫂食品有限公司和湖北允泰坊食品有限公司合作，探索了黄鳝深加工食品，研制出软兜鳝、孜鳝串、生产鳝鱼粉和食鳝片等48道黄鳝菜肴品牌，实行"企业+基地+农户"联结方式，2023年加工黄鳝1 500多吨，实现农民户均增收2万元。再次，在黄鳝产业日益发展过程中，网箱需求量逐年增加，因此而衍生成立了仙桃市鑫农绳网科技有限公司，实现张沟生产网布供应全国养鳝、养虾、养蟹等行业的局面，吸纳张沟镇内400多人实现稳定就业。最后，因网箱养鳝产业需求，还衍生出了网箱制作、食料供应、鱼药供应、运输行业等附属产业，有力地拉动了地方经济，

清晨的黄鳝交易市场

使张沟镇农业生产总值提高了12亿元。

（四）完善配套升级树品牌

一是紧扣"效"字强产业。为了提升村民生产效益，实现循环生态用水、规范农田布局和建设美丽乡村，先锋村近年来每年投资50万元以上改造不规范鱼池，疏浚淤塞沟渠和硬化产业路。2021年开始实施养殖尾水处理项目，受益面积达5 000亩。二是突出"零"字清垃圾。完善农村垃圾清扫保洁常态化机制，实现农村生活垃圾日清日运。结合"五清一改""六整治一提高""一把扫帚扫到底"等工作，积存垃圾月月清零。深入推进农村垃圾分类试点，有效完成垃圾减量工作。三是扭住"融"字兴景点。坚持农村景观化、全域景区化理念，探索建设农事体验区，打造全新田园景观。新建鳝文化馆，展示黄鳝产业发展历史。新改扩建张难先纪念馆、难先公园等爱国主义教育基地，打造3A级景区村庄。完善了湖心岛、景心公园，丰富了旅游内涵，带动周边村联动发展，全年接待参观考察近300批12 000余人次，游客量达25万人，2021年先锋村被选为"中国美丽休闲乡村"。2024年8月28日，由中央广播电视总台主办的《中国农民丰收节晚会》主会场落地先锋村，开机后拍。

（五）管好市场为民谋福祉

先锋村党支部和村民发扬着辛亥革命先驱张难先先生的革命精神，使先锋村享有了全国"四最"的响誉，即发展"网箱养鳝"模式全国最早、黄鳝专业交易市场全国最大、养鳝技术全国最先进、养鳝产业链全国最全。先锋村还与仙桃市藕带协会合作，旺季交易黄鳝，淡季交易藕带，实现了旺季淡季精准接茬，带动本村及周边村村民近400人就近就业，使村集体和村民收入在全镇遥遥领先，甩脱了20世纪90年代的"穷帽子"。通过近几年来的养鳝赋能、政策帮扶和干部帮扶，先锋村脱贫人口监测对象的人均收入连年提升。

三、经验启示

先锋村乡村振兴工作主要用好了农村发展的"加、减、乘、除"法则。"加法"是向外争取权威技术和力量拓展产业链、增加生产设施，建设鳝史馆和爱国主义教育基地，实现了产业和文旅"双丰收"。"减法"是为民谋福利，减轻经济负担、减贫、扫贫，让全体村民过上幸福日子。"乘法"是强产业抓培训促就业，让村民搭乘产业的"顺风车"长远增收。"除法"是除去废旧面貌、废旧做法和制度，勤于学习和探索，善于总结经验，勇于创新做法，归纳出新的制度并作出科学规划。

先锋村人民的努力虽然得到了成功的验证，但他们并未因满足而止步，为了造福子孙和扛好"先锋"这面旗帜，他们将在"产业兴旺、生态宜居、乡风文明、治理有效、生活富裕"的乡村振兴路上与时俱进。

网箱养鳝

湖南省

10

合力推动稳岗就业
铺就乡村振兴"幸福路"

——湖南省长沙市浏阳市张坊镇田溪村

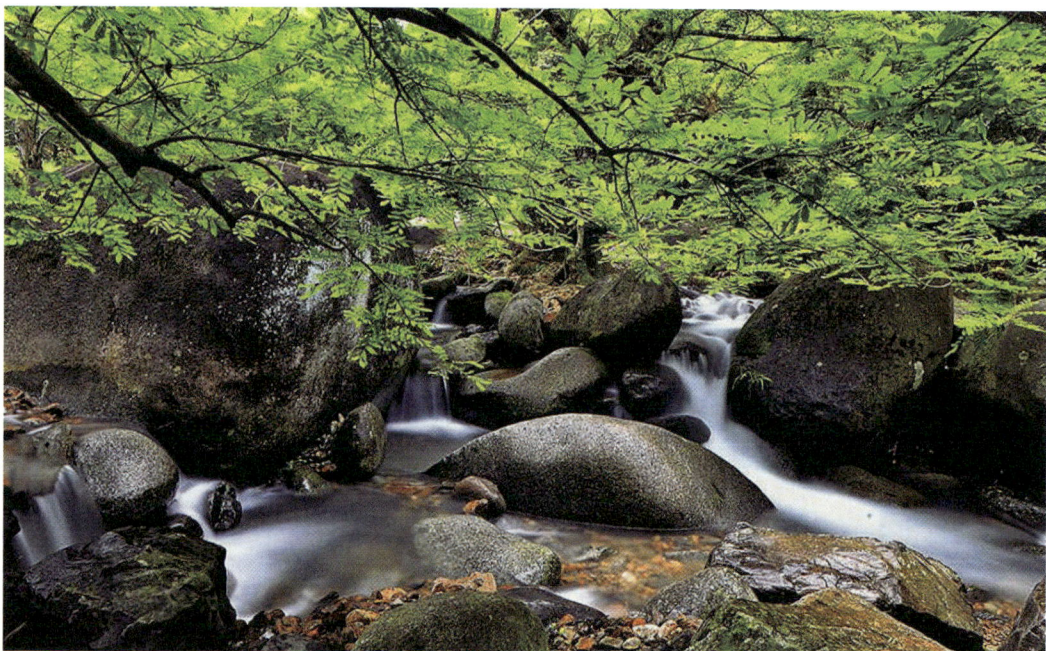

第四纪冰川地质遗址

一、村情概述

　　张坊镇田溪村地处湘赣边界、大围山东麓，全村总面积48平方公里，其中耕地面积5 799.75亩，林地面积66 990亩，辖21个村民小组，1 432户5 030人。原有建档立卡贫困人口212户723人，是浏阳市贫困人口最多的村。2015年以来，田溪村先后抢抓精准扶贫、乡村振兴和文旅融合发展等多项政策机遇，通过摸家底、找出路、谋发展，坚持党建引领、支部主导、村民众筹、共建共享，带领村民采用土地入股、资源共享、资金众筹等共建共享方式，搭建稳岗就业平台，不断延伸产业链条，促进稳岗就业，铺就了乡村振兴"幸福路"。

二、主要做法

（一）坚持强化党建引领，夯实基层治理基础

田溪村党总支坚持党建引领、党员带头，形成"党组织＋公司＋农户"模式，充分调动党员的积极性和认同感，持续加强党组织的凝聚力和战斗力。在组建旅游公司、打造稳岗就业平台、旅游产业链条延伸、开展就业培训等过程中，通过谋划、组织、宣传、推动，以实际行动带领村民共同致富，田溪村党总支真正发挥了"主心骨"作用，增强了党组织的凝聚力和战斗力。

（二）众筹共建文旅平台，合力推动就业增收

田溪村抢抓国家实施乡村振兴战略以及被纳入浏阳市土地制度改革试点村两大历史机遇，流转土地1 200余亩，并采取村民众筹的方式，按每股1 000元、每户2股起参股，作为组建旅游公司、打造乡村文旅稳岗就业平台的股金。2015年至今，村民分三期众筹资金共3 000余万元，打造了国家级3A旅游景区西溪磐石大峡谷，开发了滑草游乐场、小水果采摘基地、大河田园景观、跑马游乐园、沿河休闲风光带、峡谷溯溪探险、玻璃桥以及玻璃滑道等游乐项目。同时利用闲置民房采取点状式开发高端民宿、生态养老和国学教育等项目。在景区经营产生效益后，提留利润的15%作为自然资源股，全体村民均享分红，10%作为村集体经济收入，5%作为乡风文明、环境保护、扶困济贫等方面的奖扶基金，15%作为公司发展基金，55%按众筹股金分配，形成"众筹模式"，既保障了土地山林等所有者权益，又兼顾村民的投入能力。既实现了"众人拾柴火焰高"，又保障了"众筹共建共享"的覆盖面。此外，田溪

田溪村七彩玻璃漂流

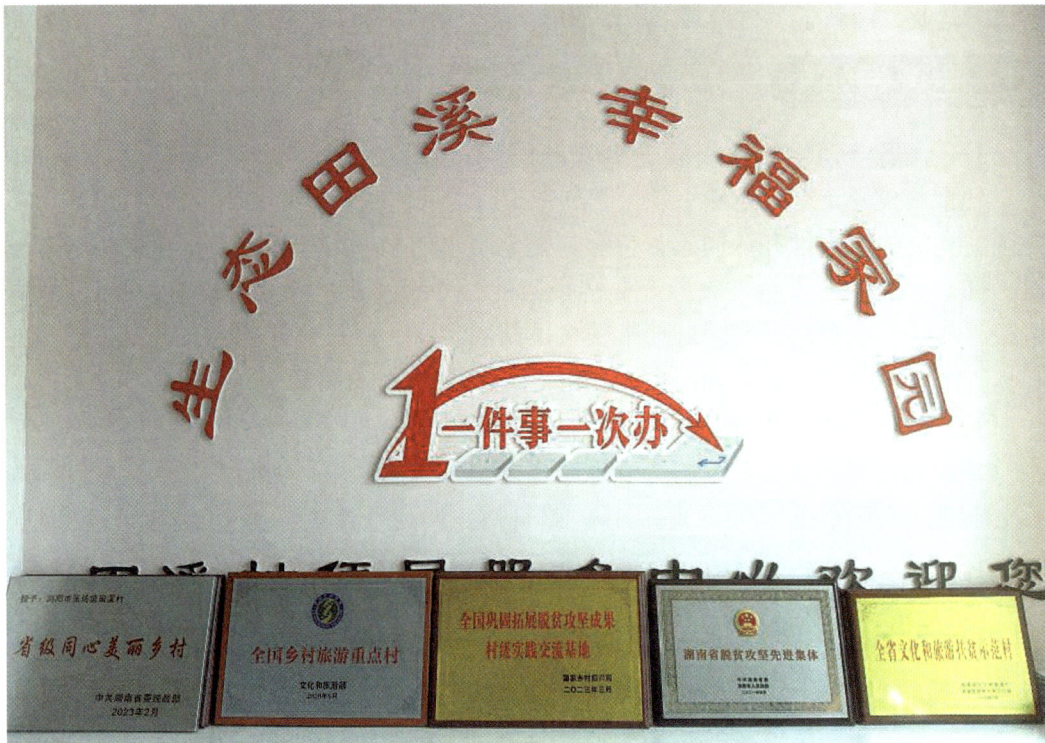

田溪村所获荣誉

村紧盯"无法离村、无业可扶、无业可创"的脱贫劳动力和重点就业帮扶对象，探索帮扶产业收益反哺脱贫群众利益联结机制，合理利用文旅平台产业收益，开发公益性爱心岗位、小微岗位，为脱贫户和监测对象中弱、半劳动力提供托底安置，帮助其就地就近就业和稳定增收，实现有一定劳动能力的脱贫群众和监测对象全部就业。

（三）不断延伸产业链条，拓展就业增收渠道

田溪村引导全村188户脱贫户发展优质稻、小水果、蔬菜种植和水产养殖等旅游配套项目，成立种养专业合作社12家，培育具有地域特色的农业品牌"田螺溪"大米、"老臣味"盐旱茶，畅销四川省内外，年销售额超过1 000万元。同时鼓励景区周边村民积极发展餐饮、民宿100余家，住宿接待能力达到1 200人/晚。外出务工村民逐步回村，旅游产业链带来就业岗位800余个。通过发展乡村旅游产业，延长产业链的增值收益，实现将就业岗位留在村里。

（四）持续加强技能培训，增强稳定就业能力

田溪村坚持把"富脑袋"和"富口袋"一起抓，结合村民就业意向和市场需求，制定讲解和培训计划。和群众面对面讲解就业政策，提高政策知晓率，开展专门技能培训，精心组织实施"抓党建促就业"等就业培训主题活动，陆续举办民宿、农产品网络直播营销等各类符合市场需求的技能培训班，集中培训脱贫群众500余人次。同时，将乡村旅游开发筹备领导小组转为市场化运营，成立湖南省西溪旅游发

展有限公司，实行公司化管理、市场化运作，开展在职技能培训，持续提升农村劳动力素质和技能，推动群众从"体力型"向"技能型"人才转变，增强自身稳定造血功能，激活乡村振兴的内生动力。

2023年，田溪村人均年收入从2015年的4 700元增长到27 800元，村集体经济收入超过50万元。西溪磐石大峡谷景区自2017年开业以来，累计接待游客近80万人次，景区和其他游乐项目门票总收入实现8 000余万元，带动村民创收近2亿元。田溪村也先后获评全国巩固拓展脱贫攻坚成果村级实践交流基地、全国乡村旅游重点村、省脱贫攻坚村级样本、省乡村旅游重点村、省文化和旅游扶贫示范村、省同心乡村示范村等多个荣誉称号。

三、经验启示

（一）党建引领是做好稳岗就业的关键

加强党的领导，推动组织振兴，是凝心聚力应对困难挑战，实现乡村振兴的根本保障。田溪村坚持党建引领，明确党员带头，通过谋划、组织、宣传、推动，将党建引领贯穿文旅就业平台组建、旅游产业链条发展壮大、其他产业培育的全过程，以实际行动带领村民从"脱贫"走向共同致富，真正发挥了"主心骨""领头羊"作用，增强了党组织的凝聚力和战斗力。事实一再证明，村级党组织强、党建工作有力，是做好稳岗就业工作、助力乡村振兴的根本所在，也是推动乡村全面振兴的共同经验。

（二）统一思想是就业创业的坚实基础

事情要干好，团结一心最重要。田溪村支部和筹备领导小组没有"等靠要"，紧锣密鼓开展工作：一是走访老党员、老干部、老组长、脱贫户，听取对以众筹模式共建文旅平台、助力实现稳岗就业和增收致富的意见和建议。二是分别到各组召开村民会议，宣传理念和思路，寻求最大公约数。三是组织每户一名当家人共200余人，赴周边优秀屋场进行考察交流，学习经验、增强信心。四是建设小水果采摘基地，采取统一流转土地、统一整理基地、统一提供苗木、统一技术指导，脱贫户优先认领的模式，解决脱贫户资金、技术、销售难点等问题，通过统一思想、统一行动，形成了带动脱贫户就业创业、实现稳岗增收的强大合力。

（三）共商共建共享是齐奔共富的最佳路径

发展乡村旅游产业，搭建乡村文旅就业平台，动员村民参与是前提。田溪村通过村民代表大会商定解决了三个既迫在眉睫又关涉长远的现实问题：一是资金来源问题。采取村民众筹的方式集聚原始资金。二是资金使用问题。不分股金多少，股东的表决权、否决权、选举权、被选举权等权利一律平等。同时，制定严格的财务管理制度，采购物品公开招标，监事会全程监督所有项目的招标、议价、施工质量、验收、结算，及时公开公示收支情况，让股东心中有数、一目了然。三是收益分配问题。形成"众筹模式"，明确将众筹资金作为共建文旅就业平台的原始股金，让"泥腿子"成为乡村旅游产业合伙人，既解决发展资金来源、管理的问题，也解决了收益分配的问题。

农文旅协同齐发展　助力乡村振兴腾飞

——湖南省邵阳市新邵县严塘镇白水洞村

特色产业

一、村情概述

白水洞村位于武陵山片区，是国家4A级旅游景区、国家地质公园白水洞景区所在地，距湖南邵阳新邵县城约7公里，由原白水、曾家、杨柳、洞口、石峡、樟木等6个村合并而成。白水洞村全村总面积23.11平方公里，耕地面积3 602亩，现有村民小组57个，共1 531户5 337人，村党委下设6个党支部，共有党员181人。白水洞村依托白水洞景区优势，坚持以发展休闲、观光、采摘农业为主攻方向，激发群众内生动力，走"绿水青山就是金山银山"发展之路。截至2023年底，全村有脱贫户186户605人，防返贫监测户9户20人，人均年度纯收入由2013年底的6 905元增长到17 566元，成功入选全国巩固拓展脱贫攻坚成果村级实践交流基地，先后获得全国美丽乡村、中国传统村落、湖南省休闲农业集聚发展示范村、湖南省乡村旅游重点村、湖南省农村人居环境整治（美丽乡村建设）先进村、湖南省民主法治示范村、湖南省同心美丽乡村等荣誉。

二、主要做法

白水洞村把"融合农文旅"作为推进乡村全面振兴的重要抓手,始终坚持党建引领,充分发挥支部战斗堡垒和党员先锋模范作用,因村制宜、真抓实干,发展特色农产品、生态旅游、研学旅行,一步一个脚印,跻身乡村振兴"第一方阵",在农文旅赛道上跑出乡村振兴加速度。

(一)齐心协力抓党建,谋划乡村振兴新发展

白水洞村坚持抓党建促乡村振兴,利用良好的区位优势、较好的产业基础、深厚的文化底蕴和优美的生态环境,紧紧围绕建设"风情白水、美丽白水"目标,充分发挥4A级景区的辐射带动作用,大力发展特色"农业+旅游"产业。同时利用"一月一课一片一实践"、星期一夜校等活动,采取第一书记、支部书记带头,普通党员轮流讲微党课、宣讲政策等形式坚定村干部担当作为的理想信念,不断提升村干部为人民服务的能力。

(二)凝心聚力抓服务,开创配套服务新局面

白水洞村积极开展农村人居环境卫生整治工作,成立了环境卫生领导小组和监督小组,配备了保洁队伍,各家各户发放垃圾桶,修建垃圾池,实施统一清收清运。并结合"星期五大扫除"活动,组织党员、组长及志愿者带头义务搞卫生,加强村容村貌美化绿化,在房前屋后种植花果树木,确保四时有花,环境卫生整治成效明

白水洞村月亮湖生态农林科技产业园黄桃产业

白水洞景区

显。同时，白水洞村在易地扶贫搬迁安置点建设了现代化便民服务中心。服务中心占地1 100平方米，建筑面积2 000余平方米，其中便民服务大厅300平方米，设立了民政事务、社保事务、医保事务、退役军人事务、就业服务事务等5个服务窗口，主要受理民政救助、社保医保、计生服务、综合类等高频办理项目21个，其中即时办结项目5个，村干部代办项目16个，基本实现"一门式办理""家门口办理"，群众办事方便、高效。

（三）靶向发力抓产业，激发文旅融合新活力

白水洞易地扶贫安置点于2019年引进了湖南浩翔青少年研学教育服务有限公司，总投资2 000余万元，占地380亩。基地拥有生活楼、综合馆以及5个共建场馆、15间特色教室、8个户外场地。集中小学研学实践、劳动教育、职业体验、亲子旅游、休闲观光、航天农业、餐饮娱乐、创新创业、民宿体验于一体，集宜居、助学、乐业为一体的研学小镇，每年接待学生团体、旅游团体10万人次，成为邵阳市功能最全、规模最大、环境最好的中小学生研学科普教育基地，也是巩固拓展脱贫攻坚成果同乡村振兴有效衔接，旅游+文化+教育的典型代表。

白水洞村毗邻白水洞风景名胜区、筱溪湿地公园，发展旅游具有得天独厚的优势，乡村旅游发展"重心"主要体现在两个方面。一方面，白水洞村以第一产业为依托，大力发展观光型农业。村内的月亮湖生态园占地面积4 480亩，栽种了黄桃、红梨、黄金贡柚、黄金李等11种精品水果1万余株，栽种苗木3 169亩。每年通过举办白水洞"黄桃节"，带动季节性就业1 000余人次。同时，30亩葡萄、无花果采摘基地，100亩太空莲基地以及100亩南方苹果、红心柚、东魁杨梅种植基地，也吸引

了大批游客上门观光、采摘、体验。

另一方面，白水洞村以乡村旅游休闲发展为引擎，打造多看点。辖区内建设了餐饮加住宿的特色农家乐12家，珍稀植物园1处，月亮湖赏花点3处，棠溪河赏花点1处，文化广场2处，"车水"农事体验2处，康养中心1处，休闲垂钓场所1处。同时正在建设农耕文化博物馆，腰鼓队、龙灯队得以传承。此外，白水洞古院文化传承区的剪纸、摄影、美术书画作品展厅已正式对外开放。

三、经验启示

（一）以习近平新时代中国特色社会主义思想为根本指引

白水洞村始终坚持以习近平新时代中国特色社会主义思想为指导，认真贯彻落实中央1号文件中关于乡村旅游的指示精神，以"产业兴旺、生态宜居、乡风文明、治理有效、生活富裕"为总要求，守住不发生规模性返贫的底线，坚守18亿亩耕地红线，始终坚持抓党建促乡村振兴，抓环境促生态宜居，突出因地制宜发展特色产业，利用资源培养农村致富带头人，为乡村振兴发展提供产业和人才保障。

（二）以坚持抓党建促乡村振兴为工作基础

白水洞村始终坚持把政治建设摆在首位，奋力提升组织振兴新质效。突出政治建设，认真落实"一月一课一片一实践"等相关制度。注重村班子建设，定期开展例会，突出政治引导、工作指导、思想疏导和责任传导。加强村干部管理，制定《白水洞村2024年村干部绩效考核方案》，建立工作"闭环管理"制度，注重结果运

游客在白水洞村荷花苑赏花

用，突出奖勤罚懒，充分调动村干部干事创业的积极性。强化基层自治，以片组邻"三长制"为抓手，凝聚基层治理合力，将基层矛盾化解在源头，通过评选"最美邻长"，引导广大党员在乡村振兴中发挥先锋模范作用。

（三）以坚持发展特色农文旅产业为主攻方向

深入挖掘本土文化旅游资源禀赋，立足"土"、突出"特"、培优"产"，通过发展特色农文旅产业，写好文旅"土特产"文章，将文旅景点、民俗风情、特色美食、文创产品等进行"打包"推广。定期开展环境卫生整治、防溺水行动、千方百计做好后勤服务保障工作，为乡村旅游事业"加分添彩"。

以特色产业之"魂"引乡村振兴之"路"

——湖南省岳阳市华容县三封寺镇莲花堰村

特色产业

莲花堰村村部

一、村情概述

莲花堰村坐落于洞庭湖畔，地处湖南省岳阳市华容县三封寺镇东北部，全村总面积13.1平方公里，下设27个村民小组，共有农户1 080户，总人口2 518人。近年来，莲花堰村始终坚持乡村振兴二十字总要求，秉持农村发展既要"富口袋"也要"富脑袋"的理念，抓实文明乡风建设，以文化人，以德载物，以和为美，绘就出美丽乡村新画卷，先后获得湖南省美丽乡村示范村、湖南省民主法治示范村、岳阳市文明村等金字招牌。

二、主要做法

莲花堰村以基础设施建设为重点，产业兴旺为关键，乡风文明为保障，治理有

油茶基地

效为基础，生活富裕为根本，深度融合"五美三封"建设目标，围绕"绿色低碳田园美、环境宜居村庄美、健康舒适生活美、和谐淳朴人文美、生态宜游产业美"建设美丽乡村。以"一轴三带"布局结构构思发展蓝图。"一轴"即依托G240国道至星宝路的产业发展轴，"三带"分别为农业发展区、农产品加工区及七女峰旅游度假区。未来，莲花堰村将以支部为核心，农民为主体，打造乡村振兴特色项目，实现以"人才梦""就业梦""致富梦""环境梦"为目标的乡村振兴梦。

（一）把握方向，抓牢关键，坚持党建全面引领不偏航

一是坚定党建"主心骨"。党员干部带头干。组织党员学习家风家训，将党员干部带头革除陋习、推动移风易俗作为合格党员的重要标准，在"红黄榜"公示，树立示范榜样。先进模范带动干。广泛开展文明家庭创建评比和"孝子、孝媳、好媳妇、好婆婆"等道德模范评选活动，设立善行义举榜，教育引导群众积极参与改陋习、树新风活动。组织开展弘扬"好家风好家训"主题活动，让好的家风支撑起好的村风民风。营造氛围大家干。发放人情新风《倡议书》《移风易俗工作指导手册》，通过村村响、宣传车、微信群、快板说唱、文艺宣传队巡演等"线上＋线下"双重平台形式，教育启发群众自觉革除陈规陋习、主动践行文明新风。二是抓好三只"战斗队"。建强村"两委"班子队伍。通过经常性学习培训，不断提升村"两委"干部综合素质，转变村"两委"干部工作作风，要求群众做到的，党员干部都率先做到。培优自治协会队伍。以生态环境保护协会为载体，打造生态宜居共同体。以红白喜

事理事会为载体，打造移风易俗共同体。以人才振兴协会为载体，打造捐资助学共同体。壮大志愿者队伍。组建"文明莲花堰"巾帼志愿服务总队，下设3支志愿服务分队，注册志愿者85人，常态化开展"学习强国来比拼""垃圾分类我先行"等6个文明实践志愿服务项目。三是凸显群众"主力军"。在各村组设置村民议事点，让"村民大事村民定、村民琐事村民议"。各议事点定期组织村民开展民主议事，由发起人提出议事事项，全组村民共同协商解决。推选老干部、老党员、老教师等德高望重、热心服务、办事公道的"五老"人员等任协会会长和理事，画出推动乡风文明创建最大"同心圆"。

（二）转变思维，突出亮点，坚持特色农业打造不停步

莲花堰村探索采用"支部+协会""支部+合作社""支部+公司"等模式，盘活闲置资源，拓展发展空间，为村级集体经济多元化发展奠定基础。一是资产盘点"强引擎"。充分挖掘发展壮大集体经济的资源潜力，在清产核资、资产评估、产权登记的基础上，通过对村级集体资产、资金、资源的清理、登记、管理，逐村建立"三资"台账，厘清"里子"。2023年，通过扩建光伏发电站、学校和村部出租、基地出售和水库出租等方式，共获得村集体经济收入32.5万元。二是党建+金融"领航向"。大力宣传"党建+金融"工作，发挥银行金融主力军作用，优先扶持村级集体经济发展、党员创业、经济薄弱村"消薄"及致富项目，构建"镇银联手"发展壮大村级集体经济新模式。三是多向联动"激活力"。建立村部牵头、公司化运营、村民参与的"抱团互助"发展模式，先后成立莲花堰星火油茶合作社、七女峰蔬菜种植专业合作社、湖南晓芙泉食品有限公司、金富脐橙合作社等企业，有效解决集体穷、产业弱、群众散的问题，激活了村级集体经济发展"一池春水"。依托本村旅游资源，串联华一水库花海与墨山古镇，聘请了专业的文化设计公司，以"吃、住、游、玩、购"为规划思路，

志愿者

脐橙基地

在遵循保护莲花堰村原有建筑风貌和村落风貌的基础上，建设六合索莱坞小院，包括咖啡秀馆、土作研习馆、特色民宿等，持续举办"村晚"、美食擂台赛、年俗故事会、冬至杀年猪、堰村过大年等大型民俗文化活动，为进一步开展研学游、休闲游、乡村游等项目规划奠定发展基础。

（三）夯实基础，强化保障，坚持乡风文明建设不动摇

一是建规立约，把住"硬杠杠"。立约，改变"老规矩"。莲花堰村召开村民代表大会确立《村规民约》，将限桌令、限鞭令等人情新风及和美乡村建设等要求与移风易俗结合起来，转化为村规民约的内容。传约，替代"老观念"。经常性召开村民代表会、屋场院子会等形式广泛动员群众。采取"广播喇叭天天讲、村民微信群实时发、宣传公示栏定期发"的宣传模式，引导群众移风易俗、新事新办。践约，破除"老传统"。切实发挥"三会"作用，一旦有事发生，涉事人员须向包片理事反映告知，包片理事在登记后及时报知相关协会共同研究，依照章程规定解决问题。二是量化积分，算清"贡献账"。莲花堰村设立"积分超市"，通过"表现换积分，积分兑奖励"的方式，让良俗善行"有分值"、让村规民约"有价值"、让乡风文明"可增值"。建立8大类35小项评价标准，形成一套完整的乡风文明评价体系。所得积分可在"积分超市"兑换毛巾、香皂、蚊香、洗衣液等20余种日用品。三是评星挂牌，激发"荣誉感"。深入开展"星级家庭"评选活动，把村规民约、移风易俗、人居环境等内容融入评比标准中，由高到低评出五星至一星家庭，全部挂牌上墙，形成互相竞争、比拼赶超的浓厚氛围。截至2024年上半年，全村"五星文家庭"占比已达98%以上，一些未评上五星的家庭主动整改问题，申请重新参评。

三、经验启示

(一)"党建＋机制",让责任"实起来"

始终坚持以习近平新时代中国特色社会主义思想为指导,把基层党建与助推乡村振兴融合统一,充分发挥基层党组织战斗堡垒作用和党员干部先锋模范作用,让农民真正成为乡村振兴的主体,让生态更显优势、环境更加宜居、产业更具特色。

(二)"特色＋文旅",让产业"兴起来"

守住不发生规模性返贫底线,利用本村丘岗资源优势,确立以发展油茶为核心的壮大村集体经济新路子。结合本村文旅资源,以打造星宝路农旅带为重点,将逐步打造一个功能齐全、配套完善、具有综合服务中心性质的乡村休闲旅游区。

(三)"人居＋人文",让环境"美起来"

强力推进人居环境整治,打造"山青水秀、绿树成荫、鸟语花香、生机盎然"的宜居、宜游、宜业环境,进一步推进移风易俗,革除陈规陋习,建立积极互信的党群关系、团结互助的邻里关系和敬老爱亲的良好家风,大力优化营商环境、旅游环境,构建乡村文明新气象,为助推乡村振兴奠定坚实基础。

村规民约

沙洲瑶族村全貌

依托沙洲资源禀赋　走出特色产业路子

——湖南省郴州市汝城县文明瑶族乡沙洲瑶族村

特色产业

一、村情概述

　　沙洲瑶族村位于湖南省郴州市汝城县文明瑶族乡中西部，属沙洲红色旅游景区核心区，是"半条被子"故事发生地。全村总面积0.92平方公里，其中林地面积480亩、耕地面积780亩。有4个村民小组142户共540人，其中瑶族人口340人，2018年实现整村脱贫。2020年9月16日，习近平总书记亲临湖南考察，第一站来到沙洲，给干部群众带来亲切关怀、巨大鼓舞和强劲动力。该村坚持"牢记初心、不忘初衷；谋定后动，不可妄动；传承红色，保持绿色；注重内涵，练好内功；提升品质，打造品牌"五大原则，依托本村丰富的红色、绿色、古色、特色等资源优势，牢记嘱托、感恩奋进，助力乡村振兴，走出了一条特色产业发展路子，描绘了一幅欣欣向荣、蒸蒸日上的美丽图景,红色名片越擦越亮,幸福生活越来越旺。

二、主要做法

沙洲瑶族村深入贯彻落实习近平总书记关于湖南工作的重要讲话和指示批示精神、考察郴州考察汝城重要讲话重要指示精神,按照保护与利用相结合的原则,巧妙融合沙洲红色文化、绿色生态、古色乡风、特色水果等"多彩资源"优势,通过发展种果子、摆摊子、开店子"三子"产业以及独具瑶族特色的瑶绣产业,不断壮大村集体经济,有效增加村民收入,让沙洲老百姓的生活更加富裕、更加开心、更加幸福。

(一)深挖革命资源,构筑"红色景区"

以"半条被子的温暖"专题陈列馆为主阵地,以"半条被子"故事为主线,沙洲瑶族村深挖红军长征发生在沙洲的红色经典故事。围绕"半条被子,温暖中国"红色主题,依托"半条被子"故事发生地旧址,中国工农红军总后勤部旧址、总司令部旧址、总卫生部旧址、总政治部旧址、中央红军卫戍司令部旧址和中华苏维埃共和国国家银行旧址等"五部一行"红色遗址,培养一批红色讲解员,讲好一堂红色党课,做活一个红色产业。自习近平总书记考察沙洲以来,截至2024年7月底,共接待游客505.26万人次,实现旅游综合收入25.93亿元。沙洲瑶族村获评国家4A级旅游景区、中国传统古村落、中国历史文化名村、中国少数民族特色村寨,入选"长江乡村振兴之旅"国家级旅游线路,红色沙洲主题旅游项目被评为2021年全国文化遗产旅游百强案例,《半条被子映初心 红色沙洲绽新颜》案例入选《全国乡村振兴优秀案例选集(2021)》,沙洲军民鱼水情湖南科普基地入选2022年度湖南省省级科学技术普及基地。

(二)用活沙洲品牌,发展"红色经济"

沙洲瑶族村立足"半条被子"品牌优势,引进省内外知名企业开发沙洲文旅市

"半条被子的温暖"专题陈列馆(左)沙洲瑶族村村委会(右)

沙洲民俗广场"半条被子"故事雕塑

场，实现专业的人做专业的事。一是组建"半条被子"故事宣讲团，开展"半条被子"故事宣讲进部委、进央企、进学校、进乡村、进社区"五进"活动，累计到国家部委、央企高校宣讲100余场次，足迹覆盖全国近三分之一的省市，不断提升"红色沙洲"知名度。二是合理利用"沙洲村"等商标，持续举办沙洲"村晚""幸福味道"年货节、红色沙洲奈李节、沙洲晒秋节等系列活动，吸引游客、扩大影响、提升人气，持续擦亮"半条被子，温暖中国"等红色品牌。三是引进湖南梦洁沙洲情产业创新项目，建成年产50万条被子生产线、年接待30万人次的工旅产业园，成为集全自动高端棉被数字化生产、科普、展销、体验、红色文化传承教育基地于一体的工旅、文旅融合项目，带动沙洲区域50多名村民就近上岗就业。通过构建文旅、农旅、商旅、工旅等多产融合的新型特色产业体系，实现农业、文化、旅游一体化发展，促进产业深度融合，沙洲瑶族村集体经济收入由2016年的0.36万元激增到2023年的106万元。沙洲瑶族村获评全国乡村旅游重点村、湖南省2021年乡村振兴十大优秀典型案例村、湖南省休闲农业聚集发展示范村等荣誉。

（三）培育本土人才，凝聚"红色动能"

沙洲瑶族村每年组织村民参加农家乐厨师、乡村旅游等"人人有技能"培训班，授之以渔，传统农民摇身变为"新农人"。创办的沙洲乡村振兴瑶绣共富工坊，带动沙洲村及周边村60余名村民学得一技之长，吃上"手艺饭"，每年可为村集体经济创收20万元，努力实现"村民增收、企业增效、集体增富"目标。全村发展民宿、农家乐、土菜馆等配套产业48家，建成摊位135个，开辟了近1 000米长的农特产一条街，80%的沙洲村民实现了在"家门口就业"，吃上了香喷喷的"旅游饭"，沙洲人气变财气、离乡变返乡、个富变共富，人均可支配收入由2016年的0.48万元激增到2023年的2.3万元，大大激发了村民群众增收致富的内生动力。沙洲瑶族村获评湖南省乡村振兴青年人才培训基地、湖南省省级乡村振兴示范创建村等荣誉。

三、经验启示

（一）坚持党建引领

沙洲瑶族村认真贯彻落实党的二十大提出的"坚持大抓基层的鲜明导向，抓党建促乡村振兴"要求，选优配强村党支部班子队伍，接续选派驻村第一书记，市级多家单位组成强力后盾，发挥全国先进基层党组织、全国先进基层群众性自治组织作用，采取"党支部+合作社+农户"等"党建+"模式，共同推动沙洲画出乡村振兴美好蓝图，擦亮了沙洲村新时代红色地标名片。

（二）坚持群众路线

沙洲瑶族村"三支队伍"坚持把"半条被子"作为"传家宝"，坚持把群众路线作为党的根本工作路线、工作作风和工作方法，在发展沙洲特色产业上，发扬优良传统、发挥集体优势，充分相信群众、发动群众，通过红色文化凝人心、聚人气，全员参与，人人发力，推动沙洲干群"一家人，一条心，一起干"，聚沙成塔实现规

沙洲桃李树果园

沙洲乡村振兴瑶绣共富工坊

模效应，大大激发了村民群众大力发展产业的内生动力。

（三）坚持融合发展

沙洲瑶族村充分利用本地丰富的红色文化、绿色生态、古色瑶风、特色水果等多彩资源，因地制宜，择优选精，着力构建文旅、农旅、商旅、工旅等深度融合的新型特色产业体系，实现了农业、文化、旅游一体化发展，勾画出沙洲多产融合发展美丽蓝图，形成了品牌化、高效化、综合化的特色产业发展之路，完成了从单一农业向多产融合发展的华丽转身。

精准赋能科学减负破解"小马拉大车"困局 以乡村现代化实现中国式现代化

—— 湖南省娄底市新化县吉庆镇油溪桥村

2023 年积分分红大会现场

一、村情概述

油溪桥村位于湖南娄底市新化县吉庆镇东北部，下辖9个村民小组286户868人，全村总面积8平方公里，是典型的偏远山区、石灰岩干旱区，曾是一个组织涣散的"弱村"、赌博成风的"烂村"、负债累累的"穷村"、缺土地缺资金缺信心的"三缺村"。"有女莫嫁油溪桥，一年四季为呷愁"，是当时最真实的写照。党的十八大以来，油溪桥村全面贯彻落实党对"三农"工作的全面领导，学深悟透习近平新时代中国特色社会主义思想，始终坚持在干中学在学中干、以种好试验田、当好试验人的责任担当，从一个"弱村""穷村""烂村""三缺村"，发展为全国乡村治理示范村、全国文明村、全国百强特色村庄，油溪桥村先后摘得全国3A级景区、全国民主法治示范村、全国最美休闲乡村、全国巩固拓展脱贫攻坚成果村级实践交流基地、农业农村部指定的"为村耕耘者"乡村治理培训基地、湖南省党员教育培训现场教学点、湖南省2021年乡村振兴十大优秀典型案例村、湖南省2022年唯一的数字乡村试点示范村、2023年全国唯一和美乡村解读案例村、2024年油溪桥村"数字化+积分制"模式入选全国《数字乡村建设指南2.0》典型案例等60余项国家、省、市级荣誉称号。所创造的"积分制"管理模式更是被全国6万多个村庄借鉴运用，走出了一条"内源式发展"之路。油溪桥村在推进实现中国式现代化"新村"的成功实践，充分彰显了习近平新时代中国特色社会主义思想的实践伟力。

二、主要做法

（一）一切工作到支部，赋"党建"之能减"涣散"之负

党的十八大以来，油溪桥村牢固树立党的一切工作到支部的鲜明导向，把一切

2007 年油溪桥村破烂不堪的场景

2023 年 8 月 19 日 CCTV 1——《山水间的家》45 分钟专题探访

工作到支部作为新时代践行伟大建党精神、克服一切艰难险阻的红色密码，不断提升党支部的政治功能和组织力，将一个组织涣散的"弱村"，铸造成"班子团结如一人、六万乡村学'油村'"的基层善治现代化样板村。一是创新选人用人机制，多渠道并举。采取"选举＋招聘＋聘任"，依托村校合作、村企合作、村村合作，大胆吸收有识之士，选优配强班子成员，使支部成为组织基础牢、人才保障稳的"硬堡垒"。二是建立后备人才信息库，物色好苗子。选育储备 102 名年龄在 25～45 岁之间有能力、有干劲、有激情的本土化人才作为后备干部，使支部成为群众信得过、百姓愿追随的"定盘星"。三是落实积分绩效考核，全方位评比。将党员干部出勤、公益事业捐献、交办任务等近 100 种行为量化成积分条款，与薪资、岗位、候选直接挂钩，每月积分可用来领工资，按劳分配，使支部成为责任意识强、服务能力优的"模范班"。

（二）创造积分制管理，赋"善治"之能减"基层"之负

为克服基层治理"小马拉大车"的长期困扰，油溪桥村以积分制量化责任和贡献来规范行使权、参与权、监督权，将权利归还于人民，为基层组织实现数字化规范化管理提供了依据和保障。一是行使权利有依据。油溪桥村用"六步修订法"将所有事项具体细化量化，成立积分制起草领导小组和积分制管理运行领导小组。以村规民约为基础，以问题为导向，以发展目标为要求，制定积分制条款，以此作为村民入党、换届选举和公益性岗位及相关事务办理审批享受优先权的参考依据。二是参与治理有依据。农户采取累积分形式，作为农户入

2023 年 8 月 19 日 CCTV 1——《山水间的家》45 分钟专题探访，撒贝宁、何冰老师参与义务建设场景

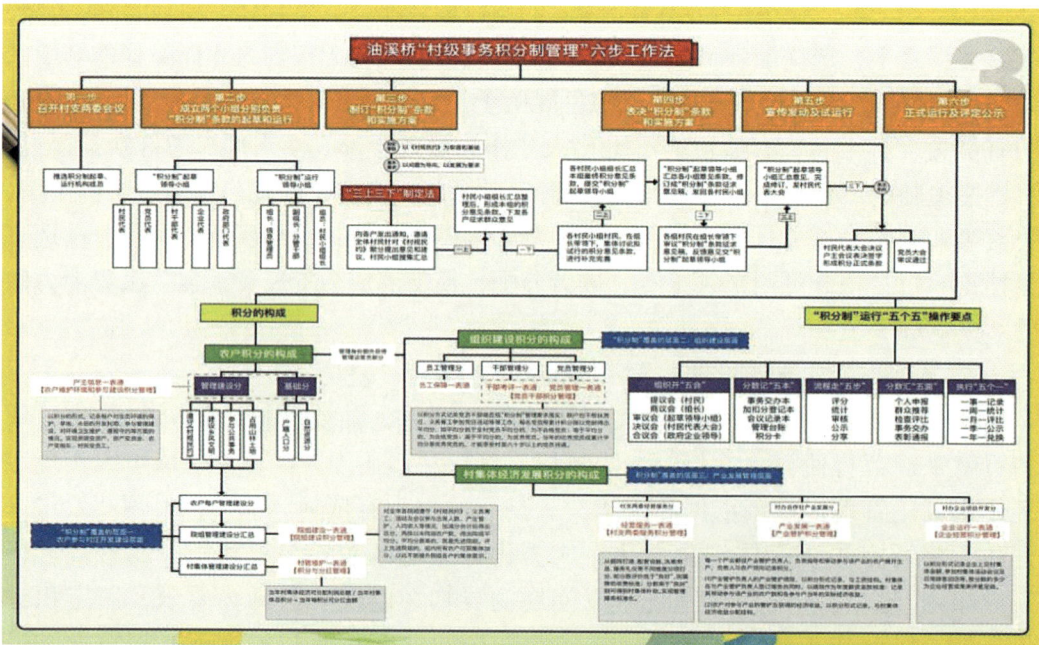

油溪桥村"村级事务积分制管理"六步工作法

股村集体经济组织的股份。党员积分作为村待遇补助和评选优秀党员的依据。积分制量化了村民17年来对参与村庄建设的贡献，积分的多少体现了村民对村庄贡献的多少。三是监督管理有依据。在积分的评议过程中，严格按照四级审批流程：第一级个人申报或者申报小组代为申报、第二级积分运营管理小组审核、第三级两委成员监督、第四级书记审批，最后全民公示。在此基础上每个月定期进行积分排名公示，由线下民主到线上民主，从而实现全过程民主，做到公平公正公开。

（三）治理可量化发展数字化，赋"发展"之能减"治理"之负

油溪桥村以积分数字化分类分户分项优化工作事项提升治理效能，实现精准识别、精准服务、精准发展，同时在治理中将无偿治理转化为有偿治理，实现村庄的可持续发展，以中国式乡村现代化实现中国式现代化。一是量化动态标准化治理。把农户服务分划分成十大板块，横向对比十大板块分数的哪些类别低于全村平均分或处于下降趋势，明确相关责任人的服务类别。同时以纵向月度积分分数的动态对比，排查农户每月参与发展建设情况，确定下一月度的重点服务农户。此外，对标国家政策标准和村庄建设标准，寻找工作差距和问题，确定下一年度重点服务事项。二是将无偿治理转化为有偿治理。油溪桥村以积分为依据把股权、产权、分配权明晰到每家每户，实现乡村数字经济发展，让参与治理者成为乡村发展的财富创造者和财富拥有者，把村民在参与治理中形成的积分按比例折算成村集体经济组织的股份，同时把村集体形成的资产、创造的村集体经济以积分量化的形式明晰到每一个农户，让村民从村庄治理责任的共同体、到股权利益的共同体、再到发展命运的共同体，把治理创造的发展成果分配给村民，真正体现出治理依靠谁治理为了谁。即把集体的资源、力量整合起来，实现共同富裕、共同发展，把村民群众的积极性调动起来实现共同参与，将无偿治理转化到有偿治理实现利益维护。

三、经验启示

油溪桥村村级事务积分制管理的创造与运用破解了乡村振兴中缺资源、缺资金、缺参与、缺保障的发展瓶颈，对精神文明和物质文明实行量化，实现了农户变股东、村民变股民、资源变资产、资产变资金。积分制的运用是每一个家庭、每一个村民对村庄发展责任贡献的量化，积分的多少既是家庭物资财富的积累，更是家庭精神财富的传承，它把村民群众的奉献精神转化为推动乡村发展的创造精神，引领村民以村集体的力量来创造家庭个人发展的优势。

（一）在发展建设方面

积分制整合了集体所有制与家庭联产承包制两种制度的优势，处理好了公平与效率、发展与分配、小家与大家、当前与长远等关系。把经营权转化为所有权、把短期利益转化为长久利益、把个人力量资源转化为集体发展优势。

（二）在乡村治理上方面

积分制建立起责、权、利关系，以动态量化标准化管理推动乡村发展数字化，用个人精神提振全村精神、由家风带动村风、由个人参与带动全村参与，实现村庄发展从被动参与到主动参与、从线下民主到线上民主、从静态管理到动态管理的转变，为共同富裕提供服务和保障。

扛牢首倡之地政治责任
因地制宜发展特色产业
——湖南省湘西土家族苗族自治州花垣县双龙镇 十八洞村

一、村情概述

十八洞村位于花垣县双龙镇西南部，紧邻包茂高速公路和209、319国道。全村辖梨子、竹子、飞虫、当戎4个自然寨6个村民小组，共有249户993人。2013年11月3日，习近平总书记到十八洞村考察调研，首次提出"精准扶贫"重要理念。这些年来，十八洞村始终牢记习近平总书记殷切嘱托，坚决扛牢首倡之地政治责任，坚持党建引领，大力发展乡村旅游、特色种植、山泉水、苗绣、劳务经济等特色产业，成功解决了困扰祖祖辈辈的绝对贫困问题，实现了从脱贫摘帽到全面小康，进而迈向乡村振兴共同富裕的历史性跨越。2013年至2023年，村民人均纯收入由1 668元增加到25 456元，村集体经济从空白发展到507万元。

二、主要做法

（一）聚焦减贫交流，讲好千年苗寨美丽蝶变的脱贫故事

坚持以小村之变展示大国之治。一是打造研学基地。依托十八洞红色资源、十八洞党校，十八洞村着力建设全国巩固拓展脱贫攻坚成果实践交流基地，围绕伟大建党精神、脱贫攻坚精神、乡村振兴等主题，精心打造旅游研学精品线路，开发"精准扶贫精准脱贫的十八洞样板""精准扶贫从这里出发"等党性教育"菜单式"课程，展示十八洞"山乡巨变"。二是探索共建路子。与新疆吐鲁番西门村、喀什地区阿亚格曼干村等村携手结成"姊妹村"，共同探索创建民族团结和乡村振兴示范村。2022年11月3日，邀请习近平总书记考察过的24个村的村支部书记、驻村第一书记齐聚十八洞村，共同发布《乡村振兴十八洞倡议》。三是传播时代强音。充分发挥十八洞展示中国脱贫攻坚伟大成就"标志性窗口"作用，全方位展现"大政出于小村"胜利脱贫迈向共同富裕的生动实践，先后迎接老挝人民革命党中央总书记、西班牙共产党主席等各国党政领导、驻华使节考察学习68批次、860余人次。开设"中国·十八洞"中英文网站，向世界讲述中国脱贫攻坚和乡村振兴的精彩故事。

2023年11月3日，成功举办首届十八洞减贫与发展论坛，30多个国家大使、200余名中外嘉宾走进十八洞村，实地感受精准扶贫首倡地的辉煌巨变，全球近6.7亿人次关注活动盛况。"精准扶贫"从十八洞村走向全国、走向世界，被写入《中国共产党简史》和联合国大会决议。

（二）聚焦景区提质，擦亮享誉国内外红色旅游金字招牌

2022年6月，十八洞村成功创建了矮寨·十八洞·德夯大峡谷国家5A级景区，对照5A级景区标准，结合国土空间规划和"十四五"全县文旅发展规划，大力推进景区提质建设，进一步丰富完善十八洞文旅融合的空间和业态。一是基础建设更加完善。坚持"人与自然和谐相处，建设与原生态协调统一，建筑与民族特色完善结合"的建设总原则，十八洞村拓宽村道4.8公里，完成民居改造工程204户，完成水渠建设3千米、机耕道建设6千米、游步道建设1118米，农户改厕工程170户。全面完成农网改造、十八洞村小学和卫生室升级改造，新建游客服务中心、电商服务站、特色产品店、山货集和综合照料中心。二是业态布局更加丰富。围绕5A级景区提质增效，持续丰富全村业态布局，完善竹子寨旅游步道、农耕文化设施建设，打造农耕文化、山货赶集、直播带货体验区。中央电视台以《十八洞有了"夜经济"》进行专题报道。飞虫寨、当戎寨依托十八洞党校资源优势，开发苗族传统文化精品课程，打造文化活动展演展示区。开发真空包装腊制品、十八洞文创雪糕等具有"传

十八洞村开展"重阳节敬老"等系列活动引导群众感恩奋进

十八洞村千亩精品猕猴桃示范基地

统味""现代感"特色的旅游产品，丰富旅游商品市场。三是景区品质不断提升。坚持党员引领与广泛发动同步、治标与治本并重，由村"两委"、驻村工作队牵头，持续开展人居环境改造，在梨子寨核心景区打造精耕农田、道路美化微景观，修缮全村青石板路、旅游步道等旅游设施，持续统一苗寨风貌。同时，联合县直相关部门，开展山货集、农家乐、小卖部的经营秩序管理整治，进一步规范经营秩序，提升经营质量。

（三）聚焦产业发展，描绘多点开花利民富民的锦绣画卷

立足"精准扶贫首倡地，传统村落保护地，乡村旅游目的地，乡村振兴示范地"四大定位，十八洞村因地制宜促进产业发展。一是发展特色产业。按照项目产业化、产业市场化的思路，大力发展乡村旅游、特色种植、山泉水厂、苗绣、劳务经济5大产业，先后成立十八洞旅游公司、苗绣合作社、蜂蜜合作社、山泉水厂，有效增强村集体经济"造血"能力。2023年，接待游客83.8万人次，实现旅游收入1 974.5万元。截至2024年上半年，全村共有民宿、农家乐28家，398人实现在家门口就业。二是开发新兴业态。充分利用十八洞村的品牌效应，成立十八洞片区各村参股的湖南省十八洞村乡村发展有限责任公司，在共享十八洞品牌优势的基础上搭建产业发展平台，积极推动片区共同发展乳鸽养殖、小花菇种植等特色种养产业和服装加工业，以更实的举措提高各村产业发展成效，共同走好乡村振兴之路。三是开拓产品销路。依托十八洞培训中心、梨子寨等平台资源，助力片区各村群众销售农产品，其中十八洞培训中心与排碧村、马鞍村签订农产品销售协议，定点收购豆腐、辣椒等农产品作为培训用餐食材。紧跟线上新媒体发

十八洞村绣娘在家门口刺绣带娃

展的蓬勃趋势，将返乡青年塑造成既能宣传推介十八洞村，又能借助网络直播平台助力村民销售农产品的电商直播"新农人"，推动物流进村、山货出山、村民增收。

三、经验启示

（一）始终坚持党的领导

十八洞村的发展成就，是以习近平同志为核心的党中央治国理政的生动缩影，充分彰显了习近平新时代中国特色社会主义思想的真理光辉和实践伟力，体现了中国共产党领导和社会主义制度的巨大优越性。我们必须深刻领悟"两个确立"的决定性意义，坚决做到"两个维护"，才能推动各项事业向前发展。

（二）因地制宜发展产业

遵照习近平总书记"实事求是、因地制宜、分类指导、精准扶贫"的重要指示，十八洞村大力实施产业富民行动，着力推进一二三产业融合发展，已发展起乡村旅游、特色种植、山泉水厂、苗绣、劳务经济等产业，先后成立十八洞旅游公司、苗绣合作社、蜂蜜合作社、山泉水厂，极大增强了村集体经济产业的"造血"能力，有力地促进了群众增收。事实证明，产业振兴是增强农业农村内生发展动力的源泉，是乡村全面振兴的基础和关键，只有实现乡村产业振兴，才能不断完善农业产业链，培育农业产业新业态，拓宽农民收入渠道。

（三）提质打造红色地标

十八洞是精准扶贫首倡之地、是新时代红色地标，这些年来，十八洞村充分挖掘新时代红色地标价值内涵，努力打造国际减贫交流基地、党性教育基地、全国青少年研学基地、全国爱国主义教育基地、全国民族团结进步示范基地，建成十八洞培训中心，从发布《乡村振兴十八洞倡议》到成功举办"十八洞"减贫与发展论坛并永久落户，十八洞村已成为向世界展示"湖南之为""中国之治"的窗口。

广西壮族
自治区

11

绘好搬迁后扶"五线谱"
奏响美好生活"新乐章"

——广西壮族自治区南宁市隆安县城厢镇震东社区

搬迁后扶

隆安县震东安置区鸟瞰图

一、村情概述

　　震东社区是广西在县城安置规模较大的易地搬迁集中安置区之一，下辖和鑫佳园、昌泰茗城、东森悦府3个安置小区，共安置来自9个乡镇的搬迁户5 847户2.4万人，包括汉族、壮族、瑶族、苗族、侗族、布依族等10个民族，其中民族人口23 295人，占总人口数的98.13%。震东社区牢记习近平总书记"搬得出、稳得住、能致富"的嘱托，紧紧围绕铸牢中华民族共同体意识，着力抓好党建引领、产业发展、就业帮扶、社会治理、社区融入等后续扶持工作，推动安置区融入县城一体化发展，奏响了搬迁群众美好生活的新乐章。先后获评首批全国脱贫攻坚考察点、全国巩固拓展脱贫攻坚成果村级实践交流基地、全国最佳志愿服务区、全国示范性老年友好型社区、自治区民族团结进步模范集体、自治区先进基层党组织等荣誉。

二、主要做法

（一）健全党组织体系，让搬迁群众"聚"起来

坚持党建引领，建立"一委一居八支部"组织架构，以强大的党建"软实力"为安置区可持续发展提供坚强组织保障。推行"安置区联合党委＋社区党委＋小区党支部＋网格"精细化治理模式，将辖区划分为1个社区一级网格、3个小区二级网格、78个单元楼三级小网格，落实78名单元长兼任小网格员，实行"党委书记统筹指导小区管理与组织建设、网格员负责楼栋管理与信息采集、单元长负责住户联系与服务、物业公司负责小区公共设施维保及安全秩序"的四级协作治理。构建社区"党小组＋五员一网格"服务模式，按78个楼栋单元划分为22个党小组形成22个网格，把五类人员（派驻干部、"两委"干部、网格员、单元长、党员代表）安排到相应网格，形成党组织建在网格、群众进网格、服务入网格、成效在网格，确保党员服务群众的"触角"延伸到千家万户。

（二）完善基层社会治理体系，让搬迁群众"稳"起来

强化居民自治，推动社区治理"干群共商"。搭建自治平台，组建"说事报事"等微信群78个，让居民有话可诉。建立"社区是我家"等议事平台，引导形成社区居民自治格局。实行积分制管理，有效激发了党员群众的内生动力。截至2024年，共发出积分卡约6 000份，参与积分3 600多户，已兑换积分30.5万分。推行"天天敲门法"，成立"天天敲门组"，通过走进单元、敲开家门，及时掌握居民诉求、解决实际问题，截至2024年12月，帮办代办事项4 800多个，解决群众诉求问题708件。

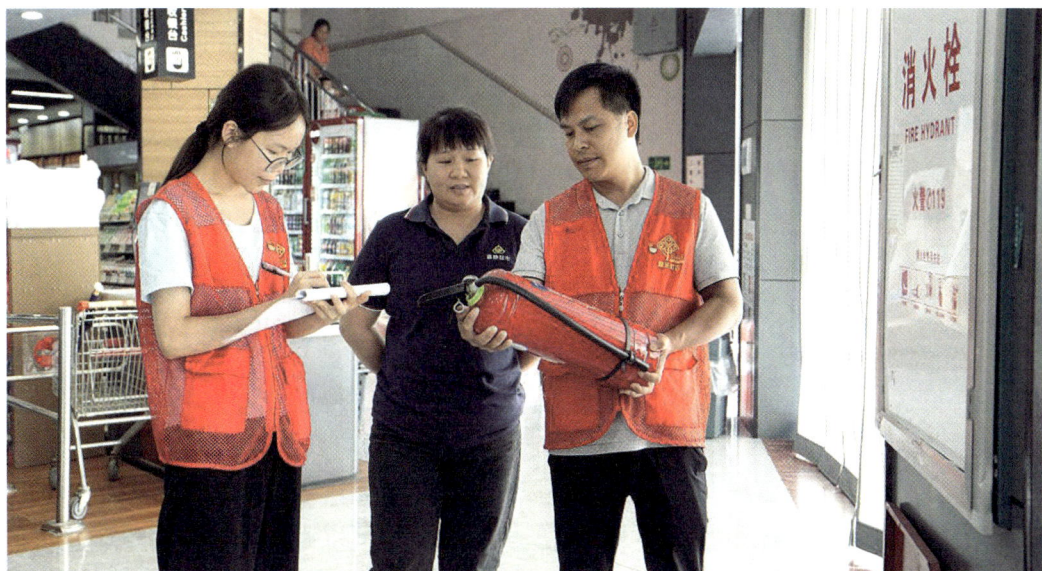

社区工作人员到辖区经营场所开展消防安全检查

社区居民在农业基地灵活务工

建立防治体系，推动社区治理"点面共治"。成立安置区警务室，建设震东社区综治中心、矛盾纠纷调解工作室等，组建治安联防队开展日常巡防，推行"双单元长"楼栋包干责任，打通社区治理"神经末梢"。建设"智慧安防社区"，安装291个视频摄像头、338个人脸识别点位，实现智能化管控。社区连续三年获评"广西群防群治工作突出集体"。

（三）促进高质量充分就业，让搬迁群众"干"起来

依托"小梁送工"服务站，探索实施"企业派单、社区送单、居民接单"的"小梁送工"就业服务模式，将务工人员"点对点"送到企业基地务工。2020年以来，"小梁送工"累计送工2 078批15.2万人次，累计帮助搬迁劳动力增收2 200万元。引进企业开设居家手工计件类工作，帮助老年、残疾等特殊群体1 500多人在小区内实现就业增收。"小梁送工"就业服务项目逐步向园区企业、建筑工地、家政保洁、直播带货等一二三产业覆盖，送工对象拓展到全县各乡镇村屯。开发智能服务App，为群众提供政策咨询、职业介绍、职业培训、用工发布服务，为县内外企业提供个性化信息服务。2021年以来，共举办电工、剪芽修枝、按摩、直播带货等培训班280期，累计培训6 200人次，举办专场招聘会160场次，提供就业岗位5.2万个，发布企业用工信息35万余条。"小梁送工"就业服务模式入选全国易地搬迁后续扶持典型案例，"小梁送工"就业服务成果荣获第二届公共就业服务专项业务竞赛全国总决赛一等奖。

（四）发展壮大多元化产业，让搬迁群众"富"起来

依托县城宝塔医药产业园，大力发展二三产业，促进产城融合，为搬迁群众就业创业提供良好条件。2024年上半年，产业园区已完成87栋标准厂房、科研楼建设，

引进落户劳动密集型企业62家，建成帮扶车间32家，提供就业岗位5 800多个。推行"安置区+产业基地+农户"模式，培育一批特色农业基地，带动搬迁群众就业增收。截至2024年上半年，全县创建连片百亩以上特色水果基地516个，规模以上生态养殖基地162个，自治区级现代特色农业示范区12家，培育新型农业经营主体80多家，每年可向安置区群众提供就业岗位约1 500个，安排灵活用工2万多人次。

（五）优化便民利民服务，让搬迁群众"乐"起来

建设党群服务等九个中心服务平台，组建由派驻干部、"两委"干部、网格员、社工、居民代表等2 600名志愿者队伍，常态化开展送医、送学、送岗位等"六送"活动。拓展融入服务，以"三月三"、端午节、"那"文化旅游节、"六月六"等民族特色节日为载体，开展民族文化活动100余场，弘扬安置区特色民族文化精神。优化便民服务，引进南宁齐悦社工等社会组织，成立安置区青年联合会等志愿服务组织，通过社区、社工、社会组织"三社联动"，开展爱心助考、公益课堂、助老助残、教育宣讲等活动360余场次，惠及群众10万人次。做实民生服务，建设隆安县首家"长者食堂"，让年满60岁以上的老年人享受每天3块钱的用餐补助，日客流量100～250人次。建设社区公益慈善超市，发挥慈善事业在基层治理和第三次分配中的重要作用。

三、经验启示

（一）坚持顶层设计，推动安置区可持续发展

坚持以高质量发展统揽易地扶贫搬迁工作，紧紧围绕可持续发展目标加强顶层设计，调动一切力量做好项目规划、新区建设、产城融合、后续扶持等工作，走出

社区居民在创业园区制衣厂就近就业

了一条独具特色的易地搬迁可持续发展之路。

（二）坚持党建引领，推动安置区和谐稳定

坚持以党建引领社区治理，聚焦健全完善组织、队伍、服务机制等，选优配强工作队伍，做实做好民生实事，激发党员群众内生动力，推动为民服务常态化、长效化、制度化，不断增强搬迁群众的获得感、幸福感和安全感，探索出"党建+治理"多元共治模式，赋能驱动安置区和谐稳定发展。

（三）坚持就业帮扶，推动搬迁群众增收致富

坚持以"小梁送工"为抓手，搭建起群众就业和企业用工需求之间的桥梁，全力促进搬迁劳动力就业创业。支持搬迁群众多业态创业就业，拓宽增收渠道，为震东安置区融入新型城镇化实现高质量发展凝聚合力。

葡萄产业引领走出农旅融合发展"新路子"

——广西壮族自治区桂林市全州县才湾镇南一村

一、村情概述

南一村地处湘江战役发生地，红色文化底蕴丰富，距镇政府驻地6公里，距全州县城19公里。2021年4月习近平总书记亲临南一村委毛竹山村视察。南一村辖24个自然村，31个村民小组，1 237户4 378人，其中脱贫人口61户213人，易地搬迁群众4户15人。南一村共有党总支1个，下设5个支部，共有党员106名。全村耕地4 546亩，种植有4 100多亩葡萄、柑橘、优质稻等农作物。发展养殖产业，现存栏牛50余头、羊400余只、猪5 000多头、家禽10万多羽。近年来，南一村全体村民牢记习近平总书记嘱托，感恩奋进、撸起袖子加油干，创新走出一条产业为基础、技术为支撑、品牌为战略、文旅为动力的葡萄产业发展之路，酿造出如葡萄般香甜的美好生活，实现从"穷山村"变"富裕村"。南一村先后荣获全国文明村镇、中国美丽休闲乡村、全国乡村特色产业亿元村、全国巩固拓展脱贫攻坚成果村级实践交流基地等称号。2023年全村人均可支配收入约3万余元，其中毛竹山自然村人均可支配收入达4万元。

二、主要做法

（一）现代科技赋能葡萄产业，铺通致富发展幸福之路

葡萄是南一村民赖以生存的主导产业。经过十几年的不断探索，通过"党支部＋协会＋基地＋农户"的种植模式，以毛竹山自然村为主，示范带动全村种植葡萄3 000多亩，形成了统一品牌、统一技术、统一销售的产业发展模式。

加速品种改良步伐。在自治区、市、县、镇、村五级党组织和各农业技术部门的帮助支持下，南一村积极开展葡萄品种改良及技术引进工程。先后投入600万元完成46户82亩的葡萄改良工作，涉及改良品种有春光、蜜光、瑞都科美、瑞都红玫、妮娜皇后、阳光玫瑰等高端品牌，并整合各类项目资金800万元，打造完成毛竹山村300余亩葡萄种植标准基地，为全基地实现了现代农业大棚改造。

强化技术服务保障。积极与自治区科技厅、广西特色作物研究院开展结对共建工作，通过开展科技特派员每月定期下乡指导、在线互动视频把脉问诊农作物生产

南一村党员带头种植葡萄，并为农户讲解葡萄种植技术

情况、云直播互动交流等活动，从产品引进、技术支持、设备供给、农作物订单收购等多方面给予村级党支部支持。

引入现代科技赋能。通过"项目资金＋村民自筹＋志愿捐助"的方式，在毛竹山村等地引进水肥一体化设备、气象监测设备等科技助农设备，让农作物园实现自动灌溉、自动施肥及湿度检测、雨情监测、紫外线检测，以科技加持赋能现代农业。2023年，毛竹山村葡萄年产值达500万元。

（二）红色项目加持葡萄产业，铺就产业发展通达之路

做足红色文章。依托长征国家文化公园（广西段）、现代农业产业示范园等五个国家级项目和两个自治区级重大项目核心区均在才湾镇的重大契机，通过整合项目资源，大力推进红色项目集群建设，并辐射带动南一村等周边区域的基础设施建设和地方特色产业升级。同时，充分发挥全县红色旅游中心红军长征湘江战役纪念园的辐射带动作用，依托湘江战役纪念园在南一村的绝对优势，推动红色旅游及农业旅游融合发展，吸引参观湘江战役纪念园的游客来参观旅游，提供"游玩＋采摘＋购买＋餐饮＋住宿"等全套式服务，为村庄经济发展提供新兴增长点。

做足农旅文章。聘请专业的规划设计团队，为南一村委毛竹山村新规划建设了民俗风情体验区、生态风光体验区、幸福葡萄园区三大农旅融合板块，总面积35.87公顷，打造"游、学、购"多元化业态，先后投入3 000余万元完成进村道路、村内道路拓宽升级和沥青铺设，新建了旅游停车场、污水收集处理系统，整村推进"厕所革命"，加紧建设游客接待中心、幸福餐厅、影视基地等项目，旅游基础配套服务

设施得到了全面升级。

培育产业集群。湘江战役纪念园自开馆以来已接待游客超1 000万人次，吸纳脱贫户从业35人，南一村年接待游客人次超35万。依托各重大项目的实施，在南一村新打造金槐基地500亩，稻渔共生基地800亩，新流转土地3 000余亩，较好地形成了"红色旅游+现代农业+休闲农业"的多产业集群，实现三产有效融合发展。

（三）农旅融合助力葡萄产业，铺好增收富民通畅之路

拓宽销售渠道。2021年，南一村成功举办了首届毛竹山葡萄节云上推介会，并举行签约仪式暨发车仪式，由自治区商务厅联合桂北农场，以"线下展销"+"线上促销"的形式，拓宽销售渠道，推动毛竹山葡萄品牌打造。在当地党委、政府的牵头下，南一村引进北京鑫福海公司，由公司与葡萄合作社签订收购协议，由北京鑫福海公司全程负责产品的打包销售工作，让群众再无葡萄销售的后顾之忧。

培育创收增长点。随着乡村振兴成果展及毛竹山村春节联欢晚会（年午饭）直播活动、各类篝火晚会及美食节的成功举办，以及《我的家乡毛竹山》电影的开拍，文化旅游为南一村注入了新的活力。积极推动南一村农旅融合发展新型业态培育工作，全村先后培育了农民导游21人，发展农家乐、小卖部32家，乡村旅游持续火爆，老百姓在家门口吃上了旅游饭，葡萄零售价格普遍提高了3～5元，在外青年纷纷返乡创业。

三、经验启示

（一）依托特色产业优势，打造乡村振兴模式

毛竹山葡萄标准化种植基地全景

科技特派员到南一村讲授葡萄管护技术

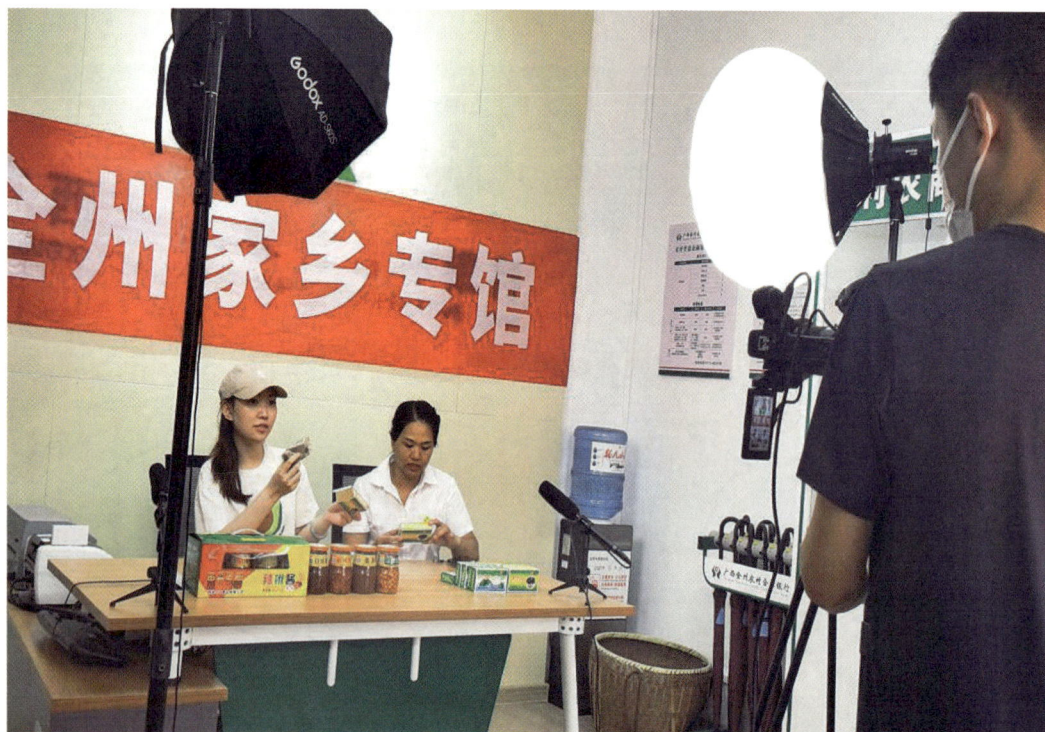

"线上＋线下"直播带货活动，大力拓宽葡萄及农副产品销售渠道

毛竹山村党支部多次组织村民外出考察学习，探寻产业发展路径。在实地考察、多方验证、专家指导的基础上，结合当地实际环境，找到了一条发展葡萄种植的特色产业路。毛竹山村交通便利、环境优美且气候宜人，与湘江战役纪念园比邻，具有独特的红色资源优势，在发展红色旅游的基础上扩展农家乐、葡萄采摘等旅游体验活动，本土特色浓厚，有利于乡村产业持续发展。

（二）调动社会各界力量，参与乡村振兴建设

南一村的发展，是在国家政策支持下，村党组织动员广西壮族自治区农业科学院、广西特色作物研究院、北京鑫福海公司等社会各界力量，聚集物质、财力、产业、数据等多种社会资源，为广大农民搭建舞台，充分调动群众的积极性，由广大农民群众自己来振兴，形成"我要振兴、我来振兴"的全民振兴氛围。

扎实推进宜居宜业和美乡村建设

——广西壮族自治区玉林市北流市新圩镇河村村

北流市新圩镇河村旧村改造

一、村情概述

　　河村位于北流市北面，距离北流城区15公里，全村总面积12平方公里，下辖22个村民小组，总人口8 000多人，村党委下设3个党支部，共有党员137名。近来年，河村大力推进乡村振兴战略，不断巩固脱贫攻坚成果。通过党建引领，融合推进村庄规划、土地综合整治、产业发展、社会治理，全力推进宜居宜业和美乡村建设。2019年以来，河村实现村集体收入跨越式增长，连续三年村集体收入稳定在百万元以上，其中2019年和2021年村集体收入分别达到590万元和252万元，2022年、2023年村集体收入分别为72.10万元、78.96万元。河村先后荣获中国美丽休闲乡村、全国乡村治理示范村、全国民主法治示范村、全国巩固拓展脱贫攻坚成果村级实践交流基地、广西乡村振兴改革集成工作优秀试点村、壮美广西·乡村振兴年度特色案例等荣誉。

二、主要做法

(一) 坚持"全域规划"，绘就建设新蓝图

河村坚持"把规划还给乡村，把设计还给农民"理念，聘请广西美丽乡村建设设计院为村庄规划服务，采用简单实用的"一图一表一规则"规划模式，从规划、设计、施工、维护全流程邀请村民参与，优化空间发展格局。推广"土整归村"模式，创新将原有的政府发包土地整治项目给施工企业实施，转变为村集体发动农民开垦、政府收购复垦指标，实现农民从被动参与土地整治到主动寻找复耕土地的根本性转变。并在乡村建设过程中，以"修旧如旧"理念，深入挖掘河村文化，将建筑景观融入乡土文脉，把河村改建成了文旅网红打卡点，既增加了村集体收入，也让河村有"颜值"更有"内涵"。

(二) 坚持"党建引领"，促进产业融合发展

河村坚持党建引领，推动"整体谋划推进"与"因地制宜"齐抓共建，推动产业振兴，不断巩固脱贫攻坚成果，实现可持续发展。以"党建+土地流转"促进产业发展。通过"党建引领、支部带动、党员示范、群众参与、抓点促面、整体提升"的思路，全域推进撂荒地整治。以市场为导向，以农文旅融合发展为思路，以富硒水稻、百香果、番石榴、沙糖橘等优势特色农产品为核心，推动土地流转，让散田变万亩良田，实现土地集约化、规模化生产。2024年，河村共流转土地2 250亩，为村民创造租金收益225万元。以"品牌打造"推动产业融合升级。深入实施百香果全产业链发展工程，以"电商赋能、联农带农、品质示范、产业集聚、品牌提升"为导向，抢抓玉商回归契机，积极引进东云农业、诚众东云、果恋科技等百香果电商、育苗、示范种植等行业龙头企业，先后打造东云电商直播基地、百香果示范种植基地、诚众东云种苗培育基地，示范带动"庭院经济"，实现"联农带农"与"产业发展"的双赢，助力打造新圩镇"百香果产业融合示范区"。2024年，河村百香果种植农户超82人，种植面积1 232亩，百香果产量达369.9万斤，带动村民增收2 644万元。推动村级集体经济发展壮大。围绕"多元化发展+适度工业化"的发展思路，创新"政+企+合作社+农户"的运营模式，成功盘活村委会、旧分校等多处闲置低效用地，招引佑兴公司引入社会资本开办佑兴箱包厂、引进绿丰源公司打造河村人家（食堂）等，进一步丰富基地产业内涵，实现村民就近就业。其中，河村通过盘活村委会闲置房屋，建成一栋三层共2 300m²的标准化厂房，年租金可达20万元，带动就近就业超100人。通过盘活旧分校闲置房屋，创新打造北流市人才培训基地，广泛开展研学、农技

北流市新圩镇诚众东云种苗培育基地

培训、电商新农人培育（累计开展5期，覆盖人次达5 000人），不断提高农民就业本领，拓宽就业渠道，实现农民增收致富。

（三）坚持"平台共用"，全面赋能乡村振兴

依托村级实践交流基地建设成果，搭建互动交流的新平台，推动实现"共谋、共建、共融、共管、共享"。发挥基地交流示范功能，推动资源共享与优势互补。以河村村级实践交流基地为平台，开展多形式、多种类的实用性现场沟通交流会，加速互动学习，推动地区间资源互通，实现优势互补，逐步形成以点带面、全域振兴的新局面。拓展文创产业新思路，打造艺术共享新形式。以河村书法绘画文化为基础，打造河村"露天美术馆""风归堂""文艺家创作基地"等文创基地，创新举办"佼佼村新春文化节"（吸引游客超5万人次）、"星空之下"乡村音乐会（全国矩阵流量超16万人次），示范带动全社会参与乡村艺术创作，实现文化创收，促进校地、政企合作，让艺术走进农村、贴近生活。织密网格治理格局，提升乡村治理精细化水平。以数字为媒，建强网格化管理，利用"红动北流"公众号中的"马上办"功能，构建"基层吹哨"乡村治理智能联动反应机制。动员村民自发出资安装摄像探头750多处，筹建农民"天网工程"，结合雪亮工程、锦上添花工程及常态化夜巡，构建起立体基层网格管理体系，不断提升基层治理精细化水平。

三、经验启示

(一) 规划先行，有序推进乡村建设

河村坚持规划先行为引领，以"一张蓝图"为基本方针，充分尊重村庄发展规律，切实发挥村庄规划指导约束作用，建立政府组织领导、村民发挥主体作用、专业人员开展技术指导的村庄规划编制机制，以"规划"引领"乡村建设"，以"禀赋"带动"产业发展"，以"成果"反哺"乡村振兴"，共建共治共享美好家园，走出了一条符合河村实际的发展道路。

(二) 因地制宜，推进产业融合发展

河村探索产业融合发展路子，以"用地管控+土地整治"为政策工具，全域推进撂荒地整治，实现土地集约化、规模化生产，推进一二三产业融合发展，把产业链延伸环节更多留在乡村，把产业发展的增值收益更多留给农民。

(三) 网格管理，提升乡村治理质效

河村健全"网格化"治理模式，因地制宜搭建网格化治理体系，将治安巡逻、疫情防控、矛盾化解、便民服务等功能集成到网格，实现"人在网中走，事在格中办"。通过健全自治、法治、德治相结合的乡村治理体系，实现"矛盾纠纷不出村"。

传承黄文秀优秀品质　跑好乡村振兴"接力赛"

——广西壮族自治区百色市乐业县新化镇百坭村

一、村情概述

百坭村是全国优秀共产党员、"七一勋章"获得者黄文秀同志曾经驻村的地方，全村辖11个屯，共有495户2 166人，党员42名。近年来，在黄文秀同志先进事迹及优秀品质影响下，百坭村驻村工作队扎实履行驻村工作职责，团结带领村"两委"班子接续奋斗，构建"党建引领+红色教育+乡村旅游+产业带富"四位一体发展新格局。百坭村实现了翻天覆地的跨越式巨变，获得全国巩固拓展脱贫攻坚成果村级实践交流基地称号，成为新时代乡村振兴排头兵。

二、主要做法

（一）当好农村党员"引路员"，持续建强村党组织

百坭村驻村工作队传承黄文秀抓党建促脱贫的做法，牢牢抓住村党组织建设这个关键，做好党员思想教育，引导动员农村党员积极参与乡村振兴。2024年，百坭村党支部被评为广西壮族自治区五星级基层党组织。抓好理论学习普及。1名驻村队员担任党建员，指导开展"三会一课"。工作队通过创建"乡村夜话""板凳圈"等理论学习载体，开设"第一书记课堂"，组织党员以山歌、快板、壮剧等形式做好理论政策学习，引导党员群众坚定不移听党话、感党恩、跟党走。抓好党员作用发挥。扎实开展"黄文秀先锋号"创建，采取设置黄文秀先锋岗、实施"黄文秀先锋指数"评比等方式，激励农村党员创先争优。近两年，共有32名党员认领53个黄文秀先锋岗，评出8名黄文秀先锋之星。抓好教育基地建设。依托黄文秀陈列馆、黄文秀先进事迹展示馆、纪念渠、黄文秀产业园等载体，每名驻村队员和第一书记均是黄文秀故事讲解员，每名党员熟知黄文秀故事，将百坭村打造成为爱国主义教育基地。2024年共有2 000多支团队、5万余人次到村参观学习。百坭村现任驻村第一书记农俊海说，"我们将推进黄文秀同志先进事迹教育基地改造提升，与自治区党校、百色干部学院、市委党校等合作开展现场教学、课程开发，组织广大党员干部、青年同

财政青年与百坭村干部群众开展"乡村夜话"活动

志走进黄文秀先进事迹纪念场馆参观学习、接受教育、启迪心灵。"

（二）当好产业发展"指导员"，持续推进强村富民

百坭村驻村工作队传承黄文秀抓产业促增收的做法，驻村工作队分组行动，大力推进产业振兴。全力发展优势特色产业。每名驻村队员结对1名村干+队干，分别负责油茶产业示范带、砂糖橘产业示范带、烟叶水稻顺季带产业群，年实现产值分别约为2 000万元、300万元、100万元，构建起产业发展、村民收益的长效化新格局。全力打响产业品牌。成立秀起福地百坭农业发展公司，注册"秀起福地""秀美百坭""百坭BaiNi"等3大商标，开发茶油、砂糖橘等9大品牌，2023年依托商业品牌帮助群众销售农副产品产值达700万元。全力推进农文旅融合发展。以黄文秀优秀品质为核心，建造社会主义核心价值观主题村落，已打造2家农家乐、38间具备基本接待能力的乡村民宿，建成国家3A级旅游景区、广西乡村旅游重点村。驻村工作队促成百坭村与北海国际学校达成合作意向，北海国际学校每年安排3批近700名初中学生到百坭村开展三天两夜的研学活动，吃住在村，带动消费，促进群众增收。2023年，乡村旅游给群众带来总收益约14万元，成功调动群众搞农家乐、建民宿、兴旅游的内生动力，积极推动村级文旅产业发展。

（三）当好乡村善治"调解员"，持续提高治理水平

百坭村驻村工作队传承黄文秀抓调解促善治的做法，充分发挥驻村工作队政策知识优势，切实把矛盾化解在基层，百坭村人民调解委员会获评全国模范人民调解

委员会。建立健全阵地载体。依托村综治中心，建立黄文秀巡回法庭百坭办案点，驻村工作组成员入户动员村内德高望重的"五老"人员组成调解员团队，有效开展矛盾纠纷调解。聚焦关键抓调解。督促认真开展好日常遍访，完善维稳日"日下询"。抓治理效能提升。健全"党建引领、四治融合"的乡村治理体系，推行"党建+网格"管理服务模式，发挥党支部和党员中心户作用，积极参与调解工作，化解矛盾纠纷70多起，助力建设宜居宜业秀美百坭。百坭村驻村工作队坚持用自治、法治、德治相结合的方式协助村"两委"治理百坭村，在"三治"的基础上创新地提出了"智治"概念，即用公众号、微信群、小程序等手段，加上网格化管理服务，全村495户纳入20个网格下沉服务，实现小事不出网格，大事不出村。

（四）当好人民群众"勤务员"，持续为民办事服务

百坭村驻村工作队传承黄文秀把群众当亲人的做法，由2名驻村队员全勤坐班党群服务大厅，全力为群众办实事做好事。创新民情地图工作法。依托航拍等现代科技，组织绘制为民服务3张图：1张农户家庭位置图、1张农户家庭信息情况图、1张最新惠农政策详情图，有效提高为民服务质效。创新防返贫工作法。不折不扣执行"一个机构、一键报贫、三网防贫"的"113"工作机制，推动防返贫监测和帮扶常态化，牢牢守住不发生规模性返贫的底线。完善农业基础设施。积极争取上级和

外出创业人员返回百坭村创建"秀起农庄"农家乐

健全"党建引领、四治融合"的乡村治理体系

后援单位资金支持，在砂糖橘产业示范带新建水渠、机耕路、滴灌设备，在油茶产业示范带新建25公里黄文秀产业路，为村民发展砂糖橘、油茶产业提供良好保障。百坭村党支部书记周昌战说，"百坭村驻村工作队平时很积极向后援单位和上级单位申请政策和资金支持。近一年，他们牵线引进上级帮扶资金200多万元，新建了那赖屯蓄水池、百布屯管水坝等32个项目，真正为百坭村群众解决急事和难事。"

三、经验启示

（一）传承弘扬文秀精神建强队伍

百坭村驻村工作队传承黄文秀优秀品质，借鉴黄文秀先进的驻村工作经验做法，强组织、抓班子、带队伍、聚合力、树品牌，走出"党建+"的乡村振兴之路，使党员干部走在前列，引领全村群众听党话、感党恩、跟党走。

（二）因地制宜发展多业态建强产业

百坭村驻村工作队通过调研，准确掌握所驻村资源和特色以及群众需求，坚持把发展产业作为根本出路来抓，推动特色产业升级，大力发展休闲农业和乡村旅游业，实现经济、社会效益双丰收。

（三）以人为本全心全意为民服务

百坭村驻村工作队时刻把村级弱势群体作为重点关爱对象，关爱低保户、残疾

百坭村乡村新风貌

人、五保户、孤寡老人、留守儿童等群体，总结推广"113"防止返贫机制，牢牢守住不发生规模性返贫底线，进一步增强群众幸福感，带领百坭村走在乡村振兴前列。

牢记嘱托筑基石　奋力建设新陈双

——广西壮族自治区河池市环江毛南族自治县思恩镇陈双村

一、村情概述

陈双村位于广西西北部、环江毛南族自治县思恩镇北部，距离自治县人民政府驻地4公里，全村有29个自然屯，905户3 280人，居住着壮、毛南、瑶、苗等11个民族。2020年5月，毛南族群众代表写信向习近平总书记汇报了整族脱贫的喜悦，习近平总书记对此作出重要指示，陈双村各族深受鼓舞。陈双村干部群众牢记习近平总书记的殷殷嘱托，真抓实干巩固拓展脱贫成果，推进乡村全面振兴，荣获全国巩固拓展脱贫攻坚成果村级实践交流基地等多项国家级荣誉，开创多民族团结引领乡村振兴的新篇章。

二、主要做法

（一）强化组织领导，构建工作体系

一是主动对接，争取指导支持。陈双村积极向上级部门请示汇报，争取政策指导和资金支持，以农业农村部门为杠杆和中轴，协调各相关部门，形成合力推进乡村建设。通过整合上级资源，改善村委会办公环境，推动乡村治理、文明实践等工作深入开展。二是整村推进，提升基层治理能力。以"整村推进整镇提升"行动为抓手，陈双村着力抓好村达标创建和基层党组织评星定级工作。发扬全国先进基层党组织的模范作用，发挥党员带头作用，加强村级党组织后备人才建设，严格落实"四议两公开"制度，筑牢党建引领发展的战斗堡垒。建立"一支两会"，即一个党支部、一次户主会、一次党群联席理事会和"一约四会"，即村规民约、红白理事会、道德评议会、村民议事会、禁毒禁赌会制度，推动民族事务"自己议、自己办"，提升治理效能。

（二）开展精准施策，巩固脱贫成果

一是动态监测，防止发生规模性返贫。持续强化防止返贫动态监测帮扶，从风险因素出发，做到早发现、早干预、早帮扶。通过精准施策，陈双村脱贫户和监测对象生活稳定，人均纯收入稳步增长。2024年，陈双村脱贫户82户271人，监测对

陈双村"有事好商量"协商议事会

象9户29人，脱贫人口人均纯收入达17 721元，增幅为8.87%，稳步实现"两个高于"的目标。二是巩固"三保障"，提升饮水安全。加强与各部门沟通协调，深化信息共享和比对，加大排查和整改力度，确保"三保障"和饮水安全问题动态清零。针对干旱等自然灾害，保持时刻跟踪，及时解决问题，保障群众生产生活用水安全。

（三）发展乡村旅游，壮大集体经济

一是开发旅游项目，增加收入渠道。陈双村通过开发农家乐、度假村、农耕体验、生态体验等乡村旅游项目，增加集体经济收入。同时完善运营利益联结机制，让农民参与综合体建设和管理，实现就近就业、保底分红、股份合作等多种形式增收。2024年村集体经济收入19.70万元。二是打造特色示范村屯，文旅促增收。陈双村着重打造三个特色主题精品示范村屯，即传统技艺展示中心、感恩长廊、趣野营地等民族特色景观，提升村庄文化魅力和旅游吸引力。通过民族特色风貌改造提升，构建乡愁文化推广体系，促进乡村旅游持续健康发展。

（四）强化文化引领，传承民族文化

一是发掘和传承民族文化。陈双村充分利用民族团结融合文化资源和民族特色文化资源，建设非遗"四坊"（即非遗文化传承坊、蜡染坊、编织纺、画坊），集中展示非遗传承项目。将乡村优秀传统文化与现代发展理念相结合，带动旅游观光和消费，促进村民种养及民族手工艺等产品的生产和销售。二是引导文体团队建设。

引导群众组建芦笙队、龙舟队、唢呐队等文体团队，多次受邀参加区内外文体活动演出或比赛，并取得良好成绩，有效增强民族凝聚力和文化认同感。

（五）健全工作机制，促进民族团结

一是构建互嵌式社会结构。紧扣铸牢中华民族共同体意识这一主线，陈双村构建互嵌式社会结构和社区环境。实行"六联六促"工作法，即屯务联管，促民族村寨治理协同；生产联营，促民族经济共同繁荣；文艺联演，促民族文化交融创新；婚嫁联姻，促民族情感表里融通；治安联防，促民族关系和谐稳定；品牌联创，促民族特色充分彰显，促进各民族交流交往交融。二是促进民族文化传承。通过文艺联演、民间"族宝"展示等方式，传承和发展民族文化。各民族群众之间的矛盾纠纷在村务联管小组的介入下及时得到化解，实现社会和谐稳定。品牌联创工作促进了民族文化的传承和发展，陈双村荣获"全国民族团结进步示范村"称号。

（六）发挥基地效益，推动乡村振兴

一是政府搭台，社会各界唱戏。毛苗瑶特色村寨成为展示民族特色的重要窗口，吸引海内外游客前来打卡。非遗"四坊"基地成为学校传承非遗文化和开展民族特色文化活动的主要场所。二是研学结合，提升教育实效。联合环江县委党校将陈双教育实践基地纳入培训课堂学习和户外实地考察的重要环节。研学基地累计接受来访学习参观人数超过6 000人，有效发挥了基地的教育培训功能。

三、经验启示

（一）党建引领，织密振兴"红网"

在陈双这片移民热土上，党组织是最坚实的织线，党员是最闪耀的针尖，一针

"四坊"项目基地举行非遗体验活动

"集体婚礼"引领移风易俗新风尚活动现场

一线，严丝合缝，织就了乡村振兴的壮丽图景。没有这股红色力量的硬核支撑，陈双村就难以在发展的浪潮中稳健前行。而今，荣誉加身，奖项连连，正是对那面"全国先进基层党组织"金字招牌最生动的注解——强基固本，方能行稳致远。

（二）民族团结，共绘和谐"彩卷"

陈双村，一个多民族共舞的大家庭，11种民族色彩交织出绚烂的文化图谱。面对差异，陈双村不惧挑战，以"六联六促"为笔，蘸取团结的墨汁，在乡村治理的画卷上勾勒出一幅幅温馨和谐的画面。"一支两会"加"一约四会"，如同乡村的"智慧大脑"，让小事化于无形，大事迎刃而解，绘就了"家和万事兴"的美好图景。

（三）产业兴旺，点亮特色"金招牌"

陈双村坚持"创新求变，特色为王"，巧妙地将"一景、一业、一貌、一品"编织成产业振兴的"四梁八柱"，让每一寸土地都焕发出生机与活力。生产联营的号角一吹响，村民们便像蜜蜂采蜜般忙碌起来，热情高涨，民族文化与乡村美景交相辉映，农文旅深度融合，打造出一个又一个令人向往的"诗和远方"，让陈双村的特色产业成为了一张闪闪发光的"金招牌"。

农文旅深度融合　百年瑶寨焕发新生机

——广西壮族自治区来宾市金秀瑶族自治县金秀镇六段村

特色产业

一、村情概述

六段村位于广西壮族自治区金秀瑶族自治县中北部，距离金秀县城20公里，是"十三五"时期深度贫困村，2018年脱贫出列。全村总面积13.23万亩，拥有12万亩林地、近6 000亩连片高山茶园，辖8个自然屯305户1 079人，是一个以瑶族为主的民族聚居村落。近年来，六段村立足实际、创新思路，依托"党建+产业""党建+文旅""党建+项目"等守住绿水青山、传承瑶族传统文化，推动茶产业、茶文化深度融合，推进民宿旅游、生态旅游、乡村休闲旅游、研学旅游等旅游新业态发展。

二、主要做法

（一）抓党建强组织，夯实乡村振兴基石

六段村将党建引领作为推动乡村振兴的"第一抓手"和"红色引擎"，以党建为"链"，积极推动基层党组织结对共建，构建乡村振兴同心圆格局。一是建强基层组织。持续强化基层党组织的战斗力，选优配强基层组织，提升基层治理、服务群众的能力。立足六段村发展实际，盘活闲置资源，全面抱团发展，成立广西金秀六段瑶寨文化旅游开发有限公司，致力于带动发展集体经济。2023年，公司被评为广西巾帼现代农业科技示范基地。二是建强人才队伍。积极搭建创业平台，为返乡青年厚植创业土壤，让返乡青年坚定留在家乡的信心。退伍军人莫苏林带领村"两委"干部为群众谋福利、谋发展，成立村集体经济公司，引导村民成立合作社、家庭农场等。2023年，六段村瑶寨文化旅游开发有限公司董事长汪云贵被评为全国三八红旗手标兵。三是建强发展模式。积极构建资源整合、共建共享的村集体经济抱团发展共同体，探索联村共建，让村民充分享受到产业发展带来的红利。采取"公司+合作社+农户"的模式，六段村引进3家公司，构建产、供、销、研一体化的特色产业生产体系，做到资源共享、优势互补、提升共赢。

（二）聚合力兴产业，激活乡村振兴动能

六段村深入践行习近平总书记"绿水青山就是金山银山"的发展理念，依托民族特色、乡村休闲旅游、现代特色农业产业等发展优势，大力推进乡村振兴。

一是做强特色农业产业。依托资源优势，全力打造以茶叶、食用菌、中草药种植等为特色的优势主导产业，带动特色农业产业健康发展。以茶旅融合为抓手，以茶事活动为媒介，做活"茶"文章，做强"茶"经济，举办"上春山采春茶"为主题的采茶比赛，吸引游客体验采茶、炒茶、聆听非遗乡哩歌。推进"公司+合作社+农户"产业化经营模式，做优"菌"质量，做大"菌"产业。目前，六段村有6家公司、7个合作社、19个家庭作坊从事茶叶生产，26家土特产店、3家农家乐，建成3个食用菌生产基地、3个中草药生产基地及1个育苗基地。2023年、2024年，六段村农民人均纯收入持续攀升，集体经济收入均超过50万元，发展态势良好。

二是挖掘优秀瑶族文化。守住百年瑶寨、千年瑶族优秀传统文化，着力推动文化、旅游深度融合发展，引入社会力量，大力发展文旅产业，打造了一批"微庭院"、手工作坊、电商平台、文化基地。结合"三月三""杜鹃花节""盘王节"等节日，组织"春糍粑""爬楼婚恋""竹竿舞"等瑶族民俗体验活动，让游客沉浸式体验瑶族文化，做好补链、强链、延链文章，加快推动文旅产业融合发展。第三方文化旅游开发有限公司每年可为六段村集体经济收入增加20万元。2024年，六段瑶寨入选广西文化和旅游赋能乡村振兴优秀案例。

三是守好瑶乡生态资源。依托得天独厚的生态环境、瑶族文化和特色产业等资源优势，打响"生态底色、茶园主色、瑶族特色"六段品牌。以金秀瑶韵茶业核心示范区为中心，带动茶叶、中草药、油茶、食用菌等特色产业壮大。以茶旅经济产业园、"拉珈秘境"茶山瑶新寨、瑶寨古民居等丰富培训、研学、休闲游等产业业态，将采茶制茶融入民俗体验活动，打造茶叶园采茶体验区、瑶族古民居观光、茶

六段村茶园风光

留学生代表体验六段村瑶族文化

山瑶婚恋习俗体验等农文旅融合项目。2024年，六段村接待游客近38.2万人次，拉动旅游消费近2 000万元。

（三）强治理蓄势能，提升群众幸福感

坚持把解决群众急难愁盼问题作为工作的出发点和落脚点，持续深化乡村治理，探索六段村"微治理""微服务"的经验做法，打造乡村振兴示范点样板。

一是开展瑶寨人居环境治理。组织村干部、党员、群众开展人居环境提升活动，全方位调动群众共同参与环境整治、共建美丽家园，让村民过上宜居宜业新生活。六段新村、古瑶寨成为网红打卡点，六段瑶寨农创梦工场、六段村茶旅产业园成为"茶文旅"融合乡村振兴示范样板。

二是激发村民自治活力。依托瑶族文化、石牌文化和民俗文化规范村民自治，全覆盖成立"一组三会"。压实党员"责任田"责任，发挥村民"议事圈"作用，提升党建"主阵地"引领质效。如通过六段村传统节日"阿咕节"凝聚共识，组织村民开展清洁乡村"三清三拆"，实施"五清一改"工程，在道路两旁种植格桑花，利用闲置空地打造"微菜园"。三是提升村民幸福感。民生非小事，老百姓看得见、摸得着、获得利，群众才认可，把群众"急难愁盼"问题加以解决。大力推行"门前三包"责任制，制定六段村村规民约，开展农村转观念、改陋习、净环境、树新风等系列主题活动。2023年，六段村为70岁以上老人发放慰问金2.1万元，争取150万元实施了广西数字农文旅——"为村共富"乡村计划和数字化乡村建设项目。2024年，

六段新村整体村貌

六段村开展移风易俗宣讲活动

六段村购买了垃圾收运车，新建了42个车位。

三、经验启示

深入挖掘自身优势，发展特色农文旅产业，着力打造地方特色品牌，持续巩固脱贫成果，推进乡村全面振兴，让村民过上幸福安康的日子。

（一）充分挖掘发挥特色优质资源

六段村守住百年瑶寨、千年瑶族优秀传统文化及万亩茶园基地，在保护生态的同时依托生态资源优势，因地制宜发展特色产业，做强"土特产"，做好了"茶"文章，做活了"茶"经济，做强了"茶"产业，做到了补链、强链、延链，以产业发展引领乡村振兴。

（二）探索产业融合发展新路径

产业融合发展是现代农业产业体系生产体系经营体系的迫切要求，是促进农民持续较快增收的重要支撑，也是培育农村新产业新业态新模式的有效途径。六段村以优势资源为基础，深挖茶叶、民族文化、旅游业等资源潜力，探索研学、休闲游等新兴业态，推动农文旅融合发展。

（三）持续提升基层治理新效能

基层治理是乡村发展的根基，是实现乡村振兴的关键环节。六段村不断完善基层治理模式，找准找实群众需求，订立村规民约，培育文明新风、为民办实事，让群众可知、可感、可见，提升了基层治理水平和效能。

以茶融旅 踏出乡村振兴新路子

——海南省五指山市水满乡毛纳村

一、村情概述

毛纳村位于五指山市水满乡西北部，下辖6个村民小组，常住人口166户652人（脱贫户85户340人，监测户3户4人），其中以黎族为主。2022年4月11日，习近平总书记到毛纳村调研考察，作出"把茶叶经营好，把日子过得更红火""乡村振兴要在产业生态化和生态产业化上下功夫"等重要指示。毛纳村牢记习近平总书记视察五指山时的殷切嘱托，坚持党建引领，积极投身海南自贸港高质量发展，突出黎族文化、热带雨林、茶旅融合三大特色，大力发展特色茶产业和乡村旅游产业。相继荣获"全国民族团结进步模范集体"、"全国民政系统先进集体"、海南民族特色村寨、全国乡村旅游重点村、五椰级乡村旅游点、全国巩固拓展脱贫攻坚成果村级实践交流基地、海南百个特色旅游村、省级生态旅游示范区、"零碳乡村"等荣誉称号。

二、主要做法

（一）强化党建引领，努力壮大村级组织

习近平总书记强调，"要把所有精力都用在让老百姓过好日子上"。毛纳村坚持党的全面领导，把党建工作融入乡村振兴全环节、全链条，以高质量党建引领乡村振兴高质量发展。积极创建星级党组织，增强基层党组织"引领力"，努力把毛纳村打造成抓基层党建促乡村振兴的典范。2022—2024年，毛纳村党组织连续三年获"五星级农村党组织"荣誉。驻村工作队获"2022年海南省乡村振兴工作队先进集体"称号。加强阵地建设，将"硕果亭"、"宝山竹屋雨林大讲堂"作为"乡村论坛"场地和"村民议事亭"，将群众聚在一起，谈想法、提建议、出对策，进一步打造党建阵地"红色标杆"。深入开展党史学习教育和学习贯彻习近平新时代中国特色社会主义思想主题教育和党纪学习教育，坚持"开门搞教育"，充分发挥党员先锋模范作用，引导党员干部在产业发展、乡村建设和乡村治理等工作中做表率当先锋，着力解决一批群众反映强烈的民生问题，让群众实实在在看到变化、增强信心、转变思维、凝聚合力，提振乡村振兴发展的强大动能。其中，党员王柏和带领乡亲积极发展特色茶叶，帮助村民脱贫致富，荣获2022年度全国"最美退役军人"称号。

毛纳村硕果亭

（二）发挥内生动力，加快推进产业发展

习近平总书记考察毛纳村时提出"乡村振兴要在产业生态化和生态产业化上下功夫"，如何打好"茶旅＋文旅"融合牌是毛纳村产业振兴的重中之重。在茶产业方面，围绕"小而美、美而精"发展定位，推进茶叶"普查、纯种、扩种、增量"和水肥一体化设施建设，着力打造"五指山热带雨林大叶茶"公共品牌。同时发挥茶企联农带农作用，大力支持农民发展茶叶经济。2023年以来全村新增种茶面积约1 271.82亩，总积植面积约2 906.83亩，茶青收入约369.78万元，茶叶平均每年为每户农户带来了超两万元的收入。在旅游产业方面，成立毛纳村村级企业，积极开发旅游项目，带动务工26人。积极引导村民"向绿水青山要金山银山"，发展"吃住行游购娱"全链条乡村特色旅游。2024年，全村接待游客17.02万人次，实现旅游收入851.22万元，同比增长78.72%。在其他产业方面，因地制宜发展林下经济，完成毛纳村金钗石斛大庭院经济先行项目建设，有效利用村中闲置的光伏球场空间发展村集体庭院经济，放置1 547个椰壳，种植约6 000株金钗石斛种苗，拓宽村集体增收渠道。充分利用日照时长优势，发展光伏产业，带动务工13人，累计产生收益81.44万元。2024年村集体经济收入达到262.80万元。

（三）坚持共建共享，推动和美乡村治理

习近平总书记强调"好了还要再好，不能止步"。毛纳村组织村干部到湖南湘西十八洞村、三亚博后村等海南省内外先进地区，学习乡村振兴、茶产业发展、生态环境保护等工作经验，全面促进村庄建设提档升级。认真做好非物质文化遗产保护传承文章，实施整村外立面改造。成立"1867"农村歌舞队、凤凰花黎苗童声合

唱团，利用传统节日开展黎族本土文化表演、竹竿舞、长桌宴和篝火晚会等民俗活动。结合黎锦开发黎族特色文创产品，深入打造少数民族特色村寨。学习运用浙江"千万工程"经验，全力开展治水、护林、净土和人居环境整治等工作，提升村容村貌。坚持和发展新时代"枫桥经验"，大力培养农村法律明白人，及时化解家庭纠纷、邻里纠纷、土地流转纠纷等各类纠纷，确保"小事不出村、大事不出乡"。

（四）坚持系统观念，强化生态环境保护

毛纳村树牢"绿水青山就是金山银山"理念，坚持生态环境系统保护和治理，争做生态环境"四好学生"。全力开展六水共治，污水提质增效工程，解决农村污水问题，运用"智慧林业"平台，一体化监测森林资源，积极开展撂荒地复耕工作，杜绝耕地"非粮化"，做好生态保护的尖子生。举办"雨林与您"体验活动、雨林时装秀、雨林音乐节、雨林文化节等系列"雨林+"活动，传播雨林故事，做好雨林文章的特长生。积极创建垃圾分类示范村，推广建设"合亩仓库""建材银行""巴掌公园"，提升村容村貌，做好生态转化的践习生。全面落实"河长制""林长制""田长制"，推行乡村治理"积分制"，引入第三方专业环卫公司，抓好村庄卫生常态化保洁，做好制度建设的优等生。统筹山水林田湖草系统治理，营造人与自然和谐共生的良好氛围。

三、经验启示

（一）推进乡村振兴，党的领导是根本

乡村振兴，关键在党。毛纳村牢牢坚持党的领导，发挥党建引领，从统一群众思想，解决各类问题，到以党组织领办村企引领推动村集体经济发展壮大，再到稳步顺利推进各项任务的贯彻落实，构建宜居宜业和美乡村，做到把党的组织优势转

毛纳村宝山竹屋

毛纳村茶园俯瞰图

毛纳村共同广场

化成发展优势，为开展村级各项工作提供坚强组织保障。

（二）推动促农增收，发展产业是基础

毛纳村大力发展富民强村产业，利用得天独厚的自然资源和生态资源，因地制宜发展金钗石斛等林下经济。同时积极探索"两山"转化路径，成立村企，大力发展乡村生态游、休闲游业态，实现群众就近就地就业，让群众既能吃上"茶叶饭"，也能吃上"旅游饭"，拓宽了群众致富渠道。

（三）凝聚发展合力，农民主体是关键

毛纳村充分发挥农民群众的积极性、主动性和创造性，让农民"唱主角""当主演"，使"自己的事自己办"成为农民的思想自觉和行动自觉，从思想上转变固有思维，让广大农民群众愿意参与、愿意行动，愿意主动积极投身于乡村振兴工作之中，形成共建、共享、共富、共赢的良好格局。

打通产业发展新道路　助力乡村发展新突破

——海南省琼中黎族苗族自治县和平镇堑对村

特色产业

一、村情概述

堑对村位于琼中县和平镇东南部，为牛路岭水库边上黎族移民村。村委会下辖4个自然村5个村民小组，常住人口264户1 106人。堑对村耕地面积为零，林地面积8 853.5亩，人均林地面积约8亩，农民收入以种植橡胶、槟榔，务工和淡水捕捞为主。堑对村是琼中县"十三五"整村推进贫困村，全村建档立卡贫困户58户256人。2016年实现整村脱贫退出，2017年贫困户全部脱贫，2023年村集体经济收入超100万元，脱贫户家庭年人均纯收入为30 751.8元，先后获得全国乡村治理示范村、全国民主法治示范村、全国巩固拓展脱贫攻坚成果村级实践交流基地等8个国家级荣誉。

二、主要做法

习近平总书记指出："要提升乡村产业发展水平、乡村建设水平、乡村治理水平，强化农民增收举措，推进乡村全面振兴不断取得实质性进展、阶段性成果。"新征程上，堑对村深入学习贯彻习近平总书记重要讲话精神和党的二十届三中全会精神，把党的领导贯穿乡村治理全过程各方面，不断增强广大农民的获得感、幸福感、安全感。

（一）聚焦产业振兴，促进农民增收

产业振兴是增强农业农村内生发展动力的源泉，是乡村全面振兴的基础和关键。堑对村立足实际，找到了一条"跳出堑对看堑对，跳出堑对发展堑对"的产业振兴之路。

一是大力发展生鲜配送中心项目，壮大村集体经济。堑对公司在交通便利、区位优势突出的琼中县营根镇投入运营"生鲜配送中心"项目，有效串联起种植、销售、配送、售后等全链条、全过程。项目通过规模化采购、生产、销售及全过程监管，比传统模式降低成本10%，可提供20个稳定就业岗位。

生鲜配送中心项目

二是着力优化标准化种植基地，保障菜品源头直供。堑对公司与和平镇加峒村合作打造"大棚蔬菜标准化示范基地"，建设45个大棚，依托"生鲜配送中心"项目，采用"订单模式"发展农业，每周提供临时就业岗位10个。

三是谋划打造"山兰稻作文化集市"项目，实现联农带农富农。堑对公司积极对接琼中县供销合作社，打造"山兰稻作文化集市"项目，涵盖琼中本地特色餐饮、南药售卖、黎苗服饰店等经营业态，有效促进夜间经济、地摊经济、帮扶集市等多种形式共同发展，提供就业岗位超100个。

（二）推进乡村建设，打造宜居环境

堑对村以"和美乡村"建设为载体，整合各类资金，着力补齐基础设施短板。一是完成堑对村饮水工程建设。长期以来，堑对村饮用水取自地下水，面临枯水期供水不足，雨期泥水下渗饮用水浑浊等问题，既无法直接饮用，又损坏家用电器。经多方协调，争取到454.45万元乡村振兴衔接资金，用于建设堑对村饮水工程项目。蓄水池及净水设备建设、供水管道铺设、智能水表安装等工作顺利完成，从根本上解决了堑对村"看天吃水"的困境。二是建设堑对村综合大厅。通过积极

对接，堃对村争取到113万元"美丽乡村"建设资金，建设集村民参事议事、文娱聚会、体育比赛等功能于一体的综合大厅。三是全力打造党建活动示范区。率先在全县行政村建设村级党建荣誉室，以党建工作和乡村振兴为主题，设计了党的百年历程、入党誓词、乡村振兴、微缩沙盘等版块，成为展现堃对村党建工作的靓丽窗口。

（三）强化治理效能，提升群众素质

村委会本着以人为本的工作宗旨，提升乡村治理水平，促进村民整体素质提升。一是细化积分制实施方案。积极贯彻落实《乡村振兴治理体系平台奖惩方案》，细化村级积分制工作实施方案，分步骤分阶段有序推进堃对村积分制工作。二是创新积分制实施办法。组建五人评分小组，通过发放宣传册、讲解评分细则等方式，将所有农户纳入积分制管理，每月评选出"领头羊"和"老慢牛"，将评比结果通过微信群、广播等媒介在全村通报，营造比学赶帮超的良好氛围。三是强化积分制落实成效。依托"乡村振兴治理体系平台"实现全村村民全部量化打分评比，切实把农村基层治理由"村里事"变成"家家事"，推动基层治理能力有效提升。

三、经验启示

（一）建立"三透明"管理机制，不断消除分歧凝聚共识

为避免随着业务规模和盈利水平增长，管理团队内部出现利益纠纷，或因意见不合相互掣肘，村"两委"提出了"目标透明、过程透明、分歧透明"的三透明管理办法。目标透明，即公司发展目标和个人工作职责公开透明，用清晰透明的公司发展目标指导公司各项决策制定，用明确清晰的个人职责厘清各项工作责任，避免相互推诿。过程透明，即公司的财务管理、奖惩情况和决策过程公开透明，确保公司资金始终在阳光下运行，公司奖惩情况始终让人心服口服，对决策过程始终能知其然更知其所以然。分歧透明，即不同的意见公开透明，对不同的意见建议进行公开讨论，确保每一个意见都得到充分尊重，每一个分歧都能在充分讨论中及时化解，保障公司管理团队和谐团结。

（二）建立有效人才激励机制，持续补充内生发展动力

随着脱贫攻坚向巩固拓展脱贫攻坚成果和乡村全面振兴推进，前期成立的合作社缺少激励机制的弊病日益显现，管理人员的回报和付出不成正比，人不愿意来、来了留不住。为吸引人才、留住人才，提高公司运行效率和管理水平，建立人才激励机制，每年拿出10%的利润作为公司管理团队奖励基金，激发团队工作动力。

（三）建立人才储备机制，为乡村振兴发现培养人才

乡村振兴的质量，取决于人才的力量。随着村集体产业日益繁荣，对管理者的

知识、能力和格局都提出更高要求。为避免"富不过三代"的陈规旧律，村"两委"将人才这一百年大计谋在当下、做在此时。由驻村帮扶干部任导师，成立乡村振兴青年联盟，覆盖大学生、青年创业者、年轻致富能手等，通过紧密沟通、系统培养让其在工作中成长成才，打造可持续的人才队伍梯队，形成优秀人才助力乡村发展的良性循环。

（四）建立不忘初心互助机制，秉持"百分百"使命担当

公司筹备成立了琼中垫对乡村振兴互助联合会，将公司部分利润注入其中，作为本村人居环境、奖学助优的资金支持和孤寡老人、留守儿童等弱势群体的帮扶基金。联合会为全村更换路灯150盏，为临时困难群众垫付资金并帮助申请民政救助，为村民提供紧急就医，为困难户购买生活用品、修建厨房、维修房屋等，让村民切实获得乡村振兴带来的红利。

山兰稻作文化集市项目

堑对村荣誉墙

坚持党建引领　走出乡村振兴新道路

—— 海南省白沙黎族自治县牙叉镇对俄村

一、村情概述

"对俄"在黎语润方言中意为"山的顶端","对俄村"意思是"山顶上的村庄"。对俄村位于白沙黎族自治县牙叉镇北部,距镇政府约10.8公里,全村水田面积426亩,林地面积约2 000亩,共163户652人,其中脱贫户135户542人,是以黎族为主体的民族村庄。对俄村曾是国家"十三五"深度贫困村,2014年人均收入不足1 000元,贫困发生率83.2%,为海南省最高。在党和国家各项政策支持下,历经多年艰苦奋斗,对俄村于2018年10月28日脱贫出列,贫困发生率降至0%。近年来,对俄村坚持因地制宜,融合黎族传统文化,推进农旅融合,积极探索生态产业化和产业生态化发展道路。同时推进乡村法治数字化建设,加强乡村治理,倡导文明乡风,在乡村振兴道路上取得长足进步。

二、主要做法

按照习近平总书记在庆祝海南建省办经济特区30周年大会上和2022年4月考察

推动乡村书屋建设

海南时的重要讲话精神，以及《中华人民共和国海南自由贸易港法》等法律法规要求，对俄村结合本村实际摸索科学的发展路子，把为民办事真正落到实处，推动巩固拓展脱贫攻坚成果同乡村振兴有效衔接工作取得显著成效，全村实现脱贫人口教育、医疗、住房及饮水安全有保障，环村路、路灯等建设实现"通村通组"。通过有效帮扶，村民人均收入实现显著提升。

（一）坚持党建引领，夯实乡村发展基础

一是抓好组织振兴，坚持与海南广播电视总台（集团）37个党支部和白沙黎族自治县人民法院2个党支部联合，形成全村163户全覆盖模式，与对俄村党支部开展共建，为农户提高生活质量、产业发展出谋划策。二是加强文化振兴工作，打造党建、作风能力提升教育基地。引进企业将对俄村农家书屋改造成新华书店，结合新华书店1937年成立的革命历程开展党史学习教育，为人才振兴创造平台，为村民提供宜读宜学的读书环境，延续红色文化传承。三是加强和完善村民自治机制，不断提高农村法治化管理水平。加强重大决策制度，以制度规范推进村务民主决策。健全议事制度，完善村民自治章程和村规民约，推进民主管理。

（二）打造数字乡村，扎实推进乡村法治建设

按照"民主法治示范村"创建活动要求，对俄村积极贯彻落实相关法律法规和政策，并采取形式多样的法治宣传活动，切实提高村民知法守法意识。一是加强对村民的法治教育。依据本村实际，设立法治宣传组，指定各村组的法治宣传员和法律明白人，并联合海南广播电视总台、白沙县人民法院、牙叉镇政府等帮扶单位开展法律宣传，保证法律宣传教育全覆盖。二是将"一村一法官"、人民调解员、村级法律顾问、法律明白人等力量整合起来，主动将村级整体工作融入社会治理体系和诉源治理大格局。在此

对俄村数字乡村示范点

构架下，村民法律素质得到提高，走法律途径已成为村民自觉行为。村干部也能够较为自觉、熟练运用法律手段做好各项事务管理工作，从而做到学法、懂法、守法、用法，遇到问题自觉、主动拿起法律武器来维护群众和个人权益。三是开展"5G+智慧广电"工作。意识是根本，数字建设是手段。针对农村社会治理基础设施薄弱、综合治理能力不高的状况，依托海南广电国际传播融媒体中心，构建"5G+融媒体"的乡村治理模式。与中国电信合作，率先在对俄村建成并开通5G基站、平安乡村智能联防联控监测系统及乡村电视台"5G+融媒体"平台，并形成平台村级区域覆盖，为村民看家护院、看老护幼、助力治安人防等提供了技术支撑，成为乡村治理的"第二双眼"。

（三）抓产业促增收，创新探索生态产业化

坚持乡村振兴工作队的指导，对俄村以市场为导向，在生态产业化、产业生态化上下功夫，积极探索以产业振兴带动经济发展。村民人均收入实现从2014年不足1 000元到2023年23 060.9元的转变。一是继续稳定橡胶主产业，开展橡胶产业"统管、统保、统销"的三统一管理，引导农户继续参加"期货＋保险"项目，有效推动橡胶生产，保障农户基本收入。二是通过村级电商服务中心，组织将村里的土鸡、鸭、鹅、黑山羊、野生蜂蜜、蔬菜等农副产品开展线上、线下消费帮扶，帮助群众增收致富。三是探索生态产业化发展。组织村里爱好越野车运动的村民，在保护山区生态的基础上，不砍树、不占地，利用原有生产路，自行开发了总长6公里的雨林山地越野车赛道，吸引了很多山地越野爱好者前来游玩。四是因地制宜发展兰花产业。调研发现，兰花市场需求量大，经济收入可观，加上对俄村所处区域气候、光照、温度、湿度等都非常适合兰花生长，积极向镇里申请产业发展资金用于兰花产业项目，投入资金150万元建设5.8亩兰花种植示范基地，并将其打造成旅游特色打卡点、旅游产品输出点。村民可从中获取土地租金、务工工资等收益。

对俄村兰花产业基地

对俄村乡村治理缩影

如今的对俄村已成为生态美、产业兴、百姓富的新时代白沙乡村"样板村"，先后荣获农村五星级党支部、党建全面建设先进单位、优秀基层党组织、海南省乡村振兴先进集体、全国乡村治理示范村、中国美丽休闲乡村、国家民主法治示范村、全国巩固拓展脱贫攻坚成果村级实践交流基地等称号。

三、经验启示

经过基层党组织、村"两委"班子成员以及村民的共同努力，对俄村以复核民主法治示范村为契机，以法治建设助推村庄发展，在村级组织、民主制度、法治教育等经济社会发展各方面都取得明显成效，实现了村民邻里团结和睦、村容村貌整洁有序、社会和谐稳定、百姓安居乐业。2023年，对俄村被推荐参评海南省文明村、全国乡村振兴示范村等奖项。

（一）共建共治共享，打造治理格局

通过成立"六治"委员会，重点围绕治懒散、治酗酒、治私彩、治浪费、治不孝、治脏乱等专项内容，持续深入开展攻关，使对俄村从"脏乱差"一路走到"净洁美"的村庄，永葆乡村治理成色。

（二）挖掘资源禀赋，激活振兴"热键"

立足黎族特色文化资源，推进农旅融合，让村民都能吃上"旅游饭"。对俄村也一跃成为白沙县"乡村游""民俗游"的一张闪闪发光的"乡土名片"。

（三）筑牢党建底盘，强化组织振兴

通过创建全国乡村治理示范村，对俄村在原有产业发展基础上，积极探索谋划，打造适合对俄村产业发展的道路模式。即融合黎族传统文化，挖掘地区旅游资源，持续提升乡村治理的成效及乡村振兴品质。

"农旅艺学"产业融合发展助力乡村振兴

——重庆市北碚区柳荫镇东升村

东升村草莓种植产业

一、村情概述

东升村位于重庆市北碚区柳荫镇东部,毗邻两江新区,紧连金刀峡4A级景区、静观3A级花木生态旅游区。全村总面积6.16平方公里,辖4个村民小组,总人口990户2812人。设党总支1个,下设支部2个,党员79名,共有耕地3760亩,是北碚"粟漫东山"万亩现代粮油产业示范区、乡村振兴示范带的核心区,森林覆盖率54%,绿化覆盖率67%。近年来,东升村借助优良的自然环境,将文化艺术与乡村生产生活相融合,促进"农+旅+艺+学"产业融合发展,助力乡村振兴。

二、主要做法

东升村依托深厚生态底蕴、优越人文历史、艺术乡村场景，2019年被评为"中国美丽休闲乡村"后，将文化艺术与乡村生产生活相融合，大力推动乡村文化艺术与旅游深度融合，实现生产美产业强，促进"农+旅+艺+学"融合发展。

（一）农业方面：推动宜机化粮油种植，发展林果产业

东升村加快建设市级乡村振兴产学研创新示范基地，通过三变改革，发动群众以"6+2+2"模式（即农户60%，社集体20%，村集体20%）将土地入股村集体经济联合社，完成宜机化智能生产示范基地土地改良1 500亩。实施"高粱+油菜"轮种，发展优质稻米700亩，丰富林果观赏采摘体验，现有黄金香柳700亩、翠冠梨520亩、桃园400亩、草莓100亩、鲜食葛根150亩。

（二）乡村旅游：利用水渠看点发展乡村旅游，助推乡村振兴

利用20世纪70年代修建的空中水渠，东升村引来乡村旅游"活水"。按照"一线两翼"发展布局，加快建设现代农业示范镇、全域旅游引领镇、文化艺术精品镇、研学培训样板镇、共同富裕先行镇，逐步走上"农+旅+艺+学"的乡村振兴之路，将绿水青山转化为"金山银山"。持续打响周末度假休闲旅游品牌，引进滑翔伞、热气球等体验项目，积极探索共享民宿，"春日限定·遇见柳荫"油菜花文化季等系列活动频频"出圈"。

（三）艺术乡村："乡村艺术、艺术乡村"的发展给村民带来实惠

艺术赋能乡村振兴归根结底是为了农民。"乡村艺术、艺术乡村"的发展给

东升村油菜种植产业

游客到东升村旅游露营

当地村民带来了许多实惠。一是农村变景区。东升村打造了杨家坝、王家坝"柳门""竹巷"特色艺术院落，建成新农村"童画工坊"在地创作基地，建设生产生活便道、星光绿道和观光绿道，每天接待游客500余人。二是农房变客房。村民利用自有农房发展餐饮，利用闲置房屋发展微民宿，接待游客。三是农品变俏品。通过农产品电商平台，帮助村民销售土鸡、土鸭、稻米、水果等农副产品。四是农活变艺术。东升村深入挖掘竹编、草编等传统手工艺，开展竹编草编艺术展。

（四）研学产业：以"研学+"有机融合乡村多业态多产业多模式，形成党建引领三条精品研学线路

习近平总书记强调，"坚持大抓基层的鲜明导向，抓党建促乡村振兴"。2018年伊始，柳荫镇在北碚区率先破局并整体谋划推进乡村振兴工作，以高质量党建引领，按照"农+旅+艺+学"融合发展思路，打造出国内具有标识性的"旭日映渠"乡建品牌。在推进乡村全面振兴的新征程，柳荫镇锚定"研学培训样板镇"发展目标，依托深厚生态底蕴、优越人文历史、艺术乡村场景，以"研学+"有机融合乡村多业态多产业多模式，形成"人文和美线""红日东升线""产业兴旺线"三条精品研学线路。2023年与西南大学合作，共同开展了10期西南大学思想政治理论课社会实践活动，吸引了近1 000名西南大学研究生到村开展活动，2024年继续延续合作模式，持续开展研学活动，持续为村集体带来收益。

三、经验启示

（一）党建引领与群众参与相结合，推动乡村振兴

东升村的乡村振兴工作是在高质量党建引领下进行的。通过党建引领，不仅凝聚了群众的力量，也激发了群众的积极性和创造力。同时，通过"三变改革"等模式，让群众成为乡村振兴的主体和受益者，增强了群众的获得感和幸福感。这种党建引领与群众参与相结合的发展模式，为乡村振兴提供了强大的动力和保障。在这一过程中，党组织充分发挥了领导核心作用，通过广泛宣传和深入动员，使广大群众参与到乡村振兴各项工作中来。群众在参与中感受到了自身价值的实现，同时也为村庄的发展贡献了智慧和力量。

（二）多元化融合推动乡村振兴，实现产业互补

东升村的成功在于将文化艺术、农业生产、乡村旅游和研学产业进行了深度融合。这种多元化的发展模式不仅提升了乡村的整体面貌，也促进了产业结构的优化和升级。它告诉我们，乡村振兴不应局限于单一产业的发展，而应该通过多业态的有机结合，形成优势互补，共同推动乡村的全面振兴。通过这种多元化融合，东升村不仅保留了传统的农业特色，还发展了文化产业和旅游产业，吸引了更多的游客和投资者。同时，研学产业的引入也为村庄带来了新的活力，为青少年提供了学习和实践的平台。

（三）注重生态保护与可持续发展，实现绿色转型

东升村在发展过程中，巧妙地融入了黄金香柳这一生态元素，与空中水渠等自

东升村柳门艺术院落

东升村开展研学活动

然资源相辅相成，共同形成了独具特色的乡村旅游风貌。同时，依托土地改良和智能生产示范基地建设，实现了农业生产的绿色转型和高效提升。这种发展模式不仅保护了生态环境，也显著提升了农产品的质量和市场竞争力，为可持续发展之路铺设了坚实的基石。东升村坚持生态优先原则，实现了经济发展与环境保护的双赢。村庄生态环境得到有效保护的同时，也为村民带来了实实在在的经济收益。

坚持党建引领　助力乡村振兴

六赢村村委会（会客厅）

一、村情概述

　　土桥镇六赢村位于重庆市铜梁区西南方向，距铜梁城区5公里，全村总面积7.2平方公里，耕地面积4 705亩，辖21个村民小组，共1 103户2 875人，其中脱贫户23户47人，监测户17户41人，低保户30户52人，城市农村五保27人。六赢村全体党员干部坚持以习近平新时代中国特色社会主义思想为指引，干群同心，缪力同行，坚持夯实战斗堡垒，提升引领带动能力，持续完善基础设施，丰富群众生活，坚持发展特色产业，促进群众致富增收，不断完善治理水平，提升人民群众幸福感，如

六赢村挖藕现场

期打赢了脱贫攻坚战，接续推进乡村全面振兴工作。

二、主要做法

六赢村始终按照习近平总书记重要指示精神，充分发挥基层党组织战斗堡垒作用，以党的建设为引领，不断提升乡村产业发展水平、建设水平、治理水平，持续探索农民增收举措，集体经济年收入从无到有，2023年发展到169.3万元。

（一）强健基层组织，提升引领能力

一是选优配强"两委"班子。六赢村把政治可靠作为首要标准，筛选出党性强、作风正、懂经济、能经营、受拥护的党员骨干作为支部书记。先后回引有文化、有知识、懂经营、会管理的本土人才8名，按照专职干部标准支付工资待遇，通过村领导+驻村干部+村干部+本土人才的"3+1"帮带机制，让本土人才参与组织管理、民宿管理等事务工作，先后培养出机关事业干部2名，转任村干部6名，以及平均年龄39岁的村"两委"干部。二是增强政治功能和组织功能。六赢村党支部通过多种措施，宣讲党的理论知识，宣传党的方针政策，及时传达党的意志、声音、要求，让乡村振兴的思想、政策及时进家入户，走进每个党员群众的心里。同时，通过乡村振兴讲习所、小院课堂等方式，开展领导干部讲政策、致富大户讲经验、党员群众讲感受的"三讲"活动，引导全村党员干部和全体群众吃透中央文件要求和政策精神，形成推进乡村振

兴的强大合力。三是把发挥党员作用作为关键。六赢村常态化抓好党员干部教育管理，深化党员志愿服务，通过设岗定责的方式，把强党性、重修养和谋实事、建新功有机结合，增强每名干部抓乡村振兴的责任和情怀。推行党员"三亮"行动，把党员的身份、承诺和评议结果亮到党员家门口，全村68名党员年均走访群众820余人次，帮助解决实际问题50余起，充分发挥党员引领作用。

（二）科学制定规划，完善基础设施

为优化乡村布局，统筹产业发展、基础设施建设、人居环境提升等，六赢村结合村庄实际建设情况修改完善村庄规划。并根据村庄规划，不断完善道路设施建设，实现组组通、户户通，建成产业道路4公里、入户路5.8公里，修（改）建绿道2公里。提升文化旅游设施，建成文创街至莲花湖大坝环湖观光路1.175公里。实施文创街提质改造，完成荷和原乡龙舞文化广场改造提升。实施整村改厕450户，新（改）建2座旅游厕所，整治农村旧房175户，整治庭院6个，实现了天然气、自来水全覆盖安装。

（三）坚持发展产业，带动群众增收

一是做强莲藕特色产业。依托本地莲藕种植传统，六赢村建成莲藕良种繁育基地50亩、核心示范区3 000亩，同时建立新型农业经营主体、村集体、农户三方利益联结机制，发展莲藕主导产业。村集体与本地龙头企业合股联营，整合资金2 500万元，推动建设莲藕加工基地，引进莲藕产品先进生产线5条，生产莲藕净菜、荷叶

第十三届荷文化旅游节彩跑现场

六赢村原乡藕寓民宿

茶、莲子心、莲藕休闲食品等系列产品，年产值超过 1.12 亿元，既延伸了产业链条，又拓展了产业业态，形成"拳头效应"。

二是做大特色养殖产业。六赢村引进黑鸡养殖业主，创新"党支部+龙头企业+合作社+农户"的发展模式，整合各项资金 1 200 万元，平整土地 7.5 亩，建设现代化鸡舍 2 栋 4 000 平方米，建设全套智慧养殖系统平台，进行全过程智能化管理的现代化养殖，年出栏黑鸡 20 万只，年产蛋量达 1 460 吨，实现产值 8 000 余万元，带动集体经济发展壮大。三是融合发展强村富民。六赢村通过整合六赢山、荷和原乡乡村旅游资源，打造"世外桃园""花果采摘体验区""爱莲湖"精品路线，连续举办 14 届"铜梁区荷文化旅游节"，旅游综合收入达 10 亿元。通过全面铺开"三变"改革试点、盘活闲置房屋，六赢村采用"村集体+公司+农户"的新型发展模式，发展特色民宿，成功盘活闲置农房 8 栋，农房变民宿 30 余间，新增就业岗位 10 余个。同时，打造"村集体+农户"的链接机制，创建"六赢童耕"研学品牌，全年开展研学活动 48 期，带动 16 人实现就业，村集体收入达 25 万元，带动周边群众增收 30 余万元，成功激发了乡村振兴活力。

（四）拓展治理手段，提升治理效能

一是开展院落治理。六赢村以建设"铜心小院"为抓手，在居住集中区域打造 3 个"铜心小院"，推选出思想水平高、道德风范好、群众威望高的党员作为院落"召

集人",牵头做好院落管理、纠纷调解、政策宣传、活动组织、民意收集等工作,精准回应群众诉求、精细服务群众。累计依托小院开展学习宣讲共20余次,商议莲藕产业、民宿发展等问题13次,化解矛盾纠纷15起,组织开展志愿服务等活动40余场次、开展评书、快板等文娱活动30余起。二是拓展积分内涵。六赢村将人居环境积分制拓展为乡村治理积分制,以院落为单位,围绕村规民约、遵纪守法等各方面内容开展积分,在显眼的地方张贴积分制规则。以组长、院落长、党员代表、群众代表组成评分组,做实每季度评分、亮分、兑分环节。同时实行加分、扣分制,在积分对比中增强群众的荣誉感,以小积分撬动群众大参与。

三、经验启示

六赢村始终坚持发挥基层党组织的战斗堡垒作用,持续抓党建促乡村振兴,始终抓住党员干部这个关键少数,选优配强乡村振兴"头雁"队伍,依托村"两委"带头作用,统筹各方资源,立足本地资源禀赋,将集体经济发展作为主要抓手,通过引进新型农村经营主体,抱团发展莲藕种植及黑鸡养殖等第一产业,争取项目资金发展莲藕加工业壮大第二产业,依托"荷文化"及小水果采摘基地发展乡村旅游服务等第三产业,初步建成规模基地—循环种养—批发交易—集中加工—休闲养生—生态旅游的完整循环产业链条,全方位拓展集体经济收入渠道,以党建抓集体经济发展助力乡村振兴。

六赢村党支部书记在铜心小院宣讲党的二十大精神

聚焦"三美"建设　绘就和美乡村新画卷

——重庆市巫山县竹贤乡下庄村

8公里下庄天路

一、村情概述

下庄村位于重庆市巫山县东北部，地处五里坡世界自然遗产地，四面绝壁，是名副其实的"天坑村"。全村总面积9.1平方公里。全村辖4个村民小组，233户700人。为摆脱贫困，1997年下庄人在村支书毛相林带领下向绝壁挑战，牺牲6条生命，历经7年时间在悬崖绝壁上凿出一条8公里的"天路"，用血肉铸就"不甘落后、不等不靠、不畏艰险、不怕牺牲"的下庄精神。2021年2月25日，在全国脱贫攻坚总结表彰大会上，习近平总书记向毛相林颁发全国脱贫攻坚楷模奖章，并叮嘱毛支书：

"加油干，把下庄建设好、发展好！"三年多来，下庄村牢记嘱托、感恩奋进，锚定"乡村振兴走在前作示范"奋斗目标，深化推广"下庄经验"，引领推进乡村全面振兴，2015年下庄村实现整村脱贫，2023年人均可支配收入实现20 046元，比2020年增长了45%。

二、主要做法

在推进乡村全面振兴大背景下，下庄村借乘"强村富民"乡村集成改革东风，充分利用自然生态地理优势和深厚历史文化底蕴，以"业美、景美、纯美"三美建设为切入点，坚持以市场化运作为导向，有效打通城乡资源流转通道，推动农村资源联动盘活，为当地经济发展注入新的活力。

（一）打造"业美"下庄，让农民腰包"鼓"起来

下庄村坚持把增加农民收入作为中心任务。一是深耕生态农业"下庄味道"。引进巫山浙乐农业开发有限公司对下庄千亩柑橘进行统一建设、统一管理、统一经营。探索"村集体经济组织+龙头企业+农户"的产业发展模式，按照村集体2%、公司48%、农户50%的比例进行分红，实现年产值100万元。采用"合作社+农户"运营模式发展核桃650亩、辣椒200亩、西瓜100亩、小麦200亩。注册"下庄天路"商标，授权公司进行运营保护，建成下庄、重庆鸿恩寺"下庄天路消费帮扶馆"，以柑橘为主的"下庄天路"农产品进驻京东、抖音、832消费帮扶采购网

重庆市巫山县委党校下庄村校区

等网上商城。公司所得销售收入的2%作为村集体经济分红，年分红超10万元。二是厚植乡村旅游"下庄品牌"。擦亮"世界自然遗产地"金字招牌，下庄村获评全市乡村旅游重点村，入选建党百年精品旅游线路，天路下庄景区成功创建4A级景区。同时，打造下庄精品客栈、农家乐等10余家，安装路灯、步道导览系统，上线地图和旅游App。建成重庆五里坡国家级自然保护区竹贤科普宣教中心，开发下庄河谷科普教育线路。与旅游行社签订协议，面向全社会组织开展研学游、自驾游、夏令营活动，逐步打造具有区域性影响力和吸引力的山水乡村旅游休闲胜地。三是打造红色研学"下庄名片"。擦亮"下庄精神发源地"金字招牌，充分发挥下庄校区全国巩固拓展脱贫攻坚成果村级实践交流基地、全国"大思政课"实践教学基地、重庆市爱国主义教育基地、重庆市党员教育培训基地等基地虹吸效应，推动下庄党员干部教育研学中心（巫山县委党校下庄校区）高效运行。自2022年5月开班以来，累计承接各类培训班170期9074人次，来自17个省市超20万人到下庄开展党性教育和研学旅游，利用闲置农房发展民宿接待过夜游客1.5万人次。

（二）打造"景美"下庄，让乡村环境"靓"起来

下庄村坚持立足当前重长远，建设规划突出原乡特色，打造人与自然和谐共生美丽乡村。一是基础设施提速升级。下庄天路加宽加固，被交通运输部评为"全国十大最美农村路"。下庄环线建成通车，新修通了两条出山路，形成下庄天路、大环线、小环线三条通道，与世界自然遗产地五里坡、5A景区小三峡·小小三峡连为一体，基本形成"大下庄"片区发展格局。二是人居环境提速整治。下庄村扎实推进农村人居环境整治，深入实施厕所、垃圾、污水"三大革命"，卫生厕所普及率、垃圾清运率均达到100%，同时配套建设污水管网，科学规划雨污分流，惠及138户430人。此外，注重乡土味道，对原有土坯房实施民宿改造，成功入选中国传统村落名录。下庄村荣获重庆市首批宜居宜业和美乡村五星级示范村，"以传统保护接续发展之路"的乡村建设实践获评成渝地区双城经济圈农村人居环境整治典型案例。三是公共服务提速健全。新建下庄村校、村卫生室、自来水厂、污水处理厂，实现物流、金融进村，电力通讯、公共服务设施更加完善。建成巴渝传统村落数字博物馆下庄馆、下庄村气象观测站。常态化举办下庄村晚、下庄古道登山赛，入选全国村晚示范展示点。

（三）打造"纯美"下庄，让基层治理"活"起来

以弘扬下庄精神为主线，下庄村不断探索健全党组织引领下的四治融合基层治理体系。下庄村基层治理"忆、说、立、疏"四步工作法在中国乡村振兴网刊载，获评全国乡村治理示范村。一是弘扬好下庄精神。通过多角度讲好"下庄故事"，邀请老党员、老前辈担任"资深"教员，搭建下庄人事迹陈列室、愚公讲堂等载体，下庄村重温7年绝壁凿路艰难岁月、15年脱贫致富历程，激励着一代又一代巫峡儿女不忘初心，砥砺前行。同时，多形式宣传下庄变化，《"天路"背后的中国答案》获

国务院新闻办"讲好中国故事"创意传播大赛特等奖。图书《下庄村的道路》获中宣部"五个一工程"奖。电影《开山人》全国公映、倍受好评，话剧《天坑问道》成功公演，《好一个巫山下庄村》荣获2023年中国村歌大赛优秀词曲奖和特别贡献奖。二是探索好"三事三议"。即群众说事，坚持把群众说想法、说意见放在解决问题的第一环节，并固化为群众"三说"机制，即月初开会说、中旬家里说、平时线上说。干部访事，把"定位访事法"定制为村干部的一项基本动作，门外屋里访、田间地头访、左邻右舍访。坐班记事，制定下庄村党群服务中心坐班值班制度，形成"听、记、跟"记事三项规程。村"两委"商议，围绕干不干统一思想，围绕怎么干研究方法，围绕谁来干明确责任。三是健全好"双网格"体系。织密线下网格，整合党建统领网格治理"1+3+N"人员力量，充分发挥党员、清洁户、产业大户等先锋模范作用，组建"三会五队"，吸纳N种社会力量参与群众管理。扩大线上网格，在实现"一格一群"的基础上，村社干部、网格员不断扩大朋友圈，确定每人500名微信好友的最低限，推动"进圈入群"走深走实。四是实施好智治行动。用好"141"基层智治和"巫山小院家"院落微治理平台，鼓励村民在平台了解时政，发挥"及时报""帮我卖""兑积分"等服务功能。自2023年4月平台上线以来，下庄村村民使用量达5万余次，群众主动上报民生诉求89件。村民办事更方便，服务更便捷。

下庄村新貌

三、经验启示

（一）坚持深学笃用习近平总书记关于"三农"工作的重要论述是基础

习近平总书记关于"三农"工作的重要论述，为做好新时代"三农"工作提供了行动纲领和根本遵循，是抓好乡村振兴工作的"定海神针"。下庄村坚持常学常新、学用结合，从中悟规律、明方向、学方法、增智慧，把论述中蕴含的立场、观点、方法、案例转化为推动乡村振兴工作的思路办法和实际成效。

（二）坚持以人民为中心的思想是出发点

让老百姓过上好日子是我们一切工作的出发点和落脚点。下庄村在乡村建设过程中，充分依靠人民群众的智慧。只要有人民的支持和参与，就没有克服不了的困难，大家有钱出钱、有力出力、有智出智，村庄多年的环境脏乱差、乱搭乱建等现象得以解决。同时创新推进院落治理，大家各负其责，从不同的角度参与，有效避免了"干部干、群众看"的现象。

（三）坚持党建统领上下合一形成合力是保障

乡村振兴是一项系统工程，必须坚持"全县一盘棋"思想。下庄村在乡村建设过程中，充分发挥党支部总揽全局、协调各方的领导核心作用，持续增强思想动力、激发组织活力、凝聚工作合力、提升基层执行力，以实干实绩推动乡村振兴走深走实。在乡村治理中让干部生活在群众中、让群众活动在集体中、让组织扎根在基层中。

改造后的民宿

毛相林在愚公讲堂宣讲政策

乡村建设新征程　治理先行促振兴

——重庆市巫溪县通城镇龙池村

龙池村议事堂

一、村情概述

通城镇龙池村位于巫溪县东南部，由原天池村、狮龙村合并而来，距离巫溪县城14公里，离镇政府1公里，全村总面积4.14平方公里。辖4个村民小组，652户1 855人（其中常住人口1 562人），全村共有低保户50户88人、特困供养17人（集中供养1人）、残疾人113人、脱贫人口87户357人、监测对象4户14人。全村耕地872.5亩、林地3 994亩（含退耕还林）。近年来，龙池村先后被评为重庆市文明村镇、全国文明村、重庆市乡村旅游重点村、重庆市美丽宜居乡村、重庆市民主法治村、全国巩固拓展脱贫攻坚成果村级实践交流基地、全国第三批乡村治理示范村等，2023年成功创建"耕歌龙池"国家3A景区。

二、主要做法

(一)"两项"试点,创新治理模式

一是试点开展"和美家园"创建工作。通过创新乡村治理模式,龙池村把党建统领的总体要求、职能职责与群众主体、共同担当融合起来,形成"一网两会一大院"治理体系,有效激发群众全面参与乡村建设。在村党支部领导下,龙池村将全村划分为2个网格、4个网格单元、10个微网格(家风屋场),由村支部书记担任网格长、村专干任网格员、小院院落长(屋场当家人)任微网格员,形成村级党组织引领、群众共享共管的治理格局。同时,建立村建联席会,推选德高望重的支委或村"两委"成员担任村建联席会负责人,网格员、微网格员(屋场当家人)、致富能人等为成员,定期召开乡村建设联席会议,根据本村规划和群众愿望,商议乡村建设清单,按照"三事分流"原则,统筹推进乡村建设。通过推选熟悉产业发展的支委或村"两委"成员为生产互助会负责人,建立起生产互助会,并吸纳强村公司和新型经营主体负责人、屋场当家人(微网格员)为成员,探索生产要素合理配置流动方式,实现庭院经济与现代产业有机结合,壮大村集体经济,推动农户增收致富。利用公共院坝和闲置房屋建立村级大院,吸纳77名热爱公益事业的村民,同时配备文艺宣传队、爱心服务队、义务巡防队、公共服务队、村级工程队等9支和美家园公益队伍,组织村民参与乡村建设。二是试点开展农户诚信体系建设。通过农户诚信

龙池村草莓园

体系建设试点，龙池村将个人品德、家庭美德、职业道德、社会公德等纳入农户诚信指数评价范围，建立农户诚信档案，依法依规运用信用激励和约束手段，将惠民政策、社会福利、公共服务等与农户诚信挂钩，探索构建农民守信联合激励和失信联合惩戒机制，培育乡村社会主义新风尚。

（二）"三项"融合，推动产业发展

龙池村积极探索产业发展新模式和新业态，壮大村集体经济，带动农户持续稳定增收。一是农旅融合发展。推行"企业＋专业合作社＋农户"模式，打造"五色田园"。在种植冬梨、冬桃、草莓、葡萄、金银花、五味子、晚李的同时，植入园林景观元素，实现农旅融合发展。二是文旅融合发展。围绕二十四节气文化与农耕文化，龙池村将全村划分为春生、夏繁、秋收、冬憩等四个组团，对村容村貌、业态布局、节气活动、运维管理等进行多维升级改造，丰富农耕与节气文化内容，打造具有龙池韵味的二十四节气传统农耕文化名片，推动文旅融合发展。三是城乡融合发展。布局四时奶茶、时令茶摊、岁俗小吃街、龙池二十四饮、自然康养屋、有家咖啡、游乐园、汉服体验店、观光自行车租赁店、见山书屋、文化集市、文化观光长廊、露营基地、音乐围炉等14个新业态，招商引资建成肉串加工厂、五味子加工厂、龙门客栈，以产业融合促进城乡融合。

（三）"四项"行动，改善人居环境

一是实施"五清"行动。龙池村坚持"干净整洁就是风景、规范有序就是景观"理念，持续健全群众参与机制、拓宽群众参与渠道，引导村民自觉主动清理生产生活垃圾和废弃违建设施，还原乡村美丽底色。清理"蓝顶棚"、废旧房屋、房前屋后杂物堆、田间废弃物、蜘蛛管线等。二是实施"五建"行动。通过健全"以奖代补"工作机制、因地制宜新建配套设施等方式，龙池村实现"最小成本投入、最大环境提升"，持续推动乡村"旧貌换新颜"。三是"四季清洁"活动。围绕"地面净、水池清、道路畅、空气新、环境美"五大目标，以村为单位，龙池村党员干部、公益组织带头，村民群众主导，开展"春夏秋冬"四季村庄清洁行动，推动村庄环境从"一时美"转变为"四季美"。四是开展"两评比"行动。树立"赛马比拼促实干、创先争优做表率"鲜明导向，龙池村持续健全人居环境整治比拼工作

龙池村人居环境整治后景象

机制，激励群众自觉参与、争当先进，推动群众观念从"要我干"转变为"我要干"。通过开展农户个人评比，健全农户人居环境整治责任清单，将农户家里、门口、周边等环境卫生纳入评比范围，深化"文明乡风积分兑换"活动，采取"时时评、季季兑"方式，动态评选"环保先进户""美丽家庭"等，定期开放洗衣液、卫生纸等生活用品积分兑换，持续激发群众参与主动性和积极性。

三、经验启示

（一）完善自治机制，构建和美乡村

龙池村充分调动村民参与治理的积极性。通过建立健全"一网两会一大院"等自治组织，让村民在决策中发挥主体作用，通过自治体制，自发解决村民矛盾30余起，邻里互助100余起。同时加强村务公开，保障村民的知情权、参与权和监督权。

（二）推动产业发展，构建兴旺乡村

龙池村以产业兴旺带动乡村经济繁荣。结合本地气候条件，因地制宜发展具有本地特色的"五色田园"，2023年龙池村村集体经济达20余万元，同时引入现代化的农业技术和经营模式，提高农业生产效率和质量，实现以产业兴旺带动经济发展。

（三）弘扬乡村文化，构建和美乡村

通过传承和弘扬优秀传统文化，凝聚乡村精神力量，龙池村开展"两评比"行动，乡风文明积分兑换达5万余元，培育了文明乡风，倡导了良好的道德风尚。

（四）改善人居环境，构建宜居乡村

龙池村制定科学合理、符合乡村实际和长远发展的人居环境整治规划。充分考虑乡村的自然生态、人文历史和产业发展等因素，实现环境整治与乡村特色的有机结合，通过开展"五清五建"行动，进一步改善人居环境，提高群众满意度。

文旅融合促增收 数字赋能强振兴

——重庆市酉阳土家族苗族自治县花田乡何家岩村

一、村情概述

何家岩村地处重庆市酉阳县西北部，距离县城41公里，被誉为贡米之乡。全村总面积15.5平方公里，2015年底实现全村脱贫，现有脱贫户830户3 424人。近年来，何家岩村结合本村实际，积极探索建设共富乡村，大力发展新型集体经济，彻底改变"干部在干、村民在看""政府主动、农民被动""企业赚钱、农民保底"的现状，把"两不愁三保障"变为"两美好三升级"，走出一条特色资源村寨"自己的发展自己干，自己的资源自己赚"的共富乡村新路子。《网红梯田何家岩》被国家博物馆收藏，先后被评为中国民俗摄影创作基地、全国农民专业合作社示范村、全国乡村治理示范村。

二、主要做法

花田乡是重庆市17个乡村振兴重点帮扶乡镇，何家岩作为重点帮扶村，始终以习近平新时代中国特色社会主义思想为指引，深刻领会党的二十大精神，坚持以党建为引领，创建"三亮一争"党建品牌，夯实乡村两级基层党组织责任。全村立足梯田、民族特色村寨等优势资源，采用"公司+基地+高校+村级集体经济组织+农户"模式，全力打造"贡米、乡村旅游"两大产业，促进产业融合发展，多渠道提升农民收入水平，壮大村集体经济。

（一）充分体现农民主体性，破解"缺主动"难题

一是拓展思想激动力。何家岩村广泛开展"谈乡村振兴、话幸福未来"思想大讨论，驻村干部、村组干部、老党员等深入田间地头、农户家中，围绕乡村振兴美好愿景、共富乡村发展思路等内容，召开小组会、院坝会、火铺会90余场次，组织村民前往石柱土家族自治县中益乡考察学习，何家岩村60余名群众自发写下决心书，承诺"不因个人的小事耽误乡村振兴的大局"，真正实现从"要我振兴"向"我要振兴"转变。二是引入人才激活力。村庄积极开展"三回三讲三干"行动，以乡情乡愁为纽带，引导退休职工、大中专毕业生、农民工回户籍地、回工作地、回感情地，

与群众一起讲模式、讲市场、讲未来，推动党员带领干、能人带头干、群众跟着干。累计引入务工收入100万元以上返乡创业人士5人、科技人员3人、大学毕业生5人，营造了"万众一心干事业，我的乡村我振兴"的生动局面。三是挖掘资源激潜力。坚持民俗文化为魂、山水村落为形、生态产业为本、美丽乡村为基，依托何家岩村"一个草原、百年村寨、千年文化、万亩梯田"特色资源，盘活农民土地、房屋或技艺资源，组织农民发展乡村新业态，把空气、温度、海拔、星空、传统村落全面优化为旅游产品，推动生态观光农业和乡村旅游深度融合。同时，注重"面子""里子"双轮驱动，集中开展何家岩村寨庭院连片整治，修建便民路1 500米、拆除圈舍75个、改房屋地坪20户、改厕28户、改院坝73户，全面提升村庄人居环境。

（二）培育市场化运营主体，破解"缺市场"难题

一是成立共富乡村合作社。何家岩村坚持"自己动手、资源共享、抱团发展、科技赋能"，由村集体经济组织主导成立共富乡村合作社，农民自愿申请成为社员，逐步把全体村民重新组织起来。2022年1月13日，何家岩村乡村旅游合作社在市场监管局正式注册成立。相比村集体经济组织，合作社利益主体更集中、经营方向更聚焦，运营管理更加标准化，与村集体经济组织形成有效互补与协作，逐步扩大农民参与范围，实现整村受益。二是发展乡村产业新业态。何家岩村把合作社作为乡村产业发展的主体，实现群众参与建设、主导运营、利益共享。坚持不搞大拆大建，保持古色古香的建筑风貌，盘活农民土地、房屋资源，高标准改造农家客房、厨房餐厅，打造高端民宿、无人便利店、农家咖啡厅、会客厅、明德书院，实现"外面

何家岩村标志

何家岩村共富乡村业态——农家咖啡厅

五千年、里面五星级"，初步形成了具有功能性支撑的何家岩产业发展7大新业态。2023年，接待游客5万人次，实现旅游综合收入320万元。三是实现农民利益最大化。何家岩村坚持利润让给农民、成本回归集体，资金共同管，经营自己做，让农民参与建设和管理，既有工资性收入，又有经营性收入，没有中间商赚差价，大幅度提高农民在第一次分配中的占比，全过程体现农民主体性。

（三）打造何家岩智慧乡村，破解"缺信息"难题

一是打通农民了解市场通道。何家岩村开通了"稻香何家岩"公众号、视频号，注册"花田何家岩商店"，104名村民入驻"为村"平台，让农民直接了解市场，利用数字化运营提升品牌。同时创新运营智慧，认养"为村共富农场"，把何家岩梯田稻米变为加密区块链的NFT藏品，将插秧的稻田搬上云端，通过线上小程序实现智慧认养3万平方米，按照9.9元/平方米的价格，实现村集体经济收入60万元，既降低了种植风险，又提高了产业收益。2023年，仅500亩的核心梯田就让村集体经济增加了384万元的收入，"巴掌田"变成了"聚宝盆"，解决了何家岩村民的心头担忧，村民满意度也从以前的78%上升到99.8%。二是打通客户深度体验通道。何家岩村开通"为村"共富乡村经营服务小程序，开发乡村智慧导览地图，为游客提供民宿预订、餐饮预订、线上店铺购买以及村庄农耕体验活动等线上服务，满足游客了解体

验村庄文化、吃喝玩乐等需求，实现一键玩转乡村的线上服务极致体验。同时，也为职业经理人更好地服务消费者提供了便利工具。三是打通运营技术支撑通道。何家岩村开发"为村"共富乡村经营后台管理系统，为合作社实行"一卡通"管理提供技术支撑，满足村民对经济业态的管理、营收管理、数据分析、会员管理、分红等需求，更好地助力乡村经营者高效、便捷管理乡村资产，开展运营活动。

三、经验启示

（一）坚持把促进农民增收作为中心任务

何家岩村把农民作为共富乡村建设的实施主体和受益主体，把维护农民核心利益体现在实施过程的各个环节，充分调动农民参与发展的积极性、主动性、创造性。

（二）坚持把市场化运营作为努力方向

何家岩村培育市场主体统一管理、统一运营，破除市场壁垒，唤醒沉睡资源，切实解决农民房屋、土地价值"两个被低估"，生态价值、无形资产价值、政府资产价值"三个被外溢"的问题。

（三）坚持把数字赋能乡村作为动力源泉

何家岩村立足乡村产业发展，建设共富乡村数字平台，打造"何家岩智慧乡村"，把资源与市场链接为一个系统。赋能产业设施、运营服务、营销推广各环节，激活乡村各种要素，以信息流带动资金流、技术流、人才流、物资流，促进品牌打造、经营管理和市场对接。

云端稻米认养

四川省 **14**

社会帮扶山海情　白茶香飘共富路

——四川省广元市青川县沙州镇青坪村

一、村情概述

青川县沙州镇青坪村位于国家级风景名胜区白龙湖边，是习近平总书记亲自关心的"白叶一号"茶苗受捐地之一，全村总面积23.7平方公里，辖6个居民小组，有343户1 041人，其中脱贫户69户210人，2018年实现脱贫摘帽。2018年4月，浙江安吉黄杜村20名农民党员给习近平总书记写信，汇报种植白茶致富的情况，提出愿意捐赠1 500万株茶苗帮助贫困地区群众脱贫。同年5月，习近平总书记作出重要批示："'吃水不忘挖井人，致富不忘党的恩'，这句话讲得很好。增强饮水思源、不忘党恩的意识，弘扬为党分忧、先富帮后富的精神，对于打赢脱贫攻坚战很有意义。"随后，原国务院扶贫办在贫困地区选址，最终确定三省四县作为受捐地。7月4日，捐赠白茶苗签约仪式在北京举行，10月至次年3月，"白叶一号"捐赠茶苗从浙江安吉黄杜村启运，沙州镇青坪村受捐350万株。自"白叶一号"落户青坪村以来，青坪村牢记习近平总书记殷切嘱托，大力弘扬"两幅标语"精神，把"白叶一号"茶产业发展作为全村的重点工作，全力做好栽植、管护、采摘和加工等各项工作，着力探索一条"捐得准、种得活、长得壮、产出高、销路好"，可持续的产业发展路径，以苦干实干造福全村百姓，以产业振兴带动全面振兴。

二、主要做法

（一）抢抓机遇，大力推进产业振兴

青坪村紧抓东西部协作机遇，大力发展茶叶产业。以2018年浙江安吉黄杜村捐赠的350万株"白叶一号"茶苗为基础，建成"白叶一号"基地1 486亩，通过"县级工作专班+技术团队+镇村工作队+承包经营主体"四方联动抓管护和相关企业及大户的带动下，2020年试采鲜叶18斤，制成干茶4.5斤，"白叶一号"小茶包在全国两会期间走进人民大会堂。2024年，采摘鲜叶1.47万余斤，制作干茶2 100余斤，市场单价约2 000元/斤，产值达740余万元。已实现年人均增收1 700余元，预计茶苗种植满五年后，茶园进入盛产期，"白叶一号"亩产鲜叶可达到120斤，鲜叶平均售价80

元/斤，亩产值可达9 600元，年人均增收可达5 000余元，69户原建档立卡贫困户每户每年可获得1 777元的鲜叶收益分配。同时，依托白茶带动传统绿茶产业发展。全村发展"龙井43号"3 100亩，其中1 500亩由农户自主发展，1 600亩实行"合作社+农户+集体经济"经营模式，每年集体经济保底分红4.59万元。建成西湖·青川东西部协作炒茶工坊，春季采摘鲜叶3 000余斤，加工干茶500余斤，产值实现40万元。群众通过参与管护、采摘务工、集体经济分红等，实现年人均增收1 500余元。

（二）以引带育，大力推进人才振兴

通过"线上+线下""引进来+走出去"相结合的方式，青坪村开展各类劳动技能和专业技术学习培训14场次，培育茶叶管护、病虫害防治等方面的"土专家""田秀才""茶博士"5人。在新一届村"两委"换届选举中，回引1名大学本科生、优选2名致富能手进入村"两委"班子，培养致富带头人3人、村级储备干部2人。

（三）滋养民风，大力推进文化振兴

青坪村深入开展送文化下乡等惠民活动，完成图书室、文化室、卫生室提档升级，6个村民小组实现广播"村村响"、有线电视全覆盖。同时建立道德积分机制，开展文明户、"五好家庭""平安家庭"、卫生清洁户等评选活动，涌现出强锡香、王正全等一批先进典型。以新时代文明实践站为载体，招募"党员+农技"志愿者，组建一支20人的志愿服务队伍，以"白叶一号"基地为服务重点，开展环境治理、文明劝导以及茶苗管护、技术指导、茶叶采摘等志愿服务活动50余次。青坪村由此被评为广元市文明村、四川省首批省级乡村文化振兴样板村（社区）。

青坪村"白叶一号"茶叶基地

"茶小白"党员志愿服务队

（四）焕新面貌，大力推进生态振兴

青坪村扎实开展农村人居环境整治行动，实施农村"厕所革命"95户，实行"户收集+村转运+县处理"垃圾清运处理模式，通过修建集中污水处理设施解决农村污水处理问题；通过天然气入户工程引导群众改变烧柴烧煤的生活方式，降低污染排放，同时全面完成主干道铺设。

（五）党建引领，大力推进组织振兴

2018年，青坪村整合各类资金200余万元，对村"两委"阵地进行重新建设。2020年，圆满平稳完成村级建制调整工作，将松林村所属行政区域划归青坪村管辖，将合并后的10个村民小组调整减少至6个。在村"两委"换届中落实"两委"班子交叉任职，实现书记主任"一肩挑"，一批政治硬、作风好、能力强、敢担当、会干事、口碑佳的优秀能人进入村"两委"班子，班子大专以上文化程度达3人、平均年龄39岁，学历年龄实现"一升一降"。同时，成立了农村红白理事会、村（居）民议事会，参与公共事务管理、矛盾纠纷协调30余次，村党组织被评为2021年度全省5A先进村党组织。

三、经验启示

（一）夯实战斗堡垒，建强基层党组织是关键

乡村富不富，关键看支部。青坪村坚持把建强村党支部作为首要工程，配优配强基层党组织，选优党性强、作风正、威望高、有党务阅历的党员充实到党支部中，

做到分工明确、责任落实、团结协作、优势互补，整体功能得到充分发挥。健全管理制度，让制度管人。制定严禁优亲厚友、严禁损公肥私、严禁铺张浪费等"六严禁"铁律，让管理核心强劲有力。始终明晰发展目标，推行"清单管理"机制，村组干部年初围绕年度工作制定好乡村振兴任务清单、措施清单和责任清单，正排工序、倒排工期，压茬推进各项工作。

（二）激发内生动力，组好群众智囊团是核心

坚持以群众增收为出发点和落脚点，就是要构建更紧密、更有效的利益联结机制，确保群众享受更多"绿色红利"，让村民切身感受到产业发展带来的各种"实惠""甜头"，从而激发群众内生动力，主动投身参与产业发展和村级事务管理。再集思广益、凝聚力量，将"万家灯火"汇聚成"灿烂星河"，将群众智慧和力量运用到乡村振兴的方方面面。

（三）聚焦产业发展，做优主导产业园是驱动

青坪村坚持把茶叶产业作为农业两大主导产业之一，针对资源分散、产业规模小、劳动力不足等问题，始终锚定主导产业才能聚人聚力聚资源，杜绝"撒胡椒面"现象。坚持以"白叶一号"茶产业为引领，以长远发展思路和坚定决心信心，按照"一号工程、一业主导、一流标准"要求，突出建基地、搞加工、创品牌、促融合，推动茶产业规模化、标准化、市场化、品牌化发展。

青坪村家风馆

低碳赋能促振兴　沼气燃开幸福花

——四川省遂宁市安居区常理镇海龙村

一、村情概述

海龙村位于四川省遂宁市安居区常理镇东南部3公里处，平均海拔为320米，全村总面积2.55平方公里，耕地面积2 437亩，全村下辖5个村民小组，共有508户1 527人口，常住人口201户459人，其中脱贫户27户75人是典型的川中丘陵传统村落。近年来，海龙村锚定"遂宁标杆、全省示范、全国品牌"的目标，深入贯彻落实巩固拓展脱贫攻坚成果、推进乡村全面振兴战略部署，有效融入习近平总书记来川学习办沼气的故事，整合"红色"沼气资源，通过"农业+文化+旅游"的方式，成功打造"海龙凯歌"农文旅园区，探索形成"生态+文态+业态"助力乡村振兴新模式，在打赢脱贫攻坚战和巩固拓展脱贫攻坚成果方面取得了明显成效，走出了一条乡村振兴的新路子。

二、主要做法

（一）宜居宜业抓建设，让和美乡村靓起来

一是环境美起来。海龙村坚持大地景观化、农村田园化、庭院果蔬化、产业特色化、城乡一体化，聚焦高质量人居环境改善，修建高标准污水处理站，集中处理220户生活污水；聚焦创建国家级传统村落，完成农房安全及风貌提升建设366户，大力建设宜居宜业和美乡村，努力打造现代版"富春山居图"海龙样板。二是特色亮起来。深挖特色沼气资源，组建"知青与沼气"研究课题组，丰富提升沼气陈列馆文化内涵，建成300立方米中温沼气系统，实现粪污绿色处理与猪沼果循环利用，持续擦亮"中国沼气能源革命第一村"金字招牌。三是文化活起来。聚焦红色文化传承，与伍先华旧居等共同构建红色文化旅游矩阵；由村民编排沼气能源革命情景音乐剧《凯歌记忆》，讲好红色沼气故事和海龙奋斗史；高标准承办"董必武手迹展"，自2022年4月开园以来共接待游客315.64万人次，创旅游收入2.72亿元，持续擦亮"红色遂宁·英雄安居"品牌。

（二）用心用情强治理，让民生福祉升起来

一是夯实治理根基。组建海龙联村党委，推动海龙村与成都战旗村等4个川渝

海龙村中温沼气系统

集体经济强村签订合作协议，成立川渝地区首个党建联盟共富圈；紧抓"同心共振"党建优势，开展联村干部与蓬溪县拱市村优秀人才互派挂职，推动海龙村成功创建"省级5A先进村党组织""四川省先进基层党组织"。二是构建治理体系。构建政治引领、自治强基、法治保障、德治教化、智治支撑的"五治"治理体系，探索党建进点、居民进群、服务进户、活动进院的聚居点治理模式，构建"村党组织+聚居点点长+院落长+网格员+片区民警"网络体系，全面提升群众满意度幸福感。成功创建"全国乡村治理示范村""全国民主法治示范村"。三是提升民生愿望。建立"一长五联"机制，村"两委"每月定期对全村居民房前屋后六净六顺进行打分排名，激励群众通过参与村环境整治提升、乡村治理等志愿服务赚取积分，凭借积分可到村供销社兑换相应物资，已发放兑换物资4.5万余元。

（三）融合融创出精品，让文旅产业旺起来

一是赋能特色农业。海龙联村开展撂荒地治理2 060亩，连片建设"春种彩稻夏观景、冬种油菜春赏花"的多彩田园旅游带2 000余亩，创意打造海龙仙谷、稻田谜宫等农旅融合业态60余个，实现田园变乐园、园区成景区，获评"四川现代农业亿元村"。二是做靓文旅产品。集成省级非遗观音绣等10余项"安居手艺"，引入成都华西生态等13家公司开发"凯歌好礼"，推出稻田集市丰收节等20余项乡愁体验，情景音乐剧《凯歌记忆》、特色美食"海龙九大碗"广受好评，形成了"中老年怀旧、青少年研学、乡村干部培训、亲子教育体验"的旅游产品体系。三是塑造优势品牌。海龙村成功创建全国乡村旅游重点村、天府旅游名村、遂宁市党员干部教育培训星级基地等国省市荣誉品牌70余个，与农业农村部成部沼气科学研究所共建四川省首个"低碳社区"，与中国航天育种中心合作培育太空观光农业，先后承办四川省非遗宣传展示现场会、川渝红色文化创新与发展大会等盛会，吸引来自蒙古国、土耳其、智利等38个国

家的相关人士前来交流学习，中央电视台、人民日报等20余家中央级和省级媒体广泛报道，海龙村知名度、点赞率越来越高。

（四）共建共管强运营，让群众生活富起来

一是强化党建引领。海龙村与周边2镇7村共同成立海龙联村党委，组织村民有序参与景区管理运营和业态发展，让大家端牢农业碗、吃上旅游饭，形成以海龙村为核心、周边镇村为延伸的"一核多点"农文旅发展格局。二是回引乡村能人。强化部门"一对一"扶持，回引乡村文旅能人、在外务工中青年等283人返乡创业，创办乡村民宿、特色小吃、手艺作坊等文旅业态60余个，带动"庭院经济"快速发展，核心区村民年旅游收入超5万元。三是创新运营模式。打造"社会资本+国有资本+集体经济+群众"利益共同体，形成产业纯利润"保底+55"分红机制、集体经济收益"622"再分配模式。2024年海龙村实现集体经济收入318.3万元，人均可支配收入达到3.2万元。

三、经验启示

（一）坚持党建引领，扎实推动组织振兴是顺利实施乡村振兴的重要保障

基层党组织是带领村民脱贫致富、巩固拓展脱贫攻坚成果的核心力量。海龙村围绕"建设一个好班子、壮大一个好产业、形成一套好机制"的工作思路，选好配强村"两委"班子，坚持村委主导、市场运作，以党建引领推动实现了"五大振兴"与村集体经济发展互融共促，助力村集体经济"破茧成蝶"。

（二）传承红色文化，全面推动沼气文化融入是顺利实施乡村振兴的有力支撑

在精品示范村建设中，海龙村始终以"沼气文化"为脉络，通过场景还原老旧沼

海龙村所获荣誉

海龙村海龙凯歌景区核心区

气池面貌，原样复建"老街建筑群"，让游客沉浸式体验20世纪70年代的生产生活情景，驱动乡村旅游、研学教育等农文旅融合新型业态快速发展，走出了一条绿色低碳的农文旅深度融合发展道路，为海龙村成功创建全国乡村旅游重点村、四川现代农业亿元村等凝聚了磅礴力量。

（三）坚持共同富裕，有力推动产业振兴是顺利实施乡村振兴的关键基础

海龙村始终将共同富裕作为乡村振兴的时代使命，在产业振兴中，因地制宜激活各项生产资源要素潜能，细化梳理现有73个业态类别，支持引导并升级提升，探索出"园区管委会+公司+村集体+村民"管理运营体系，形成了产业纯利润"保底+55"分红机制、集体经济收益"622"再分配模式，推动了集体经济发展，促进了村民增收。

"三个聚焦"提升扶贫项目资产管理绩效

——四川省南充市阆中市天宫镇五龙村

五龙村亲子体验园

一、村情概述

天宫镇五龙村位于四川省南充市阆中市西南部,全村总面积5.3平方公里,辖3个村民小组,共420户1 502人。近年来,五龙村以全域治理为抓手,推动乡村全面振兴。探索"以农促旅、以旅强农"的融合发展模式,倾力打造川东北规模最大的农耕博物馆、亲子体验园等农旅一体化景区13处,创新推出农耕文化研学、传统文化教育、乡村振兴培训和田园生活实践等特色旅游项目,切实拓宽富民之路。2023年实现旅游综合收入近3 000万元,全村人均可支配收入2.4万元,村集体经济收入突破20万元。五龙村先后获得"全国乡村治理示范村""全国3A级旅游景区""全国乡村旅游重点村""全国民主法治村""全国森林乡村""四川省5A级村党组织""天府旅游名村""四川省首批乡村振兴示范村""四川省水美新村示范村"等荣誉。

二、主要做法

按照习近平总书记关于"三农"工作的重要论述，五龙村充分发挥基层党组织引领农村改革发展的作用，结合村内实际，团结带领广大党员群众，聚焦产业结构优化升级，加强扶贫项目资产管理，壮大村集体经济，发展有机生态农业、乡村旅游等多个产业，有效促进特色产业融合发展，多渠道提升农民收入水平。

（一）聚焦"权责清"，指导到户类资产

针对到户类扶贫项目资产覆盖面广、资金来源多、时间跨度长等情况，五龙村通过盘清家底、建立台账、精准确权，逐步加强资产管理。一是做到家底"清"。对2013年以来到户类扶贫项目资产投入情况排查梳理，扎实推进清产核资，做到"资金清、项目清、资产清"。聘请第三方机构进行资产调查、测量，提高资产确权精准度，根据资金来源、受益范围、管理需要等明确资产权属和管护责任，逐步开展资产确权、移交和后续管护。二是做到台账"明"。对已经形成的到户类资产，按照扶贫项目资产属性的不同分类建立资产管理台账，确保各个到户类资产项目都记录在册。三是做到确权"准"。坚持"谁所有、谁管护"原则，逐一确定到户类资产的"三权"权属，并实行分级分类确权，要求各项目实施单位通过签订移交单等形式及时将扶贫资产交付给项目受益对象。同时，村"两委"、驻村工作队、镇政府及市级主管部门加强对到户类资产的指导和衔接，促进到户类资产持续发挥经济效益。经过摸底清查，2013年至2023年，五龙村累计投入各级各类到户扶贫帮扶项目资金近1 000万元，形成扶贫帮扶资产53个。2023年，培训到户类经营主体18人，经营主体不同程度地实现增收共80余万元。

（二）聚焦"运行好"，管好公益性资产

五龙村重点围绕公益性扶贫项目资产惠及面广、公益性强等特点，采取针对性管理措施，确保项目资产管护到位，群众带动性高。一是做到管护"好"。分类制定管护标准和规范，通过开发公益性岗位的形式组建一支管护队伍，确保公益性扶贫项目的使用年限更高，公益性资产由相应的产权主体落实管护经费，属于村集体的公益性资产，由村集体经营收益和市财政统筹解决相结合的办法落实管护经费，确保公益性扶贫项目资产不闲置、不浪费、不损毁，不被侵占。二是做到带动"高"。公益性扶贫项目的主要服务对象是本村居民，通过公益性资产项目实施，采取以工代赈模式，有效带动周边群众就业，确保村民增收，提高群众满意度和幸福感。三是做到效益"强"。公益性扶贫资产的主要效益为社会效益，通过公益性扶贫项目的实施，可以有效改善周围人民群众的生产生活，完善村基础设施建设，从而有效改善村人居环境。截至2024年上半年，五龙村已吸纳脱贫户、监测对象和弱势群体14人参与公益性扶贫资产管护，每年落实管理经费26万元，通过公益性扶贫项目促进就业人数达到50余人，提升了当地村民的就业率和村民收入。

五龙村农耕文化博物馆

（三）聚焦"收益高"，盘活经营性资产

重点围绕经营类扶贫项目资产产生的收益精准分配，确保收益可持续，分配公平合理。一是明确分配原则。在收益分配过程中，结合资金来源、筹集方式、受益群体等因素，综合考虑产业类型、行业特点及市场平均回报率等，集体经营性资产收益实行"先归集体后分配"方式，经营性资产收益的80%用于脱贫人口中无劳动能力、残疾、大病等困难群体补助以及农村保洁、护路、护林等公益性岗位开发，经营性资产收益的20%用于村级产业发展、公益事业、小微奖励补助基金等。二是完善分配方式。村"两委"按照每年收益情况，结合脱贫户产业发展、创业、就业和临时救助等情况，建立收益滚动使用、差异化分配机制，坚决杜绝"一发了之、一分了之"。三是注重分配效果。通过设置生态护林员、保洁员等公益性岗位，吸纳有部分劳动能力脱贫户通过劳动获得工资性收入，充分调动脱贫户的积极性和主动性。对村集体奖补类资金资产采取以奖代补、先建后补、管护费抵扣等形式，激发村集体管护及盘活资源资产的积极性和创造力。以五龙大食堂为例，采取国企带镇村模式，通过合作经营和入股分红方式，明确双方权利义务、经营管护责任等。五龙大食堂由国企负责资产运营、品牌打造和产品销售，村集体做好景区保洁、道路养护、产业管护等服务，实现资产管用并举。2023年，企业实现经营收入500余万元，村集体经济收益达50余万元。截至2024年上半年，五龙村扶贫项目资产已带动352人就近就业，1 550人次参与项目分红，分红资金达到122万元。五龙村纳入台账管理的经营性资产达5 300万元，占比42.8%；公益性资产6 920万元，占比56%；到户类资产150万元，占比1.2%。

三、经验启示

（一）以服务群众为关键，有效激发内生动力

乡村振兴要实现"乡村美、产业兴、百姓富"，服务群众是关键。为深入了解群

众需求，五龙村党支部带领广大党员群众，深入乡村一线，走在田间地头，与群众面对面交流，倾听他们的心声。通过定期、不定期组织村民座谈会、问卷调查等方式，广泛收集意见和建议。同时，利用现代信息技术，搭建线上沟通平台，扩展群众表达诉求的渠道，并建立监督考核机制，对服务群众的工作进行定期评估和考核，确保每项工作落到实处。通过深入了解群众需求，解决他们生活中的实际问题和合理诉求，群众内生动力得到有效激发，干事创业活力更强。

（二）以农旅结合为路径，持续夯实发展基础

五龙村通过传承发扬传统乡土文化，深耕乡村文化内涵，提升乡村内在品质和文化气质，大力发展旅游项目，持续改善人居环境，实施农村环境提升，打造宜居宜业和美乡村。同时结合本村实际情况，大力推进产业发展，实现产业兴旺。围绕有机家庭农场、民宿旅游、高效果林，延伸产业链条，拓宽销售渠道，实现三产融合发展，提升品质，打造品牌，增加群众收入。

（三）以创新经营为手段，不断拓宽增收渠道

随着信息技术的飞速发展和互联网的普及，电子商务已成为推动农村经济发展的重要力量。传统模式下，农村地区由于地理位置偏远、信息闭塞、物流不畅等因素，往往难以充分享受经济发展红利。五龙村村"两委"班子，坚持因地制宜，紧跟时代步伐，大力发展农村电商。2023年投资40万元先建电子商务平台一处，2024年投资100余万元，新建冷冻保鲜库一座。通过发展农村电商，打破了地域限制，使广大业主、农民能够直接对接市场，减少中间环节，提高农产品的附加值。同时，电商平台的销售数据反馈也进一步帮助农民及时调整种植结构，实现精准生产，从而提高经济效益。

五龙村乡村民宿

深化农文旅融合　助推乡村产业振兴

——四川省广安市华蓥市禄市镇凉水井村

凉水井村海棠博览园

一、村情概述

凉水井村位于四川省广安市华蓥市禄市镇北部，全村总面积3.99平方公里，耕地面积4 200亩，林地面积1 300亩。辖8个村民小组，1 178户4 185人，村党委下设党支部2个，有党员122人。近年来，凉水井村将巩固拓展脱贫攻坚成果、推进乡村全面振兴作为首要任务，坚持"红色引领、绿色发展、多元融合"理念，从"特色资源挖掘、产业链条延伸、本土品牌培育"三个方面发力，推动乡村产业融合发展。立足万亩花卉等产业基地，深挖本土红色资源，大力推动农文旅融合发展，村集体经济不断壮大，群众生活水平不断提高，在打赢脱贫攻坚战和巩固拓展脱贫攻坚成果方面取得了明显成效。2024年，村集体经济总收入达127.07万元。凉水井村先后荣获全国乡村治理示范村、全国红色美丽村庄建设试点村、四川省乡村振兴重点帮扶优秀村、全

花海凉水井饮用水公司

国美丽休闲乡村、四川省先进村党组织（5A）等称号。

二、主要做法

（一）注重特色资源挖掘，搭建农旅发展载体

一是深挖红色资源。凉水井村依托开国中将毕占云成长地、中共上川东地工委禄市特支活动地等红色资源，建成"三点一中心"即中共华蓥市委党校开国中将毕占云教学点、华蓥山起义女战士教学点、禄市特支教学点和"三红"党建馆。二是发展特色花卉。联合邻村姚家塝村，连片种植以海棠、紫薇、玫瑰为主的各类花卉苗木500万株，种植面积达5 200亩，打造华蓥市首个高品质花木基地"海棠博览园"，被评为四川省十大省级花卉产业园区，纳入省级现代林业园区培育。三是完善农旅配套。凉水井村积极推动以邻村月亮坡村为中心的中国梨香花海景区建设，建成投用无动力游乐园、空中栈道、十二花神等旅游景点及舒家大院、华蓥山土菜庄等餐饮民宿。同时完善旅游公厕、停车场等基础服务设施，中国梨香花海乡村田园度假区成功创建为国家3A级旅游景区。

（二）注重产业链条延伸，推动多元融合发展

一是拓展文旅服务。凉水井村坚持以党建引领推动乡村振兴，村集体成立四川占云文化旅游有限责任公司，依托"三点一中心"和梨香花海景区等串联形成"红色教育——乡村振兴"现场教学路线，吸引省内外各级单位到村开展红色党性教育、干部外训现场教学等活动。村集体通过提供红色文化讲解、花篮代购、零售商品等服务，年接待游客60万余人次，实现村集体年经营收入增收10万余元。二是拓展产业服务。依托海棠、紫薇等花卉苗木产业发展，凉水井村建成海棠博览园、紫薇海棠种源扩繁基地及汽车帐篷营地，通过"村集体+农民合作社+农户"三管齐下的发展模式，即村集体整合资源、居间协调，农业合作社主抓技术、营销，农户流转

土地、提供劳务，共同推动村集体经济发展，实现村集体增收24万余元。三是拓展劳务服务。凉水井村充分发挥村集体经济组织提供生产性、经营性、公益性服务的"统"的功能，集中在家闲散劳动力，领办成立华蓥市众诚劳务服务有限责任公司，因地制宜，依托"梨香花海"农文旅融合景区建设，主要承接乡村振兴、农文旅融合等各类小微工程项目建设。吸纳了100余人务工，带动村民增收，实现村级集体增收20万余元/年。四是拓展抱团服务。联合带动邻近村创办花海凉水井饮用水有限责任公司，开发富"锶"矿泉水——"红岩泉"，预计年产水量达到100万桶，年销售额有望达到500万元，村集体纯收益突破80万元。

（三）注重本土品牌培育，提升乡村产业价值

一是树立品牌形象。推动红色美丽村庄走品牌建设之路，围绕"三点一中心"及海棠博览园，凉水井村精心打造"华蓥山·花海人家"等精品院落，开发华蓥市首部沉浸式红色戏剧《幺店子》，树立可游、可望、可赏、可居的"梨香花海"红色地标乡村旅游品牌。二是强化品牌管理。整合资金高标准打造集综合服务、智能体验、教育培训、党群活动四大功能于一体的区域化党群服务中心，推行"欢蓥办""安易办"一网通办便民服务，有力提升景区建设、品牌运营、文旅服务标准化、规范化。三是做优品牌推广。坚持以节为媒、以节促游，凉水井村将节会活动作为品牌推广、文化宣传的有力载体，持续推出"华蓥市非遗进景区暨曲艺展示展演""奔跑吧·华蓥"主题诗歌朗诵会、"2022年四川美丽田园暨华蓥山蜜梨采摘节""梨香花海·最美人家"等特色活动，在中央电视台新闻联播、新华社、四川电视台进行推广宣传，进一步扩大"梨香花海"的品牌影响力。

三、经验启示

（一）党建引领促发展

始终坚持党的领导，切实发挥党建引领作用。通过狠抓党建促进发展，努力把党建优势转化为发展优势，把党建成果转化为发展成果。凉水井村确定发展目标定位，加强基层治理，及时化解和解决乡村振兴发展中的矛盾，把农民群众的积极性、主动性、创造性调动起来，通过培智扶志解决"要我振兴"到"我要振兴"的观念和动力问题。

（二）产业融合夯基础

凉水井村通过发展红色旅游、生态旅游和发展花卉产业等，全面推进一二三产业融合，不断优化、延展旅游服务、休闲娱乐、特色农产品等现代农业产业链条，积极构建多层次的产业结构，扩大了有效供给，提高了生产质量和效益，促进了村集体经济和农民群众多元增收。

（三）区域协同助共富

通过建立以凉水井村、姚家塝村为中心村的美丽花海片区和以月亮坡村为中心村的幸福蜜梨片区，凉水井村等先行发展起来的村必然承担着带动其他村联动发展、共同致富的使命。除了共同入股水厂，凉水井村所在的片区联动还包括交通互联互通、产业连片融合等，真正实现了乡村振兴的区域共富。

多元产业　文旅融合助推乡村振兴

——四川省凉山彝族自治州昭觉县三岔河镇三河村

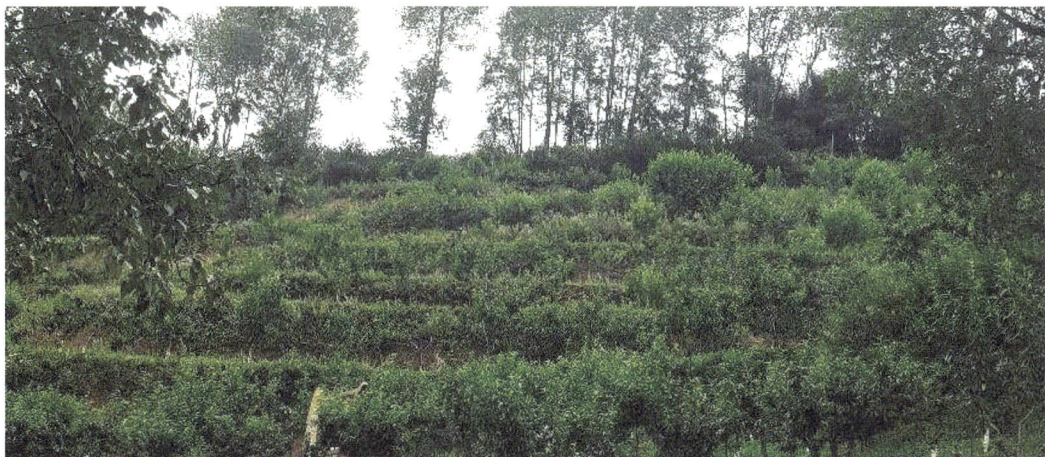

三河村冬桃种植园

一、村情概述

　　三河村位于四川省凉山彝族自治州昭觉县西南部，距离昭觉县城47公里、西昌市区63公里，平均海拔2 520米。全村总面积35.5平方公里，其中耕地面积1.60万亩、山林面积1.35万亩、高原草场2.37万亩，辖8个农牧社，全村户籍人口695户3 199人。三河村地处资源相对匮乏的山区，不少村民长期以传统养殖业、种植业谋生，且种养殖技术不全面，效益低下，产业传统单一，资源无法得到充分利用。村民以个体经济为主，发展潜力不足，抗风险性低，产业发展面临着很大的困难。同时，由于经济发展、教育水平、风俗习惯等原因，村民的思想观念也比较落后，人居环境治理、乡风文明治理面临很多困难。近年来，通过发展多元产业、促进文旅融合等方式，三河村积极化解困难，在乡村振兴的道路上不断取得新的成就和进展。

二、主要做法

（一）坚持因地制宜，发展多元产业

三河村"两委"班子认真分析村情实际，统筹考虑地理环境和耕地、山林、草

场等资源，充分发挥党组织的领导作用，积极尝试多元产业发展思路，取得显著成效。一是发展水果产业。根据气候、地理环境和市场前景，三河村积极发展冬桃等水果种植。已完成冬桃嫁接2万余株，种植面积达300余亩。同时453户村民组成了专业合作社，冬桃挂果有收益后按照比例进行分红。预计2～3年后，冬桃产业能带动脱贫户户均1人在村内实现稳定务工就业，实现户均年增收2万元以上。二是开展药材种植。采取"合作社＋企业＋村民"方式，推广川牛膝种植100亩，并联系企业指导村民提高种植质效，并签订保障收购协议，预计2～3年内种植规模扩大到1 000亩，带动200余人实现就近就业。三是扩大肉牛养殖。2023年全村养殖西门塔尔牛1 334头，预计2024年出栏西门塔尔牛800余头，村民户均增收1万元。2023年三河村脱贫户人均纯收入达到17 320元，增幅为15.2%，集体经济突破100万元。

（二）坚持文旅融合，推动乡村旅游

三河村党支部通过整合"总书记来到我们村"和"全国脱贫攻坚楷模""民族地区全面脱贫典型村""四川省民族团结进步教育基地"等红色资源优势，精心打造集脱贫攻坚精神、党性修养、理想信念教育等于一体的党性教育培训基地，成为四川长征干部学院实践教学点，面向四川全省党员干部开展党性教育培训。同时引进凉山文旅集团共同打造，串联三河村旧址、新居、村史馆，展示三河村发展脱贫史、彝族文化、非物质文化遗产等，大力建设农文旅相结合的红色教育旅游线路。并配套建设民宿、商铺等基础设施，培育民族作坊、特色餐饮等新业态，打造集红色教育、观光旅游、休闲度假等于一体的乡村旅游综合体。2024年以来，接待各类团体290余批3.2万余人次，集体经济实现增收52余万元。

（三）坚持党建引领，建设美丽乡村

三河村充分发挥基层党组织的战斗堡垒作用和党员先锋模范作用，积极引领群

三河村川牛膝种植基地

众开展精神文明建设，大力培育乡村文明新风尚，焕发乡村文明新气象。聚焦美丽乡村目标，以科学规划引领美丽乡村建设，按照规划布局，三河村不断补齐基础设施短板，推动生活污水处理和农村改厕同步实施，农村生活垃圾和村容村貌改善配套处理。坚持"点上突破、线上延伸、面上覆盖"，围绕道路两侧、渠道沿线、耕地周边，全面清乱、拆废、保洁、治污、改厕，全村面貌得到长足改观。充分发挥新时代文明实践站等平台作用，推行"红黄绿"三色管理、"红黑榜"通报等机制，广泛开展党员先锋示范引领、村规民约移风易俗、"文明积分＋道德模范＋洁美家庭"等活动，推动形成文明乡风、良好家风、淳朴民风。如今，村里"学前学会普通话"向纵深推进，攀比现象得到有效遏制，讲卫生的好习惯逐步养成，移风易俗蔚然成风，"养成好习惯，形成好风气"深入人心。农村人居环境面貌得到切实改善，道路整洁、庭院干净、环境漂亮、乡风文明，三河村因此获得四川省第二批乡村治理示范村、四川省"六无"平安村等荣誉称号。

三、经验启示

（一）因地制宜发展特色产业是推动乡村振兴的重要基础

三河村根据当地的土壤条件、地理环境等实际情况，选择种植适合的特色农产品，如冬桃、高山红梨、川牛膝等，同时大力发展养殖业，促进了当地产业发展，提高了村民的务工和产业收入，增强了推进乡村振兴的产业基础。

（二）挖掘资源促进文旅融合是推动乡村振兴的重要途径

三河村通过整合红色文化、民族文化等资源，发展乡村旅游，打造红色教育旅游环线和彝族文化主题旅游线路，将文化资源与旅游发展相结合，不仅为村民提供了更多的就业机会，也使乡村的文化价值得到了更好的传承和发扬，成为乡村发展、村民增收的有效途径。

（三）发挥党组织战斗堡垒作用是推动乡村振兴的重要保证

三河村充分发挥党组织战斗堡垒作用，通过党员示范引领、开展村规民约移风易俗等，引导村民树立文明观念，养成良好生活习惯，改善农村人居环境。通过精神文明建设，改善乡村社会风气，增强内生发展动力，提高村民整体素养和生活质量，为乡村振兴提供坚实保障。

贵州省 **15**

产业赋能乡村振兴

——贵州省遵义市湄潭县湄江街道核桃坝村

特色产业

一、村情概述

核桃坝村地处湄江河上游，湄潭县东北部，全村总面积12平方公里，辖8个村民组，常住人口4 932人。全村现有茶园面积约12 000亩，户均茶园面积13余亩，有茶业龙头企业5家，微型企业和小型茶叶加工企业62家，年产名优干茶100余万斤，被誉为"中国西部生态茶叶第一村"。先后获得全国先进基层党组织、全国巩固拓展脱贫攻坚成果村级实践交流基地等10余项国家级荣誉称号，获得贵州省先进基层党组织、全省文明村镇等20余项省级荣誉称号。

二、主要做法

（一）挖掘艰苦奋斗精神内核，强化扶志扶智工作导向

核桃坝村在以何殿伦老支书为代表的历任村支书带领下，由一穷二白的小山村成为远近闻名的明星村。通过定期组织放映以何殿伦老支书为原型的《娄山好汉》《贵州人》《村支书何殿伦》等电影电视作品，弘扬传承何殿伦老支书"艰苦奋斗、创业富民"的精神，让群众回忆核桃坝村"筑坝引水、产业突破、转型升级"的改革发展历程，使群众心灵受到震撼、精神受到洗礼，进一步凝聚群众发展共识，引导村民学习榜样精神，树立创新创业意识。以"寨管家"为载体，结合"红白理事会""一中心一张网十联户"推动村庄治理，把享受扶贫政策的群众纳入到"寨管家"队伍中来，最大程度激发群众内生动力，带动脱贫群众增收致富。

（二）推进主导产业提质增效，强化联农带农工作导向

因地制宜，大力发展茶产业。充分用好"西部生态茶叶第一村"这块金字招牌，健全茶叶种植、采摘、制茶、包装、销售、物流等产业链，创新管护运营模式，发挥龙头企业带动作用，促进助农增收。近年来，核桃坝村围绕雨林联盟认证、欧标茶园建设推进茶产业提档升级，持续发展夯实集体经济。2024年发展500亩抹茶基地，

核桃坝村林下灵芝基地

实现减少用工成本、增加茶农收益的效果。此外，发展林下灵芝基地30余亩、柑橘基地147亩，季节性带动群众务工40人，人均年增收3 000元。

紧抓机遇，推进培训业态发展。2014年8月，核桃坝村被中组部、农业部授牌为"农村实用人才培训基地"。授牌以来，共培训全国各地学员7 000余人。同时，核桃坝村抢抓培训机遇，带动参观、考察、研学等培训相关业态发展，截至2024年上半年，已经同80多家学校、机构、旅行社建立了战略伙伴关系，成为教育培训和研学旅行定点基地，2024年以来共开展研学拓展培训200余期5万余人。2024年，着手推进核桃坝培训小镇、美食小吃街及网红打卡点等业态规划建设，推进培训经济效应溢出。

依托优势，持续推动茶旅融合。核桃坝村充分依托环境优势和茶产业优势，大力发展旅游业，推进产业升级增效，拓宽村集体经济发展途径。坚持以市场运作为主、政府补贴为辅，以"公司+合作社+农户"为主要模式，通过资源整合打包，集中招商引资，科学规划停车场、休闲农庄、观景平台、公厕建设、路网改造等基础配套设施，确保"实施一个点，做活一个点，引爆一个点"。每年接待游客20万人左右，年综合收入达1 000万元。

核桃坝村抹茶基地

三、经验启示

（一）加强党建引领

全面加强党对各项工作的领导，把党的建设贯穿社会发展全过程。核桃坝村积极开展村级后备力量培育储备工作，吸引村内优秀青年人才向党组织靠拢，选优配强基层班子。充分发挥基层党组织的领导核心作用和党员干部的先锋模范作用，推动基层党建与基层治理深度融合，不断增强党的政治领导力、思想引领力、群众组织力、社会号召力，有效解决人民群众生产生活中的急难愁盼问题。

（二）注重人才振兴

人才振兴是乡村全面振兴的根本，做好新时代乡村人才工作，既要坚持党管人才原则，科学制定人才计划，着力打造一支沉得下、留得住、能管用的乡村人才队伍，强化对人才的激励引导，发挥制度优势，做好引才、留才、用才三方面工作。"引才"即吸引社会人才、大学毕业生以及外出务工返乡人员在村就业创业，"留才"即留住本土培养优秀大学毕业生、致富能手等人才，"用才"即做好"土专家""田秀才"等各行各业优秀人才挖掘与培养，让大家积极投身乡村振兴，从而带动农村的整体发展。

（三）做强乡村产业

核桃坝村坚持"两点论"和"重点论"相结合，抓住重点和关键产业，立足资源禀赋，大力扶持既有茶产业发展，同时结合市场行情需要，发展柑橘、灵芝、康养、培训等特色产业。强化龙头企业主体带动作用，加强利益联结，将产业扶贫、就业扶贫精准落实到户、到人，激发群众内生动力，促进产业经济效应溢出，推进助农增收。加大培训指导力度，结合群众需求，开设实用技术、经营管理、电子商务等培训班，提升就业创业能力，为推动乡村振兴提供坚强支撑。

"三个坚持"巩固提升彝家酿酒业

——贵州省盘州市淤泥彝族乡岩博村

特色产业

一、村情概述

　　岩博村位于贵州省盘州市淤泥彝族乡北部，全村总面积11.1平方公里，森林覆盖率达83%，辖6个村网格，有户籍人口295户1 045人，是一个以彝族为主，汉、白、苗、仡佬族杂居的民族村寨。2001年前，岩博村人均年收入不足800元，约三分之一的人口没有越过温饱线，是远近闻名的贫困村。一直以来，岩博村始终牢记习近平总书记殷切嘱托，坚持党建引领，把"三农"问题作为村"两委"工作的重心，以"不要等、主动干、积极办"的精气神，带领村民走出了一条"党建引领、村企合一，能人带动、人才强村，股权合作、共同富裕"的特色产业致富路。截至2023年，实现全村人均纯收入约3.3万元，村集体经济积累达1 296余万元，村集体资产1.22亿元。

二、主要做法

（一）坚持党建引领，巩固提升彝家酿酒业的党组织基础

一是选好支部书记，锚定产业发展方向。2001年，余留芬当选岩博村党支部书记，她敢想敢干、敢闯敢拼，刚上任就着手村"两委"班子队伍建设，带头垫资领导村民投工投劳，三个月便修通了通往山外的道路。紧接着，让一个个村办企业在村里兴起，其中岩博酒业就是典型代表，余留芬用"小锅酒"带领老百姓走上了致富道路。二是成立联村党委，建强产业发展堡垒。针对相邻的鱼纳村、苏座村资源不均衡、贫富差距大、民生改善难等问题，2016年，岩博村率先突破村级行政区域界限，坚持以党建为统领，建立"强村带弱村"协同发展机制，按照"党建共商、发展共抓、环境共治、难题共解、资源共享、和谐共建"的原则，联合鱼纳、苏座2个贫困村党支部组建岩博联村党委，并以普惠股的形式帮助苏座、鱼纳村民认缴酒业股份。三是创优股份合作，扣紧产业利益纽带。岩博联村党委坚持"集体经营、集体共享"的发展理念，以股权为纽带，采取土地折价入股、劳动力入股、资金入股、普惠股等方式，引导岩博、鱼纳、苏座村民把资金、土地经营权及相关资源折价入股岩博酒业变为股东。同时，持续优化"保底分成+务工收益+经营收益+股权收益"的利益联结机制并对部分集体经济收益再次分配。截至2024年上半年，累计入股农户1 012户、股金达5 018万元，农户共同持股比例达50.18%、累计分红资金

岩博村杜鹃花海

岩博村映山红花海

1 980余万元。四是实行村企互动，打造产业发展平台。深化岩博联村党委与岩博酒业"事务对话"，创新创优人才"双向进入"管理机制，大力推行企业党员与村民党员双轨互动模式，全力破除传统用人思路，切实把有技术、懂管理的党员引进企业担任管理人员，从企业中吸纳有思路、懂发展的管理人员进入联村党委班子。同时，搭建各种育才、引才、用才平台，围绕"人才强企"，引进一批大中专以上毕业生。

（二）坚持多产融合，巩固提升彝家酿酒业的产业链效益

一是发展"岩博酒业+种植业"，让种植户增收。岩博酒业以带领群众增收致富为己任，全面拓展岩博酒业效益的辐射范围，最大限度发挥产业链条效益。根据公司年产5 000吨白酒的高粱原料需求，明确高粱基地规划目标，由公司向村级合作社以6元/千克对高粱实施订单种植、保底收购，引导了100余家合作社参与高粱种植，带动2万户农户增收。二是发展岩博酒业+养殖业，让养殖户增收。依托酒业酒糟数量大的优势，将酒糟低价销售到养殖场（户）和饲料加工厂，改变以往酒业粗放型发展方式，促进养殖业循环发展、绿色发展，除此之外，研究酒糟功能，加上一些配置，做成了酒糟泡脚包、酒糟雪糕，实现酒糟"变废为宝"，共带动1 950户6 840人实现增收、10余个养殖场获利。三是发展岩博酒业+旅游业，让经营户增收。依托深厚的岩博酒文化和彝族文化基底，结合岩博山地特色产业优势，大力推进彝人谷生态旅游观光园项目，全力打造贵州省服务优、教学全、配备全的岩博现场教学

基地，成功打造了"乡村游＋产业游＋回厂游＋自主游"的岩博旅游文化品牌，走出了一条"红旅、文旅、体旅、农旅、酒旅"多旅融合发展之路。累计接待培训1 300个班次10万余人，实现收入3000余万元；2024年6月至8月以来，累计接待避暑游客约4万人；自2022年5月以来实现旅游销售收入760万元。

（三）坚持市场原则，巩固提升彝家酿酒业的品牌化定位

一是做优品质，赢得市场口碑。在传承600余年的彝家酿酒工艺前提下，岩博村坚持把酿造技术研发创新作为持续发展的战略核心，以人民小酒系列产品为基础，组建黄永光大师工作室，挂牌成立省级企业技术中心、贵州省清酱香型白酒酿造技术开发中心等科研实验室。同时与贵州大学、六盘水师范学院建立酿酒与食品实习基地，搭建人才培养和技术交流平台。已实现制定企业标准1个，申请发明专利1项，注册外观专利28个、商标162个，累计研发系列产品16个。二是大力招商，拓展市场范围。岩博酒业探索跨界合作、优化"大商"、以品鉴会等模式，将终端动销工作重心转移到招商工作。坚持"每到一地、招好一商、服务一商"的原则，持续强化"人民小酒"品质和品牌优势。截至2024年上半年，岩博酒业拥有经销商600余家，遍布全国31个省份，设立"人民小酒"专卖店100余个，签订网络销售代理150家，2021年"人民小酒"全年销售收入近5亿元。三是回馈社会，突出市场共赢。岩博酒业作为引领岩博群众致富的样板企业，积极履行社会责任。一方面，在重大

岩博现场教学基地

岩博村轻奢露营基地

灾难面前，岩博村、岩博酒业全面动员村民、职工捐款捐物，尽力帮助受灾群众。截至2024年上半年，已累计捐赠现金、物质折合人民币600余万元。另一方面，岩博村"两委"利用岩博酒业公司营利集体资金，投入基础设施、扶困解难等工作，实现了农户全覆盖，村寨面貌焕然一新，让群众得到了真正的实惠。

三、经验启示

（一）党建引领是核心、村企合一是载体

企业与农民之间矛盾往往难以调和，原因在于双方没有形成命运和利益共同体，都从各自利益角度考虑处理问题。但岩博村以联村党委为统领、以党员为纽带，把岩博酒业和群众紧紧联系在一起，实现了村企抱团取暖。同时，岩博村党员具备多重身份，既是村"两委"干部，又是岩博酒业管理层，还是岩博酒业股东，因此在决策、协调和处理村集体、企业和村民三者关系上，能够全面兼顾和协调各方利益因素，最终促进团结，形成合力。

（二）能人带动是关键，人才强村是保障

岩博村的发展，离不开有一个好的"领头雁"、一帮致富能人和一批专业技能人才。余留芬作为岩博联村党委书记，带领全体村民筹资金、布产业、办实体，推动岩博村成为享誉全国的富裕村、小康村，她也成为享誉全国的致富能人。同时，岩

博村通过以股引才、搭台引才、高薪聘才等方式，集聚一批懂技术、会经营、善管理的外来人才、本土人才和自培人才，全面壮大岩博村人才队伍，切实推动实体经济发展和村中事务管理。

（三）股份合作是方法，共同富裕是目标

股份合作是岩博酒业的突出特点，对带动岩博群众共同富裕具有极其重要的作用。一直以来，岩博村按照联产联营、联股联心、联业联荣的发展思路，采取土地入股、资金入股、贷款入股等方式，实现联村党委下辖三个村从分散经营到抱团发展的转变，有效降低了市场风险，提高了市场竞争力，扩大了市场收益。在村民获得分红的基础上，村集体资金可以改善基础设施、帮扶弱势群体和社会公益事业，实现了以命运共同体结成利益共同体的目标。

以改促新 多措并举推动乡村振兴

——贵州省安顺市平坝区乐平镇塘约村

稳岗就业

一、村情概述

塘约村位于贵州省安顺市平坝区乐平镇，距乐平镇3.5公里，距平坝城区12公里，安顺市城区36公里，地势较平坦，交通便利。全村总面积5.7平方公里，耕地面积4 881亩，辖11个村民组，常住人口839户4 252人。2014年，塘约村被列入贵州省二类贫困村，农民人均纯收入只有3 786元，村集体经济不到4万元，有脱贫户138户600人。2014年以来，塘约村以"党建引领、改革推动、合股联营、多元共治、共同富裕"为工作主线，走出了一条自力更生、艰苦奋斗的脱贫攻坚路子，全村经济社会、村容村貌发生了天翻地覆的变化。2016年以来，塘约村先后被评为贵州省产业结构调整模范乡村、全国文明村、贵州省首届十佳美丽乡村、安顺市特色田园乡村·乡村振兴集成示范试点、贵州省乡村振兴实践教学基地、全国巩固拓展脱贫攻坚成果村级实践交流基地、贵州省委党校党性教育基地现场教学点。2017年5月，"塘约经验"被写进了贵州省第十二次党代会报告。2018年被写入了贵州省乡村振兴战略的实施意见。2019年，塘约村被列入全国乡村治理示范村、全国乡村旅游重点村。2023年，塘约村农民人均可支配收入达到23 620元，村级集体经济达到627万元。

二、主要做法

（一）党建引领，凝聚人心促进发展

一是因地制宜划分网格建组织。根据村寨的规模和空间布局、党员数量及分布情况，塘约村将村党总支划分为3个网格党支部和1个合作社党支部，11个党小组建立在11个村民组，形成村党总支——网格党支部——村寨党小组三级网络体系，把党的力量延伸到村组农家。二是"百分制"量化村干部实绩。对村级干部实行"驾照式"管理，对村支"两委"班子成员、村民小组长、村民议事会实行"三级"考评，将村干部平时的工作细化为党建、经济、维稳、计生、村庄整治、文明管理等目标，每年由村干部代表、党员代表及群众代表组成考核组，采取实地查看、民主

塘约村村民在田里劳作

测评、民意调查等形式进行量化打分。三是"积分制"管理党员。建立党员积分册，把党员的日常表现细化为学习教育、组织生活、履行职责、廉洁自律和遵纪守法五个部分，由各村民小组议事会根据该党员在本村民组执行任务和现实表现等情况进行打分，对年终积分高于80分的给予奖励，促使每名党员发挥先锋模范作用。

（二）改革推动，激活农村生产要素

抓好农村各类资源"确权、赋权、易权""三权"改革，有力促进资源变资产、资金变股金、农民变股东。塘约村率先在全省范围内对全村土地承包经营权、林权、集体土地所有权、集体建设用地使用权、房屋所有权、小型水利工程产权和农村集体财产权等"七权"进行精准确权。全村共入库农村耕地确权面积4 864亩，林地2 616.8亩，房屋957宗，集体所有水利工程19宗。颁发林权证60本，水权证32本。探索"3+X"信贷模式，赋予"七权"流转、抵押、担保、入股等多种权能，引导农村经济组织、公司、专业大户、农户等产权主体通过各类产权抵押担保贷款，破解了现代农业发展的资金瓶颈，不断激活农业园区内生动力。

（三）合股联营，强弱联合共同富裕

塘约村按照"村社一体，合股联营"的思路，成立村集体所有的"金土地"合作社，采取"党总支+合作社+公司+农户"的发展模式，组织村民用承包土地入股合作社，实现合股联营、合作生产。经营所得收益按照合作社30%、村集体30%、

村民40%的模式进行分成，农户务工所得收入确保每月不低于3 000元，形成了村集体、合作社、农户强弱联合共同富裕的现代农业发展格局。同时，合作社在其内部组建妇女创业联合会，设立劳务输出公司等，有效解决了农村青年、妇女及贫困户就近就业问题，有效增加了农户收入，实现了一二三产融合良性发展。

（四）村民自治，提升农村治理水平

一是出台"红九条"治民风。塘约村坚持把村规民约作为村民自治的利器，针对群众反映强烈的滥办酒席、不讲诚信、不赡养父母等陈规陋习，经过村民代表大会研究讨论，颁布了"红九条"，违反者一律列入"黑名单"，进行为期三个月的考察管理。考察期间内，暂缓办理任何相关手续，待考察合格后，方可恢复

塘约村培训中心

其权益。"红九条"村规，树立了村民大会的权威性，不断改变农村中的一些陈规陋习，得到广大村民的拥护和赞许。二是提供"一条龙"除陋习。塘约村成立由村支"两委"统一领导的村级红白理事会，组建专业服务队3支，无偿为村民提供"一条龙"酒席代办服务，推行婚嫁酒席"八菜一汤"，丧葬酒席"一锅香"，有效改变过去铺张浪费、相互攀比的不良风气。

（五）数字乡村，打造"智慧塘约"

"智慧塘约"建设是对乡村治理的重要探索，塘约村在纵深推进农村产业革命，深化农村综合改革方面探索出了一套"塘约打法"，将大数据、人工智能、区块链等应用到乡村治理、农业管理、党务、村务、社务管理等方面，实现一二三产业与大生态、大数据、互联网、物联网、人工智能、云计算、金融服务的深度融合，逐步打破城乡数字孤岛，加快现代农业高端化、规模化、绿色化、智慧化发展，努力探索"农业全面升级、农村全面进步、农民全面发展"的可持续发展之路。

（六）"塘约经验"为农村改革创新典范

塘约村以"党建引领、改革推动、合股联营、村民自治、共同富裕"的塘约经验深化农村改革，建立党支部、村委会、合作社"三套马车"同心协力的组织模式，探索"村社一体、合股联营"发展路径，打造乡村振兴"塘约样板"，实现了从省级二级贫困村向"小康示范村"的华丽转身。获得了全国文明村、全国乡村旅游重点村、全国乡村治理示范村等荣誉称号，2020年10月，安顺"塘约经验"新时代农村改革典范被选入全球101个旅游减贫案例。2021年12月，原国家乡村振兴局刊登了《贵州平坝"探索塘约"经验助力乡村振兴》的简报。

三、经验启示

2021年，塘约村提出了实现"四个全部"，即思想全部解放、资源全部统筹、口子全部撕开、门槛全部铲掉。坚持"四个面向"，即面向科技前沿、面向市场需求、面向生命健康、面向产业增效村民增收。推动"九化同步"，即土地菜园化、山坡景观化、河岸廊道化、寨院个性化、道路香果化、设施现代化、产品品牌化、管理智能化、市场数据化。做好十项工作，即党建如何建强、队伍如何带好、制度如何优化巩固、村民如何培训、村庄如何治理、资源如何盘活、产业如何做大做强、统一文化如何提升、村民的福利如何实现、政策如何应用。以此实现塘约村巩固脱贫攻坚成果同乡村振兴有效衔接，实现乡村全面振兴。

塘约村火把节现场

"农文旅"融合发展 "水陆空"尖叫呐喊

——贵州省毕节市黔西市新仁苗族乡化屋村

化屋村全景

一、村情概述

黔西市新仁苗族乡化屋村原属深度贫困村，全村总面积8.2平方公里，有耕地1 403亩，林地面积3 986亩，森林覆盖率超过60%。全村辖3个村民组284户1 133人，苗族占比96.7%。2013年以来，全村先后识别出149户752人贫困人口，贫困发生率为63.63%。曾受困于交通限制，"贫穷和闭塞"一度是化屋村的代名词。在国家扶贫政策的长期沐浴下，2017年实现脱贫出列。2019年贫困人口全部清零，彻底撕掉了千百年来的贫困标签。2021年2月3日，习近平总书记视察贵州，首站就到了新仁乡化屋村，亲切看望各族干部群众，给大家送来了新春祝福，提出殷切期望，饱含了对新仁各族干部群众的深情厚爱和关心关怀，新仁乡认真贯彻习近平总书记视察贵州视察化屋重要讲话精神，把总书记对新仁的特别关心转化为思想行动和工作动力，牢记嘱托，感恩奋进，奋力描绘"苗韵化屋"的宏伟蓝图。

二、主要做法

（一）农旅产业融合发展，推动乡村振兴迈出坚实步伐

一是特色产业卓有成效。化屋村推动黄粑、黄牛、黄姜"三黄"特色产业发展，建成黄粑加工厂2个，日产量均达1 000千克以上，吸纳60余人实现就地就近稳定务工，实现黄粑收益240余万元。大力发展黄姜种植，投入463万元建成占地2 000平方米黄姜储藏冷库。2022年，化屋"黄姜"荣获"全国十大农作物优异种质资源"称号，2024年3月向市场推出新品姜酵素、姜酒、姜甜酒等衍生产品。同时投入500万元建成占地2 600平方米长井养牛场，养殖商品牛400头，实现"黄牛"养殖利润50万元。

二是苗绣产业活力焕发。化屋村共开发苗绣蜡染文创产品100多种，通过电商、网红带货等方式销售到全国各地。

三是旅游产业蓬勃发展。化屋村打造了一批富有特色的休闲康养、民风体验、研学采风、游娱探险等旅游新业态。为贵州省内外提供各类研学活动60余次。创作大型苗族歌舞剧《苗韵化屋》，并实现化屋歌舞常态化演出，培养当地群众30余人作为旅游服务双语（汉语、苗语）解说员。近三年来，已发展民宿和客栈22家床位273个。发展农家乐、餐馆39家，特色餐饮和特色商品摊位23个。建成星级旅游厕所5座、观光亭台7座。正在努力推进总投资2 000万元的智慧乡村建设项目（7D影院建设），2024年10月底前建成投入运营。建成黄粑、黄姜等化屋农特产品移动展销小木屋29座，运营游船13艘496客位，建成2个直升机起降点、2个滑翔伞起降点，建成了目前贵州规模最大、景观最美、要素最齐的化屋野奢营地。同时正在稳步推进桥旅融合、乌江之眼、露营二期项目。

（二）基础设施不断夯实，苗乡村寨面貌日新月异

化屋村仅用时4个月就建成总投资1.72亿元、长8.17公里的仁化旅游公路，被中办督查组称赞为中国公路史上的奇迹。投资761万元，建成长2.35公里、宽3米的化屋沿江（一期）步道。总投资765万元、长2.65公里的化屋沿江（二期）步道正在建设。同时，建成化屋迁徙古道、乌江秘道、化屋村内旅游步道，完成惠及229户的房屋立面改造、惠及193户的美丽家园建设（庭院改造）、惠及155户的和美村寨基础设施建设以及惠及122户的宜居农房功能优化提升改造项目，并投入

化屋黄粑

364.6万元建成哈冲水源至化屋村供水管网工程。

（三）绿色发展深入人心，全力守护乌江源头生态屏障

一是不断改善生态质量。截至2024年上半年，累计向东风湖放流8种珍贵鱼类共10万尾，组织群众栽培经果林1 400余亩，辖区森林覆盖率超过60%，辖区水域水质常年保持在Ⅰ类以上。二是不断健全保护机制。将"要爱山护水，不准破坏生态"第二部分内容纳入"十要十不准"村规民约，形成"播绿者受益、护绿者受奖、损绿者受罚、用绿者付费"的生态治理机制。按照"上下联动、左右互动、整体推动"的护河方案，建立了黔西市乌江干流及六冲河跨界河湖联合河湖长制工作站，实现护河常态化，形成了"天上看、地上查、河上巡、网上管、群众报"的立体化监管模式。三是不断提升环境卫生。建成污水处理池126座，使258户常住村民生活污水得到有效治理。按照"户分类、村收集、乡转运、县（市）处理"模式，高效处置全村群众生活垃圾。

近年来，化屋村先后获得全国先进基层党组织、全国乡村旅游重点村等10多项殊荣，2023年荣获全国巩固拓展脱贫攻坚成果村级实践交流基地并入选全国乡村特色文化艺术典型案例，化屋名气越来越大。人民日报、新华社、中央广播电视台等国家级主流媒体持续关注化屋，宣传报道多达数百次，内容涵盖化屋山水风光、民族文化、旅游活动、乡村振兴等。三年来，化屋村共计接待旅客95万人次，实现旅游综合收入4.6亿元，化屋村民人均可支配收入由2020年的1.15万元提高到2023年的3.08万元，较2020年增长168%。

化屋苗绣

化屋村荣誉墙

三、经验启示

（一）以讲好"四个故事"提升发展动能

化屋村组建了由汉族干部和苗族干部共同参与的宣讲组，深入田间地头、施工现场、群众家中，持续宣讲习近平总书记视察贵州重要讲话精神，原汁原味宣讲党的二十大精神和二十届三中全会精神，用心讲好"领袖特殊关怀故事、脱贫攻坚深度贫困村到乡村振兴集成示范点的华丽转身故事、绿水青山转化为金山银山的'两山'转化故事、民族文化故事"，让党的好声音和化屋发展的好形势家喻户晓、入脑入心，极大地鼓舞和激发了干部群众的干事创业热情，发展动能日益强劲。

（二）以实现"三规合一"谋定发展蓝图

在各级各部门大力支持下，化屋村将《乌江源百里画廊文化旅游发展总体规划》《黔西市六冲河（新仁乡区域）生态环境系统整治及生态价值示范项目规划》和《国土绿化试点示范项目规划》融合起来，高质量编制《化屋村特色田园乡村·乡村振兴集成示范点村庄规划》，并荣获贵州省2022年度村庄规划优秀案例一等奖。

（三）以创新"五治融合"完善乡村治理

化屋村持续推进"一中心一张网十联户"基层社会治理机制，修订完善了"十要十不准"村规民约，获得贵州省2022年度优秀村规民约荣誉，其23条实施细则与集体经济分红直接挂钩，制定相应奖罚措施。创新基层社会治理体系，不断提升基层治理效能，形成了以政治凝聚发展合力、以法治强化治理定力、以德治增强工作引力、以自治激发内生动力、以智治提升管理活力的"五治"融合模式，用好用活5G数字乡村治理信息平台，不断优化共建共治共享的社会治理格局，奋力谱写"枫桥经验"化屋实践新篇章。

鼓足"麻怀干劲"持续巩固脱贫攻坚成果

——贵州省黔南布依族苗族自治州罗甸县沫阳镇麻怀村

麻怀村产业发展全景

一、村情概述

　　麻怀村地处贵州省黔南布依族苗族自治州罗甸县东部，距罗甸县城39公里、镇中心24公里、距"中国天眼"核心区7公里。全村总面积6.79平方公里，辖3个村民组、5个自然寨，总人口146户626人，其中脱贫户监测户57户236人，全村有党员38人，村"两委"干部4人，是一个汉族、苗族杂居的石山村。1998年以前，全村140余户群众长期被大山围困，属典型的"九山半水半分田"石漠化喀斯特山区，村内经济发展严重受限，生活艰难困苦，曾一度被认为是"不宜生存的边角"。1999

年开始，麻怀村村民在党支部带领下，拧成一股绳，转变思想，定下了破局出山的决心，向困住麻怀世世代代的大山"宣战"，通过全村村民锲而不舍、夜以继日的磨凿，耗时10余年凿出了一条长216米、宽4米、高5米的出山路（麻怀隧道）。在此过程中，村集体创造了"不等不靠、敢想敢干、齐心协力、攻坚克难"的麻怀干劲，涌现出了以当代女愚公邓迎香为代表的一批吃苦肯干的麻怀人，从此开始了从贫困村到乡村治理、乡村建设"先进村"的蜕变之路。

二、主要做法

近年来，麻怀村牢牢把握国家乡村振兴发展的重要战略机遇，以习近平总书记视察贵州时提出的"在乡村振兴上开新局"重要指示精神为指引，紧紧围绕促进群众增收的核心，以"五个聚焦"全面推进乡村"五大振兴"工作。

（一）聚焦产业发展，促进生活富裕

一是企业带动壮大集体经济。立足麻怀村海拔、温度、气候等资源禀赋优势，采取"龙头企业+村集体公司+农户"的模式，在村内大力发展食用菌种植，联合入驻企业推进"反租倒包"，种植食用菌79万棒，每年发放群众务工费约10万元，村集体收益16.8万元。二是示范带动富村民。在组织带动、党支部书记带领、党员带动下，采取"合作社+农户"合作模式，通过党支部引领，党支部书记带头发展食用菌种植，带动农户发展食用菌、土鸡、土鸡蛋、绿色蔬菜等产业，统一由合作社收购全年直供村级培训基地，带动脱贫群众增收。三是公益岗位解决兜底保障。结合引进的食用菌公司、教学培训基地用工需求，通过组织劳务服务、公益性岗位兜底等方式为群众提供长期就业岗位40余个，有效解决脱贫群众和居家村民无业问题。

（二）聚焦生态宜居，推进乡村建设

一是建强村级基层组织，夯实乡村建设基础。选优配强村"两委"干部，党支部书记邓迎香带领群众耗时10余年打通隧道，被授予"全国优秀共产党员""全国劳模""全国三八红旗手标兵""最美奋斗者""国家消除贫困感动奖"等荣誉称号，党组织的凝聚力、号召力增强。同时争取到国投集团中央定点单位帮扶资源，帮

耗时 10 余年打通的麻怀隧道

助村级建设了党群服务中心、教学楼，改善了村级服务群众阵地和环境。二是发挥党员先锋模范作用，带领村庄改天换地。持续发挥党支部书记邓迎香全国优秀共产党员模范作用，带领党组织发动群众从打穿隧道到路通水通电改网，串寨串户路全覆盖，农房面貌大变样，基础设施得到大改善。三是弘扬劳模精神，改善人居环境。组织全村按照"一户一美"的目标，建成覆盖所有农户的生活污水处理设施，累计完成卫生厕所改造提升109户，每月组织开展人居环境整治行动和评比亮分，实现村庄"旧貌"换"新颜"。

（三）聚焦文明新风，推进文明村建设

一是加强宣传宣讲，强化思想引导。麻怀村围绕习近平新时代中国特色社会主义思想、党的二十大精神等深入村组开展宣传宣讲活动60余场次，覆盖群众3 000余人，开展各类群众文化活动20余场次，覆盖6 000余人，丰富了群众文化生活。二是聚力摸底排查，加强陋习整治。充分发挥网格员、联户长等作用，对各村大操大办、厚葬薄养、低俗婚闹等突出问题开展常态化排查整治。三是开展专项行动，推动移风易俗。党支部书记邓迎香带头召开群众会、院坝会，入户走访开展政策宣传，倡导文明新风，引导群众自觉抵制铺张浪费、盲目攀比的不良社会风气，高价彩礼、人情泛滥、厚葬薄养等陈规陋习得到有效遏制。

（四）聚焦治理有效，推进基层治理

一是创新基层治理，推行"党建+积分制"。充分发挥党组织的"聚合效应"，

麻怀村食用菌产业

麻怀村乡村建设

通过积分赋能发动群众参与到村级产业发展、环境整治、移风易俗、文明创建等自治中来，焕发乡村治理"大效能"。二是强化文明创建，发挥带头作用。推进文明创建工作，成功将麻怀村申报创建为全国乡村治理示范村、全国文明村。三是强化抓手建设，构建治理机制。突出党建引领，构建"党小组＋网格员＋联户长"的一中心一张网十联户治理工作机制，充分动员12名联户长、17名志愿服务队常态化参与到村级矛盾纠纷调处、信息情报收集中来。

（五）聚焦"麻怀干劲"品牌影响，做好红色研学乡村旅游

一是立足实际，整合资源建基地。依托"麻怀干劲"劳模精神、产业基地、乡村旅游示范点、基层党建示范点等资源，建成了"中国天眼"—麻怀现场教学基地。二是创新方式，统筹协调管基地。从教学布局、课程打造、日常运维和后勤服务方面全面做好运营和管理，保障教学基地高效运转，切实增强党员教育培训针对性和实效性。三是打造精品，构建特色化课程。整合全县文旅融合等资源，努力将基地打造成为具有鲜明地域特色的教学基地，带动两村周边村民参与到乡村文化旅游配套服务中来，乡村研学经济辐射周边村寨。2023年规范运营以来累计共接班174期7 871人，累积收入119余万元。

三、经验启示

（一）基层发展需要支部引领

"群众富不富，关键看支部"。党支部是党的基础组织，是党的全部工作和战斗力的基础，基层党组织要充分发挥引领作用，带领群众谋发展、求致富，凝聚群众强大合力，突出支部在巩固拓展脱贫攻坚成果同乡村振兴有效衔接中的核心引领功能，从而推进农村党组织管理规范化，提升基层治理水平，促进农村和谐发展，为持续巩固脱贫攻坚成果、衔接推进乡村振兴打下坚实的组织基础。

（二）基层发展需要产业带动

群众收入不增加，基层发展就成了无源之水、无本之木，增加群众收入，离不开产业带动。麻怀村抓住产业这个关键，推行农业产业化经营，让每一个有条件、有能力、有意愿的群众都能从产业发展中获得收益。

（三）基层发展需要整合资源

"一花独放不是春，百花盛开春满园"，从麻怀隧道的顺利打通，到抓实麻怀村产业发展，到建成中国"天眼—麻怀"现场教学基地，再到谋划麻怀"乡村旅游"，麻怀村始终通过凝聚全体村民力量，立足自然资源优势，抓住毗邻"中国天眼"的地缘优势，以邓迎香先进典型事迹为依托、麻怀现场教学基地为载体，整合文旅融合资源，充分整合和调动各类资源，凝资聚力来全方位、多角度推动基层发展，充分激发了"一加一大于二"的协同效应。

麻怀村乡村旅游＋培训研学

饮水思源不忘党恩
感恩茶园赋能农户奔小康路

—— 贵州省黔西南布衣族苗族自治州普安县
地瓜镇屯上村

屯上村"白叶一号"茶园基地观景图

一、村情概述

屯上村距贵州省普安县城19.5公里。全村共有23个村民组，总人口1 316户5 118人，其中脱贫户和监测户共有314户1 235人。2018年4月，浙江省安吉县黄杜村20名农民党员给习近平总书记写信，提出捐赠1 500万株白茶苗帮助西部贫困地区群众新植茶园5 000亩脱贫，为党分忧，先富帮后富。习近平总书记作出重要批示："增强饮水思源、不忘党恩的意识，弘扬为党分优、先富帮后富的精神，对于打赢脱贫攻坚很有意义"。同年10月，450万株1 500亩茶苗落户屯上村，建设了"白叶一号"感恩茶园基地，覆盖屯上、岗坡、莲花三个村脱贫户691户2 020人，助力屯上村实现了荒山变茶山、贫农变茶农、山区变景区的"新三变"。

中国人民大学"832工程"访谈团到屯上村感恩茶园基地参观学习

二、主要做法

屯上村坚持因地制宜、因村施策，宜种则种、宜养则养、宜林则林，把产业发展落到促进农民增收上来。围绕茶叶、天麻、猕猴桃等种植管护，加强技术指导培训，做足特色产业和旅游融合发展这篇大文章，多形式提高群众收入水平，壮大村集体经济。

（一）坚持思想引领，激发群众内生动力

屯上村坚持抓党建促乡村振兴。加强村"两委"班子建设，建立以村党支部为核心，以村委会、村代会、村监会为执行决策监督机构，村集体经济合作社为辅的"五位一体"的村级治理体系，发挥"领头雁"作用。强化政治理论和惠民政策宣传，加强党员、干部、退役军人及普通群众相关知识学习，通过思想引领和典型选树，激发群众内生动力。通过开展"最美劳动者、最美创新创业人才、最美家庭、最美致富带头人、最美退役军人、最美保洁员、最美护林员、最美父亲、最美妈妈、最美党员"等表彰活动，营造户户争当光荣、人人学做模范、争当先进典型的热潮。

（二）坚持产业扶贫，帮助贫困群众稳定增收

习近平总书记指出，产业扶贫是最直接、最有效的办法，也是增强贫困地区造血功能、帮助群众就地就业的长远之计。要加强产业扶贫项目规划，引导和推动更多产业项目落户贫困地区。

2018年10月，安吉县捐赠的450万株1 500亩茶苗落户屯上村。几年来，屯上村围绕茶叶、天麻、折耳根、猕猴桃种管采等产业发展，累计带动农户16万余人次就业，务工收入达2 000余万元，农户年均增收1.8万元。

（三）坚持村庄建设，提升人居环境治理水平

"产业兴旺、生态宜居、乡风文明、治理有效、生活富裕"是国家乡村振兴的总要求。屯上村依托感恩茶园基地，加强村庄建设。一是分类试点带动。实施"一水、三改、三园、三清"建设，结合农户实际需求，将庭院打造成有花、有菜、有果树且实用美观的融合型"小三园"。截至2024年上半年，建设集中污水处理池6个，安装污水管网91户，建设公厕1个，实施改厕66户、改厨76户，维修或重建圈舍2 000余平方米。二是因村制宜定向。屯上村制定针对性的建设方案，确保村庄建设独具特色。屯上村成功申报为州级特色田园乡村·乡村振兴集成示范试点，以磨寨河组、屯上组为试点中心，带动周边自然山体、农田、茶园等规划建设。三是深化村寨治理。屯上村制定新的村规民约，倡导"礼不过100元""彩礼不过3.8万元"，鼓励嫁娶不要彩礼或低价彩礼，确保移风易俗不变味。推进"院坝协商"，用好

中国人民大学"832工程"访谈团到屯上村感恩茶园基地参观学习

采茶工人在屯上村"白叶一号"感恩茶园基地采摘茶叶

"红黑榜"积分机制，建立健全常态化人居环境整治机制，不断提升农村人居环境水平。

三、经验启示

（一）坚持守住防返贫底线，抓住乡村振兴"牛鼻子"

屯上村以习近平新时代中国特色社会主义思想为引领，坚决扛起推进乡村全面振兴的政治责任，推动党的政治优势、组织优势转化为乡村发展优势，引领乡村全面振兴。浙江、四川、贵州三省五县六个村在屯上村开展党建联盟，通过中央、省州县镇村六级领导干部共建，提升了政治"领导力"、群众"组织力"、行动"引领力"。屯上村已成为全国巩固拓展脱贫攻坚成果村级实践交流基地，成为周边机关企事业单位、学校等机构学习参观的阵地，成为普安县党史学习教育现场教学点，普安县军民共建示范点。

（二）坚持党建引领，八个一批带动群众增收致富

屯上村围绕"3+1"保障，持续发展农村产业，不断壮大村集体经济。包括帮助脱贫户发展种养产业带动一批，通过"白叶一号"提升项目给脱贫户分红拉动一批，解决部分村民组季节性缺水发展一批，开发公益性岗安置一批，到户养殖项目惠及推动一批，大学新生资助一批，公益项目捐赠帮助一批，以及

通过以工代赈、以工代训培训一批。通过多渠道多形式帮扶，带动群众持续稳定增收致富。

（三）转变思路拓宽渠道，脱贫村面貌一新

为改变脱贫村的面貌，驻村第一书记转变思路，合理巧用资源，多渠道争取支持，带领村干部新建路灯、修复路灯、修复隐患道路、制定村规民约、建公益积分超市、化解纠纷，同时动员群众参与，力求花最少的钱办最实惠的事，使脱贫村面貌焕然一新。

盘活闲置资源　赋能乡村振兴

——云南省曲靖市罗平县板桥镇品德村

特色产业

云上花乡村

一、村情概述

罗平县板桥镇品德村地处滇、桂、黔三省（自治区）接合部，距离罗平县城14公里，紧邻国家4A级景区九龙瀑布和西南地区最大的国际小黄姜交易市场。村庄坐落在千姿百态的喀斯特峰林中，峰林间镶嵌着良田、菜花、村落，构成一幅秀美的乡村田园画卷。2021年以来，罗平县抢抓云南省实施乡村振兴"百千万"示范工程的政策机遇，以百万亩油菜花海和金鸡峰丛景区为核心吸引，整合乡村现有资源、盘活农户现有资产，建设以"花间赏、云上住、维古养、龙潭忆"为主题的"云上花乡"乡村振兴示范园，辐射带动金鸡、品德、安勒3个行政村，闯出了一条乡村旅游助推乡村振兴的新路子，镌刻了"乡村美、产业旺、人和谐、生活富"的乡村新画卷，积累了可推广、可借鉴、可复制的乡村振兴实践经验。

二、主要做法

（一）人才支撑，让园区建设"智起来"

邀请中国农业大学李小云教授团队蹲点指导，为示范园建设提供人才支撑和智库咨询服务。高薪聘请懂农村、会经营、会管理的乡村CEO、职业经理负责园区具体运营，实现经营权、所有权分离，提升项目运营效率，真正盘活农村资源，带动农村发展。

（二）尊重乡村，让庭院村庄"美起来"

示范园建设坚持"轻介入、微改善"的本土设计理念，杜绝大手笔动手术式规划建设，保存乡村景观格局。着重通过村容村貌整治、厕所革命、环境美化、两污治理等手段，提升基础设施与公共服务设施配置水平，增强村庄发展动力和活力。目前建成彩色步道1.8公里、铺设饮水管网3 600米、雨污管网1 200米、公厕3座、创建各类"小花园"50余个、村庄绿化10 000余平方米。

（三）激发动力，让全体村民"动起来"

秉承"农民的村庄农民建"理念，尊重乡村风土人情，尊重农民生产生活方式和时代发展需求，充分发挥农民主体作用和首创精神，以互动式参与、以工代赈等方式，引导村民、社会和政府形成合力，共同参与建设和维护美好家园，唤醒农民主人翁意识，提高农民在乡村建设中的参与度和受益度，增强农民归属感、责任感和认同感。

（四）技能培训，让闲置劳动力"忙起来"

围绕工程建筑、绿化保洁、餐饮民宿服务等行业，组织当地闲置劳动力开展培训，培训合格后就地从业。拓展"租金+股金+薪金"的增收致富渠道，实现农民就业不出村、企业有人用的双赢目标。截至2024年，共有300余人参加培训，200余人在家门口实现就业，每月人均务工收入3 000～5 000元。

云上花乡"五坊"

云上花乡入股分红大会

（五）利益联结，让市场主体"建起来"

指导各村成立合作社，鼓励和引导农民、村集体将资产、技术、资金、闲置房屋等以协商、评估折现等方式量化入股。通过合作社搭台，盘活、集拢村集体资产和农户资产，量化为股金，与板桥镇平台公司合资组建由村党总支书记任董事长、板桥镇平台公司控股的合资股份公司，确保党对乡村振兴工作的统筹领导、镇属平台公司的规范经营和资本增值。

（六）业态开发，让闲置资源"活起来"

充分发挥农民合作社组织优势，提升农户在业态开发、产业融合发展中的参与度。将村民闲置老旧民房、场院流转给公司统一装修改造，开发精品民宿、活动场所、餐饮服务等业态。在板桥镇党委政府的领导下，借助李小云教授团队和镇属平台公司的专业优势，指导农户自主改造民房12座，建成精品民宿、特色餐厅、咖啡屋等，实现每户年均增收5万余元。引导农户开设便利店、小吃店、烧烤店20余家，实现每户年均增收3万余元。建成劳动教育实践基地6 000余平方米、青少年户外素质拓展基地20 000余平方米、共享食堂600余平方米、共享宿舍300平方米、共享舞台600余平方米、民宿2 600平方米、水体景观400余平方米，实现闲置资产保值增值200余万元；引进古养小筑公司，流转园区内荒山荒地、林地500余亩，种植食药同源中药材20余亩、花卉450余亩；建成亲子乐园1个，建成药食同源特色餐饮、部落式养老、精品民宿、保健理疗馆10余户，有效推动"闲资源"变"活资产"。

（七）统一管理，让群众腰包"鼓起来"

探索建立镇属平台公司管护业态工作机制。把有经营性收入的公共停车场、充电桩等公共基础设施，移交给镇属平台公司管护和经营，镇属平台公司留足发展资金和运营成本部分，将剩余收益量化到村集体经济和每位社员，实现全体村民共享。建立经营主体管理办法，明确农户、社会资本投入、自主经营所得的营业额，按业态分类拿出一定比例用于村集体经济发展。

（八）品牌经营，让农特产品"强起来"

整合现有的灰粽、栗炭烤蛋糕、浙都粑粑、木榨菜油等特色食品，注册"滇东云上农品"，带动农户以家庭作坊生产加工，检验合格后贴牌销售。建立农特产品保护价收购机制，引导农户种植有机油菜、无公害中药材等，培育养殖特色中蜂，以高于市场价位10%～30%优先收购加工，让一产、二产深度融合，提高农特产品价值，实现户均增收3 000～8 000元不等。

（九）创新机制，让园区管理"优起来"

探索建立强制式（入园开发投资的，必须缴纳生态补偿费用）、协商式（大型团队入园，协商支付生态补偿费用）、自愿式（各位置放置生态补偿机制收款码，引导自愿为生态献爱心）的生态环境享受补偿机制。明确生态补偿收入属集体所有、全体村民共享。依托"智慧云上"小程序，建立收入共管的运营机制。园区建立及时分账系统，统一使用收款二维码和公共账户，公司、企业及农户自主经营取得的收益，营业额收入全部纳入公共账户管理，分账系统根据业态类别，自动从营业额中抽取5%～30%的资金用于园区公共服务管理和农户年底分红，剩余部分自动划转到各经营主体账户。

三、经验启示

（一）盘活闲置资源，经营业态不断丰富

"云上花乡"乡村振兴示范园以一二三产融合发展为基础，以乡村旅游为抓手，

云上花乡研学

云上花乡游乐园

把现代元素融入村庄闲置资源，开发乡村精品公寓、嵌入式民宿、云上农品、乡愁集市、云上会客厅、云上时光咖啡吧、研学基地、专家工作站、五坊一中心、户外拓展基地等业态，成功打造农村产业融合发展新载体新模式，实现了资源共享、合作共赢、全民共富的多重目标。

（二）突出农民主体，利益联结不断紧密

突出以农民增收致富为出发点和落脚点，建立可推广、可借鉴的乡村振兴实践机制：强化政府引领作用，建立农民受益为主体的组织机制；发挥农民主体作用，建立农民受益为主体的建设机制；保障农民民主权利，建立农民受益为主体的管理机制；盘活农村闲置资源，建立农民受益为主体的经营机制；维护农民根本利益，建立农民受益为主体的利益联结机制。

（三）紧跟时代理念，人才队伍不断壮大

在专家教授团队指导下，市级指导组和县、镇专班组理论水平和实践能力得到质的提升。"云上花乡"示范园将3名乡村CEO前置到建设阶段，让其熟悉示范园建设的总体规划、资金筹集、基础设施建设、资产状况、经营方式、利益联结等情况，为后期产业规划、资产管理、业态开发、市场经营、成效展示等夯实基础，成功锤炼出一支"懂农村、懂农业、爱农民"，具有现代乡村建设经营管理经验的队伍。

（四）维护农民利益，振兴之路不断拓宽

坚持"农民的村庄农民享受"理念，充分发挥农民主体作用，进一步壮大集体经济，不断入户调研，依托"智慧云上"小程序，建立收入共管的运营机制。有效确保农户自主经营有收入、合作经营有分成、就近务工有工资、全体社员有分红，让农民成为乡村振兴的参与者、建设者、最大受益者。

乡村旅游赋能乡村振兴
让幸福的地方更加幸福

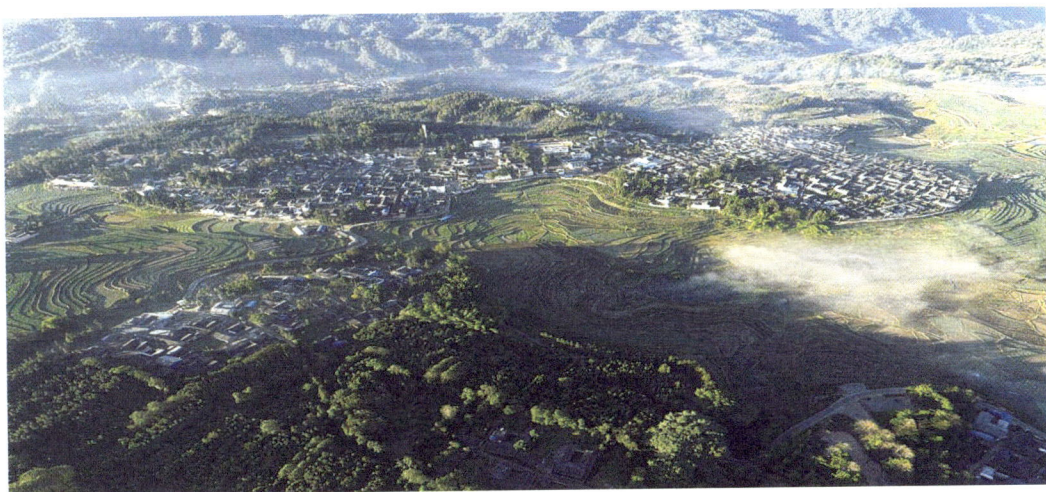

三家村村全景

一、村情概述

　　腾冲市清水镇三家村村地处清水镇东南部，距腾冲市区15公里，全村总面积19.96平方公里，海拔1 650米，年平均气温17℃，年降水量1 450毫米，下辖5个自然村，7个村民小组，共有农户541户2 422人，设党总支1个，下设和谐、和睦、中寨3个支部，有7个党小组，共有党员71名（含预备党员1名）。三家村中寨司莫拉佤族村，佤语意为"幸福的地方"，是一个具有500多年历史的佤族聚居村寨，也是国家4A级景区、中国民族特色村寨、全国第二批乡村旅游重点村。现有农户70户289人（佤族268人），设中寨党支部1个，党员20名。2020年1月19日，习近平总书记莅临清水镇司莫拉佤族村考察，寄语"让幸福的佤族村更加幸福"。在中央、省、市各级政府的关心支持下，清水镇牢记嘱托、感恩奋进，聚焦"幸福·旅游+"产业，集中攻坚推动党支部领办农民专业合作社，推动村寨变景区，带领群众吃上"旅游饭"。5年来，司莫拉佤族村接待游客超143万人次，2024年接待游客43万人次，合作社收入110万元，农民人均纯收入达24 884元。

二、主要做法

（一）坚持党建领航，探索乡村振兴新路子

坚持党的全面领导，充分发挥党总揽全局、协调各方的作用，三家村持续开展"自强、诚信、感恩"教育，依托习近平总书记考察清水带来的"司莫拉效应"，围绕"人民领袖爱人民，人民领袖人民爱"和党建促乡村振兴主题，突出"牢记嘱托、感恩奋进""足迹"主线，累计开展各类宣传宣讲、红色教育现场教学600余场次、受众2万余人次。

（二）守护绿水青山，美丽村庄焕发新活力

以司莫拉村旅游为核心，规划建设22.8公里的旅游环线，串联古寨乡旅示范、农旅融合发展、现代农业观光3大片区，打造佤乡风情、古寨乡旅、农旅休闲、民宿示范、温泉休闲、现代农业6种业态，形成"一核一寨、一环三片、六村六品"的旅游开发模式，带动农业产业发展、休闲农业促进农民增收、乡村旅游助力乡村振兴。持续深化人居环境"大排查、大宣讲、大整治、大督导、大曝光"专项行动，让中寨生态环境和村容村貌更美更优。

（三）依托生态资源，幸福旅游迈出新步伐

充分发挥清水镇"机场、热海、古村、茶山、佤寨、关隘"资源优势，合理规

云谷公园内的彩色水稻、万寿菊

三家村村荣誉墙

划"吃住行游购娱"等旅游要素。建设1.2公里沥青铺设云谷公园慢行系统，24座水车集群景观，配套50亩万寿菊、50亩特色彩稻种植，形成特色鲜明、清新雅致、意境优美的田园景观，实现经济、观光双收益，司莫拉佤族村成功创建4A级景区。拓展生态康养游、研学体验游、夜间经济游、文旅融合游等全域旅游新模式，实现"泥饭碗"变"金饭碗"，群众获得感、幸福感更加充足。

（四）区域融合发展，乡村振兴谱写新篇章

丰富"文化+"载体，策划佤族篝火晚会、木鼓、佤族彩绘、佤族清戏等民族风情体验项目，精心打造沉浸式舞台剧《幸福清水故事汇》。举办"欢喜过大年""幸福来摸你"、2023奔跑七彩云南九大高原湖泊领跑赛、七彩云南格兰芬多自行车赛等系列活动。司莫拉彩色水稻入选腾冲市"绿水青山就是金山银山"实践案例，并成功亮相COP15（《生物多样性公约》缔约方大会第十五次会议的简称）大会。在巩固原有传统农业产业基础上，聚力培植司莫拉"幸福"主题产业业态，发展农旅融合的现代农业产业。

三、经验启示

三家村村立足将民族文化资源优势转化为乡村旅游发展优势，不断探索丰富"文化+"载体，持续培植司莫拉"幸福"主题产业，打造司莫拉农特品牌。同时进一步完善"党组织+公司+合作社+农户"发展模式，以小合作社聚大能量，持续撬动司莫拉景区建设、乡村治理、民族团结、乡风文明等方面发展，带领各族群众精诚团结、增收致富，共同谱写"产业强、村庄美、村民富"的乡村振兴美丽画卷。

（一）以合作社为"中轴"聚人心，村民参与变股民

司莫拉土地零碎，人均耕地占有量少。农民以传统种养殖业为主，缺乏有效合作，经济效益不高。为把人心聚起来，更好地抓住发展机遇，2020年6月，由三家村党总支、中寨党支部发起创办了司莫拉幸福佤乡旅游专业合作社，按照"党委协调、政府主导、农民参与、市场推动"的工作思路，积极探索"党组织+公司+合作社+农户"的运营模式，实行市场化运作，对中寨司莫拉景区进行统一规划、统一建设、统一管理、统一运营。有了合作社这个"领头羊"，村民积极投身家乡发展，主动流转村内土地，参与完善基础设施，完成彩色步道铺筑，实现了景观绿化和村容村貌提升。目前合作社共有社员62户，覆盖司莫拉佤族村所有农户，36名村民通过餐厅务工和景区保洁、讲解、秩序维护等实现稳定就业，并为当地村民提供其他就业岗位60余个。

（二）以合作社为"纽带"促治理，村庄旧貌换新颜

司莫拉充分发挥合作社的党群纽带作用，不断完善党组织领导下的自治、法治、德治相结合的乡村治理模式。大力推行"巷长制""三员三长制"，定期开展"美丽公约""最美庭院"评比等，增强党员中心户、社员户的辐射带动力度；聚焦爱党爱国爱家和民族团结进步、乡风文明等，不断修订完善村规民约；建立健全村民小组分级议事决策机制，构建形成民事民议、民事民办、民事民管的多层次基层协商自治格局；以"红色线路现场讲""司莫拉讲堂""板凳会""田埂会"等方式凝聚各族群众，讲好讲透习近平总书记"情满司莫拉"红色故事及司莫拉感恩奋进故事。

（三）以合作社为"引擎"兴产业，百姓愁容变笑脸

司莫拉始终向着"产业兴旺，百姓幸福"的奋斗目标努力。在巩固原有传统农业产业基础上，发挥合作社强劲动力，聚力培植司莫拉"幸福"主题产业业态。启动幸福佤乡综合开发项目，将司莫拉的巷道串联成游道，分别植入大米粑粑、佤族绘画、佤族服饰、饮品茶艺等不同特色业态，形成一巷一特色。建成司莫拉幸福烤吧、司莫拉幸福餐厅、司莫拉大米粑粑加工体验基地、司莫拉肉牛养殖场和司莫拉农特产品一条街，2024年新建8个商铺分批招租，设置28个流动商铺，实现租金收入超55万元。着力打造司莫拉农特品牌，研发出胭脂果酒果酱、司莫拉红茶、大米粑粑等司莫拉系列农特产品。盘活乡土人才，做活幸福产业，开展民宿、农家乐、茶艺师、种植养殖、农民画创作、导游等培训，为村民创业增收赋能添力。目前司莫拉已建成农家乐10户、民宿4家，从事农特商品售卖农户40户。在党组织带领下，2024年合作社收入110余万元。

党建引领文化赋能　"摆舞之乡"迎来春天

——云南省普洱市澜沧拉祜族自治县东回镇班利村

特色产业

一、村情概述

普洱市澜沧拉祜族自治县东回镇班利村距镇政府驻地约12公里，距澜沧景迈机场7公里。下辖9个自然村，21个村民小组。常住人口947户3 438人，其中拉祜族2 726人，占总人口79.29%；佤族478人，占总人口13.90%。班利村是享誉全国的拉祜族"摆舞"诞生地，被称为拉祜"摆舞之乡"，是国家级非物质文化遗产牡帕密帕传承基地之一，具有丰富的自然资源和富有民族特色的拉祜文化、民间歌手、艺人。近年来，班利村注重打造拉祜文化名片，赓续讲好民族团结新故事，擘画了乡村振兴新画卷。

二、主要做法

（一）党建引领聚合力，筑牢农业发展之基

坚持"学"为基。紧抓乡村振兴发展契机，先行组织一支有强烈学习意愿的23名党员小分队"走出去"，到农业科研机构学习、实训，锻造成为接地气、懂农业、

有技术的"新农人"，为农业发展输入具有科技基因的"造血"干细胞，不断壮大技术人才"蓄水池"。坚持"稳"为先。依托中国工程院、云南农业大学等科研团队技术力量，加强对农业产业结构调整工作落实力度，提升传统农业质效，实现茶叶、甘蔗、水稻、玉米等传统产业5年持续增产增收。坚持"绿"为本。始终秉持"生态优先，绿色发展"的理念，以创建"绿色有机食品牌"为契机，通过阳光雨露、生态环境下实施无害化栽培瓜果蔬菜，打造"一村一蔬菜一基地一特色一示范"新型农业样板。坚持"特"为要。紧紧抓住建设澜沧县空港片区林下中药材乡村振兴示范园建设等契机，以"支部带动+流转土地+基地务工"模式，大力发展绿色农业，全村种植甘蔗6 484.8亩、坚果500亩、茶叶2 479亩、咖啡300亩，并通过企业（合作社）加农户的方式建立利益联结机制，覆盖所有脱贫户。同时继续探索延续利益联结机制，逐步扩大到覆盖镇域内全部农户。

（二）党建领航添动能，弘扬民族文化之魂

打造民族团结示范村。以民族团结进步示范建设为契机，聚力将铸牢中华民族共同体意识贯穿始终。深化"自强、诚信、感恩"教育，引导各族群众坚定不移感党恩、听党话、跟党走。擦亮"牢记誓词铸忠诚，团结奋进兴边疆"普洱党建品牌，利用支部主题党日、火塘党课、党群联席会等形式开展集中学习48期2 000余人次。打造摆舞传承示范村。通过"传、帮、带"促进"三培养"，以先进带后进、师傅带徒弟、长辈带晚辈结成党群互助对子76对，为传承民族文化、推动农村发展提供人才保障；村小学通过开办"摆舞"特色课间操，将摆舞融入学生课间活动中。张娜算、李扎袜、张东妹等10人成功申报成为省、市、县级非物质文化遗产传承人。打造民族交融示范村。结合拉祜族、佤族、哈尼族、傣族等民族世居特点，组建传

澜沧班利生态蔬菜园艺博览园

班利村村民登上 2022 年央视春晚舞台

统文化联艺队4支，利用葫芦节、新米节、火把节等民族传统节日，开展"邻里互助""敬老孝老"等主题文化活动，引导全村各族群众崇德向善、见贤思齐，促进各族同胞像石榴籽一样紧紧抱在一起。打造乡风文明示范村。培育文明乡风、良好家风、淳朴民风，开展"十星级文明户"争创工作，80余户获此殊荣；定期开展"身边好事我来说""身边榜样我来学"活动，通过学习全国优秀党员李娜倮、全省优秀党员姚芳等先进事迹，加大德育感召。打造古韵乡愁示范村。依托沪滇协作、中科院院士专家团队等，以保护传统"干栏式"建筑为主基调，以葫芦、犬牙等拉祜文化元素为主旋律，对闲置房屋进行改造提升，形成与自然生态相协调、与民族文化相适应的独特民居。

（三）党建赋能增活力，塑造乡村旅游之形

依托党群服务中心转变成带货员。基于党群服务中心为民办事、提供服务的职能，完善值班值守制度，开展值班党员现场代售和直播带货，以线上线下相结合，打通特色农产品销售渠道。依托啵喋演艺公司转变成演职员。由支部牵头，组建澜沧班利拉祜啵喋演艺有限公司，把分散的民族文化整合起来。重新规划发展定位，组织群众抱团发展，通过现场展演和抖音、快手等新媒体平台，积极推送具有民族特色的歌舞作品，不断提升班利村旅游的影响力和知名度。其中，《摆出一个春天》走出了大山走进了春晚。依托旅游项目发展转变成讲解员。把"摆舞之乡"的传统

文化优势转化为经济产出和发展动能，将临近机场的交通区位优势转化为吸引客流、发展旅游的产业基础，推出《牡帕密帕》《快乐拉祜》等一批具有代表性的优秀文化作品。探索"党建+文化+旅游"模式，打造班利"摆舞之乡"文旅融合新路子，35名党员群众成功化身为导游和讲解员。依托民族特色小吃转变成餐饮员。充分挖掘拉祜鸡、佤族鸡肉稀饭、手抓鱼米线等具有地域特色的代表性美食，党员带头开办农家乐3家，特色小吃点18家，宣传推广民族宴席、特色小吃，打造特色美食一条街。依托民族特色建筑转变成收银员。通过上海黄浦区定点帮扶、社会爱心人士帮助，打造精品民宿，有效盘活沉睡的民房资源。探索"支部+农户"管理模式，建立起符合班利实际、具有民族特色的稳定产业支撑，实现村集体持续增收，老百姓就业致富。

三、经验启示

(一)"一个引领"，推进文化发展新实践

以"党建引领"为鲜明主线，采取"支部引领公司，公司带动产业，产业推动致富"模式把分散的民族文化传承人、民族民间艺人、民族文艺爱好者组织动员起来，成立演艺有限公司，让农民成为演员，让演出变成收入，把传承摆舞文化作为

班利村民族文化展示

班利村村民演唱我和我的祖国

带领群众增收致富的特色产业之一。

（二）"两个抓手"，提升乡村旅游新品质

一是以上海结对帮扶为抓手。整村推进基础设施、产业开发、社会公益事业、技术培训等项目，推进民族风貌保护，分步实施多期传统拉祜族建筑风貌综合改造项目，让古老的班利山寨旧貌换新颜。二是以增强村集体经济为抓手。整合财政资金、街道结对资金和村企结对资金，建设特色农产品交易场所，有效弥补村功能短板，形成村集体经济及群众收入多管"进水"格局。

（三）"三个模式"，打造乡村旅游新业态

一是农旅融合促振兴。依托资源禀赋和区位优势，打造以咖啡、鲜花、瓜果为主导的多个农旅融合综合体，扶持现代农业种植和牲畜养殖产业发展。二是文旅融合赋活力。依托拉祜族人"会说话就会唱歌、会走路就会跳舞"的特点，引导群众在农闲劳作之余用自己的勤劳和智慧编排独具拉祜族文化特色的歌舞，如《拉祜摆舞》《拉祜鼓舞》《芦笙舞》《拉祜甩包舞》和"民间武术"等艺术作品，延伸旅游产业价值链。三是乡风文明助发展。聚焦村容村貌、乡风文明，持续健全村规民约、完善村民自治等，民风民俗从"原始纯朴"向"文明开放"迈进，思想观念从"要我发展"向"我要发展"转变。

四步法探索乡村振兴发展新路子

——云南省西双版纳傣族自治州勐海县打洛镇打洛村

一、村情概述

打洛村位于勐海县境西南部，全村总面积33.95平方公里，边境线长12.5公里，辖13个村民小组，常驻人口1 352户6 452人。近年来，打洛村坚持以习近平新时代中国特色社会主义思想为指导，持续深入学习贯彻习近平总书记关于"三农"工作的重要论述和考察云南重要讲话精神，以巩固拓展脱贫成果同乡村振兴有效衔接为主题，大力发展特色农业、文旅产业、口岸贸易，有效促进农民增收，展现出乡村繁荣、集体经济强劲、群众欢乐、党建活跃的生动局面。2021年，打洛村入选中国美丽休闲乡村。

二、主要做法

（一）坚持党建引领，走进乡村振兴"新赛道"

强化思想教育巩固根基。发挥国门党校"三个阵地，一个熔炉"作用，抓牢红色、党性、党史"三项教育"，开设乡村振兴与旅游发展培训课程，加强对党员干部和旅游从业人员的培训，全面提升管理服务水平和旅游服务质量，让守土固边的党员干部更忠诚可靠。创新网格化管理。党员带动，吸纳青年、妇女、民兵参与基层治理，划分村内网格治理小组，常态化开展边界巡防、村内巡逻、矛盾纠纷排查化解等工作，加强禁毒禁赌、边境安全等普法宣传教育，为乡村旅游营造安全宜游的村寨环境。深挖传统村寨文化。通过穿傣服、吃傣味、过傣节、举办傣族文化表演等活动，深化文化传承，推动移风易俗。成功创建西双版纳州抓党建促乡村振兴"五面红旗村"2个，打造绿美乡村3个，创建美丽庭院378户。

（二）坚持农业优先发展，走稳乡村振兴"致富路"

稳固特色农业。在巩固提升水稻、橡胶等传统产业基础上，引导群众盘活土地资源，积极发展火龙果、菠萝蜜、柚子、苹果枣、小菠萝等规模化种植和庭院经济7 891亩，实现亩均收入1万元以上。注入发展活力。以"外引内培"形式引进企业5家，组建合作社21个，以"农业龙头企业＋合作社＋农户"模式发展订单农业，覆

国门党校

盖1 096户群众，有效解决种什么、怎么种、如何卖的问题，带动参与群众增收。增加就业岗位。立足本村及周边用工需求实际，与企业、种植大户达成用工协议，组织化、常态化开展务工就业，每年组织务工300余人，每天可提供临时岗位约120个，让更多群众实现家门口就业。

（三）坚持文旅融合发展，走好乡村振兴"繁荣路"

发挥资源优势。充分挖掘本地旅游和文化资源优势，引入西双版纳金孔雀旅游公司、西双版纳盘古旅游开发有限公司、勐海独树成林旅游开发有限公司共同开发管理，成功申报4A级旅游景区2个，创建2A级旅游景区4个，勐景来入选2023年云南省最美乡愁旅游地。开发全域旅游。充分利用中缅边境的自然资源和民族文化，将文化体验、民俗风采、特色餐饮、农特产品展销等有机整合，构建"旅游+农业+康养+红色+人文"的综合体，打造边境全域旅游示范区。开发老邦南野生杜鹃花观赏旅游线路，改造提升打洛解放战斗遗址，实施打洛镇乡村旅游民宿、民族村寨旅游提升项目，形成了全方位的旅游服务体系，增强了旅游产业的吸引力和经济价值。构建利益联结机制。根据门票、土地流转等收益情况，由农户、公司、村集体按照一定比例进行分红，勐景来景区将门票收益按8%到12%不等与村民分红，每年每户都有3 000元左右的稳定分红收入。农户得实惠。农旅深度融合，景区为农户提供就业机会，农户实现家门口就业。依托乡村旅游，村民开设农家乐，承接团体聚餐，销售土特产品，收入显著增长。2024年，打洛镇接待游客55.61万人次，旅游总收入1 841.16万元。

（四）坚持口岸多元化发展，走活乡村振兴"边关路"

坚持党组织领办。推行"党组织+合作社+边民"运作模式，成立边民合作社16家，带动3 508人加入合作社，建立"镇办企业+党组织领办合作社+公司+职业经理人+农户"的利益联结机制，通过就业带动、保底收益、按股分红等形式增加农户收入，每年可实现合作社收入200万元以上、合作社人均增收3 500元。坚持联合发展。结合边疆党建长廊先行示范区建设，组建打洛镇—布朗山布朗族乡区域党建联盟，推动打洛村与班章村结对共建。2023年共同投入600余万元建成打洛口岸茶文化体验馆和进口干毛茶加工厂，年收入80万元。激发边民活力。组织群众积极参与边境贸易，常态化开展"边境大赶摆"活动，让边民在"家门口"摆摊兴业。鼓励"小市场""小三轮"经济。打洛村曼蚌村民小组130余户农户将瓜果蔬菜运到缅甸第四特区售卖，返程再将缅甸第四特区商品带回镇区集市售卖，实现增收。

三、经验启示

（一）坚持党建引领乡村振兴

党的二十大报告明确提出："坚持大抓基层的鲜明导向，抓党建促乡村振兴，加强城市社区党建工作，推进以党建引领基层治理，持续整顿软弱涣散基层党组织，把基层党组织建设成为有效实现党的领导的坚强战斗堡垒。"以党建引领乡村振兴是发挥农村基层党组织组织功能、治理功能以推动农业农村现代化的必然要求，是发挥农村基层党组织组织力的核心环节和主要内容，必须始终坚持以高质量的农村基层党建为引领，为推动乡村全面振兴提供力量支撑和组织支撑。

（二）坚持激活基层治理内生动力

坚持党建引领有效激活村民自治，推行"四议两公开"议事决策机制，让村民自己"说事、议事、主事"，做到村里的事"村民商量着办"，老百姓的事情"老百姓说了算"，增强群众的认同感、归属感和责任感。推行村组干部"小微权力清单"制度，实现民主集中，接受群众监督。以完善村规民约为切入口，增加守边护边、维护民族团结、共同繁荣发展等内容，发挥村规民约在基层治理中的刚性约束作用。

火龙果产业

老邦南野生杜鹃花观赏路线建筑

曼蚌小三轮经济

（三）坚持村庄规划谋划在先、准备在前

深入学习运用"千万工程"蕴含的发展理念、工作方法和推进机制，结合当地资源做出合理规划，统筹经济、政治、文化、社会、生态文明建设"并驾齐驱"。补齐发展短板，不断完善基础设施建设，提高农村基本社会公共服务水平。保护传承乡村文化，培育特色农业，扩宽群众增收渠道，走高效生态的新型农业现代化道路。

易地搬迁解密码　雪域高原焕新貌

——西藏自治区拉萨市曲水县达嘎镇拉萨河畔三有村

搬迁后扶

一、村情概述

2016年3月，在西藏这片神奇的土地上，首个易地扶贫搬迁安置点在曲水县达嘎镇三有村破土动工。其建设严格按照"有房子、有产业、有健康"的"三有"要求精心规划，不仅配套完善了水、电、路、讯等基础设施，还建设了村委会、幼儿园、卫生室等公共服务设施，为村民的生活提供了全方位的保障。2016年7月，来自曲水县3个乡10个村的184户712名贫困群众满怀憧憬，陆续迁入三有村的崭新家园。为确保搬迁工作顺利开展和后续的稳定发展，2016年6月，三有村成立了临时党支部，2017年3月，正式党支部宣告成立。党支部从成立之初的29名党员发展到现在的39名党员，其中老党员4名、35岁以下党员7名以及预备党员1名。三有村党支部充分发挥战斗堡垒作用，在组织群众有序搬迁、带领群众脱贫攻坚、推动群众增收致富、引导群众铸牢中华民族共同体意识以及维护社会和谐稳定等方面成效显著。2020年以来，先后被评为全国脱贫攻坚先进集体、全国文明村镇、全区百佳农牧区基层党组织、全区先进基层党组织和全国巩固拓展脱贫攻坚成果村级实践交流基地。

二、主要做法

搬迁以来，村党支部积极作为，不断发展壮大村集体经济，大力吸纳群众就业。通过不懈努力，先后建成养鸡场、奶牛场、玻璃温室大棚、小康车间等产业，成功实现了村集体经济从无到有、从弱到强的重大转变。2023年，村集体经济收入达到159万元，解决群众就业445人次，真正做到了每户有1名劳动力实现稳定就业。群众人均收入从刚搬迁时的3 000余元大幅增长至2024年的20 700元，实现了令人瞩目的跨越式增长。

(一) 产业发展，合作共赢

三有村积极探索"产业帮扶＋合作社＋农户"的创新模式，为村民创造了丰富的就业机会和稳定的收入来源。一是与企业合作，通过土地租赁的方式建立藏鸡养殖场。这一举措不仅解决了部分群众的就业问题，使他们每月能获得4 000元的工资收入，还实施了产业分红机制，让村民共享产业发展的红利。二是成立民族服装合作社，每月为村民提供3 000元的工资，在解决就业的同时，也成功塑造了地方特色品牌。三是合作建立奶牛养殖场，在提升企业肉牛品质的同时，为本地群众创造了每月5 400元工资的就业岗位。

（二）创新服务，惠及民生

一是为解决外出务工人员后顾之忧，三有村设立了集养老托幼于一体的日间照料中心"三有村幸福驿站"。同时从群众中筛选招聘了两名富有爱心和责任心的护工，主要负责老人与幼儿的饮食照护以及卫生服务，由村委会每月支付工资2 600元。这一创新举措既解决了村里老人与幼儿的照顾问题，又实现了就业与服务的双重目标。

二是积极响应拉萨市环境大整治的安排部署，协助村"两委"加强环境治理工作。组织村保洁员和志愿者队伍，每周五定期开展"绿色星期五"活动，逐户清理房前屋后、道路两侧等卫生死角，每月开展1次环境卫生大检查。遵循"发现即整治"的原则，确保整治工作全面、彻底、有效。由此，三有村环境卫生状况显著改

养老驿站老人过九九重阳节暖心活动

乡村干部实地走访三有村养老驿站运转情况

善，人居环境得到明显提升。

三是结合村规民约，试点推行"积分制"管理。采取"党支部＋个人商店"模式，通过帮扶单位联系对接，获得企业物资支持，建成"积分超市"2家，提供丰富的生活用品用于积分兑换。同时，成立了由村"两委"和驻村工作队组成的积分管理工作组，明确了1名专职工作人员负责日常管理，下设积分评比小组和监督检查小组，成员包括支部党员代表、村民小组长及村民代表等，保障了积分评比、兑换等工作的常态化开展。三有村通过奖励机制，激发村民参与乡村治理的积极性；通过"最美庭院""最美家庭"评比等，充分调动村民参与环境整治的热情。

（三）党建引领，强化治理

三有村坚持党建引领基层社会治理，成立宣传、法治、文化、敬老等多支志愿者服务队，根据群众的实际需求提供精准服务；充分发挥党员的先锋模范作用，带领群众积极参与各项事务，不断优化网格服务，增强了群众的获得感、幸福感和安全感。三有村积极推广"枫桥经验""浦江经验"，建立健全党组织统一领导、自治法治德治相结合的基层治理体系，构建共建共治共享的治理格局，建设充满活力、和谐有序的善治乡村。一是推进树立农牧民新风貌行动。依托"新时代文明实践站""国家通用语言文字培训"等活动，以"树文明新风、改陈规陋习、建村规民约、兴优秀文化、美村容村貌"为主要内容，持续培育文明乡风、良好家风、淳朴民风，实现村庄破旧立新好、村规民约实、乡村文化兴、村容村貌美。二是推进平安乡村建设行动。以基层治理效能大提升行动为抓手，坚持"四化融合"，落实"五项工程"（即实施战斗堡垒效能提升工程、实施网格治理效能提升工程、实施服务管理效能提升工程、实施科技应用效能提升工程、实施群防群治效能提升工程），完善"村党组织—网格党支部—党员双联户"机制，统筹网格内党的建设、社会保障、综合治理、应急管理、社会救助等工作，不断健全完善党组织领导的自治、法治、德治相融合的乡村治理体系，矛盾纠纷调处率达到100%。

三、经验启示

易地扶贫搬迁是党中央为解决一方水土难以养活一方人、实现贫困地区跨越式发展而作出的重要战略部署。三有村是西藏自治区首批建成的易地扶贫搬迁安置村，通过8年来的发展，成功实现了搬得出、稳得住、能致富的目标。

（一）稳得住，能致富

抓好产业发展是巩固拓展脱贫攻坚成果的根本之策。做好易地扶贫搬迁后续帮扶，主要就是落实帮扶政策，推动帮扶资源向搬迁安置区倾斜。三有村从安置地资源禀赋等实际条件出发，因地制宜建设了养鸡场、民族服装合作社、奶牛养殖场，发展了劳动密集型产业，让搬迁群众就近就能够务工，实现了稳得住、能致富。

三有村宽敞明亮的藏式楼房

2024 年先进双联户表彰大会

（二）暖民心，惠民生

办好民生实事，关键在于让群众可感可及，给他们带来实惠和便利。民生实事是否可感可及，决定着群众的获得感，也直接影响着他们的幸福指数。三有村通过设立"三有村幸福驿站"、加强村容环境治理、试点推行"积分制"等活动，让村民切实感受到了村"两委"在用心用情用力为群众办好实事。

（三）党建引领，聚合力

完善创新治理是实现搬迁安置区和谐稳定的关键。做好易地扶贫搬迁后续帮扶，要通过党建引领，加强自治组织建设，规范安置社区基层群众性自治组织，强化安置社区管理队伍建设，发挥基层群众性自治组织基础作用，促进搬迁群众融入社区。三有村以党支部为核心，成立宣传、法治、文化、敬老等多支志愿者服务队，发挥多方面的作用，建成了充满活力、和谐有序的善治乡村。

聚力"善建善治"推进乡村全面振兴

——西藏自治区山南市加查县冷达乡共康村

一、村情概述

共康村寓意为"感谢共产党，同步奔小康"。共康村隶属西藏自治区山南市加查县冷达乡，距离加查县城15公里，平均海拔3 269米，耕地面积459.6亩，林地面积189亩。共康村设立1个党委，下辖7个党支部，党员200人。全村共369户1 330人，包括来自加查县6个乡镇以及曲松县、措美县的部分搬迁群众，其中劳动力574人，贫困户251户859人。共康村党委抓住"三个重点"，推动"三个提升"，强化"三种本领"，突出乡村建设和乡村治理，有力推进巩固拓展脱贫攻坚成果同乡村振兴有效衔接，成功打造全国脱贫致富的样板间。2017年，全村人均纯收入5 647.57元，2023年全村人均纯收入达到17 316元，六年增长206.6%。2019年以来，共康村先后被评为全国乡村治理示范村、全区脱贫攻坚先进集体、全国巩固拓展脱贫攻坚成果村级实践交流基地、全区先进基层党组织、山南市级民族团结进步模范单位，成功创建区级党建示范点。

二、主要做法

（一）以组织建设为重点，提升引领力，锤炼为民服务本领

一是强化组织建设。共康村探索建立了村党委、村党支部、党员中心户（双联户）三级网格化管理体系，配备44名网格长，切实做到把支部建在网格上，把工作落到网格里。二是强化队伍建设。针对共康村人口基数大、来源广，管理难度较大的现状，选优配强7名村"两委"班子成员及2名村务监督委员会成员，并将3名乡村振兴专干、科技专干纳入驻村队伍，配备专职网格长1名，进一步激发基层治理新活力。三是强化思想建设。2023年，共康村开展党员政治教育和反分裂斗争教育50余次，进一步坚定广大党员群众崇尚科学，拥护一个核心、铸牢一个意识、划清一个界限、坚守一个底线、尽到一个责任的"五个认同"持续增强。

（二）以制度建设为重点，提升执行力，强化村级治理本领

一是健全自治制度。共康村落实村民自治有关要求，结合自身实际，制定了村

民会议制度、村委会会议制度、村务公开制度等多项规章制度，推进基层组织建设规范化。完善《村规民约》53条，涉及社会治安、村容村貌各方面，编印成册并分发至每家每户，助力"家家学村规，户户守纪律"，不断提升村民自我管理、自我教育、自我约束、自我服务能力。二是健全德治制度。组织开展"新风进农牧家""向封建迷信说不"等创建活动，倡导勤俭节约、艰苦朴素的良好风尚和科学健康的生活方式。整合"文化银行""绿色银行""巾帼家美积分超市"等项目建设成果，创新推出"党群积分超市"，整合资金5.5万元，利用"云会员"App进行线上积分兑换，依托本村超市、茶馆设立4个积分兑换点，累计消费积分10万余分，折合人民币1万余元。在春节、藏历新年、西藏百万农奴解放纪念日等节庆日期间，充分利用"农家书屋"，以"小手牵大手"的方式，组织学生及家长开展文体活动，鼓励大家树立文明和谐新理念。三是健全法治制度。强力推进平安共康建设，实行24小时值班值守，定时对全村进行巡逻，不断提高群众安全感。把学习贯彻"枫桥经验""浦江经验"作为深入推进法治建设的抓手，健全村级班子成员接访和包案化解机制，信访案件从接访、登记、处理、回复实现全程跟踪督导和责任督办，真正做到"小事不出村"。

（三）以产业发展为重点，提升内动力，强化改善民生本领

一是政策先行，确保"搬得出"。2016年，中央投资2.1亿元实施"莫热坝"易地扶贫搬迁项目，2017年通过国家脱贫验收后，继续完善易地搬迁的配套设施建设，2018年全部完成搬迁入住。二是就业保障，确保"稳得住"。发展产业项目与招商引资有机结合，通过培育村级合作社、孵化大学生创业项目等，开发就业岗位366个，培养管理人才5人，培养种养殖人才135人，推动搬迁群众稳定就业，累计帮助群众创收300余万元。三是产业发力，确保"能致富"。探索建立"党组织+公司+农户"和"村企共享共建共商共融"模式，成立共康产业发展有限责任公司，统筹畜牧产品包装、加工与销售，建设共康村生态农业综合体高效经济林建设项目、畜种繁育中心及农畜产品加工厂，开展农机推广转移就业，累计创收484.25万元，逐渐形成"种有良田、牧有良种、林有良苗"协同发展的农牧林融合发展道路。四是全民参与，确保"家园美"。2020年以来，共康村全面贯彻中央《农村人居环境整治提升五年行动方案》，充分借鉴"千万工程"先进经验做法，在村容村貌上既保留当地特色和沿江地域特点，又保持全村风格统一、布局合理。全村绿化47亩，庭前屋后种植各类树木2 000株，在美化环境的同时，发展庭院经济，促进群众增收。369户全部建成现代化水厕，实现厕所粪污统一治理，建立健全了"户保洁、村收集、乡转运、县处理"的生活垃圾处置体系。统一配套建设了牲畜养殖牛舍，整村实现了人畜分离。2023年村民主动破除"等靠要"思想，自发出资320余万元，新建统一式样库房248间，用于存放车辆、农用器械、杂物等，规范了车辆停放，收纳了闲置物品，村容村貌得到有力提升。

三、经验启示

（一）建强村级党支部建设

共康村是个搬迁村，村民主要来自加查县各乡镇。搬迁初期，因村民互相不熟悉，生活习惯也不同，导致村里管理难。为破解这个难题，共康村党支部探索建立了村党委、村党支部、党员中心户（双联户）三级网格化管理体系，强化了组织建设、队伍建设和思想建设，进一步增强了党组织的凝聚力和战斗力。

（二）强化村级治理能力提升

在乡村治理中，自治是乡村运行的基本方式和依托；法治为基层政府、自治组织和群众提供行为指引，确保基层治理规范有序；德治发挥价值引领作用和社会凝聚作用。共康村坚持农民主体地位，提升农民参与能力与参与意愿，坚持自治、德治、法治相结合，通过"三治融合"实现了良好有效的公共治理。

（三）确保搬得出稳得住能致富

易地搬迁是脱贫攻坚的重要战略部署。共康村通过政策先行、就业保障、产业发力、全民参与等方式，做好易地扶贫搬迁"后半篇文章"，确保搬迁群众稳得住、有就业、逐步能致富。

联防联控队伍开展治安巡逻

大力培育红旅绿游　推进乡村全面振兴

——西藏自治区林芝市巴宜区林芝镇真巴村

特色产业

一、村情概述

林芝镇真巴村位于西藏自治区林芝市巴宜区中南部，林芝镇东北部318国道沿线，辖真巴自然村和嘎拉自然村。其中嘎拉自然村距林芝市区约12公里，现有农牧民33户150人（其中劳动力69人），党员19名，耕地面积824.39亩，林地面积40 442.79亩。嘎拉自然村是远近闻名的文明村、生态村、旅游村，也是林芝市历届桃花旅游文化节的主办地，享有"桃花第一村"美誉。2021年7月21日，习近平总书记深入林芝镇真巴村嘎拉自然村考察调研时强调，"嘎拉村的美好生活是西藏和平解放70年来经济社会发展成就的一个缩影，这里是民族团结进步之花盛开的地

村党支部书记兼致富能手自掏腰包慰问村中脱贫户

桃花源景区召开桃花文化旅游节

方。乡亲们的好日子得益于党和国家的好政策，也是你们自己用勤劳的双手创造的。要落实好党中央支持西藏发展政策，全面推进乡村振兴。"两年来，嘎拉村发生了深刻变化，总书记关注的乡村振兴取得了重大成效，总书记关心的群众生活更加美好，群众的获得感更足、幸福感更可持续、安全感更有保障，团结、富裕、文明、和谐、美丽的中国特色社会主义道路发展篇章更加雄壮。2023年，嘎拉村农村经济总收入实现1 302.3万元，人均可支配收入3.67万元。"雪域桃源"的发展蜕变是西藏和平解放70年来沧桑巨变的一个缩影，它也在以更加强劲有力的势头阔步向前。

二、主要做法

真巴村党支部牢记总书记嘱托，充分发挥基层党组织引领农村改革发展的作用，结合本村实际，以产业兴旺为重点，做好"旅游+"文章，培树红旅绿游品牌，聚焦产业结构优化升级，发展壮大桃花源、农牧民运输队、土地流转、观光采摘园、红色研学主题教育展馆、庭院经济等多个产业，多渠道提升农民收入水平，不断壮大村集体经济，积极带领群众吃上了"生态饭"、走上了"致富路"。

（一）强化组织建设，推进乡村振兴

坚持"党建引领"核心主题，筑牢基层党组织战斗堡垒。真巴村构建以村党支部为核心，村委会、监委会合力为村集体事宜决策和监督，以联户为单位形成联户分工分责，村民合作组织辅助的"五位一体"村级治理和发展体系。村党支部充分发挥"关键少数"在乡村振兴中的引领作用，发挥村领导、党员干部的先锋模范和

嘎拉自然村

示范引领作用，在实施嘎拉村整村推进项目中，党员干部纷纷争做表率，主动释放自家土地，用于发展村集体产业。村党支部书记边巴、党员达瓦坚参为嘎拉村旅游发展以及扩建广场需要，主动拆掉自家牛棚，将土地无偿交予村集体。此前在美丽乡村项目建设中修建嘎拉团结广场时，村党支部带头，19户党员群众将自家的猪圈牛圈马圈无偿捐献给村集体，用于修建广场和扩建村道，让闲置土地释放新活力。既要"头雁"引领，又要"雁阵"齐飞，形成强大组织凝聚力，保障政策落实执行有效。

（二）发展优势产业，推进乡村振兴

嘎拉村依靠党的利民惠民政策，充分发挥自身优势、生态优势、援藏优势，大力发展乡村旅游集体经济，积极打造核心支柱产业桃花源，成为远近闻名的"桃花村"，也是林芝市每年桃旅游文化节的主办地。2024年，桃花源收入达到370万元。同时，积极把握国家重点项目建设大好机遇，成立农牧民运输队，参与川藏铁路等项目建设，实现创收900余万元，党的好政策开启了嘎拉自然村的"增收门"。此外，村民自筹资金50万元，建成占地100余亩的观光采摘园，年均创收实现10余万元，流转土地220余亩、亩均租金3 400元，有力拓宽了生态价值转换路径，构筑了以桃花源景区为主、农牧民运输队和观光采摘园齐头并进的三大产业，村集体经济日益壮大、村民"腰包"越来越鼓。

（三）建设美丽乡村，推进乡村振兴

嘎拉村深入践行"绿水青山就是金山银山"的发展理念，按照"整合资源，整村推进，村景合一"思路，用好党的利民政策，扎实推进小康示范村、美丽乡村、农业和旅游综合体等项目建设，集中开展道路硬化、管网入地、人畜分离、植树造林等工程，党员带头做好违建拆除、废旧经幡清理等，建设绿色篱笆、瓜果庭院，实现庭院绿化全覆盖。创新设立"绿色银行"兑换商店，采取回收垃圾换积分兑换日用品、村集体资金补贴差价的方式，引导村民养成垃圾分类回收的良好习惯，并与农业银行合作将积分和农行贷款额度有效衔接，切实起到村容村貌带动旅游经济发展的作用。

（四）打造红色文化，推进乡村振兴

嘎拉村在各级组织部门带动下积极打造"嘎拉红色研学教育主题"展馆，不断延伸红旅绿游的产业链条，在收取讲解费的基础上，以文创产品为切入点，开发红色文创套盒（桃花胸针、书签）、桃花口罩、桃花雨伞等文创产品。实施文创供销社建设，在城区街道的红色驿站进行展销，以城市党建助推乡村振兴，形成了城乡一体振兴的发展格局，探索出红色赋能、绿色富民的"红＋绿"发展路线。2023年，文创产品创收和展馆讲解费收益实现8万余元。

三、经验启示

（一）以习近平总书记关于"三农"工作的重要论述为根本遵循

嘎拉村坚持以习近平总书记关于"三农"工作的重要论述为指导，将实现农业

嘎拉自然村美丽乡村

嘎拉自然村红色研学主题教育展馆

强、农村美、农民富作为根本目标，通过强化组织领导，深化政策落实，不仅稳固了脱贫攻坚既有成果，还积极探索乡村振兴新模式。在产业发展、乡村治理、基础设施建设等方面均实现了显著提升，村民生活水平不断提高，乡村面貌焕然一新。更为重要的是，激发了村民内生动力，培养了他们的自我发展能力，为乡村振兴的可持续发展奠定了坚实基础。

（二）以党建引领乡村振兴作为工作保障

嘎拉村不断完善党组织领导下的自治、法治、德治相结合的治理体系，以党员三包为抓手，"双联户"创建活动为载体，实行"网格化"管理模式，完善村规民约，推进法治乡村、平安乡村建设，村党支部充分发挥"关键少数"在乡村振兴中的引领作用，发挥村里党员干部的先锋模范和示范引领作用，切实让村中致富能手起到带头雁、领路人的作用。

（三）以提升产业融合有效带动乡村振兴

以景观为基础，加强整村规划，形成旅游规模式发展。在推进乡村旅游发展期间，嘎拉村以"科学规划、整村推进"为原则，按照"村在景中、景在村中、村景交融"的发展思路，依托"党建+合作社+农户"的经营模式，把嘎拉村桃花源、红色研学教育主题展馆、观光采摘园、农牧民运输队等产业有效融合，打造红旅绿游品牌，形成乡村旅游片区，促进各产业间相互推动，共同促进农牧民增收致富。

陕西省 18

文艺赋能促振兴　农旅融合促发展

——陕西省西安市鄠邑区石井街道蔡家坡村

蔡家坡丰收的景象

一、村情概述

　　蔡家坡村位于秦岭北麓，交通便利、生态环境优美。由原蔡家坡村、新兴村、马家河村、曲峪河村、潭峪河村、皂新村一组等5个自然村和一个小组合并组建而成。全村共1 056户3 910人，耕地3 708亩，主要种植葡萄、猕猴桃等经济作物。2018年以来，蔡家坡村依托优美的自然生态环境，与西安美术学院、西安音乐学院等院校合作，以传承关中忙罢*文化，打造国际艺术村落为目标，连续举办了六届关

---

　　* 关中地区麦收后庆丰收的乡村礼俗。

中忙罢艺术节，通过将乡土变为艺术空间，将田野化为展演现场，用艺术激活忙罢传统节庆，吸引更多人拥抱乡村、发展乡村、振兴乡村，带动民宿、乡村休闲游等产业发展。2023年村集体经济收入达71.8万元，人均年收入达22 918元，年接待游客51.6万人次，年旅游综合收入超过1 400万元，形成了文艺赋能乡村振兴的"鄠邑模式"，走出了一条文艺赋能乡村振兴的新路径。蔡家坡村先后荣获陕西省美丽宜居乡村、陕西省乡村旅游示范村等称号，入选全国乡村旅游重点村、全国"村晚"示范展示点、全国乡村旅游精品线路、全国巩固拓展脱贫攻坚成果村级实践交流基地、全国基层公共文化服务高质量发展典型案例等9项国家级荣誉。2023年、2024年连续两年登上央视"村晚"。

二、主要做法

（一）以秦岭生态为本，做优人居环境

蔡家坡村积极践行"绿水青山就是金山银山"理念，坚持大刀阔斧做减法，慎之又慎做加法，保护好秦岭生态。一是发动群众积极主动参与。为充分调动群众积极性，蔡家坡村利用村内广播和村干部入户相结合的方式，持续对村民进行人居环境卫生整治工作宣传。同时开展环境卫生户户评比活动，每周对人居环境开展情况较好的农户进行走访评比，奖励荣誉证书、小花卉或洗衣液，有效增强群众参与人居环境整治的主动性、积极性。二是提升基础设施建设。通过实施环山路沿线人居

蔡家坡美好生活乡村集市

蔡家坡忙罢艺术节表演现场

环境提升改造工程，村庄整体环境得到显著提升。白墙黛瓦的房屋、葱茏的翠色、绿茵茵的草坪、宽阔的巷道，形成了独特的乡村风貌。三是建立健全长效机制。制定人居环境和综合治理"1+3+N"管理制度及积分奖励机制，每月定期评议卫生庭院和先进个人，发放流动红旗，积分兑换礼品，激发群众参与环境整治的积极性，形成干部群众"共建、共治、共享"的良好局面。

（二）以融入艺术为基，提升乡村品质

一是引进"艺术村长"。蔡家坡村成立美好乡村建设研究院，邀请上海市政设计院等知名院所参与乡村建设，聘请中央美术学院、清华大学美术学院等5位全国知名艺术家担任"艺术村长"，定期驻村指导乡村建设。沿8号公路对蔡家坡村进行艺术化提升改造，盘活闲置资源，打造艺术村长之家、文化艺术中心、三联书屋等乡村新空间，建成麦田剧场、乡村美术馆等一批文化场所，营造环境优美、艺术气息浓厚的"乡创空间"。二是举办艺术活动。为激活忙罢节庆传统，蔡家坡村联合西安美术学院、西安音乐学院等艺术院校，组建关中艺术合作社，连续举办六届关中忙罢艺术节，开展终南戏剧节、大地生态艺术、合作艺术、关中粮作等一系列活动，邀请人民艺术家贠恩凤、百年易俗社社长惠敏莉等一批艺术大家和国际知名音乐团队前来演出，用艺术手段赋予秦岭生态和关中农村鲜明的地域文化、艺术特色。三是开展文艺创作。蔡家坡村成立"乡创客"联盟，吸引了40多名新锐艺术家及青年创业者常驻乡村创作、表演、创业，在乡村麦田中制作艺术和设计作品20余件，在街

巷墙壁、水塔上绘制大型壁画、长卷46幅，将乡土变为艺术空间，将田野化为展演现场，让传统乡村的生活方式、价值认同，与现代城市文明的创新文化、生活美学相结合，赋予乡村艺术气质。

（三）以文化赋能为魂，发展乡村产业

借助关中忙罢艺术节的引流效应，蔡家坡村积极发展乡村特色产业，促进农文旅融合发展，持续推进农民增收。一是加速发展特色产业。以农民持续增收为核心，蔡家坡村不断优化产业结构，引进"户太八号""阳光玫瑰"等葡萄品种，形成"产、供、销"一条龙的葡萄产业链。二是推动产业孵化。将忙罢艺术节与周边基础设施提升、人居环境改善相结合，加快民宿+餐饮+有机农产品+忙罢衍生品全产业融合，打造了美好生活服务中心、终南剧场、乡村书屋、艺术村长之家、听风民宿、乡村建设共享办公室等新业态、新场景、新空间，实现集体经济增长，让更多人共赏秦岭生态之美、共享秦岭生态红利。三是加强市场运作。不断完善乡村文化产业市场运行机制，实施"走出去"战略，鼓励在区外开设"进城店"，让更多优质的农产品、文创产品走出鄠邑。联合鄠邑区餐饮龙头企业"户县饭店"，打造"户县院子"，创设村里的餐饮品牌。花栖玥民宿、葡萄藤下民宿等一大批文旅品牌崛起，在秦岭脚下充分聚集起人气、商气、烟火气，同时带动村民就业、促进群众增收、释放发展活力。

（四）以文化引领为媒，建设和美乡村

文明乡风是乡村振兴的重要内容，也是美丽乡村的动人风景。蔡家坡村以文化

忙罢艺术节特色农产品宣传现场

"户县"农民画在蔡家坡活灵活现

振兴为突破，多措并举、多管齐下，积极培育文明乡风，树立文明新风尚。一是挖掘乡村文化。深入挖掘传统民俗和乡土文化资源，创造条件鼓励民间文化创作，采用村民喜闻乐见的文化形式和艺术手段，充分展示农民画、鼓舞、诗词、围棋、武术、秦腔等地域文化品牌和人文魅力。二是树立文明新风。充分发挥艺术村长驻村引领作用，将艺术家对美的理念纳入村规民约，用健康向上的艺术陶冶情操，使艺术融入生活，沉淀为乡村群众高度认同的行为准则。创新开展群众文化活动，建成村史馆、乡村书屋等，丰富群众精神文化生活，遏制陋习，使文明乡风、淳朴民风不断形成。三是完善乡村治理。通过发挥村规民约作用，开展道德评议会、红白理事会、弘扬好家风、"星级文明户"评选等，婚事新办、丧事简办、孝亲敬老、邻里和睦等社会风尚得到广泛弘扬，群众主动致富、谋求发展的良好风貌全面提升。

三、经验启示

（一）用艺术点亮乡村，唤醒乡村沉睡文化

蔡家坡村依托"艺术村长"规划引领，借助西安美术学院人才资源，以"强化忙罢艺术节IP，让文化落地生根，引进优质资源优秀人才，建好美丽乡村，践行乡村振兴的关中探索"为目标，通过"关中忙罢艺术节"这种艺术合作农村的新方式，将关中地区的特色习俗发展成为新的乡村文化，展现地域文化实力和乡村魅力，唤醒了乡愁，把艺术之美和乡村自然之美相结合，让艺术走进乡村，让乡村绽放文明。

（二）注重引进优秀人才，增强乡村发展动能

蔡家坡村与西安美术学院、上海设计院等知名院校合作，聘请艺术村长驻村实践，邀请西安易俗社和国际知名音乐团队前来演出，吸引了大量艺术家走进乡村创作、表演、创业，建成麦田剧场、乡村美术馆、雕塑馆等文化场所，绘制大型壁画，落地艺术作品，将乡土变为艺术空间，将田野化为展演现场，让文艺扎根乡村、发展乡村。

（三）积极打造乡创空间，丰富乡村发展业态

蔡家坡村以"忙罢艺术节"为契机，积极争取各级建设资金，将忙罢艺术节与周边基础设施提升、乡村产业发展相结合，以规划为引领，强化基础设施建设，对蔡家坡村内进行艺术化提升改造，盘活闲置资源，打造艺术村长之家、村史馆、美好生活服务中心、精品民宿等乡村新空间，营造了环境优美、艺术气息浓厚的"乡创空间"，丰富了乡村业态，带动了乡村经济发展。

（四）全面推进共治共享，营造乡村发展氛围

蔡家坡村创新实行"1+3+N"人居环境整治模式，形成"一核引领、三员共治、多元参与"的共建共治共享治理格局，引导村民从过去的"旁观者"变为乡村治理的"参与者"。通过举办中国农民画"鄠邑发布"、关中农货艺术节等系列活动，村民主动参与农民画展示、鼓舞表演及围棋比赛，不断丰富群众精神文化生活，乡风文明和乡村治理成果日益凸显，乡村发展活力显著提升。

昔日落后"穷山沟"如今生态"旅游村"

——陕西省延安市安塞区高桥镇南沟村

陕西省延安市安塞区高桥镇南沟村

一、村情概述

　　南沟村位于安塞区西南部，全村总面积24平方公里，有7个村民小组，345户1 009人。村上有党员35名、脱贫群众45户118人。南沟村过去是一个典型的拐沟村，国家实施脱贫攻坚与乡村振兴以来，南沟村按照生态优先、农旅融合、绿色发展的工作思路，采取"支部引领、企业带动、合作经营、党员示范、群众参与"的发展模式，深入推进"三变"改革，推动生态建设、现代农业、乡村旅游融合发展，全村群众人均可支配收入由2014年的4 653元增长到2023年的21 500元，村集体经济由零收入增长到2023年的63万元。南沟村先后被授予全国扶贫经验交流示范基地、中国美丽休闲乡村、国家3A级旅游景区、全省先进基层党组织等荣誉称号。2022年10月26日，习近平总书记来南沟村考察调研，进一步激发了南沟村推进乡村全面振兴的信心和动力。

二、主要做法

南沟村坚持"村企共建、合作双赢"理念，探索推行"支部+企业+合作社+贫困户"发展模式，促进资源变资产、资金变股金、农民变股东，趟出了一条脱贫攻坚的"南沟路径"。

（一）资源变资产，破解发展难题

南沟村土地资源丰富，但因土地零散、质量差、效益低，大多被撂荒弃耕。2014年，本村企业家张维斌创办的延安旭坤房地产开发有限责任公司与南沟村建立了合作框架协议，在南沟村成立了延安惠民农业科技发展有限公司，由南沟村党支部负责，以村小组为单位，将全村7个村民小组的所有土地2.25万亩反包倒租到村集体，其中3 125亩耕地以每亩50元、19 375亩非耕地以每亩10元的价格出租，再由村集体集中流转给延安惠民农业科技发展有限公司。在此基础上，由村党支部领办成立南沟村股份经济合作社，设置了土地、人口、村集体、扶贫4种股权，合作社将土地资源和政府投资项目形成的资产量化折股，入股到惠民农业科技发展有限公司，共同建设南沟生态农业示范园区，公司每年保底给合作社固定分红35万元，合作社按占股比例给群众分红。南沟村按照"村出土地、公司投资、项目引领"的模式，

旅游扶贫停车场分红

致富"金果果"

通过资源整合量化，在激活沉睡资源的同时，为建设集现代农业、生态观光、乡村旅游为一体的生态农业示范园区奠定了基础，为发展村集体经济打开了突破口。

（二）资金变股金，激活内生动力

由于多年形成的小农意识根深蒂固，村民自我发展的内生动力不足，村民有钱也不会或不主动入股企业。为了提高扶贫资金的收益率和解决企业资金不足问题，2018年，南沟村村党支部顺势而为，发起成立了格桑花谷旅游专业合作社，动员村民集资124.5万元入股到合作社，股金由原有46户贫困群众的46万元专项扶贫资金和其他群众自筹的53.5万元以及村集体的25万元组成，与南沟景区旅游开发有限公司合资兴建旅游扶贫停车场。合作社的股份为优先股份，享受保本保息，并按20%股份固定分红，每年为群众分红24.9万元。

（三）农民变股东，实现合作共赢

在厘清资源资产的基础上，2015年惠民公司对大南沟村1 000亩农耕地进行集中整治，2016年建成了高标准矮化密植果园1 060亩，并进行了股权量化。南沟村村民以1 000亩土地和各级财政投资量化股权49%，惠民公司投资量化股权51%。通过土地整理新增60亩果园，其中村集体占股49%，惠民公司占51%的股份。果园前三年的投资费用由企业全部承担，第四年挂果后，净利润按占股分红。达到盛果期后，农户每亩年收益2 200元左右，村集体每年分红10万元以上。如今，南沟村村民除了户均10亩的果树产业外，人人都是股东，每户至少入股1个合作社，有的入股3个合作社。同时，村上成立了务工队，每年公司给每户贫困群众安排不低于200个工日，每人每天100元，仅此一项贫困群众年收入可达到2万元。

通过土地入股、项目整合、财政投资量化入股，提高了土地集约化经营水平和机械化程度，有效发挥了财政资金的惠民效应，实现了村集体、群众和企业三方的互惠共赢。

三、经验启示

经过几年来的努力和实践，南沟村扎实推进农村"三变"改革，从昔日贫穷落后偏僻的拐沟村，蝶变成为全市乃至全省乡村旅游示范村，主要得益于以下几点经验：

（一）有个好的支部和班子是基础

"群众富不富、关键看支部"。南沟的发展成效得益于村党支部把农村集体产权制度改革与基层组织建设紧密结合，敢闯敢干、主动作为，积极动员全体村民积极参与，以土地、人口等要素资源参股入股，极大地拓宽了农民致富渠道，使群众获得了实实在在的利益，保证了改革顺利推进。实践证明，南沟村集体产权制度改革的顺利进行充分体现了党支部"主心骨"作用的发挥和党员的先锋模范带动。

（二）依靠龙头企业引领是根本

依托惠民农业科技发展有限公司、南沟生态旅游经济专业合作社等龙头企业，企业家张维斌充分发挥"领头雁"作用，利用自身在市场、技术、品牌等方面的优势，不断提升产业发展层次和水平。惠民农业科技发展有限公司把"传统农产品"变成"特色农产品"，提升了农特产品的附加值，开拓了更广阔的市场。南沟生态旅游经济专业合作社通过加大基础设施投入力度，努力打造高质量高水平的农业景区景点，带动了休闲农业和乡村旅游业的快速发展。

（三）建立科学利益分配机制是保障

南沟村按照"入股分红、滚动发展"的方式，既充分尊重群众意愿，又兼顾了各方利益，把利益分配纳入制度化、规范化轨道，形成了农民能增收、集体能做大、企业能发展的良好格局。村民通过流转整合土地资源，使之成为集体资产，将土地经营权入股到合作社，形成入股资产实现分红收益。获得收益后，合作社按约定股比分红给入股农户。成为股东的农户，拿到手里的不再是租金，而是股份分红。

（四）保证集体和农户利益是动力

惠民公司始终坚持保障集体资源、资产不流失，集体和农户作为股东的权益不受损。一是保障农户承包权原则，对农户的承包地，包括林地、耕地、荒山荒坡，村集体在反包倒租的过程中，面积分文不动，原模原样流转给惠民公司。二是保障集体经济原则，在2.25万亩流转土地中，除去农户承包的1.53万亩外，剩余荒山荒坡、沟洼滩涂、自然林、生态林等0.72万亩土地资源权益全部归集体所有，同时把治沟造地、高标准农田建设、新建和改造库坝中新增的耕地、水资源等权益全部归村集体所有，从而最大程度保证了村集体和农民的土地承包经营权、林权、宅基地权和集体荒山荒坡、水资源、林地资源的所有权和收益权。

搞好生产　过好光景

——陕西省榆林市绥德县张家砭镇郝家桥村

乡村建设
乡村治理

一、村情概述

郝家桥村位于陕西省榆林市绥德县城西南方向，榆商高速穿村而过，距离县城10公里，距离张家砭镇政府驻地6公里，是郝家桥乡政府旧址所在驻地。全村总面积10.12平方公里，共有耕地6 672亩，639户1 632人，其中党员共有49名，最高学历为博士研究生。2021年9月14日，习近平总书记来到郝家桥村，鼓励村"两委"搞好生产、过好光景，努力把郝家桥村建设成为乡村振兴的楷模。郝家桥村全体村民秉承感党恩、听党话、跟党走的坚定意志，实现增产创收、推进长效发展，实现了脱贫攻坚同乡村振兴有效衔接，靶向施力，用心用情探索出乡村振兴的新路径。

二、主要做法

郝家桥村坚决贯彻落实习近平总书记重要指示精神，深入调查研究，摸准情况、吃透问题、找到办法、总结经验，持续发挥典型引领示范作用。绥德县政府在2022年委托省城乡规划设计研究院编制《郝家桥片区乡村振兴战略实施规划》，旨在制定"红色旅游+干教培训+三产服务+农林产业"的发展思路，通过打文化牌、做培训业、吃旅游饭，在三产融合中创造更多就业岗位，带动群众增收，目标任务是按照"多业并重、多元增收、多措并举"的总体思路，集聚全社会资源同向发力。

（一）坚持支部建设，聚焦民生福祉

郝家桥村党支部始终认真学习领会党的最新理论成果和习近平总书记关于"三农"工作的重要论述和指示精神，奋力谱写郝家桥人在从成功实现脱贫攻坚，到推进乡村全面振兴的时代新篇章。在《"九个一批"郝家桥村农户精准增收方案》指导下，建立以三产务工收入——农林产业收入为主导，以财产性收入、转移性收入为补充的多产业、多渠道增收格局。村民年均收入在2023年达到21 560元，脱贫户人均纯收入达18 014元，较上年分别增加19.67%、23.9%。同时，郝家桥村聚焦解决村民关切的民生福祉问题。村内养老设施齐全、养老服务齐备，村民可低价在村庄购买医药、进行康复治疗，并为村民配发智能手环并可在智慧医疗平台可以实时观察，积极推广智慧医疗。2023年，郝家桥村也因此获评"全国示范性老年友好型社区"。此外，郝家桥小学以"创办一流乡村学校"为目标，努力建成"美丽校园、快乐校园、幸福校园"。在相关政策补助下，向在校师生提供校车接送和免费午餐、书本与书包。

郝家桥"过大年"活动的夜景灯光秀

郝家桥村网红打卡地

（二）坚持文旅引航，促进集体经济

文旅产业是郝家桥村集体经济收入中的支柱性收入。随着产业发展壮大，其联农带农、带动其他产业协调发展作用愈发突显。2023年4月，郝家桥景区获评4A级景区，同年6月进行揭牌。郝家桥景区是一个依托红色旅游资源、陕北自然风貌、民俗民居文化、现代产业项目等资源禀赋建设的乡村旅游综合体。其核心景观为郝家桥旧址，由郝家桥展室、习仲勋旧居、齐心旧居、刘玉厚旧居及乡政府旧址、文化景观长廊、5D数字体验馆等功能区15处组成，是陕西省革命传统教育基地和爱国主义教育基地。郝家桥村乡村旅游红色文化主题墙绘作为国内少有的大面积黄土文化纯手绘立体壁画，于2023年完成，墙绘主体将墙面与桥墩划分为6个版块，以郝家桥红色精神、黄土风情、乡村振兴为主题，并设有行人互动拍照打卡区。2024年秋季，文化和旅游部"四季村晚"在郝家桥村上演。

（三）坚持积分管理，推动乡村治理

郝家桥村作为全县乡村振兴试点，乡村治理方面，创新性地制定了《郝家桥村"五治融合"乡村治理试点工作方案》，将"说事堂"等经验全面推广应用。同时，郝家桥村具有丰富的乡村综治平台资源和工作经验，设立了郝家桥人民法庭、郝家桥村人大代表联络站、郝家桥警务室、郝家桥综治中心、郝家桥人民调解委员会、郝家桥说事堂、郝家桥"一约四会"及郝家桥积分管理制等组织机构，并制定实施了村内相关的规范制度，使得郝家桥村警务巡查、矛盾化解、司法工作、基层治理在组织、制度、机制上互动、沟通与协调。为建设文明乡风，郝家桥村设有家风教育馆，每年度举办"郝受苦人""郝家庭""郝公婆""郝儿媳""郝娃娃""郝邻居"

等"郝精神"评选表彰活动，树起崇德向善、见贤思齐、学习模范、争做好人的良好风尚。

三、经验启示

（一）始终以习近平新时代中国特色社会主义思想为实践指南

郝家桥村坚持学习、深入领会习近平新时代中国特色社会主义思想，并将这一理论成果化为带领全村实现山乡巨变、致富增收的行动指南。"山沟沟能走出致富路、过上好日子，靠的是政策好、人努力、天帮忙。"郝家桥村坚持党建引领，提升政治站位，增进思想觉悟，及时学习党的最新理论成果，担当起带领实现乡村全面振兴的组织纽带。

（二）始终追求充分发挥基层党组织战斗堡垒作用

郝家桥村党支部始终坚持党建引领育人立德，扎实推进"五级五长"乡村治理体制，坚持完善"四会一约"机制。让致富带头人、回乡创业青年在郝家桥村拥有施展能力的舞台，让郝家桥村的后辈干部在锻造中成为堪当重任的中坚力量。郝家桥村"两委"积极建立村企共建合作机制，探索村际交流互动模式，让社会资源在乡村建设中互融共通。

（三）始终将调查研究与实事求是相结合作为方法论

郝家桥村是绥德地委在抗战时期经过调查研究发现的一个模范村，通过开展"村村学习郝家桥，人人学习刘玉厚"活动，掀起了大生产热潮。郝家桥村始终坚持老一辈革命家的调查研究精神，结合村情实际推动三产融合，为村集体经济发展提质增效、增强韧性，使村庄更加宜居宜业。

郝家桥村拱棚

牢记嘱托创示范　感恩奋进促振兴

——陕西省汉中市略阳县徐家坪镇徐家坪社区

乡村建设
乡村治理

一、村情概述

徐家坪社区位于秦岭南麓、嘉陵江上游，略阳县城西北18公里处，社区总面积7.41平方公里，辖8个居民小组，常住人口982户3 180人。境内自然风光秀丽，文化底蕴深厚，以蚕桑、中药材及乡村旅游为主导产业，交通、电力、通讯等基础条件完备。徐家坪社区是习近平总书记亲临视察、回信嘱托、亲切关怀的地方。近年来，徐家坪社区牢记习近平总书记"用勤劳的双手把家园建设得更加美丽"的殷殷嘱托，紧紧围绕汉中市委、市政府将徐家坪建设为"感恩奋进体现区、两山理念实践区、乡村振兴示范区"的"三区"战略定位，充分发挥"1+4"组团区域核心引领作用，以提升乡村治理效能为切入点，坚持"党建引领+"工作模式，大大激发党员队伍和广大群众的活力和干劲，全面提升社区治理水平，探索出一条党建领航促进基层多元化治理的新路子，谱写了村强、民富、景美的新篇章。

二、主要做法

徐家坪社区是陕西省汉中市乡村振兴战略示范点和"三区"建设的核心区域，围绕乡村振兴"二十字"要求，以党建促振兴，走出了一条"强组织、兴产业、重治理、富百姓"的乡村振兴发展之路。

（一）建强基层党支部，筑牢战斗堡垒

徐家坪社区始终牢记习近平总书记的殷殷嘱托，从建强村级党员队伍抓起，将基层党组织建设融入乡村产业发展、乡村治理的各个环节中来。通过开展"蓄水计划"锤炼队伍，制定社区后备干部梯次培养计划，切实增强党员队伍的培养力度。挂牌成立以社区为核心、辐射带动周边4村的徐家坪乡村振兴"1+4"组团联合党委，构建起"一委多元、三级联动"融合党建体系，打破县镇村职能界限、党员隶属界限、产业地域界限，探索工作联动、资源联享、服务联做、发展联促、文明联创"五联"运行机制，凝聚发展合力。

徐家坪社区联合略阳县发改局召开主题党日

（二）从"自治"入手，提升治理水平

坚持群众的事群众说了算，群众的事情群众一起评，充分尊重群众意愿，推动乡村德治、自治、法治水平持续提升。重视落实村（居）民代表议事机制，严格执行"四议两公开"工作制度，年度常态化召开院坝说事会40余次，答疑群众思虑、鼓励群众发展、动员参与乡村建设，解决基础设施、项目建设、征地拆迁、产业发展、人居环境等方面矛盾纠纷70余件（次），激发村民参与自治的积极性。

（三）聚焦人居环境整治，擦亮生态底色

徐家坪社区深入贯彻"绿水青山就是金山银山"理念，以建设生态宜居乡村为导向，以农村人居环境整治为重点，稳步推进垃圾、污水、厕所"三大革命"。一是健全完善村庄垃圾、污水处理和卫生保洁等公用设施营运管护制度。安装垃圾分类投放岗亭14处、垃圾分类箱（桶）30组，每周定期开展环境大清洁行动，村域内脏乱差面貌得到明显改善。二是围绕红色研学和铁路文化建设主题完善基础设施。2019年以来，社区共投入人居环境整治资金500余万元，完成污水沟渠综合治理900米，美化绿化道路2 460米，新建垃圾屋5座、联建公厕1座、休闲文化广场3处、休闲廊亭步道1处、彩绘文化墙近2万平方米，基础设施日益完善，人居环境逐步提升，群众幸福感不断增强。三是因地制宜、规划主导，统一开展农房拆危、拆违、建新和安装商户门头牌、龙骨架等外立面风貌改造提升。围绕感恩奋进核心区、铁路风情小镇街区不同风格主题，加快建成一批热门网红打卡点，上坪苗木花卉基地美化空间、口袋广场"见缝插绿"、铁路主题墙绘、退役火车成功出圈，持续增强了乡村振兴示范创建发展后劲。

徐家坪社区召开院坝说事会"听民意、谋发展、促振兴"

（四）发展富民产业，增强发展动力

注重特色产业发展。徐家坪社区坚持"党建＋产业"模式，通过集体经济牵头、党员带头领办、资金入股分红三种方式，大力发展蚕桑、天麻、黄精产业。通过本土培育和对外招引，集农事体验、观光农业、设施农业为一体的现代化农业布局得到有效显现。2023年集体经济实现收益35万元，带动100余户群众实现人均增收2 500元以上。挖掘文旅融合潜力。牢记习近平总书记谆谆嘱托，利用街口红军伏击战遗址、宝成铁路历史底蕴等优势资源，突出红色文化、铁路文化主题，投资8 800万元，建成感恩亭、明理馆、铁路风情小镇等项目，配套建设游客集散中心、宝成铁路纪念馆、星空露营基地、"上坪院子"民宿等多项配套设施，初步形成集红色教育培训、科普研游学、运动休闲、生态旅游、农业旅游、民俗文化体验等功能于一体的铁路特色小镇，每年接待游客约20万余人次。拓宽群众增收渠道。依托全国巩固拓展脱贫攻坚成果村级实践交流基地，投资300万元高标准建成徐家坪乡村振兴实践基地，提供会务接待、干部培训、餐饮住宿、旅游讲解等服务，引进第三方管理公司组建专业团队负责基地管理运行，开发就业岗位12个。2023年基地累计承办各类培训班50余场次，承接各类观摩、团建活动200余次，年流水收益达150万元以上，有效带动周边农家乐、民宿从业者及群众增收。

三、经验启示

（一）坚持党建引领，一根主线贯穿

徐家坪社区深入学习贯彻习近平总书记对徐家坪群众的亲切关怀嘱托，引导党员干部感党恩、知奋进，主动投身美丽家园建设，争当建设排头兵。以建强基层组织为基础，持续开展"蓄水计划"锤炼队伍，做实实践历练和党性锻炼，保证干部队伍不断层、接得上。以发挥党建融合联动作用为抓手，构建"一委多元、三级联动"融合党建体系，跨区域成立产业联合党支部，打破县镇村职能界限、党员隶属界限、产业地域界限，探索工作联动、资源联享、服务联做、发展联促、文明联创"五联"运行机制，凝聚发展合力。以提升为民服务水平为根本，整合县、镇、社区三级资源，建成党群服务暨行政审批中心，在全省首创"镇街村居联审联办"模式，实现631项行政审批事项"当地办、跨村办、跨镇办"。

（二）坚持规划先行，一个蓝图推进

立足"建设具有代表性的全市乡村振兴先行样板"目标，略阳县委、县政府明确了以徐家坪社区为核心、辐射带动周边4个村的"1+4"组团式发展思路，科学编制《徐家坪乡村振兴示范规划》和《三年行动方案》，明确建设任务，科学有序推进示范建设。

组织群众积极投工投劳参加人居环境整治

徐家坪社区发展蚕桑产业增加村集体经济收入

（三）坚持真抓实干，一门心思发展

坚持"党建+产业"模式，培育特色农业产业。大力发展蚕桑、天麻、黄精产业，创办农民专业合作社3个、家庭农场1个。通过发展集观光农业、设施农业为一体的现代化农业，有效促进集体经济逐年发展壮大。牢记习近平总书记谆谆嘱托，突出红色文化、铁路文化主题，加快文旅融合发展。徐家坪社区已经由地震灾后重建的主阵地、脱贫攻坚的主战场，成长为全市乡村振兴的"领头雁"，群众的生活越过越红火。

推进茶旅融合发展　提升产业振兴质量

——陕西省安康市平利县老县镇蒋家坪村

2024年蒋家坪凤凰茶山

一、村情概述

蒋家坪村位于陕西省安康市平利县老县镇西南部，距老县集镇7公里、平利县城39公里、安康中心城区26公里，全村总面积14平方公里，有耕地2 540亩、林地1.8万亩，辖7个村民小组372户1 181人。蒋家坪村曾经是深度贫困村，2019年整村脱贫摘帽。2020年4月21日，习近平总书记怀着深情大爱亲临蒋家坪凤凰茶山考察脱贫成效，作出"人不负青山，青山定不负人""因茶致富、因茶兴业，脱贫奔小康"等重要指示。蒋家坪村牢记领袖殷殷嘱托，坚持以红色党旗引领绿色发展，以实现"两山"转化为方向，实施"成果提质、产业提速、基础提升"三大工程，以茶旅融合为牵引，带动整村发展，在巩固脱贫成果的同时提升产业振兴质量。

因茶致富、因茶兴业，把茶产业做好

云约平利　畅游茶乡

寻根世界最早的茶 - 安康秦汉古茶

清晨的蒋家坪茶山

二、主要做法

（一）实施"成果提质"工程，严防规模返贫

蒋家坪村坚持把巩固脱贫攻坚成果工作放在首位，严格落实"四个不摘"要求，始终把防返贫工作作为巩固脱贫成果的底线任务，对发现的返贫致贫风险点，采取听、议、定、督、访、销"六步工作法"，因户因人精准施策。紧紧围绕"两不愁三保障"等开展大走访全覆盖活动，重点围绕安全住房、安全饮水、产业就业、医疗救助等方面进行逐户排查，做到风险"早发现、早干预、早帮扶"，通过"红黄绿"清单动态管理，平时抓好巩固完善，着力提升工作质效。围绕群众关心的教育、卫生、养老等热点难点问题补齐短板。全村义务教育阶段适龄儿童全部入学、无辍学，农村合作医疗、大病保险、养老保险参保率均达100%。同时，通过建立生活救助、结对帮扶、干部探访、日常监管等长效机制落实基本社会保障措施，确保兜底政策不漏一人，努力实现"老有所养、病有所医、贫有所帮、难有所救"，群众获得感、幸福感、安全感不断增强。

（二）实施"产业提速"工程，抓实茶旅富民

蒋家坪村认真贯彻落实习近平总书记"因茶致富、因茶兴业，脱贫奔小康"的重要指示精神，实施"党员先锋兴业"举措，支部领着企业跑，党员带着群众干，运用科学的管理方法和现代的经营模式，加强原有2400亩茶园的管护和经营，对新栽植的350亩茶园进行补苗管护，建成茶园水肥一体化自动灌溉系统。引导产业主体探索"一年采两季"的生产模式，积极试制红茶、白茶，改变只采春茶产能利用率有限的局面，为消费者提供更加丰富的选择。全村茶园面积达2750亩，年产茶15吨，产值达400余万元。注重将良好资源与村内经营稳健的市场主体对接，强化配股

资金监管，保证按期分红，推动产业主体和集体经济双增收。持续完善"支部+经营主体+农户"发展模式，积极培育新型经营主体，招商引进茶饮企业2家，专业合作社1家，新建标准化茶叶加工厂1个，因地制宜鼓励经营主体通过劳务用工、土地流转、入股分红、产品回购等多种方式促进产业发展和农民致富，将群众紧紧镶嵌在产业链上。探索运营乡村振兴超市，借助景区流量带动本地茶叶等农副产品销售。2023年集体经济收益达50万元，带动全村150余户务工，实现群众致富增收、市场主体发展、集体经济壮大的"三赢"目标。2024年，人均茶园面积超过2.3亩，共有286户群众通过茶务实现户均年增收5 000元以上。

2019 年蒋家坪茶山改造前

茶山改造后

同时，蒋家坪村充分利用千亩山茶园、千年古茶树、千年桂花树、千年平安宫等观光资源，让茶区变景区、茶园变公园、茶山变金山。村集体经济合作社成立公司，与平利县"两山"公司协作配合，共同提高景区开发建设运营规范化水平。投资建设公共服务中心、乡村振兴综合体、水保科普园等服务设施，提升景区品质。连续4年承办"国际茶日"系列活动。茶旅融合为乡村产业振兴开拓了新方向。2021年以来，累计接待游客约20万人次，旅游旺季日均接待游客千余人次，实现旅游收入400余万元。蒋家坪村先后获评国家3A级景区、中国美丽休闲乡村等。

（三）实施"基础提升"工程，打牢振兴之基

蒋家坪村已探索出适合自身的茶旅融合发展路径。深入实践习近平总书记"绿水青山既是自然财富，又是经济财富"的科学论述，将富有浓厚乡村气息的农家生态旅游等绿色经济打造为蒋家坪产业振兴的新增长极。推动建立"三联三抓"机制，让党支部联边缘户抓防止返贫、党员联楼栋抓矛盾调解、网格员联户抓便民服务。有针对性地组织开展平安法治知识宣讲，培训群众300余人次。定期评选道德模范，深入推进移风易俗。高度重视廉洁文化建设，引导村内党员干部自觉把家风建设摆在重要位置，以党员干部带动普通群众，以干部作风带动群众民风。抢抓机遇完善村内水电路讯，通村路经过"白改黑"，由水泥路变沥青路。环茶山道路经过提升改造，变成彩色沥青路。自来水、生活用电、无线网络等走进农家。核心区建筑完成徽派风格改造。游客服务中心、停车场、农特产品展销厅、爱国主义教育基地相继建成。村民们享受着现代化的便利，游客们享受着人性化的体验，"游茶山、品香茗、居民宿"的生态兴村画卷正在展开。

蒋家坪村原党支部书记罗显平接待游客讲述茶山故事

三、经验启示

习近平总书记指出，产业振兴是乡村振兴的重中之重。蒋家坪村从深度贫困村到脱贫摘帽，从脱贫摘帽到乡村振兴示范村，一路走来，最坚实的基础和最强劲的动力就是产业。

（一）产业振兴要选准方向

蒋家坪村立足自身实际，把"土特产"这3个字琢磨透，选准了茶产业。正是因为蒋家坪村盘活本村传统茶产业资源，探索茶旅融合路径，向着创建以蒋家坪为核心区的国家现代农业产业园奋进，才有了如今"因茶致富、因茶兴业，脱贫奔小康"的华丽转身。

（二）产业振兴要向融合发展要效益

茶产业帮助蒋家坪村脱贫摘帽，茶旅融合帮助蒋家坪村迈向乡村振兴。从种茶卖鲜叶到采茶自制茶，产业链的延伸为本地村民提供了更多就业机会，也将更多附加值留在了本地，强壮了村内企业的筋骨。从种植、加工到观光、销售，休闲农业、乡村旅游的发展，让本地村民有了更多样的致富选择，茶旅融合让群众有了摆脱传统农业季节性强这一不足的路径，创收变得更可持续。

（三）产业振兴要把握正确底线

蒋家坪村坚持把农民增收作为发展产业的中心任务。基础设施建设用工、茶园管护用工、乡村振兴超市免费代售农户自制土特产等，蒋家坪村千方百计拓宽农民增收致富渠道，既是为实现个体增收，更是为防止出现整村返贫风险。

"这里已经在变，将来会变得更好"，这是习近平总书记寄予蒋家坪村的衷心祝愿，也是蒋家坪村为之砥砺奋进的目标方向。新征程上，蒋家坪村将牢记领袖嘱托，坚定不移走生态优先、绿色发展之路，一手兴茶、一手兴旅，持续绘就山水人共兴、共富、共美的振兴画卷。

"五平共治"优治理　助推乡村新发展

——甘肃省平凉市崇信县柏树镇党洼村

党洼村党群服务中心

一、村情概述

　　党洼村是甘肃省平凉市崇信县柏树镇下辖行政村，辖4社467户1771人，有党员58名，耕地面积5050亩，栽植苹果2000亩。近年来，党洼村坚持把苹果文化、平安文化与乡村治理相融合，积极探索乡村治理新路径，创新提出干部要公正公平、村子要祥和太平、内心要温良和平、家庭要和睦安平、生活要富裕康平的"五平共治"理念，有力促进"五治"融合，村级治理水平有效提升，群众幸福感、安全感、获得感持续显著增强。2021年党洼村被评为甘肃省美丽庭院示范村，2022年入选全国巩固拓展脱贫攻坚成果村级实践交流基地。

二、主要做法

党洼村始终把党建引领基层治理作为推进乡村振兴战略的重要抓手，深入学习贯彻习近平总书记关于基层治理重要论述，充分发挥基层党组织战斗堡垒作用，积极探索推进"五治融合"模式，创新推动乡村治理长效机制，坚持政治引领、法治保障、德治教化、自治强基、智治支撑，着力打通基层治理的"毛细血管"，有效提升治理效能，推动乡村全面振兴。

（一）强政治，干部要公正公平

公正公平是社会和谐进步的基石。党洼村群众历来对公正公平的要求非常高，村上坚持把"一碗水端平"，积极推行"四议两公开"工作法和"双诺"机制，规范运行村级小微权力，对产业发展、低保评定、惠农资金发放、人居环境整治等涉及群众切身利益的工作，推行决策公开、事项公开、过程公开、结果公开，努力做到全过程人民民主。结合村"两委"换届，3名村干部全部达到了专职化，对村"两委"成员逐一设岗定责，改造提升党群服务中心，实现精准管理、服务惠民，班子的凝聚力、战斗力、执行力不断增强。

（二）强法治，村子要祥和太平

创新发展新时代"枫桥经验"，成立村矛盾调解委员会，落实矛盾纠纷多元化解综合机制，实现"小事不出社、大事不出村、矛盾不上交"。2024年以来累计调处邻里之间、家庭关系等矛盾纠纷21起，组织开展"法律进村入户"等活动30余场（次），发放宣传资料2 000余份，广泛宣传防邪禁毒、扫黑除恶等相关政策法规，村庄法治建设不断提升。2023年3月，因承租企业经营困难，连续拖欠农民土地流转费，群众意见很大，矛盾随时爆发；村上第一时间介入，积极疏导双方情绪，引导群众依法维权，经持续参与协调，帮助企业兑现了1 500亩土地流转费88.5万元，有力维护了群众的合法权益，实现了村子和谐稳定。

（三）强德治，内心要温良和平

人只有拥有平和心态，才会通情达理、与人为善。镇村两级坚持以德育人、以文化人，在全村广泛宣传"崇信好人"路永红等道德模范先进事迹，大力弘扬孝老爱亲、助人为乐等中华传统美德，修订完善村规民约，引导群众立家训、明家规，争创"苹果人家"和"十美"户。积极组织开展农家小院讲故事、村民大会话先进等活动，在全村布设中华传统文化红苹果宣传牌25面、平安文化宣传墙1 100平方米、平安文化步道600米，使村民抬头可见、驻足可观、常驻心头。

（四）强智治，家庭要和睦安平

针对村里留守老年人较多，日常照料困难，导致家庭矛盾和家庭悲剧多等问题，镇村主动作为，创新思维推出了红苹果智能手环应用服务，为留守老人打造了"随时随地、一键呼叫、就近调度、及时照料"的居家养老服务体系。通过建立智慧养老"红苹果"智能手环即时服务平台系统，把应急救助服务向老人家中延伸，为符

党洼村村干部调解村民矛盾纠纷

合条件的高龄、孤寡、空巢老人发放智能手环，着力提供"全天候"应急保障服务。平台运行以来，监测处置紧急事件40余起，救助患急性病孤寡老人5名、走失老人2名，受到群众广泛赞誉。

（五）强自治，生活要富裕康平

面对村域经济发展体量小、产业结构单一现状，村"两委"积极探索群众增收致富新路子，抢抓实施乡村振兴战略和产业链建设的重大机遇，招商引资建设矮化密植苹果示范园1 668亩，吸纳全村110多名群众长期在园内务工，实现劳务收入和土地流转收入"双增收"。按照"全产业链"发展要求，引导链主企业富通养殖有限公司，采取政府主导、企业带动、群众参与的方式，建成标准化肉牛养殖小区1处，存栏肉牛2 400多头，打造"公司+合作社+基地+农户"的发展模式，引导带动村里26户群众养牛380余头，全村肉牛养殖超过3 000头，生猪超过2 000头。村民的收入增加了，村庄的面貌变美了，群众的生活品质也得到了显著提升。

三、经验启示

（一）坚持决策共谋，把群众发动起来

要想把村级各项事务开展好，就要充分考量群众意见，想方设法凝聚各方智慧，真正做到向群众问计问需。通过每月党员活动日，党洼村深入学习上级文件精神，宣传"三农"等领域各项政策法规，确保在执行上级各项决策部署时，能够得到群众支持。

（二）坚持发展共建，把群众组织起来

要想彻底改变过去"干部在干，群众在看"局面，就必须征得党员群众的理解和

支持，并把广大党员群众组织起来，共同参与到村级发展中来。无论是村级人居环境整治还是基础设施建设，都要紧紧围绕群众"心愿清单"来谋篇布局，争取上级项目和政策支持。同时，也要注重发动群众参与建设，真正形成共建共管共享的治理格局。

（三）坚持建设共管，让群众参与进来

在乡村治理具体实践中，普遍存在村级建设后期管理难的"最后一公里"问题，历经千辛万苦建设完成后，经过一段时间便不见了当初模样，令人痛惜。党洼村建

党洼村村规民约

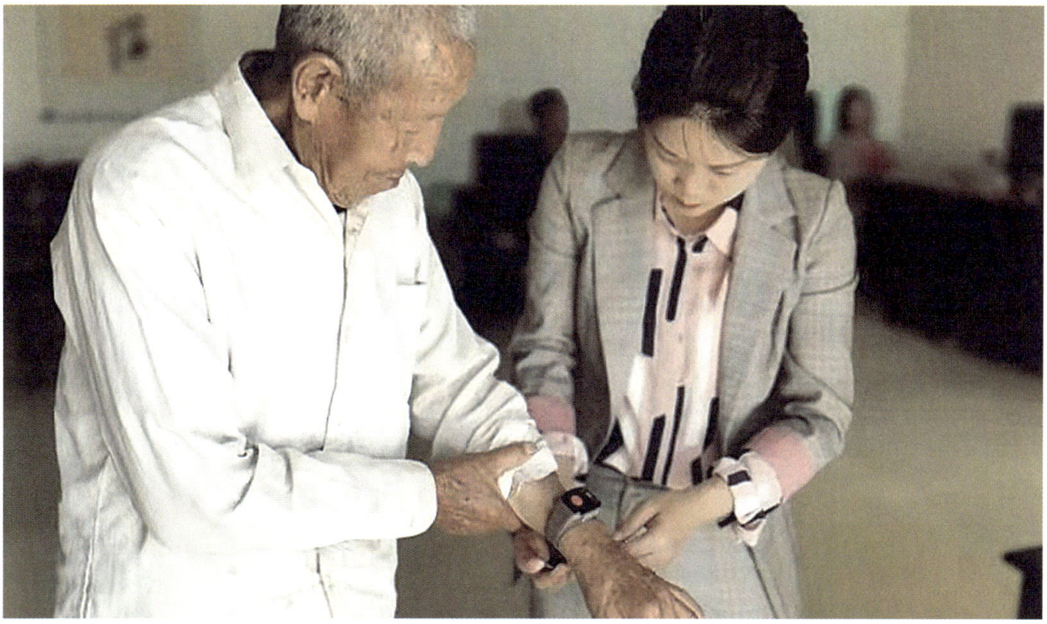

党洼村工作人员为独居老人佩戴红苹果智能监测手环

设村级小公园、硬化道路等基础设施时，要让群众全过程参与，让群众参与管护，像爱护自己家里的东西一样。党洼村聘请村里的公益性岗位人员管理，定期对游园基础设施进行管护保养，推行村民监督，确保村级公共设施真正为民所用。

（四）坚持效果共评，让群众活动起来

群众高不高兴、满不满意是评判成效的唯一标准。开展农村人居环境整治、燃气"三件套"安装、文明家庭评选等活动时，党洼村组织党员群众进行效果评比，真正让便民活动鼓舞人心、凝聚人心。在农村人居环境建设和整治时，鼓励村民积极参与"最美庭院"评选活动，通过栽植果蔬、花木等开展庭院绿化，引导村民共同提升村容村貌。

（五）坚持成果共享，让群众幸福起来

村级发展是全体村民的发展，成果共享关键是群众真正得到实惠。党洼村从群众身边小事着手，解决事关群众切身利益的问题。在发展壮大集体经济的同时，鼓励和引导党员群众参与村级产业发展增产增收，利用集体产业收益服务好"一老一小"，在"重阳""六一"等节日为村里留守老人和儿童送去关怀和温暖，切实增强群众幸福指数。

坚持红色文化引领　绘就乡村振兴崭新画卷

——甘肃省庆阳市华池县南梁镇荔园堡村

特色产业

荔园堡村党群服务中心

一、村情概述

荔园堡村位于甘肃省庆阳市华池县南梁镇南部，是陕甘边区苏维埃政府旧址所在地、南梁红色旅游大景区核心区域。20世纪30年代，刘志丹、谢子长、习仲勋等老一辈无产阶级革命家在这里创建了陕甘边区苏维埃政府，成为第二次国内革命战争时期硕果仅存的革命根据地，在中国革命历史上具有"两点一存"的历史地位。全村辖4个村民小组391户1 393人，总面积68.5平方公里。2013年，全村有建档立卡贫困人口161人，到2020年底，脱贫户141人，三类户5户20人。

近年来，荔园堡村坚持以习近平新时代中国特色社会主义思想为指导，全面贯彻党的二十大和二十届历次全会精神，围绕全镇"1245"总体发展思路，构建"一轴一带五片区"区域发展格局，积极探索农文旅产业融合发展道路，持续推动荔园堡村实现从内到外、由表及里、塑形铸魂的飞跃。荔园堡村先后荣获全国民主法治示范村、2023年中国美丽休闲乡村、全国乡村旅游重点村、甘肃省卫生村、省级文明村、庆阳最美村庄等荣誉。

二、主要做法

（一）"文旅+非遗"，打造文化消费新名片

荔园堡村建成"一街八坊"旅游微景观，将境内文创"手艺人"动员起来，将自己制作的文创产品统一在民俗村销售。同时，挖掘以"南梁说唱""南梁腰鼓""华池唢呐"为主的华池民间表演团队传承非遗文化，不断激发文创市场活力，延伸文化产业链条。"搬迁+康养"探索生态搬迁新模式，打造精品旅游新体验。实施红色民居改造142户，重点对房屋风貌、围墙、大门等进行改造，配套建设采摘园、垂钓中心、健步道、特色小吃店等，探索走"康养+旅游""康养+农业""康养+运动""康养+食疗"等融合发展新路子。发展"文旅+产业"，打造乡村旅游新亮点，同时在公路沿线打造特色农家乐3户，每户可提供1～2孔窑洞供游客食宿。引进天津竭威文化传播有限公司，投资约2 100万元打造何沟门文旅融合示范区一处。进一步完善商业基础设施配套，引进天津特色"非遗"技艺、餐饮等品牌，建设民宿、智慧、美食、文创"四馆"，锻造乡村产业"新

文旅融合示范区

引擎"。

（二）"企业＋集体"探索集体经济新路径

注重发展传统农业，列支村集体资金流转土地860亩，其中590亩发展种植业，种植粮饲玉米、白瓜子，充分利用公路沿线270亩土地，打造"太阳花海"，为荔园堡村农文旅产业发展打造"网红打卡点"，进一步赋能乡村休闲旅游，年收入3.6万元。村集体入股村办企业豆制品加工厂235万元，年收益14.1万元。入股山泉水厂305万用于厂房扩建、设备购置等，年收益15.25万元，同时带动周边10名群众就业增收。

（三）"招商＋产业"撬动项目带动新引擎

落地招商引资资金1.2亿元，在荔园堡村实施南梁生态预制菜中央厨房项目。投资9 000万元建设肉类食品、特色农产品、休闲食品加工车间各一处，将原南梁豆制品加工厂迁至南梁特色农副产品深加工基地，配套建设仓储冷库、生活办公及研发中心等附属设施。投资3 000万元，用于南梁山泉水厂厂房改建、办公及生活区域设施完善提升、相关设备购置、产品研发及实验室提升改造等。通过招商引资，在荔园堡村建成现代日光温室大棚50个，打造农耕体验区一处，休闲观光采摘区一处。一致投资800万元，在何沟门文旅融合发展示范区建设接待餐厅1 680平方米，停车位40个，厨房餐饮小窗口10个，销售展厅5个，窑洞5孔及配套水电设施，用于村民日常红白理事及大型旅游团体用餐接待。同时，投资100万元推动红色村组织振兴，建设红色美丽村庄试点，入股南梁镇山

康养小区

泉水加工厂，提质改造闫洼子四十二烈士墓项目、营造"康养小区"红色文化氛围。

（四）"民生＋治理"开创乡村建设新局面

村"两委"抢抓发展机遇，紧盯村情实际，累计投资2 470万元，实施"六大工程"，有效推进巩固脱贫攻坚成果与乡村振兴有效衔接。一是实施红色旅游产业路工程，投资618万元硬化道路10.55公里，实现全村通组、入户硬化道路全覆盖。二是实施产业惠民工程，投资350万元，新建瓶装山泉水生产厂房一处，完善生产基地供水管线等附属设施建设，打造500亩黄豆种植基地一处，购置豆粉、豆面加工和产品包装设备1套，延伸村级产业链条，盘活村集体经济。三是实施红色民居改造工程，对142户庭院进行维修改造，为农户安装水暖炕600盘，太阳能庭院路灯240盏，并配套太阳能电池板、摄像头、喇叭等设备，助推平安乡村建设，提升村庄整体风貌。四是实施生态宜居工程，深入开展"一村万树"行动，在公路沿线、面山及农户入户道路和庄前屋后栽植云杉、油松等绿化树木2.98万株，群众居住环境有效改善。五是实施供排水工程，进行居民点雨污分流改造，疏通维修污水管道1 300米，维修街道雨水管网1.5公里，解决了雨污混排问题。六是实施组织振兴工程，充分挖掘红色资源，建设党性教育陈列室，开发红色教育课程，整合装修活动阵地，利用北辰区社会力量捐赠10万元资

开展人居环境整治

金，对荔园堡村政务便民服务中心进行提质改造，全面提升"最后一公里"服务效能。

（五）"整治＋提升"筑牢乡村振兴新基石

开展"垃圾革命"，探索"1455"工作思路，大力开展农村人居环境整治提升行动。截至2025年3月，累计动员镇村两级干部及保洁人员150余人（次），整修清理沿路树畦花圃8公里，新建安置点围栏450米，拆除临时违建20余处，清理各类垃圾20吨，清理河道9公里，整理河堤3处，清理公路沿线水渠8公里。严格按照"尊重群众意愿、宜水则水、宜旱则旱、因户施策"的原则，完成改厕235户，改造率84.53%。依托2024年东西部协作项目，积极推进风貌革命"，投资100万元实施人居环境整治和长征文化公园周边生态环境改善项目。实施"543"风貌改造20户，实现"以点带线扩面"，村庄"颜值"持续提升。

三、经验启示

（一）强化"红"的引领是提升基层治理的实践路径

创新打造"红色引领"党建品牌，扎实推进标准化党支部建设和"四抓两整治"，荔园堡村党支部书记、村委会主任实现"专职化"和"一肩挑"，全面推行村级协商民主"411"议事法，突出党员群众主体地位，健全完善"一约五会三榜两站"基层治理机制，充分发挥新时代文明实践站作用，教育引导群众自觉践行社会主义核心价值观，不断提升基层治理效能。

（二）持续擦亮"红"的底色是推动产业发展的有力抓手

荔园堡村立足红色资源，着力打造红色旅游线、生态观光区、民俗文化区、红色民宿区、特色餐饮区、旅游体验区、产业服务区等，全面拓展旅游产业链条，助力乡村振兴。由此可见，充分挖掘好、利用好红色旅游资源，不断探索红色文旅产业发展模式，实现资源优势向发展优势的转变，是推动乡村振兴的有力抓手。

（三）坚持传承"红"的精神是助推乡村振兴的重要保障

荔园堡村以发展文旅产业为抓手，将红色资源与产业发展紧密结合，持续做强"红色旅游名村"。按照"党建引领、企业带动、群众参与、互利共赢"的发展理念，通过"红色文旅＋吃住在农＋产业共建"发展模式，实现农文旅融合发展，不断拓宽增收渠道，带动群众增收致富。同时深入挖掘本村红色革命故事，常态化开展革命传统教育和党性教育活动，为助推乡村振兴高质量发展提供有力保障。

牢记党恩抓产业发展　为民谋利建和美乡村

——甘肃省定西市渭源县田家河乡元古堆村

运营中的元古堆民宿（一）

一、村情概述

元古堆村位于渭源县田家河乡南部林缘地带，海拔2 440米，年平均降水量508毫米，无霜期130天，属高寒阴湿气候。辖13个村民小组467户1 891人，耕地面积5 500亩，人均2.87亩。2013年2月3日，习近平总书记视察甘肃时，专程到元古堆村看望慰问困难群众，作出了"咱们一块儿努力，把日子越过越红火"的重要指示。元古堆村在各级党政组织、社会各界的支持帮助和全村干部群众努力奋斗下，于2018年率先实现了脱贫目标。2024年底，全村农民人均纯收入达到18 860元，较2012年的1 465.8元增长11.9倍多，脱贫人口人均纯收入达到18 512元，较2012年的

运营中的元古堆民宿（二）

920元增长19倍多，村集体经济收入达到100万元。元古堆村先后被评为全国民主法治示范村、2021年度甘肃省抓党建促乡村振兴示范村党组织、第二届绚丽甘肃·十大美丽乡村，2023年成功创建为第一批省级"和美乡村"、国家4A级旅游景区，蹚出了一条从贫困村到小康村再到宜居宜业和美陇原新乡村的振兴发展之路。

二、主要做法

（一）强化动态监测，有效巩固脱贫成果

高效运行"一键报贫"系统，及时精准核查预警信息，全面落实覆盖农村人口常态化防止返贫致贫机制。按照"5446"防返贫监测帮扶工作机制，对重点人群落实"六必查""六必访"。依托防止返贫监测大数据管理平台分析疑点数据，对疑似对象分类分级反馈核实，全面掌握疑似监测对象家庭收入支出和"两不愁、三保障"等情况，对符合条件的农户及时制定"一户一策"帮扶计划。截至2024年年底，全村有监测对象26户114人，风险消除14户65人，风险消除率57%。2024年共识别监测对象4户18人，其中通过"甘肃一键报贫"系统识别2户9人。紧盯全村收入低于1.2万元和"1户2人收入不增反降"的22户58人，因人因户施策，建立增收台账，全面落实产业奖补、劳务输转、小额信贷等开发式帮扶措施，确保监测对象应纳尽纳、应帮尽帮。

元古堆百合厂加工百合（一）

（二）坚持规划引领，扎实推进乡村建设

元古堆村编制《渭源县元古堆村村庄规划（2021—2035年）》和《渭源县元古堆乡村旅游规划方案》，明确了"一核、两轴、四区"的总体发展思路，其中，一核是以习近平总书记走访路线为核心，两轴是生活文化轴、绿色生态轴，四区是入口集散区、乡村综合生活区、综合体验区、生态运动区。有效使生产、生活、旅游等各功能区科学布局、协调配套，着力打造集种养旅游于一体、生产生活生态相融合的宜居宜业和美乡村。坚持群众的事情群众评、群众议、群众管、群众干，引导群众积极参与乡村建设行动，先后组织群众代表前往湖北十堰市沙沟村、樱桃沟村、龙韵村及陕西袁家村等地观摩学习8批次。2022年以来，结合乡村建设行动项目，累计投资5 100万元，规划建设了游客集散中心、水系驳岸、法治文化广场、党建广场、乡村会客厅、文创驿站等基础设施，开发了"红火花海""松林鹿苑""萌宠乐园""元古堆欢乐谷"等旅游景点，建成"小鹿山房"9座，盘活农户闲置房屋打造精品民宿10套。

（三）持续延链补链，健全完善产业体系

一是科学规划产业布局。科学编制《田家河乡元古堆村农业产业规划》，按照"党支部+运营公司+龙头企业+合作社+基地+农户"的发展模式，明确以乡村旅游为核心，辐射带动百合、中药材、养殖业、食用菌、劳务等产业多元化发展，形成种

植、储藏、加工、销售一体化产业链，创造就业岗位120多个。二是大力发展乡村旅游。按照"一户一品、自主经营、人人参与、抱团发展"的农文旅融合发展模式，坚持"统一管理、自主经营"发展理念，由农户提供基础设施及改造，坚持运营前置，运营公司通过"入股＋管理＋引流"的方式，吸收群众发展旅游产业，打造"党性锤炼游、休闲观光游、生态康养游、农家体验游"等旅游产业板块。旅游产业带动本村就业100余人，链上群众户均增收8 000元以上。2024年通过招商引资，建成元古堆欢乐谷游乐场，自6月8日运营以来，实现营业收入37.7万元，向村集体分红3.77万元。三是稳步提升传统产业。围绕中药材、马铃薯、草食畜牧业等传统产业，引导群众加大投入，稳定种植面积，扩大养殖规模，传统产业带动能力持续增强。2024年，全村种植中药材1 600亩、百合1 500亩、马铃薯1 020亩，累计培育适度规模养殖户36户，全村牛、羊、鸡、梅花鹿存栏量分别达到400头、3 540只、5 600只、350只，牛、羊、鸡出栏量达到130头、1 500只、4 500只，人均从种养产业中增收1万元以上。四是积极推进延链补链。紧盯塑造现代化产业体系，积极推动产业延链补链和产业招商，探索开展农业产业精深加工，提高市场竞争力和产品附加值。招商引进甘肃药业集团陇神中药材有限公司，建成GMP生产线1条，年加工中药材1 500吨，带动100余名群众务工，增加务工收入20余万元。建成元古堆村马铃薯原原种生产基地，年生产马铃薯原原种320万粒。投资建设百合产业园，2024年收购加工百合1 200吨，实现销售收入7 200万元，带动群众60余人，人均年增收6 000余元。投入东西部协作资金420万元，建成2兆瓦农光互补产业基地1个，带动全县7个村，为每村增加集体经济收入约30万

元古堆百合厂加工百合（二）

元，配套建设40个农光互补食用菌种植大棚，通过合作社带动125户群众增收致富。建成元古堆村电子商务公共服务中心及农特产品展销中心，申请注册"红火元古堆"商标，有效增加附加值，提升效益。

三、经验启示

（一）坚持党的领导，健全层层抓落实的工作机制

元古堆村深入贯彻落实习近平总书记关于"三农"工作的重要论述，充分发挥农村基层党组织战斗堡垒作用，充分发挥村党组织书记、村委会主任的带头作用，引导基层党员干部干在先、走在前，团结带领农民群众紧盯目标不动摇、一任接着一任干，从垃圾收集、卫生改厕、河沟清淤起步，到村道硬化、绿化亮化、农业面源污染整治，再到产业培育、公共服务完善、乡风文明、乡村治理，每个阶段范围不断拓展、内涵不断丰富，一以贯之、前后衔接、梯次推进，确保美丽乡村建设始终沿着正确方向推进。

（二）坚持农民需求，把群众所思所盼作为出发点和落脚点

元古堆村坚持农民主体、坚守群众立场，"群众要什么、我们干什么"，不断改善农村生产生活条件，一步步让农民看见实实在在的变化、享受到真真切切的好处，推动实现"要我建设美丽乡村"到"我要建设美丽乡村"转变，引导农民参与到村庄建设各方面各环节中来，让农民腰包越来越鼓、日子越过越红火。

（三）坚持因地制宜，一切从实际出发差异化推动建设发展

元古堆村遵循乡村自身发展规律，注重乡土味道、保留乡村风貌，构建了以美丽乡村建设规划为龙头，村庄布局规划、中心村建设规划、农村土地综合整治规划、历史文化村落保护利用规划为基础的宜居宜业和美乡村建设规划体系，形成了契合实际的模块化推进思路办法。

党建引领　产业先行　特色助推　构建和美

——甘肃省临夏回族自治州东乡族自治县唐汪镇马巷村

特色产业

马巷村村容村貌

一、村情概述

　　马巷村位于甘肃省临夏回族自治州东乡族自治县西北部，隶属唐汪镇，距离乡镇3公里、县城32公里、省会兰州70公里。全村176户843人，其中建档立卡户98户519人，于2019年实现整村脱贫。截至2024年上半年，三类户17户86人，低保户30户122人。全村土地面积1 012亩，杏树种植面积800余亩，是唐汪镇包核杏、大接杏主要产区。村"两委"始终坚持党建引领发展，夯实基层党建工作，充分发挥战斗堡垒作用，打造"七位一体"的特色基层党建阵地，积极发挥党员先锋示范作用。2022年12月挂牌国家级乡村振兴实践交流基地后，多次承办会议交流、现场观摩、研讨培训等活动，广泛推广马巷村在乡村振兴工作中的实践经验和有效做法，

马巷村的杏花和杏子

发挥基地示范引领作用，为其他地区提供经验分享和合作交流平台。

二、主要做法

（一）坚持党建引领促振兴

一是持续加强村党组织建设。组织党员干部深入学习贯彻党的二十大精神、习近平总书记关于"三农"工作的重要论述，及时召开"三会一课"和村社知情大会。打造老年人活动中心、农家书屋、应急管理室、便民服务大厅、新时代文明实践站、巾帼积分超市、党建智慧平台等"七位一体"的特色基层党建阵地。二是加强支部共建交流。先后与中共甘肃省乡村振兴宣传教育中心党支部、中共甘肃省临夏回族自治州东乡族自治县委宣传部党支部、中共甘肃省中粮可口可乐饮料有限公司党总支签署党建共建协议书，挂牌"甘肃省中粮可口可乐饮料有限公司思想政治教育实践基地"，创新基层党建工作形式和载体。与帮扶单位开展"结对共建 爱心帮扶"联合主题党日活动，学习党的二十届三中全会精神，结对关爱困难重度残疾人，为巾帼积分超市补货蓄能，激发和调动群众参与乡村治理和精神文明建设的积极性、主动性。

（二）推动产业发展促振兴

马巷村依托杏子产业资源优势，坚持"以旅促农、以旅富农、以旅强村"目标，全力推进杏子产业和乡村旅游产业发展。一是持续巩固提升杏子产业发展。依托马巷村杏子品质优、产量高的优势，全力推进林果产业发展和食品精深加工。引导全村165户农户栽植杏树累计40 000余株、年产量600余吨。其中，全村172户农户（含98户脱贫户）加入富民乡村旅游合作社、5户加入如林大接杏种植农民专业合作社、5户加入杏花益民合作社，户均分红204元至1 640元。二是积极推动乡村旅游产业发展。不断加强旅游基础设施建设，打造国家甲级民宿唐蕃云舍、唐蕃古道观景台、杏林观光木栈道等设施。积极筹办和宣传杏花节、杏子采摘节、乡村造物节等特色节日活动，鼓励43户农户发展休闲农庄、农家乐、小型采摘园，年累计接待游客3.2万人次，户均增收1.5万元以上。鼓励百余户农户开办庭院式民宿，联系帮扶单位在村文化中心组织98户农户培训"甘味"品牌打造及推广，带领67名群众赴甘南藏族自治州乡村振兴培训基地专题学习民宿开发、经营、宣传、推广技能，结合实地观摩进行学习参观、交流研讨。三是科学调整农业产业结构。动员和指导农户发展林下经济，在杏林下种植芍药、玉米和马铃薯等经济作物300余亩。鼓励养殖农户优化养殖结构、扩大养殖规模，通过奖补形式动员农户购买良种牛羊。

（三）加强稳岗就业促振兴

近年来，全村坚持把"稳就业"工作放在突出位置，以"稳就业、保民生、促振兴"为目标，扎实开展各项工作。一是排查摸清劳动力底数。定期开展全村劳动力摸底排查，了解务工意向，对已就业、未就业和外出返回就业人员建立详细劳动力台账，做到底数清、情况明。二是持续加强脱贫人口职业技能培训。协调相关部门开展职业指导、职业介绍和劳务品牌打造培训等活动，先后组织开办刺绣编织、美容美发、月嫂家政、挖掘机、拉面烹饪等培训班。全村外出务工人员主要从事餐饮、工程、交通、服务等行业，基本做到了"订单式"培训。三是深入落实就业帮扶政策。村内设立公益性岗位31人、护林员3名、草管员2名、水管员1名、民宿管家6人，协助农户就近就业。严格落实全省、全自治州和全自治县的政策要求，对符合规定的外出务工人员全面落实奖补政策。四是持续加大宣传力度。通过村"大喇叭"、微信群、QQ群、入户宣讲、村民知情大会等多种方式对富余劳动力宣传就业政策和招工信息，让村民详细了解外出务工信息，把握增收致富的机会。

（四）抓好乡村建设治理促振兴

一是开展环境整治行动。持续推进人居环境整治，定期开展全域卫生大扫除、绿化美化、清理杂物、河道整治等行动，落实"门前三包"责任制，建立了有制度、

马巷村数字木兰民宿管家培训计划启动仪式

马巷村数字木兰民宿管家培训

有标准、有队伍、有监督的人居环境管护长效机制。同时，对村内各类项目工程施工队项目建设涉及的标准规范、质量进度以及建筑垃圾清运等事项提出明确要求，确保农业生产活动和基础设施不受影响。二是加强制度体系建设。健全村社知情大会、"四议两公开"等议事制度，修正"五会"规章制度，提升村级重大事项决策制度化、民主化、科学化、规范化水平。制定完善马巷村《应知应会读本》《家珍读本》等手册，帮助广大干部群众进一步巩固学习成效、掌握工作方法。更新村户情台账和档案资料，做到底数清、数据准。监督指导股份经济合作社将股权制度分配到位，帮助群众享受更多改革红利。三是推动乡风文明。通过宣传引导和组织活动，村民逐渐形成从德向善、勤俭节约、文明健康的生活方式。成立了52名村内妇女组成的巾帼志愿服务队、7名村内党员组成的党员先锋队，积极开展志愿服务活动。四是建设小型公益项目。全村实施了改扩翻、厕所改造、环境卫生整治、污水治理等项目，完成铺设污水管网5公里，加装路灯160盏，道路硬化1.2公里，厕所改造162户，普及率达98%，壁挂炉安装入户110户、普及率达62.5%，实现了自来水和天然气管道户户通、污水管网全覆盖，村内交通便利、设施完善齐全、村容村貌优美整洁。

三、经验启示

马巷村始终坚持以习近平新时代中国特色社会主义思想和习近平总书记关于"三农"工作的重要论述为指导，聚焦巩固拓展脱贫攻坚成果同乡村振兴有效衔接战略大局，紧扣脱贫地区乡村振兴重点工作，理清发展思路，创新业务模式，推进工作落实。

一是切实加强引导和教育力度，改变个别群众"等靠要"思想，进一步激发群

马巷村民宿

马巷村景观

众内生动力。着力加大"联农带农"工作力度，通过"企业＋合作社＋农户"的模式，科学规划、实时调整产业结构，大力推进特色旅游、特色农家乐提质增效，千方百计让群众得实惠、让村民钱袋子鼓起来、让百姓打心底里信服及支持，从而实现持续稳定增收目的。二是持续推进"练兵比武"活动，提升基层干部乡村治理能力、切实转变工作作风。进一步充实基层组织人员力量，坚持"选优派先"原则，加大组织关怀力度，让基层干部"有希望、有奔头"。三是紧盯产业优化调整，大力发展林下经济，持续推进马铃薯种植规模。围绕马铃薯良种种植和育种，有效利用村庄田地农业马铃薯繁育基地有利条件，学习其他优秀村先进经验，不断探索新模式、新方式，从而达到促农增收目的。

因地制宜谋发展　多措并举绘蓝图

——青海省海东市互助县五十镇班彦村

五十镇班彦村鸟瞰图

一、村情概述

五十镇班彦村位于青海省海东市互助县东南部，属于半浅半脑山地区，辖8个社396户1 454人，其中土族人口1 425人，占总人口的98%。全村共有党员51名，其中汉族党员8名，其他民族党员43名，女党员12名，大专及以上学历党员8人。全村总面积14.7平方公里，耕地面积3 426亩，人均耕地面积2.5亩。2015年底，精准识别建档立卡贫困户193户732人，贫困发生率为52.3%，全村人均纯收入仅为2 600元，村集体经济为零。2017年3月，班彦村5社、6社129户484人完成了整体易地扶贫搬迁。同年底，班彦村所有建档立卡贫困户全部脱贫出列。近年来，班彦村始终牢记习近平总书记殷殷嘱托，积极探索符合自身实际的发展道路，扎实推进

班彦阿姑庆祝祖国生日

脱贫攻坚步伐，深入实施乡村振兴战略，不断厚植村集体经济发展，努力把习近平总书记擘画的蓝图变成生动的现实图景。2023年，班彦村人均纯收入达14 130元，村集体经济累计达到256.5万元。班彦村于2021年2月获得党中央、国务院授予的"全国脱贫攻坚楷模"称号，先后荣获全国乡村旅游重点村、中国美丽休闲乡村、国家森林乡村、中国民族特色村寨、全国民主法治示范村、省级乡村振兴示范村、全省乡村旅游重点村、省级党支部组织生活共享阵地、省级海东市爱国主义教育基地等称号。

二、主要做法

易地扶贫搬迁后，班彦村依托青海省红色旅游经典景区等优势资源、因地制宜、挖掘优势、精准施策，持续巩固拓展脱贫成效，全面实施乡村振兴战略，逐步形成以红色经典旅游为引擎，盘绣制作、酩馏酒酿造、光伏发电、特色养殖等致富产业多点开花、多元化产业深度融合发展的良好局面，打造了"幸福班彦"金名片。

（一）党建品牌持续擦亮

通过与知名企业、非公党组织以及有意愿为班彦村发展助力献策的各行各业的党支部建立结对共建关系，班彦村打造"携支部共建、促乡村振兴"特色党建品牌，共同巩固拓展脱贫攻坚成果同乡村振兴有效衔接。先后与25个支部建立了结对共建帮扶关系，为班彦村群众办实事92件。打造"党恩惠泽，奋进班彦"主题教育感恩基地，综合运用观摩、讲授、体验等教学方法，展示班彦群众在党旗引领下决战脱贫攻坚决胜全面建成小康社会的坚强决心，切实推动乡村振兴工作提质增效。截至2024年7月，共接待各类观摩学习团3.2万余人次，开展培训教育8 600余人次。

五十镇班彦村盘绣园绣娘刺绣

（二）集体经济不断壮大

班彦村成立了村集体经济股份合作社、刺绣（盘绣）协会等村属企业机构，集中力量打造了红色旅游、盘绣制作、酩馏酒酿造、光伏发电、果蔬采摘、商铺租赁、农家乐、研学教育8大特色产业，吸纳本村劳动力就业500余人，实现增收5万至8万元。盘绣园被全国妇联命名为"全国巾帼脱贫示范基地"。此外，2.0 MWP屋顶分布式光伏扶贫发电项目实现户年均收入达2 500元，持续获益20年，村集体经济收入达到256.5万元。

（三）生态面貌持续改善

班彦村累计投入2 000余万元，配套实施了"三化三通"工程，完成水、电、路、气等基础设施，清洁能源使用率达到100%，村容村貌焕然一新。投资1 300余万元修建班彦新村集中养殖区和污水处理站一处，解决了群众生产生活排水排污等问题。投资1 750余万元，在班彦新村后山栽植了3 500亩感恩林、连心林，投资210万元实施了村庄绿化工程，大力推进村庄道路和庭院绿化，实现了荒山荒坡及村庄周边绿化美化。

（四）文明乡风深入人心

以新时代农民实践站、农民大讲堂为平台，通过"8·23"感恩纪念活动以及春节等民间节日，班彦村持续深化习近平新时代中国特色社会主义思想和中国梦的宣传教育，组织开展班彦酩馏酒展销、"青绣"盘绣大赛、香包大赛以及"安昭舞""轮子秋"表演等，使土族民俗文化艺术不断传承和发展，让群众尽享"政策和文化大餐"。发挥村规民约、红白理事会等作用，深入推进移风易俗，促进乡风文明。

（五）人才建设成果明显

通过大力开展职业技能培训，班彦村全村70%以上青壮年劳动力和部分妇女接受了挖掘机、电焊、烹饪、刺绣等专业技能培训，有效促进了盘绣制作、劳务输出等产业的发展。全村4个合作社，7名能人大户示范带动作用明显，累计实现就近就业300余人次，人均增收6000元以上。分别投资632万元和498万元，新建了幼儿园、创客基地，鼓励大学生返乡创业，3名大学毕业生服务村级事务，为实施人才振兴奠定了基础。

三、经验启示

（一）注重党建引领，建立了一支战斗队伍

在推进乡村振兴示范点建设中，村"两委"干部千方百计争取项目和资金，鼓励能人返乡创业，落实到村到户政策，积极改善农村发展环境，把每一件实事都做到群众的心坎上。鼓励引导无职党员自动参与村级事务，带头开展卫生清扫、文明创建等活动，先锋模范作用逐步显现。在乡村振兴示范点建设实践中，我们的党员干部得到了思想淬炼、政治历练、实践锻炼，综合素养明显提升，联系群众、服务群众的能力不断增强，党群干群心首相望，携手共进，关系日益密切。

（二）注重体系建设，形成了一套工作机制

乡村振兴稳步推进，并取得显著成效，最为关键的是建立一套完整的工作体系，包括组织领导、驻村帮扶、资金投入、金融服务、社会参与、责任监督、考核评估等制度体系。班彦村由镇党委、镇政府主要领导担任"双组长"，一名镇领导包片联村，村党支部书记和扶贫（驻村）第一书记一起抓，驻村干部具体抓，形成横向到边、纵向到底的责任体系。这些为下一步全面实施乡村振兴战略提供了有益的经验借鉴。

（三）注重因地制宜，打造了一批优势产业

经过多年不懈努力，依托自然和资源禀赋，发展和培育了符合班彦村实际、群

班彦新村广场土族阿姑阿吾精神面貌

环湖赛互助第三赛段，五十镇班彦村群众热烈欢呼

2023年全国"村晚"示范展示活动在五十镇班彦村精彩上演

众自身发展实际的特色种养、盘绣制作、酩馏酒酿造、光伏发电、红色旅游、农家乐等特色优势产业，实现了村有主导产业，户有增收产业，为壮大村集体经济，持续增加群众收入夯实了基础。

（四）注重宣传引导，树立了一股文明新风

驻村工作队走村入户宣传落实政策，解决贫困群众实际困难。帮扶干部认亲结对接地气、结穷亲，坚持按月下乡走访一次以上，积极开展帮扶活动。社会治安防控体系不断完善，乡村治理效能明显提升。"8·23"感恩纪念活动、酩馏酒展销、"青绣"盘绣大赛、香包大赛以及"安昭舞""轮子秋"表演等活动如火如荼开展，群众的获得感、幸福感和安全感稳步攀升，广大群众的思想和行动实现了从"要我干"到"我要干"再到"我要富"的华丽转变，注意力聚焦到用双手创造幸福生活上。婚事新办、丧事简办、小事不办已成为新风尚，乡风文明蔚然成风。

打造和美乡村 激发善治活力

——青海省格尔木市郭勒木德镇红柳村

红柳村全貌

一、村情概述

郭勒木德镇红柳村位于格尔木市区以东，距离市中心12公里，2013年批准成立行政村，全村人口94户462人，村"两委"班子成员7人，实行交叉任职，村务监督委员会3人，党员7名。红柳村是在沙窝窝里"诞生"的村庄。2008年，格尔木因道路延伸修建，将40户村民拆迁安置到红柳村现址。当时红柳村还是一片荒凉的沙滩，和周边其他村庄相比，这里土质不好，基础设施薄弱，基层组织不健全，群众生活水平低，被列为全市"后进村"。2008年以后，红柳村坚持以党建为引领，以合作经

创新实施"一巷八户长制"

济为依托，以新兴农产品市场发展为导向，在组织基础、集体经济、乡村振兴等方面持续发力，成功摘掉贫穷落后帽子，嬗变为党建引领现代农村绿色发展的"明星村""先进村"。

二、主要做法

（一）以扎实的工作，摘掉后进村的帽子

红柳村党支部始终把党的政治建设摆在首位，充分发挥基层党组织的政治领导作用和战斗堡垒作用，村党支部团结带领村民，坚定信心，克服困难，想方设法，无路自己修，无渠自己开，土壤自己改，从茶卡、共和等牧区购进牛羊粪，对一些土质极差的土壤进行更换改良。经过3年的艰苦努力，红柳村才从昔日的戈壁沙滩，逐渐变成生产发展的金色沃土。顺着路牌标识进入村里，干净平整的硬化路面、规范整洁的村容村貌、笔直的太阳能路灯、醒目的农家乐招牌等，处处充满着勃勃生机。

（二）强化"三基"建设，推进组织建设

红柳村始终把队伍建设作为重要责任，作为带领村民增收致富、维护社会稳定的关键因素，不断优化干部队伍结构，激发干部干事创业热情。2020年底，精心组织开展村"两委"班子换届选举工作，坚持把"群众拥护不拥护、赞成不赞成、高兴不高兴、答应不答应"作为队伍建设的标准，严把政治关、品行关、能力关、廉

洁关，红柳村实现了"三优三强三过硬"和村党支部书记、主任"一肩挑"的"双百"目标。在加强村干部队伍建设的同时，创新实施了"一巷八户长制"，即以村内巷道为单位，通过召开村民代表大会，以民主推选的方式，每5～8户推选一名群众评价好、威望较高、热心村级事务的人员担任"八户长"，依托"乡村夜话、民情恳谈、周末大食堂"等，按照"有事谈事、无事谈心"的原则，解决涉及村级事务发展的事项。

（三）发挥支部作用，促进农民增收

红柳村充分发挥党支部核心作用，切实加强基层组织建设，定期组织召开支部会议，严格执行"三会一课"制度，使党员干部的学习教育工作常态化开展，规范化运行，积极营造学习氛围浓厚、工作环境良好的风气。完善支部管理制度，将党支部组织生活会制度、党员培训教育制度、"四议两公开"等10余项制度进行上墙公示，结合党支部"双指数"考评工作，采取"星级评定"的方式，每季度对全体党员进行综合考评和上墙公示，组织支部全体党员利用支部"三会一课"、昆仑红·党群综合服务平台、远程教育等"线上+线下"的模式开展党员教育。

（四）"支部+合作社"模式，发挥先锋引领作用

按照"党建引领，旅游富民"的发展思路，红柳村推行"党支部+专业合作社+全体农户"模式，深入挖掘自身产业优势，成立仁达枸杞种植专业合作社，注册"大头哥"商标。合作社采取入股分红的形式组建，采取多元化发展模式，先后种植红枸杞、黑枸杞、食用玫瑰、苗木、饲料草种、紫皮大蒜、白皮莴苣、大田蔬菜、沙葱等农产品1 240余亩，建成占地2 000平方米的农业观光体验馆（智能温室）和无公害蔬菜基地大棚18座，打造出占地约3 000亩的集垂钓休闲、农家餐饮、蔬果采

仁达枸杞种植专业合作社

种植采摘园

摘、娱乐观光、农业科普、党性教育为一体的"红色"生态农业园，形成了集农产品种植、加工、销售、农业管理、科研、服务于一体的产业链模式。修鱼塘、盖鸡舍、建猪棚、开放现代农业体验馆、经营农家乐，仁达合作社让市民及游客一边享受采摘的乐趣，一边观赏无土栽培植物，一边吃着本地农家饭。"循环农业"的思路和做法让仁达合作社不断发展壮大，同时也带领乡亲们吃上了"旅游饭"。

（五）"能人+党员+社员"模式，发挥党员带富致富作用

红柳村始终牢记为人民服务的宗旨，贯彻以人民为中心的发展思想，站在村民立场想问题做决策干事业，从小处着眼、实处着手，用心用情用力为村民办实事解难事做好事。依托仁达枸杞种植专业合作社为载体，深入推行"包、帮、联"脱贫工作模式，通过"一个党员联产承包一个责任区、一名党员结对帮扶一名贫困户、一名党员至少联系发展一名党员"的方式方法，引导村中思想品德好、技能水平高、致富能力强的种植大户、经营管理人员和优秀青年积极主动向党组织靠拢看齐，为全村高质量发展打下了坚实基础。红柳村不仅实现了全村高质量脱贫，而且为全镇脱贫事业做出了积极贡献。

三、经验启示

自2012年仁达枸杞种植专业合作社成立以来，红柳村党支部与合作社共同坚持"提供服务、促民增收"的宗旨，通过交流经验、讲授技术、传播市场信息，帮助社员和农户解决生产中碰到的技术问题，不断调整产业结构，创新生产理念，在推进脱贫

攻坚和乡村振兴过程中形成了以下经验。

（一）强化"三基"政策，实现"双百"目标

仁达枸杞种植专业合作社采取社员筹集资金入社、入股分红的形式组建。几年来，合作社取得了较好的收益，合作社年利润达200万元。仁达合作社已形成了以农产品种植、加工、销售、农业管理、科研、服务为一体的产业链模式。

（二）创新实施"一巷八户长制"

红柳村进一步加强村内事务辅助管理队伍建设，积极深入本巷道农户家中，宣传党中央、省州市出台的惠民政策，了解农户琐事难事，发现巷道治理顽症，力所能及帮助答疑解惑。

（三）建立"支部+合作社"工作机制

红柳村党支部和合作社建立联席会议制度，定期研究合作社工作，商议解决生产经营中的各种问题。通过多年来"支部+合作社"发展模式的规范运行，仁达合作社已成为格尔木标准化农牧民专业合作组织的先行典范。"大头哥"也已成长为当地具有较高知名度的枸杞品牌。

农产品种植、加工、销售、农业管理、科研、服务的产业链模式

以"蝶变"之姿开启乡村振兴新篇章

——青海省海北藏族自治州刚察县沙柳河镇 果洛藏贡麻村

果洛藏贡麻村腾志广场（藏语中"腾志"意为"团结"）

一、村情概述

果洛藏贡麻村地处青海湖北岸、刚察县城郊，海拔约3 300米，下辖6个社、1个农事点，共有625户2 362人，其中劳动力1 325人，脱贫户136户476人，监测户11户39人。村"两委"成员5人，党员45人。果洛藏贡麻村以畜牧业为主导产业，现有草场面积62.78万亩，经营各类牲畜68 478头（只、匹）。2021年以来，果洛藏贡麻村始终牢记习近平总书记殷殷嘱托，在各级党委、政府的坚强领导下，始终把学习贯彻落实习近平总书记视察青海（刚察）重要讲话精神作为推动村级各项事业高质量发展的根本遵循，将习近平总书记视察青海（刚察）重要讲话精神落到民生发展实处。以县委"一核五队促振兴"工作法为抓手，坚持党建引领全局、生态保护优先、文旅产业振兴、民生保障固本、基层治理赋能，全面激发乡村振兴新动能、新航向。先后荣获全国民族团结进步模范集体、全国乡村治理示范村、全国民主法治示范村、全国五四红旗团支部、青海省脱贫攻坚先进集体、全省民族团结进步示范村等荣誉称号。

二、主要做法

（一）党建引领"定航向"，乡村振兴"强堡垒"

立足村情实际和特色资源禀赋，果洛藏贡麻村按照从生态、产业、文化和人居四个篇幅规划，从强化党建引领、坚持项目推动、发挥群众自治力量等方面抓好全村各项事业发展，力争实现"争当三个先锋、闯出三条路子"，即争当生态文明、乡村振兴、民族团结的先锋，努力闯出乡村旅游、共同富裕、乡村治理新路子的总体目标。依托县委"一核五队促振兴"工作法，组建以村党支部为核心、村"两委"和支部成员任队长、群众广泛参与的生态文明、产业促进、社会保障、社会治理、文化宣传5支村级工作队伍，通过"年初有部署、季度有清单、月月有台账"的模式压紧压实工作责任，实现环境治理有人管，产业发展有人议，社会保障有人问，社会治理有人抓，文化宣传有人干的"五有"工作成效。村级全面落实"三制三服务"，即村干部"坐班制"、首问负责制、全程代办制，强化服务意识、健全服务体系、促进服务改革工作，累计接待群众（问询）达4 500余人次，为群众办理各类事项1 200余件，解决问题240余个。

（二）环境整治"增绿色"，乡村振兴"固底板"

全村上下牢记习近平总书记"生态是宝藏、是资源，也是财富"的嘱托，以

果洛藏贡麻村民族村寨

459

果洛藏贡麻村五支村级工作队伍

"镇监督、村负责、社主导、全民参与、制度保障"为原则，积极融入国家生态文明示范县创建工作，认真做好禁塑、垃圾分类等工作，大力开展"红黑榜""绿色家庭评比"等活动。村生态文明工作队、村级河湖长、林草长责任体系实现全覆盖，草原鼠害防治面积超过62万亩，巡河湖里程达330公里、无害化卫生厕所覆盖率由不足23%提升至70%，实现了村庄绿化、道路硬化、卫生洁化，筑牢了青山绿水的生态屏障。

（三）产业发展"增效能"，乡村振兴"添底气"

探索生态畜牧绿色发展。按照"支部＋合作社（生态家庭牧场）＋牧户"的产业发展模式，注册成立生态畜牧业专业合作社6个。积极探索畜牧业生产"六统一"模式，完成牦牛藏羊养殖有机认证。2024年，果洛藏贡麻村结合特色农畜产品实训基地建设项目，由村集体经济注资成立海北刚察贡洛农畜产品开发有限责任公司，主营畜产品加工销售经营等业务，借助刚察县绿色有机畜产品输出地优势，在西宁、北京大兴机场、山东等地开设刚察青海湖牦牛藏羊肉直营店。打造一体化乡村文旅产业。精心打造以村民中心、民族村寨商业街、帐篷营地、藏式小木屋、特色农畜产品实训基地等为一体的乡村生态文旅产业，形成了集红色研学、特色旅游、高效畜牧养殖、啤酒深酿加工等多项领域齐头并进的发展模式。聚力实现增收致富目标。在依托丰富的民俗技艺和优质农牧资源等多重优势下，果洛藏贡麻村精酿啤酒试生产成功，预计年产量可达950吨，精酿啤酒的投入运营在提高村集体产业发展水平和总量基础上，也间接带动餐饮、销售等相关行业发展。依托民族村寨商业街位置优势，设立藏城之窗特色产品展销中心，入驻多家本地企业。2023年，村集体经济收益达187.8万元，人均可支配收入达25 126.92元。

（四）民生服务"亮成绩"，乡村振兴"暖民心"

果洛藏贡麻村高度重视义务教育，大力推进教育公平，鼓励和倡导更多学子报考高等教育，为全村提供人才保障。全村义务教育、学前入园率始终巩固在98%以上。严格落实各项基本公共卫生服务项目和补助政策，城乡居民医疗保险征缴率、上缴率均达100%，家庭医生签约服务、重点人群服务率达100%。2021年以来，培训保安员、餐厅服务员、装饰装修工、面点师等114人，转移劳动力948人，累计发放临时救助、特困补助、低保户补助、高龄老人补贴等各类民生资金684.33万元。

（五）社会治理"促和谐"，乡村振兴"焕新风"

以《村规民约》和"积分制+红黑榜"制度为抓手，果洛藏贡麻村制定反向测评细则44条，累计公示红榜18户、黑榜3户，有效遏止了"天价彩礼"等陈规陋习。通过"五级平安网"，建成网格群29个，设立联户长29名，实现对全村625户的信息传递和管理。同时，组建由村老党员、卸任村社干部等组成的矛盾纠纷调处小组，累计开展各类服务120余次，解决婚姻、合同、草场纠纷等20余件，矛盾纠纷排查覆盖率和调处率达100%，化解矛盾纠纷成效显著。

三、经验启示

（一）强化村干部责任意识，培养村民主体意识

乡村建设的主体是村民，只有激发村民对乡村建设的"主人翁"意识，才能在最大程度上赢得支持和推动力量。让他们成为利益共同体中的一个环节，既是参与者，也是成果分享者，这样才能使牧民认识到这就是自己的事，才能持续、稳定地

果洛藏贡麻村藏城之窗

果洛藏贡麻村牧民运动会

发展。同时，通过村级专业合作社、企业等新型经营主体的参与，以及股份制等利益联结机制的应用，形成利益共同体，不仅提升了生产经营组织化程度，也有力地推进了村庄现代化进程。

（二）创新发展模式和合作共赢理念

果洛藏贡麻村在发展过程中采用了"先富带后富、区域共同富"的可持续发展模式，通过与周边村庄的协同发展，实现了共同富裕。这种合作共赢的理念，不仅促进了乡村经济发展，也增强了乡村社会的凝聚力和稳定性。

（三）重视传统文化和地方特色的保护和传承

果洛藏贡麻村在发展旅游业过程中，不仅保留了传统的文化特色，还将当地的服饰展演、氆氇刺绣等地方特色融入到旅游产品中。这不仅为游客提供了独特的体验，也使得传统文化得到了保护和传承。

党建引领兴产业　多元助力富乡村

——宁夏回族自治区石嘴山市平罗县陶乐镇庙庙湖村

一、村情概述

庙庙湖村是平罗县陶乐镇"十二五"期间重点建设的生态移民安置区，地处宁夏东北部，西临黄河，东临毛乌素沙漠，共安置来自宁夏西吉县1 413户7 211名移民群众。截至2024年，共有脱贫户709户，监测户27户。近年来，庙庙湖村始终坚持贯彻习近平总书记关于"三农"工作的重要论述，持之以恒、不懈奋斗，将脱贫攻坚与美丽乡村建设、特色产业发展有机融合，历经十载春秋，实现了万亩沙漠变良田、变绿洲、变家园，先后被评为第二批全国乡村治理示范村、全国美丽宜居示范村、自治区脱贫攻坚先进集体、自治区脱贫攻坚产业示范村、自治区乡村治理示范村、自治区民族团结示范村及自治区人居环境试点村等。

二、主要做法

（一）坚持党建引领，全面促进有效衔接

以高质量党建擘画乡村全面振兴新格局。一是锻造责任闭环链条。庙庙湖村创新构建"五位一体"协同机制，凝聚镇党委班子成员、镇干部、村队干部、帮扶单位、驻村工作队五方合力，打造纵向贯通镇村户、横向联动多部门的五级包户网络，以责任倒逼强化使命担当，以机制革新激活治理效能，推动政策落地生根、帮扶举措见行见效。二是聚力织密防返贫屏障。构建"智能预警+网格排查"双轮驱动机制，实施高频次、全覆盖的动态监测工程，刚性落实"四个不摘"要求，2024年精准锁定监测对象11户58人，并定制化制定"一户一策"帮扶方案，实现监测识别零遗漏、靶向帮扶零时差、风险消除零反弹的成效。三是精准施策激活共富引擎。打造"产业筑基+就业赋能"双擎驱动模式，350户种养殖户在特色产业链上稳定增收，其中脱贫户占比达87.7%。构建"公益岗安置+帮扶车间吸纳+技能培训提升"三维就业服务体系，量身开发103个家门口公益岗和96个技能型致富岗，通过造血式帮扶激发内生发展动力，为乡村振兴注入源头活水。2023年脱贫人口人均纯收入跃升至19 573元，以15.34%的增速超额实现"两个高于"战略目标，彰显乡村振兴攻坚

力度。

（二）聚焦资源优势，持续发展特色产业

一是做优做特瓜菜产业。先后引进华泰农、盛禾、光大等农业龙头企业5家，种植沙漠瓜菜1.18万亩，产值达到1亿元以上。争取各类资金，建设大棚159座（其中六连跨大棚42座，高标准四季阳光温室117座）和保鲜库1000平方米，带动河东地区瓜菜种植近4万亩，通过村企合作、企农利益联结，实现了农业增速、企业增效、农民增收、村集体有收入的共赢局面。种植业产业共带动全村约1000名移民群众就近就业。

二是做大做强畜牧产业。建成庙庙湖村肉牛、肉羊集中养殖园区3个，采用"合作社+技术员+农户"的统一管理、分户饲养经营方式，鼓励240余户移民群众入园养殖，实现肉羊存栏4500余只，肉牛存栏1400余头，带动群众务工240余人，户均增收3万元。村庭院内养殖50余户，肉羊存栏730余只，肉牛存栏100余头，户均年增收2万元。养殖业产业共带动全村约300名群众就业。

三是做细做活劳务产业。打造庙庙湖村创业就业一条街，注册劳务服务公司2家，培育劳务经纪人43名，定期开办各种技能培训，实现人均增收2万元以上，带动全村约1000名群众就业。培育新丝路服装厂和华泰农就业帮扶车间，建立"产业联合党支部+企业+员工"管理模式和"计件工作+全勤奖"运营模式，帮助97名脱贫人员务工就业，人均年收入4万元。

（三）致力改善民生，统筹推进乡村建设

一是夯实基础设施建设。硬化村内主干道路及巷道38.15公里，村组道路实现100%硬化。安装太阳能路灯153座，居民安全出行得到有效保障。建设村庄大舞台1

庙庙湖村沙漠瓜菜产业园

处、健身广场2处、篮球场4处、公共厕所2处，基础设施配套建设日趋完善。

二是推进人居环境整治。改造卫生厕所1 224户，门前三包责任实现全覆盖。平均每个巷道配备垃圾桶2个，群众参与人居环境整治累计3 200余次，清理转运垃圾310吨，评选出"美丽庭院"160余户。建成一座日处理800立方米的污水处理厂，并于2023年完成提标改造。扎实开展绿化行动，全村绿化覆盖率达75%，栽植各类苗木10万余株，完成树木涂白和打梗1 200余亩，村容村貌实现整体提升。

三是不断提升公共服务水平。建设小学1所、幼儿园1所，初中生上下学实现校车接送。配备卫生室1所，实现了群众看小病不出村。配备客运站1个，客货邮商综合便民服务点1个，满足群众包裹收投、电商购物等需求。打造庙庙湖村电商中心、培训基地，定期开展就业创业技能培训，提升群众就业创业本领。做好积分银行运营管理，累计兑换各类生活用品740件，群众生活幸福感逐步提升。

三、经验启示

（一）党建引领是根本保障

党的工作最坚实的力量支撑在基层，推进乡村振兴、实现共同富裕最艰巨的任务在乡村。庙庙湖村以学习运用"千万工程"经验为引领，把党的政治优势、组织优势和密切联系群众优势贯穿乡村振兴全过程，通过建强后备力量、外出学习交流、补齐基础短板、塑强产业生态，村党组织的战斗堡垒作用和党员干部的先锋模范作用有效发挥，形成组织联合、资源聚合、工作融合的组织力和凝聚力。

（二）找准定位是基本前提

乡村振兴只有避免"同质化"现象、做好"人无我有、人有我优"文章才有出路。庙庙湖村依托生态资源、便捷交通和"金字招牌"等优势，高标准建设庙庙湖

庙庙湖村养殖园区

新丝路就业帮扶车间

庙庙湖村村庄环境整治焕新颜

村沙漠瓜菜四季日光温室产业园，不断拓宽产业发展思路，采取"扶贫产业联合党支部＋合作社＋企业＋农户"和"联合社＋企业"的运营模式，扎实推动巩固拓展脱贫攻坚成果同乡村振兴有效衔接。

（三）干群同心是力量源泉

群众支不支持、满不满意，是干好农村工作的重要标尺。庙庙湖村在推进乡村振兴中，始终遵循"规划布局征求民意、盘活资源守护民心、发展产业保护民利、提升环境解决民忧"原则，切实维护群众合法权益，争取庙庙湖村污水管网提升改造项目落地，将生态修复与产业开发结合，做到发展为了群众、发展依靠群众、发展成果由群众共享。

扎实推进三步走　推进乡村全面振兴

—— 宁夏回族自治区固原市西吉县火石寨乡沙岗村

特色产业

沙岗村全貌

一、村情概述

沙岗村位于火石寨乡政府南12公里、西吉县城北18公里处，省道204线穿境而过，交通便利。全村总面积16.9平方公里，土地面积10 390亩，其中耕地6 911亩、退耕还林3 478.8亩。全村下辖6个村民小组，总人口387户1 441人，其中回族占比68.8%，常住人口148户551人。2020年脱贫出列，现有脱贫户140户547人，累计识别监测对象20户91人，累计消除风险监测对象14户69人。沙岗村以发展壮大村集体经济为目标，持续促进脱贫人口增收，2023年全村脱贫户人均纯收入达16 061.28元，村集体累计收入达96万元。沙岗村入选全国巩固拓展脱贫攻坚成果村级实践交流基地、自治区民族团结进步示范村、自治区乡村治理示范村、自治区第一批乡村振兴示范村。

二、主要做法

沙岗村聚焦"守底线、抓发展、促振兴"主线，探索出"三步走"产业发展模式，走出了一条党建联营、市场主营、村集体合营、农户自主经营的联农带农高质量发展新路子，有效促进农村改革增能、农业发展增效、农民获利增收。

（一）党建引领起好步，规模经营促发展

为实施乡村振兴战略，沙岗村以党建为引领、以产业为支撑，打造符合本村实际的马铃薯、高山冷凉蔬菜等特色产业。通过"党支部+合作社+农户"的发展模式，沙岗村党支部带领村集体、合作社、农户从新营乡大岔村共流转土地8 911余亩。其中，村集体流转2 000亩，中禾种植专业合作社、翠苑种植专业合作社流转5 000亩，165户农户流转1 911亩。开展小麦、冷凉蔬菜、马铃薯等规模化集约化种植，实现全村土地统一经营管理，群众分项获利。同时，按照"党建引领、合理布局、形成规模"的工作思路，把党支部领办合作社作为发展壮大村集体经济的主要形式，变土地资源优势为集体经济优势，放大资源收益、提高流转效率。通过"跨乡连片，跨村联营"的发展模式，两个村集体实现优势互补，资源共享，逐步形成"组织联建、产业联营、资源整合、治理连抓、共建共享"的良好局面。

（二）夯基固本走稳步，设施配套提质效

火石寨乡深入实施"藏粮于地、藏粮于技"战略，扎实推进高标准农田建设，改善农业基础设施，增强农业发展后劲，促进农业可持续发展。2023年沙岗村5 000余亩耕地实施了高标准农田改造建设，惠及上沙岗、下沙岗、西川等6个组。利用现有小型水坝1座、机井7眼，配套滴灌设施1 430亩，实现"低水高用""引水上山"，山旱地变成水浇地，切实提高了水资源利用效率和土地产出，大幅改善项目区农田基础设施条件，耕地质量和产出效率有效提升，为聚力打造粮食高产区、落实土地不撂荒奠定坚实基础。

（三）创新机制迈大步，联农增收富民生

沙岗村坚持强化利益联结机制，多渠道促进增收。一是流转土地获租金，通过集中流转土地，有效解决"谁来种地、怎么种地、怎么种好地"的问题，获得土地

沙岗村高山冷凉蔬菜千亩胡萝卜种植基地

沙岗村高标准农田建设场景

流转费达69万元。二是自主经营赚现金，按照全村产业种植结构，做好区域化布局，引进市场化经营主体进行标准化种植，全村种植油菜花500亩、格桑花1 000亩、特色冷凉蔬菜1 500亩、马铃薯及原原种1 400亩、菜豆1 200亩、玉米1 000亩、小杂粮等1 311亩，建成油菜花基地1个、马铃薯基地1个、菜豆基地1个、杂粮基地2个，农户人均经营性收入达5 000元以上。三是就近务工挣薪金，通过以工代赈项目及专业合作社、山泉水厂等吸纳本地劳动力务工80名，人均务工收入达1.3万元。四是参与入股分股金，鼓励农户以土地、资金、资产参与入股，农户人均可分红200元/年，全年支付分红费用29.72万元。五是出租机械收租金，组织24户农户投入农业生产机械61台，开展"耕、种、防、收"农业生产托管服务，实现创收34万元。

三、经验启示

（一）村企联合谋发展

沙岗村因地制宜，坚持党建引领产业发展，按照"三步走"产业发展模式，通过"村党支部+村集体+合作社+农户"利益联结机制，引进专业合作社流转土地种植，农户通过反租倒包形式，实现土地由村集体统一管理，合作社统一经营，形成党建引领下资源一体化整合利用、产业发展一体推进建设的组织格局。通过以企兴村、以村促企，推动企业优势和乡村资源深度融合，形成优势互补、资源共享。村企联合模式的建立，有效解决了"谁来种地、怎么种地、怎么种好地"的问题，做好了集约化种植文章，为构建形成乡村振兴发展新格局奠定基础。

（二）特色产业促发展

沙岗村充分运用庭院经济的补贴支持政策，引导支持农户利用自有院落空间及资源资产，发展庭院经济等新业态新模式，鼓励发展特色种植、特色养殖、休闲旅游等经济项目，提高家庭经营性收入。组织农户投入农业生产机械，开展"耕、种、防、收"农业生产托管服务，将"潜在收入"转化为"实际进账"。沙岗村立足本地资源禀赋，积极探索创新，打造了一系列"乡字号""土字号"特色产业，为本地发展提供了新方向，注入了新活力。

（三）集体经济强发展

创新集体经济发展模式，做实项目建设文章。沙岗村聚焦火石寨资源禀赋，以火石寨国家地质公园4A级景区为切入点，与周边农文旅特色景点串联，积极探索"农场+游玩""农场+研学"等联动模式，发掘乡村经济发展的亮点、热点、爆点，因地制宜，打造集体经济发展新引擎。村集体经济的有效发展，为沙岗村建成集多项产业于一体的农文旅发展基地、形成现代化生态循环农业奠定了坚实基础，群众自主发展的积极性和动力有效提升。

沙岗村高山冷凉蔬菜喜获丰收

沙岗村山绿民富观光基地

"四个坚持"绘就乡村振兴多彩"金沙梦"

——宁夏回族自治区中卫市沙坡头区东园镇金沙村

特色产业

一、村情概述

金沙村位于宁夏回族自治区中卫市沙坡头区东园镇东北部，是20世纪90年代建立的吊庄移民村，2017年新接收来自海原县4个乡镇的"十三五"易地扶贫搬迁移民238户1 021人，且全部为建档立卡贫困户（现为脱贫人口）。全村总面积33.3平方公里，耕地面积4 484亩，辖5个村民小组，农户535户1 895人。现有在册脱贫户263户1 122人，监测对象17户66人，其中已消除风险12户41人，未消除风险5户25人。享受低保政策189户238人，特困供养人员2户2人，残疾人61人，单双老户28人。截至2023年底，村集体经济收入达到28.8万元，农民人均可支配收入实现1.64万元。

近年来，金沙村坚持把巩固拓展脱贫攻坚成果作为首要政治任务，把增加脱贫群众收入作为根本措施，把加快产业发展作为主攻方向，围绕"两确保三提升两强化"，持续巩固脱贫成果，推进乡村全面振兴。2023年3月，金沙村入选全国巩固拓展脱贫攻坚成果村级实践交流基地。

二、主要做法

（一）坚持红色党建引领，建立精准帮扶长效机制

金沙村把组织建设作为凝聚移民群众力量的有力抓手，充分发挥党组织战斗堡垒作用，选优配强村"两委"班子，及时调整村干部职数并组织召开党员大会和村民会议，严格按程序推选产生了2名移民村干部、21名移民村民代表参与村级事务管理。同时，压实压紧驻村工作责任，积极对接帮扶单位。2023年以来沟通协调确定帮扶事项3个，累计落实帮扶资金124万元。此外，建立网格化管理机制，按村小组划分4个网格，由村"两委"成员担任网格长，党员担任网格管理员包保联系群众，点对点、面对面地为群众提供服务。移民群众从2017年9月11日搬迁入住，至今没有1户返巢，移民房入住率始终保持在100%。

（二）坚持绿色产业强基，点亮富民振兴美好希望

金沙村把壮大村级集体经济作为乡村振兴的重要保障，先后实施了金沙设施蔬

金沙村宣传阵地建设

菜产业园、"奶牛托管"、烘干车间及仓储建设等项目，通过产业发展有效带动移民增收致富。2018年，积极争取项目资金660万元，建成占地122亩的设施蔬菜产业园，采用"村集体＋合作社＋基地＋致富带头人＋农户"的发展模式，实现村集体年增收4万元，移民年人均保底分红148元。引导有能力的移民承包经营，就地吸纳42名移民长期务工，年人均增收3万元以上，实现家门口稳定就业、现金增收。2020年，投资229.64万元购进奶牛72头，与中卫市政欣奶牛养殖专业合作社签订托管协议，每年按投入资金8%的比例向村集体和"十三五"移民分红，村集体每年分红1万元，脱贫人口每人每年分红132元。2023年，投资100万元实施烘干车间及仓储建设项目，项目建设期间累计带动群众用工100余人次，发放劳务工资22万元，建成后增加村集体年收益6.6万元，并直接带动15名群众稳定就业。

（三）坚持橙色就业帮扶，助力移民群众稳岗增收

通过产业扶持政策以奖代补，不断激发脱贫人口和监测对象通过发展产业致富增收的内生动力。2023年以来，金沙村共计发放脱贫户和监测对象种植业奖补116户50.3万元、务工奖补及养殖业奖补225户57.7万元、一次性交通补贴79人5万余元。持续落实雨露计划补助政策，金沙村2024年春季学期"雨露计划"补助学生29名、发放资金5.8万元。多措并举促进群众就业，借助"近城临园"的地理优势，积极对接中卫市工业园区紫光蛋氨酸、宁钢集团等企业，通过召开现场招聘会等形式，加大劳动力转移输出力度。截至2024年上半年，金沙村脱贫人口就业务工人数达到640人，帮扶车间带动脱贫人口务工225人次，安置脱贫人口公益性岗位15人。认真落实各项就业创业扶持政策，审批发放妇女创业贷款55万元4人次，开展家政服务技

能培训1期，培训50人，实现全村农村劳动力转移就业957人。

（四）坚持金色资产托底，建设共享共治幸福家园

自搬迁以来，各级各部门累计投入2 000余万元，在金沙村实施产业发展、基础设施建设等10个扶贫（帮扶）项目，现已全部移交金沙村管理。金沙村坚决扛起资产管理责任，在资产台账建立、资产运行管理等方面持续发力，建立《金沙村扶贫项目资产台账》《金沙村扶贫（帮扶）项目资产管护运营机制》，每个资产均安排专人多形式、多层次、多元化管护，确保资产管护好、运营好，发挥相应作用。为做好金沙蔬菜产业园经营性资产管护运营，针对性制定《金沙村经营性资产管护运营方案》，与承包商（金裕农农民专业合作社）签订产业园书面承包协议，形成村委会监督、承包商具体运营维护和日常管理的机制，确保经营性资产持续有效运行，持续发挥联农带农益农的作用。依据资产类别，金沙村安排5名管护人对生产路、生产桥、泵房、体育器材、设施产业园、公益设施等项目资产进行管护维修，确保资产使用能够达到设计使用年限。定期对各项资产使用情况进行巡查，对发现资产存在损毁情况的，及时整改维修，确保资产能够长期使用。

三、经验启示

（一）地肥水美是基础

"民以食为天"，多年来，金沙村始终坚持把保障群众"端饭碗"的土地作为安身立命的根本，聚焦农田水利配套、土地培肥改良和特色产业培育发展，积极争取项目资金。移民只有在"希望的田野上"才能实现"搬得出、稳得住、逐步能致富"目标。

金沙村玉米烘干现场

金沙村设施蔬菜产业园蔬菜种植

金沙村设施蔬菜产业园

（二）服务治理是根本

金沙村主动担负起属地管理职责，根据移民规模和党员数量，及时调整村干部职数并组织召开党员大会和村民会议，严格按程序推选产生移民村干部和村民代表，并与移民逐户签订水费收缴、垃圾清运、农田水利筹资酬劳、移民安置房权益等协议，有效促进了山区移民搬迁后即刻融入当地群众生产生活。

（三）资产管理是保障

通过产业帮扶、易地扶贫搬迁、完善基础设施等举措，金沙村积淀形成了大量的扶贫（帮扶）项目资产。这些项目资产为全村经济发展奠定了良好基础，成为后续经济发展的动力引擎，有助于实现产业兴旺。对扶贫（帮扶）项目资产登记、排查、运营、管护的过程，不仅是促进村级"三资"管理规范化、程序化，进而提升金沙村村委自治能力的必要举措，更是带动农户和村集体经济增收的必经之路。

以花为媒促融合　产业发展促增收

——新疆维吾尔自治区伊犁哈萨克自治州霍城县芦草沟镇四宫村

特色产业

四宫村大规模种植薰衣草

一、村情概述

　　四宫村地处新疆维吾尔自治区伊犁哈萨克自治州霍城县西北部，全村总面积9.65平方公里，其中耕地面积12 542亩、草场面积2 150亩。有3个村民小组，共693户2 171人。四宫村曾被称为"石头村"，耕地土层薄、石头多，农作物产量只有周边村的一半，是有名的"空壳村"。穷则思变。为改变这一窘况，自2010年起，四宫村党支部经多方考察论证，发现四宫村的地理位置、气候条件、光照时长、土壤环境和世界著名薰衣草原产地法国普罗旺斯极为相似，具备薰衣草生长的条件，决定带领村民大力发展薰衣草产业。经过十几年不懈的努力和奋斗，到2023年村集体经济收入达到177万元，其中经营性收入42万元，村民人均纯收入达2.2万元，较全自治州平均水平高9.8个百分点、较全区平均水平高22.6个百分点，村民生活发生了翻天覆地的变化，为巩固拓展脱贫攻坚成果同乡村振兴有效衔接闯出了新路子。四宫村先后荣获全国乡村治理示范村、中国美丽休闲乡村、第二批全国乡村旅游重点村、全国民主法治示范村、自治区级民主法治示范村、自治区精神文明村等荣誉称号。

二、主要做法

（一）因地制宜，发展特色产业，一产做到规模化、精品化

近年来，四宫村围绕薰衣草产业，推进农业与旅游、文化等产业深度融合，构建和延伸"接二连三"的产业链，提升综合效益，实现以薰衣草产业为核心的一二三产业深度融合。全村推动土地流转5 500亩，逐年扩大薰衣草连片种植面积，重点发展薰衣草规模化种植和管理，形成连片种植效果。薰衣草种植面积达1.2万亩，占全村总耕地面积的95%。2024年，预计全村一产产值将实现3 550万元，可带动400余名村民参与种植和就业，总计增收300多万元，人均增收7 500元。

（二）村企合作，做强芳香产业，二产做到延伸化、品牌化

借助薰衣草基地优势，四宫村引入新的发展思路和模式。通过引进解忧公主、博阳瑞联、万花礼物等龙头企业，提高了产品品质，拓宽了产品种类，实现集薰衣草种植、研发、加工、销售、农业观光、旅游为一体的全产业链发展。同时，加大投入力度，大力改善村容村貌，2020—2022年间，四宫村先后投入了3 356万元，实

四宫村举办晃晃村村民日活动

四宫村民宿

施了晃晃集市、民宿改造、农村人居环境整治等9个项目，不断补齐水电路讯、人居环境、产业发展等方面的短板弱项，为打造宜居宜业生活环境奠定了坚实基础。目前研发解忧公主品牌产品120余种、"晃晃村"品牌产品70余种，较2023年新增60余种。2024年，薰衣草二产产值预计达1.41亿元，可解决500余名村民就业，年内增收400余万元，人均增收8 000元。

（三）文旅融合，丰富旅游业态，三产做到主题化、特色化

依托薰衣草产业优势，四宫村成功打造以"诗意田园风光"为主题，集生态观光、休闲度假、主题村宿、特色餐饮、场景体验及销售为一体的乡村旅游精品线路和自主品牌"晃晃村"，开展了"理论宣讲进万家、晃晃村村民日、扶弱济困献爱心、文明习惯养成我来讲、民族团结一家亲文艺演出、健康讲座及免费义诊"等丰富多彩的新时代文明实践主题活动，受益群众覆盖全村。连续2年举办为期30天的薰衣草雪山音乐节，通过面向全国发布"招募令"，吸引国内外音乐"发烧友"来到薰衣草之乡参加音乐盛会，吸引全国各地近40万名游客到"晃晃村"体验当地地域文化特色，扩大了薰衣草之乡的知名度，成为国内外游客旅游打卡的网红地。融入社会资本达1.5亿元，吸引和引进返乡创业和外来人才150余人，打造民宿56家，同步衍生形成餐饮农家乐、司陪房、咖啡馆、酒吧、西餐厅、电商等多种成熟发展的业态。2024年，预计接待游客实现60余万人次，一二三产产值总计可达2.76亿元，经营性收入可达5 000万元、三产产值可达1亿元。同时解决100余名村民就业，年内增收140余万元，人均增收1.4万元。

三、经验启示

(一) 找准定位让"石头村"嬗变为"中国薰衣草之乡"

四宫村从"以花名村"到"依花富村",通过薰衣草产业一二三产融合发展,使往日的石头村变成了中国美丽休闲乡村和中国薰衣草之乡。结合村情和地缘资源优势,找准特色产业发展定位,优化调整农业产业结构,因地制宜大力发展薰衣草特色产业,让昔日的低产田变成高产田,"石头地"变成"金土地",为发展壮大薰衣草特色产业奠定了坚实基础。

(二) 一二三产融合发展使脱贫成果得到有效巩固

四宫村围绕薰衣草产业,大力发展薰衣草加工、销售、农业观光等,推动农村一二三产业融合发展,不仅发展扩大了薰衣草种植面积,还培育了农村新产业、新业态、新模式,实现了以薰衣草产业为核心的一二三产业深度融合,有效巩固了脱贫成果,群众的幸福感和获得感不断提升。

(三) 农业+乡村旅游+生态模式绘就乡村振兴新画卷

四宫村依托薰衣草产业优势,通过"农业+乡村旅游+生态"模式,成功打造以"诗意田园风光"为主题,集生态观光、休闲度假、主题村宿、特色餐饮、场景体验及销售于一体的乡村旅游精品线路和自主品牌"晃晃村",不仅丰富了现代休闲农业和乡村旅游融合发展的新业态,而且激活了薰衣草特色产业的发展后劲,实现了村民就业、农民增收,为绘就产业兴旺、生态宜居、乡风文明、治理有效、生活富裕的乡村振兴美丽图景蓄势赋能。

四宫村举办薰衣草雪山音乐节

引进援疆智慧力量　赋能乡村振兴新格局

——新疆维吾尔自治区阿克苏地区阿克苏市依干其镇巴格其村

巴格其村村民委员会

一、村情概述

阿克苏市依干其镇巴格其村位于阿克苏市西北角，毗邻多浪河景区和阿克苏国家湿地公园，村内风光秀美，是阿克苏地区的生态环境保护区、水源涵养区。全村总面积10.69平方公里，现有1 140户3 992人，耕地面积6 980亩。全村林果业、设施农业基础良好，是远近闻名的红富士苹果之乡、蔬菜花卉之乡，具有独特的区位、生态和资源优势，素有"生态氧吧、绿色巴格其"美誉。2024年，村集体经济收入157万元，村民人均收入34 369.17元。巴格其村"两委"班子围绕"五大振兴"，带

巴格其村书画室

领群众走出了一条"一产带动三产、传统孕育创新、带领农民致富"的新路，先后荣获第二批全国乡村治理示范村、中国美丽休闲乡村、全国"扫黄打非"示范村、全国巩固拓展脱贫攻坚成果村级实践交流基地、自治区"五个好"党支部等荣誉称号。

二、主要做法

习近平总书记强调，要完善东西部结对帮扶关系，拓展帮扶领域，健全帮扶机制，优化帮扶方式，加强产业合作、资源互补、劳务对接、人才交流，动员全社会参与，形成区域协调发展、协同发展、共同发展的良好局面。近年来，巴格其村在援疆力量的倾情帮助下，按照"产业兴旺、生态宜居、乡风文明、治理有效、生活富裕"的目标，在建设繁荣富裕、和谐稳定、美丽宜居、智慧活力、政治过硬的新时代新农村征程上书写新的篇章。

（一）以产业振兴为引领，打造繁荣富裕巴格其

巴格其村充分利用援疆省市信息数据、电商物流等科技领域的优势，积极引导电商企业入驻巴格其村，并为电商企业设置配套快递驿站。借助"阿克苏好果源"区域品牌影响力，依托"十城百店"工程，阿克苏市电商产业园等线上线下销售渠道，不断扩大林果产业规模，持续打造"一杆旗·冰苹果"品牌，打响巴格其无公害蔬菜等农产品品牌，带动230多户从事林果业的农户人均增收4 000元以上，较往年同比增长16%以上，助力巴格其村优质果品流向全国各地。结合乡村旅游产业规划编制，借助援疆资金建成具有民族风情特色的巴格其村民俗风情街，依托毗邻新疆理工学院、阿克苏市（国家）湿地公园等区位优势，发展特色餐饮、文化体验、

休闲观光、农业采摘，吸引19家农家乐、86个商铺落地，年接待游客近5万人次，实现产值近千万元，吸纳340余人在家门口稳定就业并实现资产分红。引导97户村民大力发展设施农业，利用有限土地种植草莓、火龙果、圣女果等果蔬，打造出占地2 600亩拥有1 245座日光温室大棚的设施果蔬生产基地，年产果蔬8 000吨。形成了"春赏花、夏纳凉、秋采摘、冬竞技"的旅游发展新格局，带动农民吃上了"旅游饭"，挣上了"旅游钱"。

（二）以人才振兴为支撑，打造智慧活力巴格其

援疆省市围绕绿色种养、乡村旅游、农产品加工、农村物流、电子商务、农业职业经理人等，分批次培养农业生产经营人才、二三产业发展人才、乡村公共服务人才、乡村治理人才、农业农村科技人才等，建立乡土人才库，有效拓宽了村级后备力量来源。

（三）以文化振兴铸灵魂，打造和谐稳定巴格其

为丰富农村文化，培育文明乡风、良好家风、淳朴民风，改善农民精神风貌，杭州市援疆指挥部投入资金对村级组织阵地及文化礼堂进行改造装饰，建成设施丰富、功能齐备、满足群众需求的新时代文明实践阵地，吸引各地党员干部参观学习。在巴格其村文化礼堂增设国学书画室和健身器材，为各族群众提供日常文化活动场所。立足巴格其村乡村旅游发展远景，以巴格其村为蓝本，同新疆理工学院开展

巴格其村电商快递驿站

巴格其村民俗风情街

"手绘巴格其"活动，启动自治区首届大学生乡村振兴创意大赛，征集乡村旅游规划等主题活动，为巴格其村乡村旅游发展注入文化内涵。

（四）以生态振兴为基础，打造美丽宜居巴格其

开展农村人居环境整治是实施乡村振兴的重要内容。援疆指挥部充分发挥援疆资金效能，助力巴格其村开展人居环境综合整治，有效改善人居环境，带动带火乡村经济发展。先后投入大量资金，对巴格其民俗风情街民居外立面进行涂装、亮化、美化改造，对沿线道路基础设施进行优化升级，建设公共卫生厕所、葡萄长廊、木廊栈道等，有效提升了巴格其村乡村旅游综合环境，使得巴格其民俗风情街面貌焕然一新。巴格其村民俗风情街逐步成为阿克苏地区乡村旅游的一张亮丽名片。同时，支持农村人居环境治理，购置2辆国六扫路车及2辆单人小型清扫车，用于公共区域环境治理及路面清扫，极大改变了依靠群众清扫的现状，有效保障了村容村貌整洁美丽。

（五）以组织振兴为保障，打造政治过硬巴格其

坚持"结对共建，优势互补，资源共享，共促发展"的目标，援疆指挥部以共建促党建，以党建促帮扶，统筹整合资源，加强党建工作合力，推动双方党建互通互联互动，促进基层党建工作扎实推进。通过杭州援疆指挥部牵线搭桥，巴格其村与杭州市龙井村达成合作协议，双方选派党员、干部双向交流学习，共同推进提升党建工作水平。同时，投入280万元，用于阵地建设，完善基层党组织功能。持续开展两地党支部结对工作，不断巩固提升基层党组织战斗堡垒作用。

巴格其村采摘大棚

三、经验启示

对口援疆是党中央缩小新疆与内地差距而做出的重大战略决策部署，用好对口援疆政策对推进乡村振兴有着重要作用。巴格其村在援疆力量的帮助下，探索出一条切实可行的"五大振兴"之路。

（一）坚持习近平新时代中国特色社会主义思想的正确指引

巴格其村坚持在习近平新时代中国特色社会主义思想指引下，全面贯彻新时代党的治疆方略，特别是社会稳定和长治久安总目标，紧紧围绕"产业兴旺、生态宜居、乡风文明、治理有效、生活富裕"的总要求，利用良好的区位优势、农业资源和自然资源优势，推动乡村产业振兴、人才振兴、文化振兴、生态振兴、组织振兴。

（二）坚持援疆资金用到实处

利用援疆资金积极改善农村基础设施，结合实际发展特色产业，进一步提高农民生活水平，推动乡村经济发展，促进农民增收致富。

（三）坚持援疆产业契合实际

巴格其村结合本地资源禀赋，推动符合当地需求的产业项目落地，在发展壮大当地产业的同时，还可以助推产业优化升级和健康有序发展，为可持续发展奠定坚实基础。

（四）坚持智力援助互通互助

通过结对帮扶，援疆干部和技术人员带来了先进的理念和技术，提供了人才支持和智力保障，能够及时有效解决当地发展中的问题和难题。同时两地通过派遣干部挂职锻炼、观摩学习，有效地开拓了干部视野，提升了干部能力。

（五）坚持文化援疆促进交流

通过加强文化交流和教育合作，不断促进不同民族之间的了解和融合，夯实民族团结和社会稳定的基础，进一步助力筑牢中华民族共同体意识。

（六）坚持生态援疆巩固提升

援疆力量投入资金和支持项目，大力改善了当地的生态环境和生产生活环境，推动落实绿色发展理念，进一步巩固提升了乡村的可持续发展能力和竞争力。

盘活红色资源　赋能乡村振兴

——新疆维吾尔自治区喀什地区疏附县托克扎克镇阿亚格曼干村

特色产业

一、村情概述

阿亚格曼干村位于疏附县东南方向，距离县城约1.5公里，全村总面积4.2平方公里，下辖12个村民小组，户籍人口1 043户5 017人。阿亚格曼干村干部群众牢记习近平总书记谆谆教导和殷殷嘱托，深入学习运用"千万工程"经验，依托丰富的红色资源，因地制宜发展"红色旅游+"为主导的现代产业，推动农文旅深度融合，以农促旅、以旅兴农，加快探索农文旅融合发展新业态，在巩固拓展脱贫攻坚成果上迈出了新步伐、取得了新成效。人均收入、村集体收入分别从2014年的4 700元、不到10万元增长到2024年的20 638元、200万元，村劳动力全部实现就业。

二、主要做法

习近平总书记强调，建设宜居宜业和美乡村是农业强国的应有之义。阿亚格曼干村充分依托丰富的红色资源优势，积极打造优质文旅品牌，探索"红色旅游+"发展路径，推动红色旅游产业向农家乐、农副产品和文创产品销售、民俗风情体验等旅游消费新业态延伸，不断赋能乡村振兴，激发发展新活力。

（一）坚持以农兴旅

以红色旅游为依托，阿亚格曼干村积极整合红色元素、绿色生态、民俗文化等特色资源，推动村庄变景区、民房变民宿、产品变礼品，把阿亚格曼干村建成集教育、采摘、垂钓、休闲、观光于一体、主题突出、特色鲜明、文化内涵丰富的3A级景区。同时加强与党校、周边红色教育基地、景区等联系，实现红色教育、红色旅游的辐射式发展。2022年以来，累计共有1 396批65 064人次赴阿亚格曼干村爱国主义教育基地学习参观。

（二）坚持以旅兴农

依托阿亚格曼干村玫瑰花产品深加工基地，做好特色优质产品深加工，研发具有地方特色的土特产品，优化"互联网+"、电商、快递服务业的设施和业务，加快

阿亚格曼干村千米文化长廊

当地特色食品（如手工馕、玫瑰花茶、核桃、红枣等）、手工艺品（如传统扫把、艾德莱斯衣物饰品、维药香囊等）以及绿色有机果蔬等农副产品的销售数量和流量。2024年以来，阿亚格曼干村合作社、餐饮基地、种植基地提供就业岗位800余个，吸纳周边农民从事田间管理及旅游服务，每月增收1 500～3 000元以上。

三、经验启示

（一）合理布局产业，提高产业发展质量和水平

合理规划产业布局，利用本村红色资源优势，打造红色教育旅游基地。依托玫瑰花产业，打造集旅游观光、娱乐休闲等为主的玫瑰花主题公园。

（二）充分调动农民参与的积极性、主动性和创造性

充分发挥村民大会、村民代表大会和"民情"信封的作用，积极征求和听取村民对村里产业发展的意见建议，凝聚人心、汇聚力量。

（三）以弘扬中华先进文化为根本，推动乡村文化振兴

一方面，积极对接上级文化部门，通过红色文化教育熏陶以润物无声的方式让中华文化深入人心。另一方面，组织村民观看红色电影，不断增强村民"五个认同"、铸牢中华民族共同体意识。

（四）提升村民生态环保意识，营造向善向美氛围

借助国旗下宣讲、入户走访宣讲等途径，阿亚格曼干村积极宣传环境保护的好处。深入开展农村人居环境整治和爱国卫生活动。与上级环卫部门对接，在村里建立

深入开展农村人居环境整治，阿亚格曼干村村民庭院焕然一新

固定垃圾点对生活垃圾进行处理，打造富美和谐新农村。

（五）固本强基，提升村级组织治理能力

发挥工作队"传帮带"作用，着力提升村"两委"干部的能力水平。加强后备村干部培养，安排后备干部参与村级事务管理，让其在实践中积累工作方法和经验。

如今的阿亚格曼干村，正努力实现着习近平总书记视察时提出的"凡是符合人民群众愿望的事，就是我们党奋斗的目标"的美好愿景。阿亚格曼干村将继续探索，不断创新，融合"旅游+"，激活阿亚格曼干村集体经济内生发展新动力，实现农业增产、农民增收、旅游致富的新格局。

坚持党建引领　凝聚驻村力量

——新疆维吾尔自治区和田地区策勒县策勒乡石榴籽村

一、村情概述

策勒乡石榴籽村位于塔克拉玛干大沙漠南缘，昆仑山北麓，距策勒县城3公里。全村总面积4.2平方公里，下设3个村民小组，户籍人口306户1 184人，其中农业户籍290户1 141人，脱贫户55户219人，监测户30户107人，未消除风险户6户15人。现有耕地2 760亩，人均耕地面积2.33亩，村民主要从事粮食、石榴、核桃种植以及兔子、羊养殖。2023年村民人均收入25 306.85元，比2022年增加4 409.37元，增速为21.1%。石榴籽村村支部书记麦麦提热伊木·买买提明为第十二届全国人大代表。

近年来，策勒县策勒乡石榴籽村先后获得全国脱贫攻坚先进集体、全国巩固拓展脱贫攻坚成果村级实践交流基地、第六届全国文明村镇、新疆维吾尔自治区乡村振兴示范村等荣誉称号。石榴籽村翻天覆地的发展变化也吸引了疆内外多家媒体的报道，2022年5月，中央广播电视总台央视综合频道《瞬间中国》第五集《石榴花开》介绍了石榴籽村石榴种植的故事，并从多个角度展现了石榴籽村脱贫攻坚成果。

策勒乡石榴籽村荣誉奖杯

策勒乡石榴籽村石榴丰收

二、主要做法

（一）党建引领，建强村级党组织建设

以创建"五个好"标准化规范化党支部，打造"四个合格"党员为抓手，石榴籽村建立起党员"一对一""一对多"的帮扶机制联系群众，收集解决各类困难诉求。充分发挥工作队协调、指导、督促、帮带作用，与村干部结成"一帮一"结对子，2024年以来6名工作队员与8名村干部结对帮带，并将7名大中专毕业生纳入后备干部，不断补充新鲜血液，激活"源头活水"。同时，将坚定不移建强基层党组织、推进强村富民、提升基层治理水平、为民办事服务"四项任务"，有效融入"一支部三中心"，确保定人、定岗、定责、定时、定量、定标，让大家干有方向、帮有目标、带有成效。在新时代新征程上，不断加强基层党组织建设，稳步推动基层党组织作用的有效发挥，始终把党的建设贯穿于乡村治理各环节、全过程，以高质量党建引领推进乡村全面振兴。

（二）因地制宜，促进群众增收致富

石榴籽村坚持"党建+产业发展"，通过创新就近就地就业方式，推动主导产业、特色产业、自主创业联动发展，初步探索出"工作队指导、党支部引领、企业牵头、合作社带动、能人带头、党员示范、群众参与"的产业发展模式。促进农村一二三产业融合发展，完善联农带农益农机制，把产业增值收益更多留在农村、留给农民。一是以石榴种植为主导产业，延长产业链。石榴籽村共种植石榴1 720亩，产量近1 500吨，每千克单价8～15元，产值880万～1 650万元，2023年产量达550

千克/亩，产值5 500元/亩，每户实现收益3万元。二是以兔养殖为特色产业，带动村民增收。总投资1 000万元，建成石榴花肉兔养殖合作社，占地面积20 000平方米，配备专业现代化设备的养殖生产舍16栋，年出栏优质肉兔30万只，年产值约1 200万，可为村民提供33个就业岗位，最低工资2 300元/月，为近50户农户增收82.8万元。三是店铺促商业，带动村民创业。依托万亩石榴园、托帕路旅游风情街，突出托帕路交通优势，打造以3家特色农家乐为主，商店、汽修、服装等为辅的村级商业街，带动31户村民实现自主创业，同时解决就业岗位43个，实现了"以业安人、以业管人、以业稳人"。

（三）多措并举，改善乡村人居环境

石榴籽村专门组织人员定期对道路沿线、村民聚居点等重点场所的杂草、垃圾等进行全面清扫。2024年以来，已累计组织5 760余人次参与环境卫生清扫工作，显著改善了村庄环境的整体面貌。通过国旗下宣讲、走访入户、农牧民夜校等，广泛宣传人居环境整治提升工作的重要性和必要性，有效提高了村民主动参与的积极性和主动性。同时，通过加强对村民的引导和教育，积极倡导绿色生活方式，进一步提升了村民的环境保护意识。

（四）文化润疆，丰富精神文化生活

"石榴籽"民族团结教育基地就位于石榴籽村，生动展现了各族人民同呼吸、共命运、心连心的故事，成为民族团结教育的重要场所。因此，石榴籽村形成以民族团结教育馆为主、丰富的文化活动为辅的民族团结阵地，打造全民参与民族团结进步事业的社会格局，促进各民族共同团结奋斗、共同繁荣发展。此外，还通过举办各种活动，如七一跨省村民演出等，来庆祝党的生日，展示乡村的独特魅力和文化

策勒乡石榴籽村石榴花肉兔养殖合作社

魅力，同时也为推动宜居宜业和美乡村建设出谋划策。

三、经验启示

（一）发挥党建引领，提升全民素质

围绕"阵地建设规范化、功能多元化、服务便民化"的目标，石榴籽村把基层党组织建设作为巩固脱贫攻坚成果同乡村振兴有效衔接的保障条件。以"乡村振兴，人才先行"为理念，实施全民素质提升工程，推进乡村振兴人才建设。同时，建强堡垒提素质，继续发挥驻村工作队对村"两委"干部帮带帮扶作用，充实村级干部力量，协同村"两委"高质量完成乡村振兴规划修编。

策勒乡石榴籽村"石榴籽"民族团结教育基地

（二）发展全产业链，带动群众增收

围绕龙头企业及农民合作社，石榴籽村进一步深化"支部+龙头企业+合作社+农户"的利益联结机制，不断发挥全产业链优势、渠道资源优势，稳步带动群众致富增收。推进石榴主导产业精细化管理和提质增效，破除石榴种植的粗放式管理方式和石榴传统种植思想，完成全村1 720余亩石榴条田建设，石榴亩产提高50千克。

策勒乡石榴籽村村民集体照

同时依托龙头企业、肉兔养殖合作社及生物质颗粒加工厂等产业，促进农民就地就近就业创业，发挥城乡结合优势，鼓励自主创业、多渠道灵活就业、就近就业，实现应就业人口100%全部就业，村民人均收入突破万元大关。此外，发展特色养殖，壮大庭院经济，通过打造23户兔产业入户示范点，发挥兔合作社作用，每年可为23户农户增收6 000～8 000元。

（三）传承文化艺术，促进乡村治理

石榴籽村形成了以民族团结慈善协会及民族团结教育馆为主、丰富文化活动为辅的民族团结阵地，打造形成全民参与民族团结进步事业的社会格局，促进各民族共同团结奋斗、共同繁荣发展。法制宣传阵地建设完善，形成知法懂法守法的和谐农村风貌。移风易俗落到实处，宣传教育手段丰富、形式多样，社会主义核心价值观深入人心。

新疆生产建设兵团 23

发展特色优势产业　推进乡村全面振兴

——新疆生产建设兵团第三师图木舒克市 五十一团六连

一、村情概述

五十一团六连位于新疆生产建设兵团第三师图木舒克市北部，距离图木舒克市中心18公里。作为曾经的兵团深度贫困连队，2019年底，连队所有贫困人口实现全面脱贫，连队如期退出贫困序列。五十一团六连现有户籍人口840户3 017人，民族人口占比100%，行政区域规划面积10平方公里，耕地面积14 504.18亩，主要以种植棉花、小麦、玉米、大豆为主。连队将传统的种植业发展为种、养、加工、销售

五十一团六连开展春季文化旅游活动

连队夜市

等多渠道的产业链，2023年人均收入突破2.6万元。连队周边的大漠、山脉、原始胡杨林等浓缩了西域独特的自然风光，也是刀郎文化的发源地之一。

二、主要做法

习近平总书记强调，产业振兴是乡村振兴的重中之重，要落实产业帮扶政策，做好"土特产"文章。五十一团六连锚定建设农业强国目标，学习运用"千万工程"经验，创新"立正信、保稳定、促发展"九字工作诀，咬定党建促乡村振兴，初步探索出"抓产业、强基础、引企业、促商贸"的产业振兴之路。

（一）抓住关键、发展先行，实现"连富民强，产业兴旺"

坚持农业强连。五十一团六连实施种植主体单产提升行动，2024年种植冬麦1 953亩，大豆340亩，玉米482亩，全面落实粮食安全。推行棉花质效提升，推广"一连一品""干播湿出"，种植棉花9 359亩。实施养殖扩群增量行动，建设养殖圈舍15栋，养殖牛330头、羊5 000只。同时实施特色化发展行动，种植苹果800亩，在高质量发展中实现新突破。2024年，连队230户实现了一产就业。

加强产业赋能。通过引进唐城牧歌建设650亩红柳种植基地、年产5 000只育肥羊的养殖基地和陕西方旭公司建设千亩苹果标准化栽培示范园等，带动115人就近就地就便就业。同时引进唐锦工坊建设"集中工坊"1个、"家庭工坊"10户，带动98

汉唐文化街道

人实现居家就业。通过产业振兴实现了连队经济效益和社会效益双赢，成功打造了2亿元产值连队。此外，通过租赁厂房、十小店铺等资产，连队每年集体经济收入达40万元。

发展乡村旅游。为营造服务高效、方便舒适的营商环境，五十一团六连规范提升连队58间门面房卫生环境和经营水平，广泛吸引周边职工群众愿意来、主动来、经常来。同时，建设1 500平方米的美食广场、商业街，发展夜市摊位16个，布局庭院采摘园28个，常态化开展美食嘉年华等主题文旅活动。连队先后被评为中国美丽休闲乡村、兵团级乡村旅游重点村，不断打响"游在图市、吃在六连"的口号。

（二）夯实基础、生态宜居，实现"推窗见绿、出门赏景"

连队坚持以"五清三化一改"为重点，常态化开展"每日整治一街道""每日清洁一小时"行动，充分发动职工群众广泛参与人居环境整治，实现379套庭院应绿尽绿。扎实开展连队厕所革命，实现连队生活垃圾有效转运、生活污水有效管控，覆盖率达到100%，节能路灯覆盖全部巷道。通过连规民约、文明积分制度等，逐步养成"环境保护、人人有责"的公民意识，连队"推窗见绿、出门赏景"的愿景已成现实。

（三）培根铸魂、文化蓄力，实现"箫鼓春社、古风依存"

连队以铸牢中华民族共同体意识为主线，建成第三师图木舒克市图书馆分馆——唐韵支馆，用好馆内5 000余册藏书，开设假日学校、唐韵书院，为辖区中小学生提供读书、练写毛笔字的场所，大力弘扬中华民族传统文化。建成"忆苦思甜·军垦传承"爱国主义教育基地，设置"新时代新思想""铭记历史""不忘使命""砥砺前行"四个篇章，用心用情讲好中国历史、中国故事，累计接待各级领导调研60余场次，服务职工群众1万余人次。连队党支部从"润""防""管""亲"四个方面着手，积极开展喜迎文化佳节、体育活动等30余场次，开展志愿服务活动80余次，覆盖1500余人次。在文化活动期间积极开展法治宣传，并组织群众参加团镇组织的红歌赛、元宵灯展、趣味运动会，让连队党支部"一年四季好戏连台"，引导民族群众积极融入中华民族传统文化。

（四）全面保障、组织筑基，实现"治理有效、和美与共"

连队注重建强基层党组织阵地，建成新时代文明实践站、百姓大舞台、党群活动中心、党建书吧各1个，党建书角1个。用好"一杆子插到底"工作法和"五组一站"工作机制，划分5个网格党小组，对24名无职党员设岗定责，形成党组织全面领导、党员示范带头、群众广泛参与的共建共治共享基层治理新局面。同时，连队党支部总结形成"收集问题、核查信息、协调处理、研判解决、反馈群众"的"闭环工作法"，结合"四看三查三问三讲"形式，2024年以来，共解决群众困难诉求13条，切实提升群众幸福感、安全感、满足感。

（五）兜底提标、稳步提升，实现"有效衔接、共同富裕"

连队坚持多措并举促进民族群众实现多元增收。大力推进种植业、养殖业发展，实现一产就业229人。依靠前海纺织厂、叶河泉纯净水厂等，实现二产就业161人。

暑期课堂

依靠图木舒克市、团镇及连队农家乐、小超市、服装店等，实现三产就业707人。季节性务工等灵活就业137人。依托连队美食广场、"十小店铺"广场自主创业147人。政策兜底公益性岗位安置22人。连队职工群众收入不断提高，共同富裕逐步实现。2024年，连队人均收入2.85万元，预计2025年连队人均收入可达到3万元。

三、经验启示

（一）以党建引领为中心，推进乡村全面振兴

五十一团六连以基层党组织建设为抓手，构建"党建+网格+信息化"基层治理模式，发挥基层党支部战斗堡垒作用，推行"工作队指导、党支部引领、企业牵头、合作社带动、能人带头、党员示范、群众参与"的产业发展六连模式，不断发展壮大连队集体经济，带动职工群众增收致富。创新开展"讲说表树鼓"活动，选树并宣讲先进典型，以身边模范榜样感染带动身边群众，有形有感有效铸牢中华民族共同体意识。

（二）以壮大产业为基础，促进群众增收致富

五十一团六连坚持以群众增收为出发点，按照"稳粮、优棉、兴果、强畜、推特色"工作思路，实施种植主体单产提升行动、养殖扩群增量提升行动、特色化发展提升行动，夯实农业基础。引进唐城牧歌、唐锦袜业等企业为群众提供就近就地工作岗位；擦亮乡村旅游招牌，打造夜市、商业街、小采摘园等鼓励群众创业，多措并举推进"连富民强"。

（三）以共建共享为路径，推进和美连队建设

以"五清三化一改"为重点，五十一团六连坚持党员干部带头干，居民群众自发干，开展"每日清洁一小时"行动，定期组织红黑榜评比，实现庭院"绿、净、齐"。打造课后托管课堂，解决学生无人看管问题。组建志愿服务队，开展环境清理、宣传宣讲等志愿服务活动，让文明新风成为职工群众生活的风向标。